教育装备研究方法

JIAOYU ZHUANGBEI YANJIU FANGFA

【艾伦 著】

教育

首都师范大学出版社
CAPITAL NORMAL UNIVERSITY PRESS

图书在版编目(CIP)数据

教育装备研究方法/艾伦著．—北京：首都师范大学出版社，2020.9

ISBN 978-7-5656-5376-6

Ⅰ.①教…　Ⅱ.①艾…　Ⅲ.①教学设备－研究方法　Ⅳ.①G484-3

中国版本图书馆 CIP 数据核字(2019)第 263492 号

JIAOYU ZHUANGBEI YANJIU FANGFA

教育装备研究方法

艾伦　著

责任编辑　罗　菁

首都师范大学出版社出版发行

地　　址　北京西三环北路 105 号

邮　　编　100048

电　　话　68418523(总编室)　68982468(发行部)

网　　址　http://cnupn.cnu.edu.cn

印　　刷　北京虎彩文化传播有限公司

经　　销　全国新华书店

版　　次　2020 年 9 月第 1 版

印　　次　2020 年 9 月第 1 次印刷

开　　本　710mm×1000mm　1/16

印　　张　20.25

字　　数　375 千

定　　价　52.00 元

序　言

一个学科或者研究领域的基础理论是由4个方面构成的，即认识论、方法论、道德论以及历史观。而一个学科或者研究领域的兴起往往是从方法论开始的，它的研究者们最开始关注和从事的研究内容几乎都是研究方法问题，这是因为他们必须首先要考虑这个学科或领域的研究如何才能解决其所面对的科学或社会问题。不能解决人们面对的科学或社会问题的研究是毫无意义的。

教育装备作为一个研究领域，其研究者也是首先从建立研究方法开始的，最初大量的研究工作与成果都属于方法论范畴。但是，开始时的研究方法所涉及的内容并不系统，出现的一些文章和著作也都只是关注教育装备的某个侧面。本书是笔者在曾经出版的属于认识论范畴的《教育装备论》和属于历史观范畴的《中国教育装备理论发展史》两本专著的基础上，集十多年的研究，再将教育装备研究对象与研究方法进行适当分类后的汇总。

教育装备是教育资源中的人工资源部分，在学校教育教学过程中教育装备是不可或缺的物质或非物化基础，是支撑教育教学工作的保障，是“教书育人的必要条件”[见教育部印发的《教育部关于新形势下进一步做好普通中小学装备工作的意见(教基一〔2016〕3)号》]。我国中小学的教育装备是有专人进行管理的，国家更有专门的机构对其进行研究，所以对教育装备的研究方法进行探讨是一个十分重要而又非常实际的问题。

关于本书的名称笔者有着自己的考虑，书名使用了“教育装备研究方法”，而没有像一些业内同仁们建议的使用“教育装备学研究方法”或“教育装备方法论”。不使用“教育装备学”，是因为教育装备研究目前在高校还没有形成一个完整的学科，甚至连二级学科(专业)都不是，虽然在一些国内高校的研究生教育中有“教育装备”这个研究方向(即三级学科)，但是在教育部正式颁布的学科专业目录中尚不存在这个专业和专业方向；不使用“方法论”一词，是因为方法论是一个哲学范畴，是研究方法本质的理论，而本书涉及的内容仅是教育装备领域相关的一些具体研究方法而已，绝不敢妄称“方法论”。

为了将教育装备研究方法问题阐述清楚，本书共分为十个章节对其进行详细论述。第一章介绍了教育装备的概念和功能；第二章讨论了一些教育装备基本理论的研究方法；第三章讨论了教育装备发展中的重要问题及发展之路；第四章讨论了学校教育装备管理中的方法问题；第五章讨论的是教育装备测量与评价的方法问题；第六章专门研究了教育装备均衡性发展的测量方法问题；第七章讨论了教育装备标准化的研究方法；第八章是以中英教育装备比较研究为例介绍教育装备比较研究的方法；第九章是与教育装备有关的一些专题问题的研究方法介绍；第十章则主要讨论了对学校一些典型教学设备的研究方法。其中，第四章学校教育装备管理研究方法部分，一些内容采用了薛鹏与何智在这方面的研究思路，在此向薛鹏与何智表示衷心的谢意。

教育装备研究方法是一个庞大且复杂的问题，本书介绍的研究方法只是整个体系中的冰山一角，但笔者为了将其系统化还是进行了深入的梳理，尽量将问题整理得周到和具有逻辑性。但是，仍然存在许多不恰当的地方，敬请各位同仁不吝赐教。

艾伦

2018 年 9 月

目　　录

第一章　教育装备及其研究方法 …………………………………………………… (1)

第一节　教育装备的概念界定 …………………………………………………… (3)

第二节　教育装备的功能与分类 ………………………………………………… (6)

第三节　教育装备研究方法概述 ……………………………………………… (10)

第二章　教育装备基础理论研究方法 ………………………………………… (17)

第一节　理论研究的重要性 …………………………………………………… (19)

第二节　教育装备本质的研究 ………………………………………………… (22)

第三节　教育装备起源的研究 ………………………………………………… (29)

第四节　教育装备概念的研究 ………………………………………………… (40)

第三章　教育装备发展研究方法 ……………………………………………… (47)

第一节　教育装备的标准化发展 ……………………………………………… (49)

第二节　教育装备的产业化发展 ……………………………………………… (52)

第三节　教育装备的生态化发展 ……………………………………………… (57)

第四节　教育装备的专业化发展 ……………………………………………… (61)

第四章　教育装备管理研究方法 ……………………………………………… (67)

第一节　需求论证阶段 ………………………………………………………… (69)

第二节　采购阶段 ……………………………………………………………… (74)

第三节　项目验收阶段 ………………………………………………………… (87)

第四节　日常维护阶段 ………………………………………………………… (92)

第五章　教育装备评价研究方法 …………………………………………… (113)

第一节　测量与评价 ………………………………………………………… (115)

第二节　问卷设计 …………………………………………………………… (119)

第三节　变量的选择 ………………………………………………………… (125)

第四节　数据预处理 ………………………………………………………… (134)

第五节　教育装备管理评价指标体系建立 …………………………… (141)

第六节　教育装备用户周期费用的最小值 …………………………… (145)

第七节　数据包络分析 …………………………… (150)

第八节　达标评价预测 …………………………… (155)

第六章　教育装备均衡性研究方法 …………………………… (161)

第一节　均衡性的基尼系数表示法 …………………………… (163)

第二节　教育装备均衡指数 J …………………………… (166)

第三节　教育装备均衡指数的应用 …………………………… (171)

第四节　教育均衡性测量 …………………………… (175)

第七章　教育装备标准化研究方法 …………………………… (181)

第一节　教育装备工作中标准化的作用 …………………………… (183)

第二节　配备标准的制定过程 …………………………… (189)

第三节　教育装备元标准建立的必要性 …………………………… (199)

第四节　教育装备与实验课程标准 …………………………… (206)

第八章　教育装备比较研究方法 …………………………… (213)

第一节　中英教育装备比较研究 …………………………… (215)

第二节　中英教育装备标准化比较 …………………………… (221)

第三节　中英教育科技产品比较 …………………………… (230)

第四节　中英教育相关标准比较 …………………………… (236)

第九章　教育装备研究方法专题 …………………………… (245)

第一节　教育装备发展历史研究 …………………………… (247)

第二节　教育装备文化适用性研究 …………………………… (250)

第三节　教育装备大数据研究 …………………………… (257)

第四节　教育装备管理人才培养 …………………………… (261)

第五节　学前教育装备的研究 …………………………… (266)

第六节　全国中小学教育装备配置情况的统计研究 …………………………… (270)

第十章　教学设备的研究方法 …………………………… (277)

第一节　电子白板研究 …………………………… (279)

第二节　电子白板安装方法 …………………………………………… (286)
第三节　投影机的研究 ……………………………………………………… (293)
第四节　投影幕的研究 ……………………………………………………… (301)
第五节　投影机与触摸屏比较研究 ………………………………………… (305)
第六节　智能手机实验功能的研究 ………………………………………… (312)

第一章

教育装备及其研究方法

本章将在确定教育装备概念的基础上，对教育装备的功能定位和研究方法加以分类并进行较为详细的阐述。

第一节 教育装备的概念界定

一、教育装备概念的界定

将教育装备的本质阐述清楚后，就可以对教育装备的定义进行规定了。目前，对教育装备的定义比较多，而且各自都有自己的根据和理由。以下将要根据一般定义的规定原则和教育装备的本质属性对其概念进行界定。

(一)概念界定的方法

概念的界定就是给概念下定义，然而概念清楚了，定义并不一定就是十分准确的。给概念下定义有各种各样的方法，一般认为有逻辑学定义方法与认识论定义方法。逻辑学定义方法根据形式逻辑中对概念与定义的规定，采用“属＋种差”的定义方法；而认识论定义方法则采用“发生定义”的方法。除此之外，还可以细分为：词法定义、情境定义、内涵定义、外延定义、列举定义等诸多方法。其中使用比较多的是“属＋种差”定义方法、内涵定义方法和列举定义方法。“属＋种差”就是先找到被定义概念的临近上位属概念，再找出其种概念之差，将它们合并成为该概念的定义。内涵定义是将一个事物与其他事物之间所有的不同特征描述出来。而列举定义是一种特别的外延定义，它列出一个概念所描述的所有的事物；列举定义只适用于有限集合，而且只有在这个集合比较小的情况下才有意义。

(二)教育装备概念的内涵与外延

对事物概念的建立是人的一种思维规定。关于概念及其内涵与外延的定义，一般的逻辑学教材上都有这样的叙述：“概念是反映对象特有属性或本质属性的思维形式。……概念的内涵，就是指反映在概念里面的对象的特有属性或本质属性。……概念的外延，就是指反映在概念里面的具有概念所反映的特有同性或本质同性的对象的总和。”①

教育装备的本质，是人工打造的教育资源，它是教育资源中的人工资源部分，教育性与人工性是它的本质属性。根据概念的内涵是对象本质属性的定义，教育装备概念的内涵就是“人工打造的教育资源”，因为它描述了教育装备的本质属性。因此，“人工打造的教育资源”也就是教育装备概念的内涵定义。

根据概念外延是反映本质同性的对象总和的定义，教育装备概念的外延就是黑板、课本、课桌椅、电子白板、校园网、学校体育场、教师办公桌……按照概念外延的严格定义，这里应该开列反映教育装备本质同性的对象的总和。但是由于这个对象的总和是一个无限集合，所以除了已经开列的之外，其余的部分在此只能用“……”代替。而这也是在逻辑学上允许使用的描述方式。

二、教育装备与教育技术装备的异同

与“教育装备”相比，“教育技术装备”是一个较为含混的概念，对它存在着3种不同的理解，分别为：“教育技术与装备”“教育之技术装备”和“教育技术之装备”。(1)“教育技术与装备”应理解为“教育技术与教育装备”。在《中国教育技术装备》杂志2012年第3期(1月下旬刊)登出的《教育装备学与教育技术学辨析》一文中，笔者进行了较为详细的分析，此处不再赘述。(2)“教育之技术装备”，强调限定于教育的技术装备。在《教育装备的起源与本质》一文中，笔者论述了装备与技术装备是同一个事物的不同说法，它们都是在说明具有技术含量的人造物品，所以装备就是技术装备，于是教育之技术装备其实就是教育装备。(3)“教育技术之装备”，强调限定于教育技术的装备。教育技术之装备一般是指构成教学环境的各种现代化信息设备，如多媒体教室设备、计算机网络教学设备、电子教科书等；有时也指现代化自主学习设备，如手持移动学习设备(手机、PDA以及各种Pad等)。如果再加上传统的图书资料、各个学科的实验室仪器、操场的体育设备以及各种学校设施等，则构成了教学装备。但是，考虑到校园网这类信息技术装备仍然属于教育技术之装备，它在教学管理和教育信息处理上也具有相当大的作用，所以教育技术之装备就应该除了要包括一部分教学装备外，还应该包括一部分非直接用于教学的教育装备，其地位如图1.1中深色部分所示。教育装备是一个更大的概念，它包含了教育技术之装备，也包含了教学装备。例如，校长办公室的办公桌属于教育装备(是人工教育资源)而不应该是教学装备，因为它不是直接用于教学的，当然也更不是教育技术之装备。教育是个较大的概念，而教育技术是教育概念下的一个小概念；所以，教育装备是个较大的概念，而教育技术之装备是在教育装备概念下的一个小概念。

① 陈克守：《逻辑学》，山东人民出版社，2008年版，第10—11页。

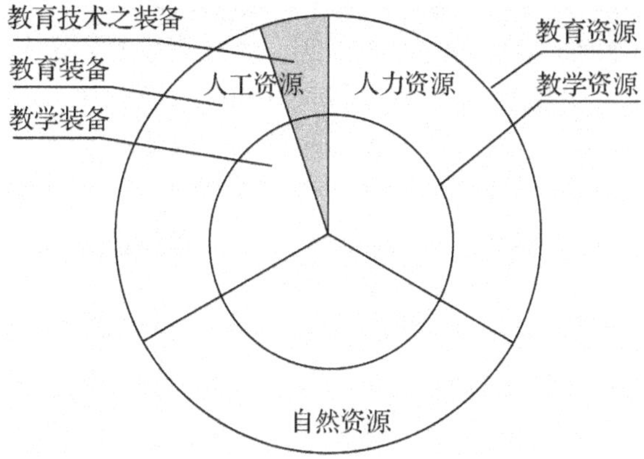

图 1.1　教育技术装备与教育装备的关系

三、教育装备与教具的关系

刘济昌老先生在他的《教具理论研究导论》中对教具所下的定义为："教具是在教学过程中体现教育思想、教育目标、教学内容，运用直观教学、情景教学、实验观察、信息交流、操作训练等方法时所用器物和装备的总和。"①并在该书中多处特别地强调教具不包括教材(估计是受"教育的三大基石：教师、教具、教材"说法的影响)。这样的理解与人们对教育装备的认识产生了巨大差异。刘济昌老先生对教具的定义属于列举定义，这就限定了他所描述事物的集合应该是一个有限集合而且是较小的集合。但是定义中说到教具是教学过程中"器物和装备的总和"，其规定教具包括教育装备，但又不能包括教材。本文中对教育装备的定义是"教育资源中的人工资源部分"，它既包括部分教具、学具以及图书等，还包括学校与教育机构中的各种设施和工具，是一个无限集合，因为它属于"教育资源"。

如果对"教具"一词作词源分析，则可能会比较复杂，因为其中的"教"既可以理解为"教学"，也可以理解为"教育"，而"具"则可以解释为"用具""工具""器具"，等等。《教育大辞典》对教具的定义如下："教学过程中可借以辅助教学活动的用具。传统的有教科书、标本、模型、图表等，现代化的有电影、电视、投影、录音、录像、计算机等设备。"如果按照此定义规定，那么教具就是以教师为主使用的"教学用具"。另一个与"教具"非常相关的词是"学具"，学具是对教具的补充。《教育大辞典》对学具的定义如下："学生在学习中用于直接操作活动的用具。如小学数学教学中使用的彩色棒、塑料几何形体、算盘，中

① 刘济昌：《教具理论研究导论》，教育科学出版社，2011 年版，第 45 页。

学生用的实验箱等。如今计算器、计算机等也已比较广泛地用作学具。有利于学生动手动脑，有助于知识、技能的理解、掌握。"按照此定义，学具就是以学生为主使用的"学习用具"。因为教具与学具都是在教学活动中发挥作用，所以它们都属于教学资源。但是因为有部分教具或学具并非人工制造，如：路边拾来的一块矿石、空中飞舞着的一只蝴蝶等，这些非人工制造的教具与学具就是教学资源中的自然资源部分，它们不属于教育装备(或教学装备)。而如果将它们制成标本，它们就成为教育装备了。于是可以看出，教具、学具、教育装备与教育资源、教学资源的关系如图 1.2 所示。其中，图中的深色部分是"教具＋学具"，它们占据了教学装备(人工的教学资源，如：教学挂图和学生的绘图直尺等)的全部和一部分自然的教学资源(如：路边的矿石和空中的蝴蝶等)。当然，有一部分自然的教学资源(图中空白的自然资源部分)是不应该算作教具和学具的。例如祖国的山川河流，它们既可以用于校外的自然科学教学、旅游专业教学等，也可以用于校外的爱国主义教育，但它们显然不应纳入教具和学具的范畴。

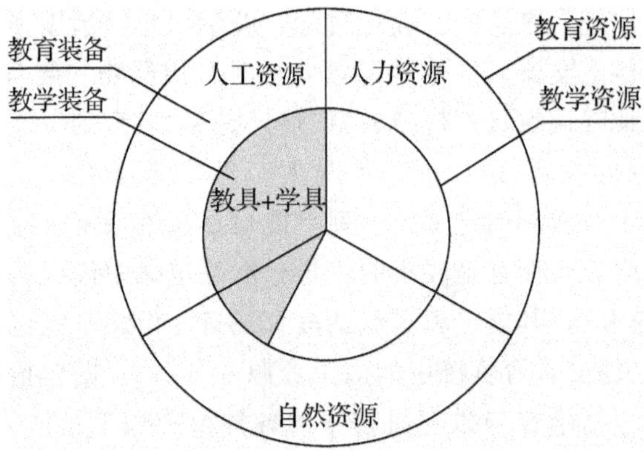

图 1.2　教具、学具、教育装备与教育资源、教学资源的关系

第二节　教育装备的功能与分类

教育装备是教育资源中的人工资源部分。教育装备的最主要功能是帮助教学系统中的主体(学生)来认知教学系统的客体(知识)，但是，教育装备还担负着其他方面的功能任务。本文就是要通过对教育装备功能分类的讨论进一步发现它们的规律，为新时期教育装备的发展和其标准化工作的优化提供理论支持。

一、教育装备功能与分类法

（一）教育装备的功能

辅助认知功能是教育装备最主要的功能，除此之外教育装备还具有优化学校环境和支持教育管理的辅助功能。

1. 辅助认知功能

辅助认知功能可以认为是教育装备的第一功能，具有辅助认知功能的教育装备也是其中品种最多的一个类型，是构建教学基本条件的装备。在对教育装备的概念进行深入讨论时，我们将它与一些相关概念做了比较，其中有教学装备、教育技术装备、教具和学具。其实在这些讨论中我们都仅是强调了它们的辅助认知功能，或者说其中的教学装备(例如：黑板、粉笔以及酒精灯、烧杯等实验室仪器设备)、教育技术装备(例如：计算机、投影机、电子白板、助学软件等)、人工制造的教具(例如：挂图、机械模型、钢琴等)与学具(例如：圆规、直尺、铅笔等)都是具有辅助认知功能的教育装备，即属于其中辅助认知功能类。每当提起教育装备，我们首先想到的就是这一类型的事物，这是因为在我们的认识中总是将学校教学活动当作在校教育的最主要内容。

从教学系统三分论的角度去分析，辅助认知功能类的教育装备起着知识载体的作用，是将教学系统中的客体——知识(含隐性知识)传递到系统的主体——学生端的工具。

2. 环境优化功能

环境优化功能类的教育装备是为保障学生健康成长，构建学校安全学习生活环境的装备。随着中国社会生活水平的快速发展，人们对学校中这方面的条件与设施要求也越来越高，绿色文化校园、无污染环境、恒温恒湿教室、智能学习空间等新兴概念不断涌现出来。

环境优化功能类教育装备与辅助认知功能类教育装备有着本质上的不同，对于教师教学与学生学习来说它们不是必需的，虽然它们也会影响到学生的学习心理，但不会直接对学生的认知发生作用。例如，课桌椅的舒适协调程度虽会影响到学生的学习行为，但席地而坐的教育也曾产生过诸多大家；对于现代化的学校舒适的课桌椅是必要的，而对于学生认知来说它们不具有必要性。这看似前后矛盾的一句话其实是一个正确的命题，在充分性与必要性条件论证中，必要性是可以证伪的条件，即“有一例不成立则原命题不成立”，席地而坐的成功教育便是使舒适的课桌椅为必要条件。

3. 教育管理功能

教育管理功能类教育装备是保障学校工作正常运行，构建学校教育科学管理环境的装备。从数量上看，它们在教育装备中所占比例最小，这是因为学校中的管理者比起学生主体来说毕竟是少数。学校里的办公设备、网络管理平台等都属于此类装备。

对于环境优化功能类和教育管理功能类的教育装备其实不存在教学适用性方面的要求，但是不得不承认环境优化功能类装备对生理、心理、空间以及文化适用性确实存在着一定的影响力。需要说明的是：这一影响力与辅助认知功能类装备在教学适用性上的影响力对于作用目标和作用强度两方面有着本质的不同。

(二)教育装备分类法

教育装备具有行业分工分类、装备功能分类、研究领域分类和装备属性分类等4个分类方法(详见表1.1)。为了充分说明教育装备元标准建立的必要性而特别强调指出了装备属性进行分类的作用，即作为教学内容、辅助教学和构成教育环境装备的特点及其作用。而在此处所讨论的问题中，则是采用了装备功能分类法的分类。

表1.1 教育装备分类列表

分类法	类型	举例
行业分工分类	教学设施设备	教室、黑板
	实验仪器设备	示波器、铁架台
	学科设施设备	体育场、乐器
	信息化设施设备	校园网、计算机
	图书设施资料	图书馆、图书
	后勤设施设备	食堂、饮水机
装备功能分类	构建教学环境的装备	课桌椅、投影机
	构建教育管理的装备	校长室、校园网
	构建生活环境的装备	学生宿舍、床位
研究领域分类	教学装备	显微镜、烧瓶
	教育技术装备	计算机、投影机
	教具与学具	挂图、算盘
装备属性分类	作为教学内容的装备	教材、标本
	辅助教学的装备	计算机、投影机
	构成教育环境的装备	教室、实验台

二、教育装备功能分类与标准化

《中华人民共和国国民经济和社会发展第十三个五年规划纲要》(以下简称"十三五"规划)在第五十九章"推进教育现代化"中提出了九项教育现代化重大工程，其中在第一项"(一)义务教育学校标准化"中规定："实施加快中西部教育发展行动计划，逐步实现未达标城乡义务教育公办学校的师资标准化配置和校舍、场地标准化。"将义务教育学校的标准化放在"十三五"期间教育现代化发展重大工程的第一位，可以看出国家对教育与教育装备标准化问题的重视。规定中所提到的义务教育公办学校标准化问题有两个方面，一是师资标准化配置，二是校舍与场地标准化建设。其中师资标准化问题不属于我们讨论的范围，学校校舍与场地的标准化是本文应该关注的内容。

从前文关于教育装备的功能分类可知，学校校舍与场地属于环境优化功能类的教育装备。国家"十三五"规划中没有提及辅助认知功能类和教育管理功能类装备的标准化问题，这有两种可能性：第一，这两类装备的标准化问题已经解决；第二，这两类装备标准化问题的解决为时尚早或目前没必要解决。笔者倾向于第二种可能性，因为辅助认知功能类装备种类繁多，新品种又层出不穷，且它们的教学适用性问题尚在研究和讨论阶段，成为达标装备配置的时机并不成熟，而对其元标准的制定应该成为首要任务。教育管理功能类装备与环境优化功能类相比毕竟是少数，作用地位也较低，在教育资源并非十分充裕的情况下放缓标准化是正确的决策。

三、教育装备标准与均衡性

教育标准化有两种不同取向，它们是条件取向与目标取向，而条件取向的标准化恰好表现在义务教育阶段的均衡性发展方面。所谓目标取向的标准化是仅对通过教育使学生所应达到的目标进行标准制定；条件取向的标准化则相反，是对可能达成这一目标的各种条件进行标准制定。

《中华人民共和国教育法》第十九条规定："国家实行九年制义务教育制度。各级人民政府采取各种措施保障适龄儿童、少年就学。适龄儿童、少年的父母或者其他监护人以及有关社会组织和个人有义务使适龄儿童、少年接受并完成规定年限的义务教育。"此处特别指出了国家各级政府要为义务教育采取各种保障措施，教育的均衡性就是让全国各个地区学校的这些保障措施(或教育教学条件)尽量达到一个平均、一致、标准化的水平。

国家"十三五"规划第五十九章的第一节标题为"加快基本公共教育均衡发展"，关于标准化问题其中说道："科学推进城乡义务教育公办学校标准化建设，改善薄弱学校和寄宿制学校办学条件，优化教育布局，努力消除城镇学校

‘大班额’，基本实现县域校际资源均衡配置，义务教育巩固率提高到95%。”可以看出，国家为加快义务教育均衡发展而采取的标准化工作是为了改善办学条件的决策，具有明显的条件取向特点。明确这一点具有十分重要的实际意义，它为我们科学地制定具体的标准化文件指明了方向。

第三节　教育装备研究方法概述

教育装备是教育资源中的人工资源部分，在学校教育教学过程中教育装备是不可或缺的物质或非物化基础，是支撑教育教学工作的保障，是“教书育人的必要条件”。[见教育部印发的《教育部关于新形势下进一步做好普通中小学装备工作的意见(教基一〔2016〕3)号》]教育装备作为一个研究领域，与其他学科或研究一样，其研究者首先都是从建立研究方法开始的，最初大量的研究工作与成果都属于方法论范畴。

一、教育装备研究的学科性质

从学科角度讲，教育装备研究应该属于社会科学的学科范围，因为它是教育学的一部分，而不是“装备学”的一部分。

(一)学科大类

德国哲学家伊曼努尔·康德(Immanuel Kant，1724—1804)，在他《实践理性批判》一书的最后一章中道出了人类对世界的认识：“有两种东西，我对它们的思考越是深沉和持久，它们在我心灵中唤起的惊奇和敬畏就会日新月异、不断增长，这就是我头上的星空和心中的道德定律。”这句名言被刻在了康德的墓碑上。他告诉我们，人类面对的世界有两个，一个是自然世界，就是我们“头上的星空”；另一个是人类世界，就是造成我们“心中的道德定律”的那个人类自身。所以，人们的研究也就开始于两大类：一个是自然科学(Natural Science)，研究自然世界；另一个是人文学科(Humanities)，研究人类精神世界。

自然科学的研究对象是人类精神之外的自然世界，如：我们常见的物理学、化学、生物学等学科。人文学科的研究对象是人类的精神世界，如：我们常见的文学、历史学、哲学、艺术类等学科。但是，随着人类所面对社会问题的增加，人们开始了对人类社会的研究，形成了社会科学学科。社会科学(Social Science)就是用自然科学的研究方法来研究人类社会问题的学科，如：我们常见的社会学、经济学、法学、教育学等学科。于是，人们将学科分为三个大类：自然科学、人文学科(注意，不是“人文科学”)和社会科学。有时，人们也将人文学科与社会科学混称为“人文社科”。

(二)教育装备的学科性质

教育装备虽然还未形成一个完整的学科，但对它的研究已经较为深入。人们对教育装备的认识论、方法论、道德论和历史观这四个方面的研究都具有了一定的基础，如果可以称为“教育装备学”，则它应该是社会科学的一种，附属于教育学而不是“装备学”。“教育装备学”的研究对象虽然是装备物，但它并不属于自然科学，这是因为装备物不是自然物而是人工物，并且它的研究不是“只见物不见人”的研究，而是对人(学生、教师)、知识以及装备物三者关系以及它们构成的教学系统进行的研究①。“教育装备学”是社会科学，它也是用自然科学的研究方法来研究教育教学问题。

社会科学是处于自然科学与人文学科之间的一些学科，但是它们并不“集中”在一起，而是均匀地分布在自然科学与人文学科的“学科空间”中(如图 1.3 所示)。一些学科更加接近自然科学，另一些学科更加接近人文学科，而还有一些则处于中间的位置，它们在“学科空间”中所处的位置决定于它们的研究对象。这是一个有趣的现象，例如像教育技术学、心理学这些学科的毕业生在获得学位时，他们可以获理学学位，也可以获教育学学位，就是这个现象的例证。那些更加接近人文学科的社会科学类学生是不会获得理学学位的。“教育装备学”也是比较接近自然科学的社会科学学科，所以一些高校的教育装备研究生也能够获得理学学位。

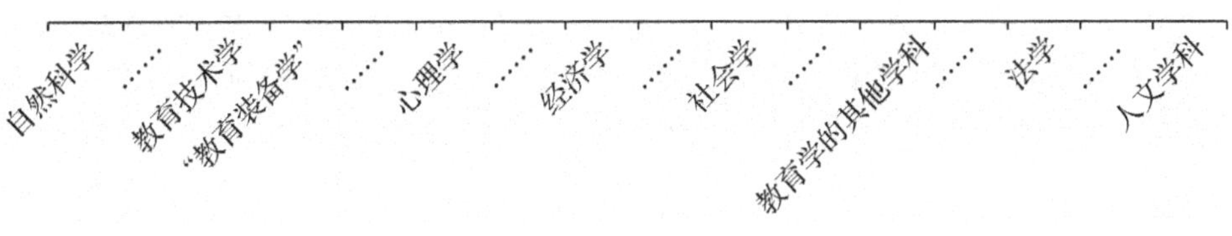

图 1.3 “学科空间”中的社会科学学科分布

(三)教育装备研究的基本理论

与其他学科或者研究领域一样，对教育装备研究的深化需要建立其基本理论体系，这个基本理论体系应该由 4 个部分构成：(1)属于认识论范畴的描述性理论，解决“是什么与为什么”的问题；(2)属于方法论范畴的操作性理论，解决“做什么与怎么做”的问题；(3)属于道德论范畴的解释性理论，解决“何以这样想与何以这样做”的问题；(4)属于历史观的史实性理论，解决“前人怎样想与前人怎样做”的问题。而教育装备研究中属于方法论范畴的操作性理论是

① 艾伦、兴乔：《话说装备(七)——教学系统三分论》，《中国教育技术装备》，2012 年第 32 期。

本文重点讨论的问题。

二、教育装备研究方法

本书题目使用“教育装备研究方法”而不使用“教育装备方法论”，是因为方法论是一个哲学范畴，是研究方法本质的理论，而本文涉及的内容仅是教育装备领域相关的一些具体研究方法而已，绝不敢妄称“方法论”。

(一)教育装备研究方法类型

教育装备的研究对象是教育教学系统中的装备物，但是对它的研究应该是“见人见物”的，即研究内容必须是构成教育教学系统中的人、知识和装备物之间的和谐关系。于是便产生了4种类型的研究内容：(1)人对装备物的关系；(2)装备物对人的关系；(3)知识对装备物的关系；(4)装备物对知识的关系。这些关系及相关的研究内容开列在表1.2中。

表1.2 教育装备相关研究类型

关系类型	所属研究领域	举例
人→装备物	教育装备管理	项目管理、日常维护、标准化管理、绩效测评等
装备物→人	教育装备功能	教育装备适用性、均衡性等
知识→装备物	教育装备研发	需求、设计、开发、生产等
装备物→知识	教育装备理论	认识论、方法论、道德论、历史观

在人、知识和装备物的三者关系中，人与知识之间的关系(教学论、心理学等研究内容)不是教育装备研究的内容，但也应该对它有所了解，以便借鉴其成果促进教育装备研究。以下我们逐一对表1.2中所开列的内容做较为详细的介绍。

(二)教育装备管理研究方法

教育装备管理研究涉及管理学的若干问题。

1. 项目管理方法

在学校的装备配备阶段，管理工作属于项目管理性质，其又大致分为需求论证阶段、采购阶段和项目验收等3个阶段。需求论证阶段又具体分为需求调研、需求分析和需求管理问题。采购阶段又具体分为招标文件撰写、评标过程控制和合同签订问题。项目验收阶段又具体分为质量控制、功能验收(初验)和技术指标验收(终验)等问题。所有这些问题都有其详细的管理方法。

2. 日常维护方法

在学校的装备进入日常维护阶段时，管理工作属于日常管理性质。教育装备的日常管理工作包括技术保障、装备造册、维修与抢修等内容。这些内容都具有对应的管理方法。

3. 标准化管理方法

教育装备标准化问题涉及标准如何分类、配备标准如何制定、教育装备元标准如何制定以及基础教育相关标准如何进行统计等。

4. 绩效测评方法

教育装备绩效测评的方法问题涉及测量与评价原则如何规定、调研问卷如何设计、测量变量如何选择、测量的数据如何处理、装备管理评价指标体系如何建立以及一些具体的管理问题，如：用户周期费用的最小值求法、对成本与效益进行的数据无误分析、教育装备达标评价预测的算法等。

(三)教育装备功能研究方法

教育装备的三大功能为辅助认知功能、环境优化功能和教育管理功能。其中辅助认知功能方面主要考查装备的教学适用性问题，而环境优化功能与教育管理功能已经不属于教育教学的基本要求，它们的配备情况主要表现在教育的均衡性方面。

1. 教育装备适用性研究方法

对教育装备辅助认知功能的要求突出地表现在它的教学适用性方面。教育装备在教学系统中对教学主体应该具有生理、心理、认知、教师、学生、时间、空间、文化 8 个方面的适用性。这一规定实质上是在辅助认知功能上的具体要求，而对这些适用性方面的研究在方法上是目前亟待解决和十分困难的问题。

2. 教育装备均衡性研究方法

对教育均衡性的要求是具有条件取向性的，判断教育装备的均衡性可以借鉴基尼系数法，也可以使用教育装备均衡指数法(J 指数)来进行判断。无论使用基尼系数法还是均衡指数法都需要明确具体的计算方法，以及对计算出数值的意义进行解释和定义。

(四)教育装备研发研究方法

教育装备的产品研发不仅是企业的事，更应该是研究机构和应用单位的任务。研发过程是一个复杂过程，研究方法涉及的问题也很多，但最重要的应该是需求分析及方法。装备物的需求应该由应用单位提出，由相关企业、研究机构和用户共同进行论证。需求论证包括必要性分析和可行性分析，其中企业提供技术可行性，用户提供应用的必要性和条件的可行性，研究机构应对待开发产品的教育教学适用性提出要求并予以控制。

(五)教育装备理论研究方法

严格地讲，这是在哲学层面对教育装备理论进行研究，探讨这个理论的逻辑起点与历史起点，确定研究对象、寻找研究方法。解决“是什么与为什么”的问题，需要采取描述性的方法；解决“做什么与怎么做”的问题，需要采取操作性的方法；解决“何以这样想与何以这样做”的问题，需要解释性的方法；解决“前人怎样想与前人怎样做”的问题，需要史实性的方法。

三、教育系统与教学系统的装备问题

在此之前，我们并没有对教育装备与教学装备、教育系统与教学系统进行区分，但要想在研究方法上将问题阐述清楚就必须将它们分别讨论。

（一）教育系统与教学系统

《教育大辞典》中对教育的解释是“传递社会生活经验并培养人的社会活动。通常认为：广义的教育，泛指影响人们知识、技能、身心健康、思想品德的形成和发展的各种活动……狭义的教育，主要指学校教育”。其中对教学的解释是“以课程内容为中介的师生双方教和学的共同活动。学校实现教育目的的基本途径。特点为通过系统知识、技能的传授与掌握，促进学生身心发展”。① 既然教学是“学校实现教育目的的基本途径”，所以教学显然应该附属于教育，是教育的一个基本内容或重要组成部分。教育是个大概念，教学是教育下的一个小概念。构成教育环境的是教育系统，构成教学环境的则是教学系统，教育系统与教学系统都是复杂系统，因为它们都具有众多影响它们存在和发展的变量，而且这些变量大多都是隐变量，变量之间呈现出非线性的关系。同时，教育系统比教学系统更加复杂。教育系统的复杂性决定了教育学与自然科学之间有着巨大的区别，使得它具有作为社会科学学科存在的必然性。

（二）教育装备的教学适用性与教育适用性

教育装备包括了教学装备，教学装备是教育装备中体现辅助认知功能的那一部分。我们在讨论“教育装备的教学适用性”问题时，其实是在讨论“教育装备中教学装备的教学适用性”。教育装备既有教学适用性问题也有教育适用性问题，教育装备的教学适用性就是常说的生理、心理、认知、教师、学生、时间、空间、文化 8 个方面的适用性问题，它们是针对教学装备提出的。而教育装备的教育适用性，则是要关注和讨论那些与教育系统有关的教育装备问题，它们不是学校教学中的问题，而是教育问题。

为了说明教育适用性与教学适用性的区别，这里举一个典型的教育装备教育适用性问题的例子。2016 年笔者参加全国基础教育装备调研项目，在四川南部山区对当地的几个中小学校进行了实地调研。这些学校在全国教育信息化的

---

① 顾明远主编：《教育大辞典　增订合编本（上）》，上海教育出版社，1998 年版，第 711 页，第 725 页。

推动下，学校里的许多教室都安装了多媒体设备，计算机、投影机和投影幕是最为普遍的标准配置。但在采访时发现，所有的投影机都已经不能工作，原因是投影机灯泡都达到了寿命期限。学校在上级主管部门的关照下安装了这些设备，却没有后续的经费购买必需的耗材与配件。在经费管理制度上固然存在一定的问题，但是作为产品开发商和采购供应论证人员，他们并没有认真考虑学校装备的教育适用性问题是个不争的事实。中国城乡之间的教育投入有着很大的不均衡性，如何生产与采购适应中国国情特点、具有中国教育装备适用性的学校设备是一个十分重要的问题。配备经久耐用的设备是采购人员需要认真对待的任务；不去一味追求售后增值利润，而为中国教育生产无须后期配件的设备是教育装备开发商与厂商的职责，从技术角度讲，这是完全可行的。

四、教育装备比较研究方法

在社会科学的研究中，比较研究是一种常用的研究方法。教育装备研究作为社会科学的一部分，其研究方法也完全能够采用比较研究方法。

(一)比较研究的特点

在讨论教育装备研究方法时，将比较研究方法单独拿出来阐述是因为它具有特殊性，在表 1.2 中所呈现出的教育装备系统的那些研究方法中，并没有比较研究方法的位置。《社会科学研究方法》一书中将比较研究的概念界定为：比较研究方法，又称类比分析法，是指对两个或两个以上的事物或对象加以对比，以找出它们之间的相似性与差异性的一种分析方法。它是人们认识事物的一种基本方法①。

比较研究既有在空间上的比较(称地区比较)，也有在时间上的比较(称历史比较)，空间上的比较研究是最为常用的。在这里我们重点讨论的比较研究方法也属于空间上的比较研究法，特别是国内与国外这种空间上的比较研究。

(二)中英教育装备比较研究

2016 年，《中国现代教育装备》杂志申请并获得了英国外交与联邦事务部全球繁荣基金——中国繁荣战略基金 2016/17 年度项目“中英教育装备与教育技术比较研究”，项目课题编号(即项目代码)：16ED13。该项目属于空间上国与国之间的比较研究。

作为项目的中方申请者，认定该项目的研究目的是明确中英教育技术与装备标准的比较优势，为优化中国教育技术与装备标准体系提供参考，为促进双方形成多层面、宽领域、重实效的深度合作创造条件。项目分 3 个阶段，而分

---

① 林聚任、刘玉安主编：《社会科学研究方法》，山东人民出版社，2004 年版，第 151 页。

别达到3个研究目标：第一阶段，分析确定中英教育技术装备标准差异与比较优势；第二阶段，中英双方部分教育装备企业达成合作共识，建立初步的合作机制；第三阶段，教育技术与装备标准比较优势在中英双方学校中具体实现。整个项目的开展是以第一阶段的研究为基础的，所以中英教育装备标准的比较研究是最为重要的部分，采取的具体研究方法为文献调研和实地考察、采访。

(三)中英教育装备研究方法差异

英国不适用“教育装备”(Educational Equipment)这个名词，而是用“教育科技”(Educational Technology)一词代替“教育装备”。他们在教育装备(或教育科技)的研究上最关注的是辅助认知功能类与教育管理功能类装备的开发、生产问题。而研究方法上也与我们存在着很大差异，尤其是在教育装备产品需求分析方面。中国教育装备的产业特点更多地表现为企业“推送”产品到学校，即当一个新技术或新产品出现后，企业将它介绍到学校，并期望其在教育教学中发挥作用。英国更多地表现为学校根据教育教学中的难题提出技术需求，企业深入学校进行调研，再与学校相关人员一起共同开发相应的技术产品，然后进一步推广使用。

英国的教育装备或科技产品主要表现在计算机辅助教学和学校教育管理的智能软件方面，这些软件从采用的技术角度看其水平并不是太高，但是他们从教育教学需求出发而发现问题、解决问题的创新思路和活跃新颖的方式方法都是需要我们认真学习的。同时，这些软件在建立数学模型和创建算法上也表现得非常突出。

教育装备研究方法是教育装备研究领域最早发动、最为深入、成果最多的理论研究，把它们系统化和进一步理论化在指导该研究领域的发展中具有十分重要的意义。本书希望通过对它的讨论进一步发现研究规律，为我国新时期教育装备的发展和其管理水平的优化提供理论支持。

第二章

教育装备基础理论研究方法

教育装备最为基础的理论知识是教育装备的基本概念，即教育装备是什么、为什么需要教育装备的问题。本章通过对教育装备本质、历史起源以及概念界定的方法来阐述这个基本概念。

第一节　理论研究的重要性

教育装备可以定义为教育资源中的人工资源部分。它包括一切教具、学具、传统教学设备、信息化教学设备、实验室设备、图书、体育器材以及学校内的建筑和各种设施，甚至包括校车这种交通工具。从人类出现，就有了教育，同时也就有了教育装备。时至今日，人们对教育理论的研究已经十分深入，但是对教育装备理论的研究却极为浅显。本文将要说明教育装备理论研究的必要性。

一、在教育需求方面的研究

目前，中国教育的最大热点应该是公平教育问题，这表现在基础教育上就是教育的均衡性，表现在高等教育上就是教育的大众化。对于教育均衡化，其实人们更加关心的并非是教育投入(师资、教育装备、教育信息化投入)的均衡性问题，而是教育产出(学生学业水平)的均衡性，如高等学校的录取比例是否均衡。人们心中都有一个未曾清算过的坚定信念，那就是他们天然地认为：教育装备的现代化与信息化在教育公平化过程中起着至关重要的作用，师资、办学条件等均衡化后教育均衡性问题必然能够得到解决。但是，一些国外的研究却得出令人沮丧的结论。

从 1964 年开始，美国学者科尔曼(James S. Coleman)应美国政府的要求，为解决教育均衡问题在全美范围内进行了大规模的调研。他收集了美国各地 4000 多所学校 60 多万学生的数据进行分析，并于 1966 年完成了一篇长达 285 页的研究报告，被称为《科尔曼报告》。《科尔曼报告》表明：以前认为与学生成绩有关的因素，诸如班级规模、课本质量、学校设施、教师经验等对学生的学习影响都很小。(高慎英、刘良华：《有效教学论》，广东教育出版社，2004 年版)而“社会经济地位包括了它与学生取得的成绩关系之间所有其他的变量。学生在学校75%的成功是来源于其社会经济、家庭、文化背景”。([美]Cruickshank等著，时绮等译：《教学行为指导》，中国轻工业出版社，2003年版)也就是说，该报告认为，影响学生学业和教育均衡性最重要的因素是学生家庭的社会经济地位，而教师的素质、设备条件和课程等都是不重要的。2006年，另一个版本的《科尔曼报告》在大西洋彼岸的英国问世，再次引发了人们对教育公平的关注。就在英国的家长们忙着为自己的子女挑选好学校的时候，一份由伦敦大学学院(UCL)和伦敦国王学院的调查证实了长期以来人们的一个观点：决定学生学业成败的最重要因素不是他们就读的学校，而是父母所处的社会阶层。(《英国：决定学业成败的最重要因素不是学校而是家庭住址》，《中国教师报》，2006年3月17日)

英、美的研究表明，其结论的一致性在时间上没有发生什么变化，但从空间上分析，不能就此说明全球都适用。英、美国家与中国在地理环境、文化信仰、科技水平、国家制度方面存在巨大差异，从英、美等国家研究得出的结论对于中国是否同样适用是值得认真研究的。如果在中国，教育的均衡性也与经济的均衡性有关，那么对教育装备现代化与信息化是否应该投入、应该如何投入、应该投入多少等问题就都是教育装备理论在教育需求方面有必要做的研究课题。

二、在教学适应性方面的研究

所谓教育装备的教学适应性，是指某个教育装备或其构成的教学环境是否适应教师的教学特点与学生的学习特征，这里包括使用者的生理因素、年龄因素、心理因素等方面的影响。例如，电子白板就不是一个普适的教育装备。对于电子白板的适用范围，研究表明，在学前教育阶段与小学阶段可以推广使用，初中阶段可以部分使用，高中阶段应该慎重使用，而在高校建议不要使用。(《电子白板教学的局限性》，《中国教育技术装备》，2010年第12期)

一般认为，除了粉笔与黑板以外，任何一个教育装备最开始其实都不是为教育设计的。例如，电影电视的出现是为了娱乐，计算机的发明是为了科学计算，互联网的设计是为了战争，就连笔纸的发明开始也是为了宫廷需要。这些装备都是人们在逐渐使用的过程中将它们引入到教育中。但是在引入时，人们并没有认真考虑它们对教学的适应性问题。一个新技术的出现(如计算机、多媒体、互联网、电子白板、Moodle、ViKi、WebLog、移动通信、云计算等)，人们总是将其引入教育教学中，以首先接受这种教育装备的态度为前提，而对教学过程、教学方式进行优化设计，以便能够较好地适应和运用这一教育装备，使人服从于装备。教师在做教学设计、编写教案或学案时，总要考虑这些现代化、信息化教育装备在教学过程中的作用发挥，要对它们的使用进行设计，对可能的误操作或设备故障做出应急预案。这些装备不再像过去传统教学中的粉笔、黑板一样可以信手使用，而必须对它们赋予更多的关注。真正优化的教育装备，应该像粉笔、黑板一样，教师不必在进行教学设计时对它们的使用去进行刻意的设计，而学生也没有必要专门去学习或精通它们的使用，它们在常态的教学活动中表现得“渺无痕迹”。人们不知道，也没有必要知道它们的存在，而它们却在教学中悄悄地发挥支持教师教与学生学的积极作用，产生优化教育教学的积极效果。

几百年来，新兴的教育装备层出不穷，但是都不如粉笔、黑板地位稳固。美国当代心理学家理查德·E. 迈耶在他所著的《多媒体学习》(2006 年)一书中写道：20 世纪初，发明家托马斯·爱迪生预言“电影必将革新我们的教育系统，在不远的将来，它即使不是完全地取代课本的用途，也将基本取代课本的用途”。1932 年，俄亥俄州广播学校的创建者本杰明·达罗声称无线电广播可以“把世界带进课堂，让最优秀教师的教学和最伟大领导者的灵感能广泛地被大众分享”。20 世纪 50 年代，电视被人们吹捧为能用来创立“大陆教室”，能“以更少的成本接受更好的教育”。但是，至今所有上述预言都没有实现。20 世纪 70 年代，作为基于计算机的两个大型辅助教学系统，PLATO 和 TICCIT 并没有比传统的教师教学产生更好的学习效果。导致这些令人沮丧结果的原因就在于它们的倡导者采用了以技术为中心的设计取向，他们不是让技术去适应学习者的需要，而是迫使学习者去适应这些最新技术的要求。如何使得设计或引入的教育装备能够很好地适应教育教学是一个十分重要的研究内容。

三、在教育发展史作用方面的研究

研究教育史的目的之一是为了发展教育，而研究教育装备史对研究教育史起着决定性的作用。仰韶时期用于氏族活动的大房子、古巴比伦时期的书写泥板等，其实都是当时的教育装备，它们是现代人对教育进行考古研究的依据。通过这些考古发现可以看出，教育装备是与教育同源的，自有人类起就有了教育，同时就有了教育装备。在中国，教育一开始就与教育装备有不解之缘。“教”字在甲骨文中的常见写法为“”，它的左边下半部是一个表示孩子的人形，左边上半部是一个“爻”字(有卜卦或真相的意思)，而右边则是一个成人手拿鞭子或棍子，表示正在督促孩子学习。其中的鞭子即为“教鞭”，这就是最早期的教具或教育装备。

教育装备发展史是教育装备理论研究的重要组成部分，对教育史与教育发展方面的研究具有不可忽视的作用。通过教育装备史研究的重要性可见教育装备理论研究的必要性。

四、在教学有效性方面的研究

教育装备的有效性涉及 4 个方面的“效”：(1)教育装备的使用效能，这主要反映教育装备本身的使用率，是使用时间与购置时间之比，属于教育装备的管理问题；(2)教育装备如何提高教学效率，这包括降低教师的劳动强度而增加教学效率，还包括降低学生的认知负担而增加学习效率；(3)教育装备如何促进教学效果，这是研究的重点内容，是科学的判断，必须有大量的数据表明什么样的教育装备，在什么样的教学模式下，可以有效地提高学生的学业水平和各种能力，而不仅仅是一张试卷上反映出来的成绩；(4)教育装备的教育效益，这是教育装备反映在教育上的产出与投入之比，属于教育经济学问题。

显然，教育装备在教学有效性方面的研究应该是上述的第(2)点和第(3)点，即教育装备如何提高教学效率和如何促进教学效果，这是对教育装备本质或存在价值方面的理论研究。这是十分必要的研究，因为如果没有这方面研究结论做支撑，投入就变成盲目性的了。

五、教育装备其他方面的研究

一个研究领域或一个学科，“没有特色就没有地位；没有基础就没有水平；没有应用就没有前途”。(陈昌曙：《技术哲学引论》，科学出版社，1999 年版)作为一个研究领域，教育装备的理论研究是多方面的，并且各有特点和应用空间。教育装备管理学是跨学科的研究，它是教育装备学与管理学的一个交叉学科。教育装备应该科学化管理，包括配备前的需求论证、系统设计，还有科学采购、实施建设，以及有效使用、综合评价等。教育装备管理需要迅速从经验型管理转变为科学化管理，并从粗放式管理转变为精细化管理。教育装备人机工程学是从学生的生理学和心理学角度研究装备的设计和配备特点；教育装备生态学是从人文、环境的角度进行研究，而且从列装到退役，是一个系统工程；教育装备的生产研发也在从“引入”逐渐走向“推送”。总之，教育装备的理论研究是十分重要的，以前没有做，从现在起必须做；以前没有重视，从现在起必须给予足够的重视。

第二节　教育装备本质的研究

一、教育装备的本质

事物的本质应该是该事物的存在价值，即作为客体的该事物对于主体的作用和意义，或称“客体的主体化”①。教育装备的本质也应该是其在教育系统中的存在价值，它涉及教育的本质与装备的本质。

(一)教育的本质

胡德海教授在他的《教育学原理(简缩本)》一书中归纳了国际上诸多学者对教育本质的阐释：(1)捷克教育家夸美纽斯说：“教育在于发展健全的个人。”又说：“只有受过一种合适的教育之后，才能成为一个人。”(2)英国哲学家洛克说：“人类之所以千差万别，便是由于教育之故。”(3)法国启蒙思想家、教育家卢梭说：“植物是由栽培而成长，人由于教育而成为人。”又说：“我们生而软弱，因而需要力量；生而无能，因而需要他人帮助；生而无知，因而需要理性。所有我们生而缺乏的东西，所有我们赖以成为人的东西，都是教育的赐予。”(4)德国哲学家、教育家康德说：“人只有靠教育才能成人，人完全是教育的结果。”(5)被称为近世儿童教育之父的瑞士教育家裴斯泰洛齐认为：“教育是人类一切知能和才性的自然的、循序的、和谐的发展。”(6)美国实用主义教育家杜威说：“教育即生活”“教育即生长”“教育乃是社会生活延续的工具”。他还说：“教育是经验不断的改组或改造，这改组使经验的意义增加，也使控制后来经验的能力增加。”(7)苏联教育家加里宁说：“依我看来，教育是对于受教育者心理上所施行的一种确定的、有目的的和有系统的感化作用，以便在受教育者的心身上，养成教育者所希望的品质。”(8)胡德海教授在该书中表示更加认可《中国大百科全书·教育》对广义教育定义而反映出的教育本质：“从广义上说，凡是增进人们的知识和技能，影响人们的思想品德的活动，都是教育。”②

通过上述对教育本质的阐述可以看出，教育具有两大功能：第一，教人做人(影响人们的思想品德)；第二，教人做事(增进人们的知识和技能)。教育的本质在于教育的存在价值，而教育的存在价值由教育的功能来体现。教育的上述两大功能反映了教育的存在价值，亦即教育的本质。

(二)装备的本质

对一个事物本质的理解，在于该事物的不在场。某事物的不在场，使得它的存在价值更加清晰、明确。举一个哲人们经常使用的例子：假设桌子表面出现一个总是划破我手臂的钉子尖，而我手边恰好又没有锤子(即锤子这个事物不在场)，则我就有可能用手上的手机去砸钉子，此时手机就被称为锤子而不再是手机。手机完成了锤子的功能，是因为虽然实际的锤子不存在，但锤子的理念作为真际还存在于我心，锤子的本质和存在价值此时充分地体现了出来。

① 李艺、颜士刚：《技术的教育价值论》，教育科学出版社，2010年版，第11页。

② 胡德海：《教育学原理(简缩本)》，甘肃教育出版社，2008年版，第168—170页。

揭示装备的本质和存在价值也可以使用同样的方法：可以假设世界上所有的装备（即技术物）都不存在了，则人类将会因为没有了这些衣食以及获取衣食的工具而失去生存条件，但是人类的反应是马上会根据自己头脑中装备的理念，通过有意识的劳动重新制造出一批新的装备来继续生存。从中可以看出装备的3个本质特征：①装备是人类生存的条件之一；②真际装备是人类心中的理念；③实际装备是通过人类有意识的劳动获得的。

通过上述分析可以看出，装备的本质就是“人类通过有意识的劳动而制造出使人类得以生存的事物”，也就是人类的人工生存条件。生存条件在这里也可以称为生存资源，所以装备就是人工资源。但是，生存条件中除了装备以外，还需要其他条件。人类赖以生存的资源并不都是通过劳动制造出来的，除了劳动产品外，一些自然资源也是人类的生存条件，例如，河里的水、树上的野果、各种可以食用的小动物等。同时，由于人类是“社会性动物”或“怕孤独的动物”，相互之间的合作、协作也是人类赖以生存的重要条件，即除了自己以外的其他人也是生存资源，可以称为人力资源。这样，人类赖以生存的条件就应该包括自然资源、人力资源和人工资源3个部分，而装备则是指这些资源中的人工资源部分。

（三）教育装备的本质

使得教育赖以生存的条件可以称其为“教育资源”，教育资源与人类生存资源一样也是包括自然资源（如：祖国山河）、人力资源（如：教师与学生）和人工资源（如：教学设备）三个组成部分（如图2.1所示）。而教育装备的本质，则是人工打造的教育资源，它是教育资源中的人工资源部分，教育性与人工性是它的本质属性。

《教育大辞典》中定义“教育资源（Educational Resources）是教育过程所占用、使用和消耗的人力、物力和财力资源。即教育人力资源、物力资源和财力资源的总和”。① 而“教学资源（Instructional Resources）是支持教学活动的各种资源。分为人类资源和非人类资源”。② 仔细分析可知，人类资源就是人力资源，非人类资源就是物力资源。从教育装备的角度看，财力资源并不是人们所关注的内容，在研究时可将其忽略或归入人力资源，同时将物力资源细分为自然资源和人工资源。其中，人工资源是人类为了教育教学的目的而生产、加工

① 顾明远主编：《教育大辞典　增订合编本（上）》，上海教育出版社，1998年版，第799页。

② 顾明远主编：《教育大辞典　增订合编本（上）》，上海教育出版社，1998年版，第723页。

或改造的物力资源(教室、教具、实验仪器设备等)，自然资源是未经加工的物力资源。祖国的山河是自然资源，当用于爱国主义教育或进行地理研究时就成为教育教学资源的一部分。图 2.1 反映了教育资源和教学资源之间的关系。教学资源是教育资源中的部分人力资源(教师、学生、专家等)、部分人工资源(设备、仪器、软件等)以及一些自然资源，由它们构建起教学环境。

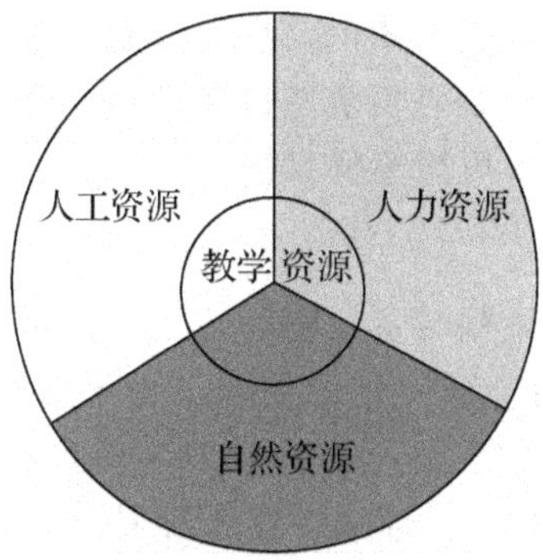

图 2.1　教育资源的组成及其与教学资源的关系

二、教育装备的作用对象以及主客体关系

目前，“装备”一词愈来愈多地见诸媒体，被人们频繁使用。同时该词在政府部门的文件中也频频出现，经统计发现，仅在《中华人民共和国国民经济和社会发展第十二个五年规划纲要(2011—2015 年)》文本中，“装备”一词就使用了 29 次之多(其他关键词：如“科技”使用了 64 次，“人才”使用了 51 次，“教育”使用了 77 次，“信息化”使用了 17 次)。该文本中与“装备”一词一起构成的词汇主要集中在：装备制造、技术装备、装备产品、武器装备。这一现象折射出，人们对装备的重视程度正在逐渐增加，理解正在加强。

(一)装备的作用

早期，装备一词主要用在军事方面，当作名词使用时表示军事装备物资，而当动词使用时则表示对装备物资的配备行为，例如说“装备了一个连”。甚至在《辞海》中，对装备一词的注释都是“军队用于作战和作战保障的各种器械、器材等军事装备的统称”。慢慢地，装备开始用于其他领域，例如我们常说的工业装备、农业装备、科研装备、医疗装备、体育装备、教育装备等。人们大量使用这个词的根本原因在于装备的本质其实是人工制造的工具，而各个领域的发展都是依赖着该领域相应工具装备的现代化、自动化、智能化。尤其是在军事方面，人们通过世界上近期的一些战争得出一个未成文的共识：“现代战争，打仗就是打装备。”在人类发展的历史中，装备或工具的发展起着至关重要的作用，最为典型的就是几次工业革命。18世纪末至19世纪初，高效率实用型蒸汽机的使用，引发了第一次工业革命，它推动着人类历史向前快速地发展，人类进入了工业化时代；19世纪末至20世纪初，电动机和电气电力设备大规模使用，由此产生了第二次工业革命，使得人类的生产和生活进入了自动化时代；20世纪末至21世纪初，计算机和信息技术的成功应用，则促使人类向智能化时代迈进。装备的发展促进着领域的发展，从而决定着人类社会的前进，装备的进步还增加着人们的知识，从而改变着人们的生活方式。教育装备研究者经常举这样的例子：数码相机使得在现代，人人都可以成为摄影师，而这在数年前的胶片时代是不可想象的事情。

(二)装备的作用对象

虽然各个领域都需要重视装备、发展装备，但是它们的装备却因为作用对象的不同而存在着巨大的差异。先说一下工业装备的情况，工业包括重工业(能源工业、钢铁工业、机械工业等)、化学工业和轻工业(纺织工业、烟草工业、加工工业等)，从这些行业名称中就能够看出，它们的生产工具装备的作用对象多为无机物或有机物而非生命的物质。广义的农业则是指包括种植业、林业、畜牧业、渔业、副业五种产业形式，所以农业生产工具装备的作用对象多为植物或动物而非人类的生命体。军事装备的打击对象是敌人和敌人的设施，所以军事装备的作用对象是以人为主并兼有非人类的东西，而且与其他建设性装备相比，它具有破坏性、摧毁性的性质。医疗装备、体育装备、教育装备的作用对象都是人类本身，并且都起着建设性的作用。科研装备比较特殊，因为科研本身涉及的领域较宽，它既包括工业科研、农业科研和军事科研，还包括医疗科研、体育科研和教育科研等，所以科研装备就不能自成体系，而是根据相关研究领域来确定其装备特点。例如，工业科研装备应属于工业装备，军事科研装备应属于军事装备，教育科研装备就应属于教育装备了。

因为教育装备与医疗装备、体育装备在作用对象方面具有相似性，所以在研究教育装备作用理论时就可以与医疗装备、体育装备研究成果进行对照或对比研究。而在研究教育装备的管理理论时则可以借鉴工业装备、军事装备的管理学理论，因为这些管理理论已经发展应用若干年了，有很多可以借鉴的经验。装备作用对象的特点反映了领域的特点，教育装备作用对象的特点反映了教育事业不宜完全采取工业生产的模式和军事管理的模式。

(三)教育装备的作用对象

虽然教育装备的作用对象与医疗、体育装备一样都是人类本身，但是进一步分析就会发现它们在本质上也有不同。医疗、体育装备的作用对象基本上是针对人体的生理机能与健康，而教育装备的作用对象则更多地是为了人类心理的健康、思想的先进、知识的丰富、头脑的强健，等等。所以教育装备在研发、设计、生产等方面就不能与医疗、体育装备一样，更不能与工业、农业、军事装备一样，教育装备有它自己的特点，它的作用对象是宇宙万物中最高级、最复杂的人类的头脑。在这方面，心理学与教育有着非常相似的地方，但是由于心理学没有形成一个大的产业或大的体系，而基本处于科学研究的状态，同时从学科角度讲，心理学也属于教育学科门类，所以在这里就将心理学装备纳入了教育装备体系。

工业装备作用对象的简单性，使得工业装备得以优先快速发展起来。然而，正是由于教育装备作用对象的高级性与复杂性，使得它的研究始终处于初级阶段。教育装备的发展从来都是“拿来主义”，都是将其他领域的装备直接拿来使用，使得它的性质类似于科研装备，所以并未构成自己独立的体系。拿来主义的教育装备还反映出它们支持的学习正处于模仿阶段，在模仿其他领域的工作，而模仿则是最初级的学习方式。教育装备的研究就是要构建教育自身的装备体系，使得由教育装备而形成的教学环境下的学习变为高级的学习。

(四)装备与主客体关系

装备作为工具时，是人类感官、肢体、思想的延伸。无论是工业、农业、军事、医疗、体育，还是教育领域的装备，在设计、制造以及管理它们的过程中，人是这个系统中的主体，而被设计、制造、管理的装备是这个系统中的客体。但是在装备的使用过程中，情况就比较复杂了。在工农业生产过程中，工农业装备被系统中的主体——人所使用，装备的作用对象是非人类的，这些对象正是系统的客体，并且是具象化的客体，而装备本身则只是工具，是人类感官、肢体的延伸，它既不是主体也不是客体。但是，当装备的作用对象是人类时，例如医疗、体育、教育装备，情况就有所不同。由于人具有主动性与能动性，装备的作用对象——人不再是系统的客体，而是与装备的使用者一起构成了系统的主体，系统的客体发生了异化并变得抽象化，装备则仍然只是工具，是人工资源。在医疗系统中，医生与病人都是主体，而身体的疾病则成为客体；在体育系统中，教练与运动员都是主体，而人的体质则成为客体；在教育系统中，教师与学生都是主体，而知识则成为客体(图 2.2 说明了这种关系)；其中客体的疾病、体质、知识都具有抽象化的特点。军事系统中的情况又是不同的，军事装备的作用对象不因是人而成为主体，却仍然保持客体地位，对于使用军事装备的主体来说，敌人就是客体，与非人类的装备作用对象保持其客体性表现是一致的，反映出战争行为非人性的一面。如果用哲学语言描述装备的特性，可以这样说：在设计、制造、管理过程中的装备为“知识体”，因为这个过程正在增加着装备的使用价值；而使用当中的装备就成为“物自体”了，因为此时正体现着它的自然本性，正释放着它的使用价值。这就像一个交换当中的面包(知识体)和正在被吃下去的面包(物自体)之间的区别一样。

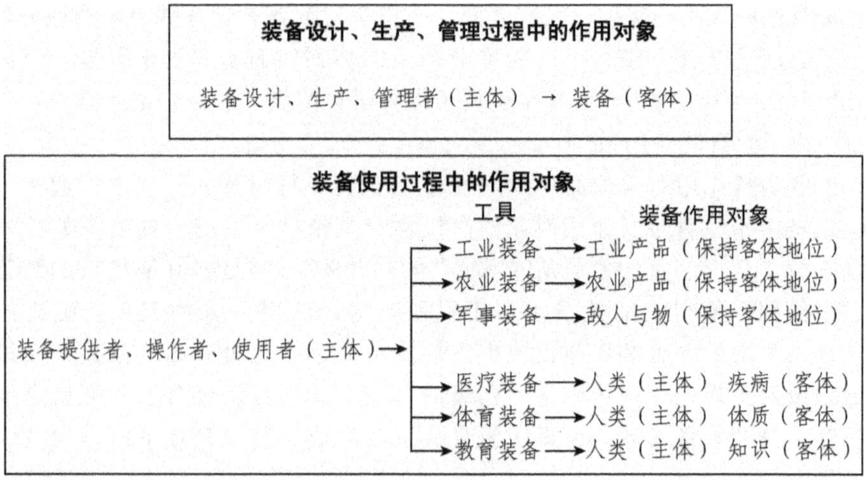

图 2.2 装备的作用对象

教育系统的特殊性使教育装备的表现产生了质的变化。例如，作为工业装备的一台机床在工厂生产时，其加工的那个工件就是装备的作用对象，同时它也是这个工业系统中的客体，主体是它的加工者——工人。而将这台机床放到学校里进行教学时，机床与被加工的工件一起都成为教育装备(它们的作用对象是学生)，变成了工具，不是主体也不是客体；教师和学生是这个教育系统中的主体，机床加工原理知识和技能成为该系统的客体。进一步分析可以看出，以学习加工原理知识为目的使用的机床和以掌握加工技能为目的使用的机床也应该是有区别的，用于学习知识的机床应该更加清楚地展现出加工过程与原理，而用于掌握技能的机床就应该更加接近工业环境中实际的机床。作为教育装备，它们的共性只表现在更加突出其安全性这一点上。于是可以认为，对于普通教育应该设计制造适应其特点的装备，而对于职业教育就应该直接使用其专业所对应领域的实际装备。

通过上述分析可以得出这样的结论：①教育装备在所有装备中具有特殊性，它的作用对象是最为复杂和最为高级的人类的头脑。②在设计、制造和管理的过程中，教育装备处于系统中客体的地位；而在使用过程中则起着工具的作用，既非主体也非客体。③拿来主义的教育装备配备不是科学的配备，应该为教育设计自己的装备，以改进学习模式。④教育装备研究的重点在于应用，教育系统客体异化的现象决定了教育装备应该切忌见物不见人的研究方式。

第三节　教育装备起源的研究

研究教育装备的起源与研究教育装备的本质其实是一个问题的两个方面。如果说研究教育装备的起源是在寻找它的历史起点的话，则研究教育装备的本质就是探讨它的逻辑起点，而马克思主义认为，一个事物的历史起点与逻辑起点应该是辩证统一的。本节希望通过对教育装备起源的分析，使得教育装备的概念更为清晰，定义更有依据。

“教育装备”这个词是由两个独立的词“教育”和“装备”构成，其中“装备”是核心，“教育”用于修饰“装备”，限定了教育装备的属性。这样，教育装备的起源就涉及教育的起源与装备的起源两部分内容。

一、教育的起源

关于教育的起源，一般有 4 种学说：教育的生物起源说、教育的心理模仿起源说、教育的劳动起源说和教育的人类社会需求起源说。产生这些不同学说的原因在于人们对教育本质的理解不同。

(一)从教育的词源看中西方对教育的理解

在中国，“教育”一词最早见于《孟子·尽心上》中“得天下英才而教育之，三乐也”一句。但是在 20 世纪之前，很少有人直接使用这两字连用的词，而是使用“教”或“学”①。其中，“教”在甲骨文中的常见写法如图 2.3 所示，字的左边下半部是表示孩子的人形，左边上半部是一个“爻”字(有卜卦或真相的意思)，意为一个孩子正在学习；而右边则是一个成人手拿鞭子或棍子，表示正在督促这个孩子学习。中国古代伟大的哲学家、教育家孔子(公元前 551 年—公元前 479 年)曰：“我非生而知之者，好古，敏以求之者也。”(《论语·述而》)所以，中国自古就提倡要在别人的督促下从外部去获取知识，教育更多地在于外因发挥作用，即强调教的过程。

图 2.3　甲骨文“教”

① 唐汉卫、魏薇：《教育学基础》，山东人民出版社，2010 年版，第 2 页。

在西方，英文 education(教育)一词来源于拉丁文动词 educere。这个词是由前缀字母 e 和 ducere 两部分组成。前缀字母 e 在拉丁文中的意思为“出”，ducere 为“引”，合起来是“引出”的意思。这就是说，教育要用引导的方法，来发展学生的身心①。古希腊伟大的哲学家、教育家柏拉图(约公元前 427 年—公元前 347 年)说：“学习就是回忆。”(《柏拉图对话录·斐多篇》)所以，西方自古提倡的是自己主动地去获取知识，教育更多地在于内因发挥作用，即强调学的过程。

显然，中西方对教育本质(作用、意义、功能等)的认识有着根本的不同，当他们谈论教育时，其出发点、视角、立场、观点等必然存在巨大差异。

(二)教育起源说的起源分析

一个实际存在的事物，当人们从不同的视角去观察它时，会得出完全不同的认识。例如食盐这个事物，研究生理的人认为它是我们身体必需的一种矿物质，人体没有它不行，食用多了也不行(会引起血压偏高等疾病)；研究物理的人认为它在常态下是一种具有立方体晶体结构的固体物质，无色、无气味，具有咸的味道；研究化学的人认为它是氯元素与钠元素的化合物，是一种盐酸盐类。显然，上述 3 类人都描述出了食盐这个事物的本质属性；而从没有人去给这些描述下定论，说哪个描述才是对食盐真正本质的描述，或者其他的描述都是错误的或不完备的。因为人们心中都清楚这样一个事实，即他们都是在不同的领域或语境(context)下对这个事物进行本质属性的描述。

对教育起源的多种认定，原因在于对教育本质认识上的差别。人们对教育本质的认识经历过大量的讨论(全国教育学研究会编：《关于教育本质问题的争论》，人民教育出版社，1980 年版)，却始终存在着诸多不同观点。从 19 世纪初开始直至今日，一直进行着对教育起源的讨论，建立的学说诸多；究其原因，其实是由于人们对教育本质的认识上所存在的差异造成的。

1. 教育的生物起源说。该学说的代表人物有法国的社会学家利托尔诺(Charles Letourneau，1831—1902)和英国的教育家沛西·能(Thomas Perey Nunn，1870—1944)，他们是教育生物起源论的发起者。利托尔诺在其所著《动物界的教育》一书中认为，教育是一种生物现象，教育起源于一般的生物活动。动物完全同人一样，生来就有一种由遗传而得到的潜在的教育。动物界的生存竞争和天性本能就是教育的基础，动物是基于生存与繁衍的天性本能而产生了把“经验”“技巧”传给小动物的行为，这种行为便是教育的最初形式与发端。而沛西·能于 1923 年在不列颠协会教育科学组大会上的主席演说词中指出：教育从它的起源来说是一个生物学的过程，一切人类社会都有教育，不管

① 胡德海：《教育学原理(简缩本)》，甘肃教育出版社，2008 年版，第 167 页。

这个社会如何原始；甚至在高等动物中也有低级形式的教育。教育既无须周密的考虑使它产生，也无须科学予以指导，它是扎根于本能的不可避免的行为。

2. 教育的心理模仿起源说。该学说的代表人物是美国教育史专家孟禄(Paul Monroe，1869—1947)。他从心理学的观点去解释教育起源问题，在其所著《教育史教科书》中，从心理学的观点出发，根据原始社会没有学校、没有教师、没有教材的原始史实，判定出教育应起源于儿童对成人无意识的模仿。原始社会的教育普遍采用的方法应该是简单的无意识的模仿，在这种原始共同体中，儿童对年长成员的无意识模仿就是最初的教育的发展。模仿既是最初的教育形式的手段，也是教育的本质。

3. 教育的劳动起源说。在20世纪30年代，苏联教育理论界认为劳动是从猿转变为人的根本原因，劳动创造了人，因而劳动必然是教育产生的最初的本源。于是在此理论基础上，建立了教育起源于劳动的新理论。该学说认为，人类的教育是伴随人类社会的产生而一道产生的，推动人类教育起源的直接动因是劳动过程中人们传递生产经验和生活经验的实际社会需要。其原因如下：首先，人类的生产经验和方法传递给集体成员和后代，要由年长者对年轻一代进行指点和传授；其次，劳动是一个复杂的过程，通过教育掌握必要的有关知识是进行劳动的前提；再次，劳动这种社会性活动需要共同协作，而合作和尊重集体利益是通过教育培养出来的；最后，劳动不是盲目的发现和适应，人由古猿的无意识状态发展到猿人的有意识状态，是通过教育来实现的。

4. 教育的人类社会需求起源说。我国教育理论家胡德海教授认为："教育起源于人类社会生活的需要，这句话讲得具体点，就是：教育起源于社会群体传递、发展文化和社会个体社会化这两个方面的共同需要。我们只有既从社会群体又从社会个体这两个方面的结合上，才能理解社会文化的传承关系，并从而可以正确认识到教育所由产生的道理。"①其中，社会群体需要传递和发展文化，就必须不断地培养新人去接替退位的老人，这体现了教育产生的原因之一。另外，人作为个体在其社会化过程中，需要接触社会环境中的各种事物和学会处理与别人的关系，而这些就是产生教育的另一个原因。

上述4种学说，都涉及教育的本质属性。教育作为一种知识传播途径，是由"教"的过程和"学"的过程共同组成的；而作为一种人类社会现象，则具有社会性、生产性、平等性、文化性、民族性等本质属性。教育的生物起源说更多地强调了教育中"教"的作用，认为教育的本质就是长者将经验传递给幼者。教育的心理模仿起源说过多地强调教育中"学"的过程，认为教育的本质就是学习

---

① 胡德海：《论教育起源于人类社会生活的需要》，《西北师大学报(社会科学版)》，1995年第5期。

者主动地模仿长者。教育的劳动起源说则更多地强调教育的生产性，认为教育的本质就是生产劳动经验的传递。而教育的人类社会需求起源说在强调教育的社会性的同时，还说明了教育的“教”的过程（社会群体传递、发展文化过程）和“学”的过程（个体社会化过程），认为教育的本质在于其社会性与文化性。就像对食盐的本质属性进行描述一样，人们从不同的角度去看待教育，也会强调其某一方面的本质属性，于是就有了不同的教育起源的认定。我们不能完全地否定任何一个学说，而只认为其中的某一个学说才是唯一正确的，因为他们在论述时的语境不同，在讨论之前他们并没有做一个约定，以使得他们处于共同的语境之中。从一些文献（《关于教育本质问题的争论》，人民教育出版社，1980年版）中可以看出，在中国，人们更多地倾向于教育的劳动起源说，认为它真正地体现了马克思主义的观点。但是，人类早期的教育其实是脱离了当时生产劳动的一种社会活动（如：宗教活动、艺术活动、早期教育活动等），往往是由失去生产劳动能力而具有丰富经验的老人承担教育者的工作，而受教育者则又都是还不具有生产劳动能力的幼者。笔者认为，没有一个统一的教育起源说，对教育起源的规定决定于对教育本质属性的规定，而对教育的本质属性的认定，又与我们讨论着的语境有关。

为了对我们讨论的“教育装备起源”中的“教育”有一个约定，就必须首先统一我们的语境，说明它的本质，并由此本质属性来限定它的起源。

（三）教育装备之“教育”的起源

如前所述，在讨论“教育装备”中的“教育”起源之前，必须对该教育的本质属性有一个约定，即要使我们的讨论处于共同的语境之中，而我们的共同语境就是要约定我们正在讨论的是教育装备问题。这就像我们在讨论食盐的本质属性时所需要做出的约定：是讨论食盐对人体作用的属性问题，还是其物理属性问题，抑或是其化学属性问题。为此必须说明：我们所谓的教育装备并非所有对教育能够发生作用的装备，例如在家庭教育中使用的家用电器（家用电视机、计算机、收音机等）就不应该在讨论的范围之内，教育装备必须是在专门的教育机构中发挥作用的那些装备（或人造物）。限定了教育装备的范围，也就限定了教育装备之“教育”，这里的“教育”应该是指所有的在校教育，包括学历教育与非学历教育，就目前来说即教育部所管辖的教育，而不包括社会公共（校外）教育、家庭教育等非在校教育。

在上述约定下的教育就必须是人类建立起社会关系后，在有意识、有组织的情况下所进行的专门的学校教育（或原始学校教育）活动。例如，仰韶文化的大房子和古巴比伦的泥板学校。通过这些考古发现可以看出，这种有意识、有组织的专门学校教育确实是与人类的社会活动相关联的，自有人类社会起就有了原始学校教育，这是人类的社会生活需求。所以笔者认为，教育装备之教育的起源应该采用胡德海教授的教育人类社会需求起源说。

这里有一个逻辑问题需要澄清。本文是想通过对教育起源与装备起源的分析来论证教育装备的起源，但是此处对教育起源的认定却使用了教育装备这个讨论环境，这似乎是将论证的结论事先放到了前提之中，犯了循环论证的逻辑错误。其实不是这样。教育装备在这里只是作为语境出现，它并没有对教育的本质产生影响，教育的本质属性仍然是对教育起源规定的决定性因素。就像比如要讨论食盐与硫酸发生的反应，当然要选择食盐的化学属性作为当前语境，食盐的具体化学属性不因我们要研究其与硫酸的反应而发生任何变化，显然这里并不存在逻辑上的循环论证。

二、装备的起源

讨论装备的起源要比讨论教育的起源困难，这是因为鲜有资料记录对装备本质与起源的论述，没有更多的参考文献为讨论提供支持，甚至对装备的概念如何规定、其定义如何表述都不是十分清晰的。

（一）对装备的词源分析

对“装备”一词做词源分析要比对“教育”一词做词源分析困难得多，在中国“教育”一词自古就有，甚至在甲骨文中也能查到它的踪迹；而“装备”一词有可能是外来语，它到了近代才在一些文献上出现。最大的可能性是汉语“装备”一词来源于日语，而日语“装備”则是对英语中的相关词汇进行的翻译。为了查证这一点，笔者首先查阅了《康熙字典》，在“装”字和“备”字的条目中没有出现“装备”词组的词例，这说明清代时期的汉语中尚未有装备一词使用。从书籍与杂志的查找中发现，最早出现装备一词的年代为 1915 年。由胡明复等人创建的中国《科学》杂志于 1915 年 1 月在上海问世，该杂志 1915 年第 4 期刊出了胡明复的一篇名为《晚近行军三要素：编制、装备、训练》的文章，其中多次使用了装备一词。《东方杂志》则由商务印书馆创建于 1904 年（清光绪三十年），梁启超、蔡元培、严复、鲁迅、陈独秀等都曾在该刊上发表过文章。在查阅中发现，从创刊开始，前几年发表的文章中都没有使用装备一词，直至 1915 年第 9 期该刊上发表的《论美国之海军》（作者：胡頋深）一文中才出现装备一词。并且从这些文章中可以清楚地看出，当时“装备”一词主要用于军事，且仅出现在与军事有关的文章之中。而当时的国际形势是这样的：1894 年（清光绪二十年）中日之间发生甲午战争，中方战败；10 年之后，1904 年俄日之间发生日俄战争，俄方战败。两次战争使得中国人更多地去学习日本的军事，装备（日文“装備”）一词的引进就在所难免了。在中国的《辞海》中，对“装备”一词的注释是“军队用于作战和作战保障的各种器械、器材等军事装备的统称”；《现代汉语词典》（第七版）的解释有两个：“①[动]配备（武器、军装、器材、技术力量等）：这些武器可以～一个营；②[名]指配备的武器、军装、器材、技术力量等：现代化～。”从国内各种传统字典词典中的解释可以看出，对装备的解释依然停留在以军事为主的范围内。近年来人们对装备的理解发生了一些改变，例如“百度百科”对装备的定义是“装备指配备的一些设备”①；“维基百科”干脆将装备定义为“工具”②。但是笔者认为“设备”和“工具”还不能充分反映装备的概念，作为军事装备的军装，它既不是设备(如：通信设备)也不是工具(如：工兵工具)。

装备一词可以作为名词使用，对应的英文是名词 equipment(或 accoutrements)；也可以作为动词使用，对应的英文是动词 equip(或 accouter)与词组 fit out。作名词使用时，装备是被其概念规定的客体(相对于主体人)或实体，是装备物。而作动词使用时，装备则是表示对主体(人)进行客体装备物配备的行为，或者更学术地称为“客体的主体化”③。其中名词 equipment 是配备、装备、设备、器械、用具的意思，但同时还有才能、知识、素养的意思。及物动词 equip 是动词装备、配备行为和使有能力，使有资格以及赋予的意思。其中 equip 与 equipment 来源于 16 世纪时期的法语，而动词 accouter 则来源于古老的拉丁语 accosturare，在拉丁语中该词是缝合的意思④，所以西方的装备一词是强调了人为加工制作的内涵。

(二)与装备起源相关的装备本质属性

在《中国现代教育装备》杂志 2013 年第 14 期刊出的《关于教育装备概念的再讨论》一文中，笔者详细论述了装备的本质，认为：(1)装备是人类生存的条件(即生存资源)之一；(2)“真际”装备是人类心中的理念；(3)实际装备是由人工制造的。所以，作为装备就具有了 3 个本质属性：生存资源性、人类独有性、人工制造性。

1. 生存资源性。人类正是为了更好地生存才创造了装备，装备是人类生存必需的资源之一。人类生存依赖资源，在经济学中：“资源可以被定义为生产过程中所使用的投入。……按照常见的划分方法，资源被划分为自然资源、人力资源和加工资源。”⑤而在社会学中，“按照资源的属性，可以将资源分为自然资源、社会经济资源和技术资源，它们被称为人类社会的三大资源。社会经济资源又称社会人文资源，是直接或间接对生产发生作用的社会经济因素，其中

---

① 百度百科[OL]，http://baike.baidu.com/view/193622.htm

② 维基百科[OL]，http://zh.wikipedia.org/wiki/%E8%A3%85%E5%A4%87

③ 李艺、颜士刚：《技术的教育价值论》，教育科学出版社，2010 年版，第 11 页。

④ *The Online Etymology Dictionary*[OL]，http://www.etymonline.com/

⑤ [英]彼得·蒙德尔(Peter Maunder)等著，胡代光等译：《经济学解说(上)》(第 3 版)，经济科学出版社，2000 年版，第 4 页。

人口、劳动力是社会经济发展的主要条件”。[①] 由此可见，社会经济资源即人力资源，而加工资源或技术资源其实就是人工资源。于是，人类生存资源就被分为自然资源、人力资源、人工资源3个部分，而装备则属于人工资源部分。

2. 人类独有性。装备是人类独有的，用哲学语言可表达为：“真际”装备是人类心中的理念。人类学家与动物学家发现，一些动物也有使用工具和制作工具的本领。但是，动物使用和制作工具只是一种模仿，当它们所熟悉的情境不再重现时它们将不能再进行有效模仿。有实验证明：黑猩猩可以模仿人类用一桶水将燃烧的篝火浇灭，但它们提着一个空桶却不知如何将一堆燃烧在河边的篝火扑灭。它们掌握的知识无法迁移，是因为它们头脑中没有这个事物或工具的理念。面对一个钉子而手中没有锤子时，人类可以用手中的手机去砸钉子，因为锤子的理念在人类头脑中，而动物却对此无能为力。马克思说：“我们要考察的是专属于人的劳动。蜘蛛的活动与织工的活动相似，蜜蜂建筑蜂房的本领使人间的许多建筑师感到惭愧。但是，最蹩脚的建筑师从一开始就比最灵巧的蜜蜂高明的地方，是他在用蜂蜡建筑蜂房以前，已经在自己的头脑中把它建成了。”[②]作为广义的工具，装备已经成为人类心中的理念，动物不会在心中建立这个理念，所以从建立理念的角度出发，装备是具有人类独有性的。

3. 人工制造性。装备是人工制造的，这与人类的劳动有关。对于劳动的定义，黑格尔认为：“劳动是受到限制或节制的欲望，亦即延迟了的满足的消逝，换句话说，劳动陶冶事物。对于对象的否定关系成为对象的形式并且成为一种有持久性的东西，这正是因为对象对于那劳动者来说是有独立性的。”[③]人与动物都具有“果腹”的欲望，面对食物，如果他们直接去获取，则不是劳动。但是，当人类限制或节制了当下满足的这种欲望，他们可以做到先去制作获取食物的工具，再去得到食物，那么这个“延迟了的满足的消逝”的过程就称为劳动，那个被劳动陶冶的事物就是劳动工具(即装备)，它是被人工(即通过劳动)制造的。人工制造工具或装备的过程是对制造工具或装备原材料这个对象的否定，使它“成为一种有持久性的东西”，即装备本身。

上述讨论的3个性质便决定了讨论装备起源时的语境，即认定装备的起源必须与人类的生存、人类的思维、人类的劳动联系起来。

---

① 丁明刚：《高校图书馆学术期刊管理概论》，合肥工业大学出版社，2011年版，第54页。

② 马克思、恩格斯著，中共中央马克思恩格斯列宁斯大林著作编译局译：《马克思恩格斯全集》(第23卷)，人民出版社，1972年版，第202页。

③ [德]黑格尔(G. W. F. Hegel)著，贺麟、王玖兴译：《精神现象学(上)》，商务印书馆，1979年版，第130页。

(三)广义装备与狭义装备

对装备的词源分析论述中所谓装备的概念其实还仅是一个狭义的概念，即狭义装备就是工具和设备，而人工资源这个装备的概念则是一个广义装备的概念。

1. 物化装备与非物化装备。作为人工资源的广义装备，除了包括工具、设备、各种人造物资这些物化的资源以外，还应包括人为制造的非物化的资源，如：科学、技术、知识、信息等。科学、技术、知识、信息等这些非物化的资源也都是人工(或说是人类)制造出来的，但它们不是物质的，不具有物质形态。提出“科学技术是第一生产力”，就是将科学、技术纳入了人工资源的范畴；而“知识就是力量”是认可了知识作为重要资源的地位；社会发展到今天，信息则更被人们公认为是当前最为重要的资源之一。所以，广义的装备应该包括物化装备(即物化人工资源)与非物化装备(即非物化人工资源)两个部分。

2. 生产性装备与非生产性装备。在物化的装备中，工具、设备等属于生产性装备，因为它们是生产资料(注：生产资料还包括自然资源，如矿产)。但是还存在大量的非生产性的物化装备，例如：军装、军粮、医疗器具等。与许多事物的概念界定相似，在装备与非装备之间总能够找出一些事物，它们处于不同种属的边界上，这种临界状态使得我们对它的界定似是而非。比如一个馒头，它既是人工制造又是生存资源，但我们很难将它与通常所说的装备联系起来。如果说这个馒头是军粮的一部分，一支用粮食装备起来的队伍要比一支挨饿的队伍更有战斗力，如此将它看作是装备就会很容易被我们接受。教育装备更加如此，它们往往都不具有生产资料的性质，而属于非生产性的物化教育资源，但是它们完全满足了装备的概念规定。此外，以前人们从未将学校的后勤设施设备算作是教育装备(虽然它们完全满足了教育装备概念的思维规定)，但是自从2012年5月31日中国教育装备行业协会学校后勤装备管理分会成立后，问题似乎有了一个定论，即将非直接用于教学的学校后勤设施设备列为教育装备范畴，人们也是可以接受的。

总之，狭义的装备是指人工制造的物化生产性资源；而广义的装备则既包括物化的人工制造的资源也包括非物化的人工制造的资源，并且在物化的人工制造的资源中，既包括生产性资源也包括非生产性资源。

(四)装备的起源分析

我们现在讨论的“教育装备”是一个名词，其中的“装备”一词也是名词，所以在这里只分析作为名词的“装备”的起源问题。从上述装备的词源分析和本质属性分析可以看出，所谓装备，应该主要体现在人类为了某个目的而生产制作的物品。生产制作的物品属于“技术物”或“技术工具”，而非生产制作或自然形成的物品则是“非技术物”。设想最早的人类在狩猎时需要工具，他可以从地上随便找一根木棍，这根天然的木棍是不具有技术含量的，可称它为“非技术物”。而当他对一根木棍进行修整和打磨使它变得尖利后，作为狩猎工具它将更为有效，此时木棍具有了技术含量就变成了“技术物”。技术物的功能有效性使人类对技术更感兴趣，于是技术得以继承、发扬、发展。装备是生产制作的物品，所以它是技术物。从这一点来说，装备与技术装备是同一个事物的不同说法，它们都是在说明具有技术含量的物品。但是由于装备已经是技术物品，所以“技术装备”中的“技术”一词就显得十分多余，技术装备其实就是装备。

装备的生存资源性、人类独有性、人工制造性这些本质属性决定着我们对装备起源的认定。人类是在漫漫的历史长河中逐渐发展进化而来的，其生存对象也是有历史渊源的。西方哲学家称人类为“怕冷的动物”，因为他们不具有其他灵长类动物一样抵御寒冷的厚厚毛发。从达尔文进化论的角度看，由于人类缺乏这起码的生存条件，应该是被“劣汰”掉的种群。而人类之所以能够生存下来，并且发展成为今天这样，是因为人类依靠劳动制造装备而改变和优化生存条件的结果(生存资源性)。原始的简单装备是抗寒的衣物和捕猎食品的工具，以及为了获得温暖而取火的器械。人类以外的其他动物都是“怕火的动物”，只有人类通过劳动获取火源，并利用火来加工熟食以便更加容易吸收营养而获得更多的热量。“人类学的研究表明，人与多数动物相比，是一种‘有缺陷的生物’。人的原始特性是他的未特定化，即人的本能的匮乏。我们知道，大多数动物出生后很快就能独立生存，其生存能力是通过遗传获得的，是本能的，而人之初生，赤身裸体，孱弱无力，没有先天赋予的生存装备，因此人的生存装备需要外界赋予，具有人工性，例如抵御寒冷的衣服、对付野兽的武器等等。”①(人工制造性)可以看出，装备是伴随着人类的出现而产生的(人类独有性)，自有人类起就有了装备，装备是人类的生存需求。

三、教育装备的起源

教育装备是与教育和装备同源的，自有人类起就有了教育，教育是人类的社会生活需求；自有人类起就有了装备，装备是人类的生存资源需求；所以，自有人类起就有了教育装备，教育装备是教育赖以生存的人工条件，可称为人工教育资源。同时，教育对教育装备的依赖性是显而易见的。不仅教育装备的水平可以如实地反映教育的发展水平，就是对于教育起源、教育历史的研究，从考古学角度说，也只能是通过对当时教育装备的遗留物来进行考察。所以，研究教育装备的起源，就是在研究教育的起源；研究教育装备发展史，其实就是在从另一个角度研究教育的发展史。

---

① 韦毅：《教育起源析论》，《南京晓庄学院学报》，2002 年第 3 期。

(一)对教育装备的词源解释

"教育装备"作为一个独立的词，其出现时间比较晚。笔者使用"超星发现系统"(http：//ss.zhizhen.com/)进行检索，找到最早使用教育装备一词的是一篇名为《美国医学教育技术机构简介》(徐德成：中国协和医科大学，《医学视听教育》，1994 年第 4 期)的文章，在其文中使用了"视听教育装备"。而与其对应的英文名词"educational equipment"则最早见于一篇 *The Educational Equipment of the Professor of Education* (Brickman，*School and Society*，1965，Vol. 93，No. 2256，P111)的文章。但是，其他一些与教育装备相关的概念，如：教学装备、教育技术装备、技术装备、条件装备、教具、学具等，其名词出现的时间要远早于教育装备一词。

教育装备一词出现得晚不等于其作为一个事物以及一个概念出现的时间晚。教育装备是与教育和装备同源的，它的出现与人类社会的出现同时，只是当时的人们没有使用这个名词罢了。"教育装备"是一个新名词，对它的来源分析对我们探讨教育装备的起源意义不大，所以我们可以暂且放弃对这个名词的溯源。

(二)教育装备的本质属性分析

既然装备是人类赖以生存的人工资源，则教育装备就应该是人类教育赖以生存的人工资源。教育赖以生存的资源称为教育资源，《教育大辞典》中定义："教育资源(Educational Resources)是教育过程所占用、使用和消耗的人力、物力和财力资源，即教育人力资源、物力资源和财力资源的总和。"①从教育装备的角度看，财力资源并不是人们所关注的内容，并且财力资源仅仅是一个过渡性、暂时性的资源，它最终还是要通过工资形式转化为人力资源，或者通过货款形式转化为物力资源，所以在此可以将其忽略不计。而物力资源则可以进一步细分为自然资源和人工资源两个部分，其中，人工资源是人类为了教育教学的目的而生产、加工、购置或改造的物力资源，自然资源是未经加工的物力资源。与教育的本质可以通过教育的功能来体现一样，教育装备的本质也可以通过其功能体现。教育装备发展史上的许多史实，既能够验证其本质，同时还能够说明它确实是教育赖以生存的人工资源。

1. 教育装备发展对教育体制变更的作用。中国在西周时期(公元前 1046—公元前 771)已经有了比较完整的教育制度，但学校教育主要是官学，学校以官办为主。正如《简明中国教育史》中所述："西周的教育制度是政教一体、官师合一的，这是'学在官府'的重要标志。这是因为：古代的典章文物，如典、

---

① 顾明远主编：《教育大辞典　增订合编本(上)》，上海教育出版社，1998 年版，第 799 页。

谟、训、诰、礼制、典章，都藏于秘府，有专官执掌，唯官有书；礼、乐、射、舞所用的器具，都藏于宗庙，由典乐官掌握，唯官有器。欲学者必就官而学。因此学校教师都由官吏兼任。"[①]即教育资源、教育装备的掌控形式决定了当时的教育体制。到了春秋战国时期(公元前770年—公元前221年)，官学衰落而私学兴起，孔子的私学教育就是在此时出现的。造成文化、学术下移，私学兴起的原因不是别的，而恰是当时教育资源、教育装备掌管权力的下移所致。《中外教育史》中关于这一情况有如下记述："西周以前，典章文物都藏于官府，知识和学术为官府所垄断，只有贵族才有机会接受教育，接触和掌握知识和学术。但到春秋战国时期这种局面被打破，文物典籍和掌管文物典籍的官吏流落到各诸侯国和民间……"[②]由此可以看出，教育装备在教育的变革中确实起着十分关键的作用。

2. 教育装备发展对教育思想与模式的作用。明末清初以及晚清民初两个时期之中，欧洲及美国等西方国家的学术思想传入中国，对中国的学术、思想、政治和社会经济都产生了巨大影响，该历史过程被称为"西学东渐"。西学东渐现象是指在上述两个时期中，由来华的西方人、出洋华人、西方书籍和译著以及新式教育等为媒介从事的文化活动。这个活动将西方的哲学、天文、物理、化学、医学、生物学、地理、政治学、社会学、经济学、法学、应用科技、史学、文学、艺术等大量传入了中国。这些出版的著作与译著作为教材，极大地影响了中国的教育，使中国从私塾、书院、科考为主的旧式教育中挣脱出来，开始走进近现代的教育模式。同一时期，西方的教学仪器设备也大量引进，例如：清光绪三十年(1904)由周学熙在天津玉皇阁创办，"以仿造教育各种品武、仪器，备学堂教科之用，以浚发学识，挽回漏卮"为宗旨，制成教育用品达二百数十种。附设教育品陈列所，任赵元礼为管理。后迁至河北劝业会场内[③]。到1907年，清政府再拨扩充成本银二万两，重新制定了仿造教育上各种品物仪器，专备学堂教科之用，以"睿发学识，挽回学界漏卮为宗旨"[④]作为方针。这些教育装备的推广和使用，对中国"兴办西学"、学习西方科学技术思想，起到无法估量的巨大作用。

(三)教育装备的历史起源

黑格尔认为："那在科学上最初的东西，必定会表明在历史上也是最初的

---

① 王炳照：《简明中国教育史(修订本)》，北京师范大学出版社，1994年版，第11页。

② 王晓华：《中外教育史》，首都师范大学出版社，2007年版，第23页。

③ 郑天挺等主编：《中国历史大辞典》，上海辞书出版社，2007年版，第1219页。

④ 陈凯：《百年前的教育品制造所》，《天津日报》，2009年10月18日。

东西。”①早期的教育无论是因生物起源、心理模仿起源、劳动起源还是社会需求起源，其本质上都是“增进人们的知识和技能，影响人们的思想品德”。这里的“知识”是显性知识，通过口耳传诵就能够达到知识传播的目的。但是口耳传诵会产生误差和丢失信息，所以在文字发明以后就采用文字记录的方式，而用于文字记录的泥板、竹简、兽皮、书本等就成为早期的教育装备。“技能”则是隐性知识，进行知识传授时往往必须借助一些实物或工具，即使是教育生物起源说中成年动物教育幼子学习捕猎，也是需要捕猎目标这一实物作为教育装备的。“影响人的思想品德”可以通过语言说教、榜样行为、制度约束与文化传承。其中语言说教与榜样行为在知识和技能传授中的作用都已经有所体现，在影响人的思想品德方面，其教育装备的作用也必然相同；而制度约束与文化传承过程则必须依赖信息的承载物，此时这些信息载体即为教育装备。需要说明的是，探讨逻辑起点与历史起点往往是针对一个学科或一个研究领域而言的，一般不会针对某个具体的物件。所以，本文中所谓教育装备的逻辑起点与历史起点问题，其实是将“教育装备”作为一个研究领域来看待，此处它并不代表具体的装备物。但是，对具体装备物本质与起源的研究，为探讨教育装备的逻辑起点与历史起点起到了奠基的作用。

综上所述我们可以得出结论，教育装备一定与教育、装备两者是同源的，即自有人类社会起就存在有意识、有组织的专门学校教育，自有人类起就存在了理念上、实际中、人工制造的装备，所以自有人类社会起就存在教育装备。教育装备是人类教育的需求，是人类智慧和劳动的产物与具体体现。

我们之所以要通过教育的起源、装备的起源来详细地论证教育装备的起源，就是希望凭借对教育装备起源的认识加深对其本质的了解，而对教育装备本质属性即其概念的内涵进行把握，便进一步实现了对“教育装备是人工打造的教育资源”定义的确认。

第四节　教育装备概念的研究

教育装备的概念由教育装备的本质决定。但对教育装备的本质的认识却存在诸多差异，这就造成了人们对教育装备概念理解的不一致，从而生出各种相差甚远的教育装备定义。本节希望从人的思维形态与客观的物质形态本质上的不同以及参与者的语境出发，详细论述建立教育装备概念和定义的条件。

---

① ［德］黑格尔著，杨一芝译：《逻辑学(上卷)》，商务印书馆，1982年版，第77页。

一、事物的概念与定义

概念(concept)是人对事物本质的思维规定，而定义(definition)是对概念的语言表达。关于“概念”的定义，广泛地出现在各种逻辑学书籍中，例如：“概念是反映对象特有属性(或本质属性)的思维形式”[①]；“概念是通过反映对象的特有属性来反映对象的思维形态”[②]等。《教育大辞典》上对“概念”的定义为：“哲学或逻辑学上，泛指反映事物共同本质特征的思维形式。”[③]而对于“定义”的定义则有《现代汉语辞海》中的“对于一种事物的本质特性或一个概念的内涵和外延的确切而简要的说明”。[④] 还有《教育大辞典》中的“将概念的内涵用简洁的语言文字表述出来，就是该概念的定义”。[⑤]（笔者注：该定义出自对“地理概念教学”词条的解释中）

可以看出，建立概念是人的一种思维形态(Thought Form)。思维形态是不同于物质形态(Physical Form)的，物质形态没有正误之分，而思维形态是具有正误之别的。例如，日出日落是一种物质形态，我们不能说日出日落谁正确谁错误，或者日出日落现象是正确的还是错误的。但是思维形态却不是这样，由于人们存在专业背景、知识结构、观察视角以及态度立场等方面的差异，就产生了针对一个事物本质的判断能够得出截然不同结果的现象。笔者曾经听过一位教授讲课时举的一个十分生动的例子：两个人在街上打架，你是一个社会学家或者一个记者，你说：“这是警匪之战”或“黑社会火并”；你是一个生物学家，你说：“这是两只高级灵长类动物在做肉体搏斗”；你是一个物理学家，你说：“这是两个非刚性物体在做非完全弹性碰撞”。笔者认为，一方面，他们显然都指出了这个事物现象的本质属性，但是，由于他们没有处于同一个语境之中，所以对同一事物做出了完全不同的本质判断。语境(context)，即为参与者生存场(Exist Field)重叠的部分，或者说是他们生存场的交集。而生存场就是人的专业背景、知识结构以及社会环境等生存境遇。对于上面的例子，如果观察者都处于社会学语境，则会共同得出第一种判断；如果他们都处于生物学语境，则会共同得出第二种判断；如果他们都处于物理学语境，则会共同得出第

① 郭彩琴：《逻辑学教程》，北京大学出版社，2007年版，第10页。

② 吴坚、傅殿英：《实用逻辑学》，首都经济贸易大学出版社，2005年版，第20页。

③ 顾明远主编：《教育大辞典　增订合编本(上)》，上海教育出版社，1998年版，第393页。

④ 倪文杰等主编：《现代汉语辞海》(注音、释义、词性、构词、连语)，人民中国出版社，1994年版，第215页。

⑤ 顾明远主编：《教育大辞典　增订合编本(上)》，上海教育出版社，1998年版，第261页。

三种判断。另一方面，从时间上分析，不同时代对事物本质的认定也会发生变化。例如：对于“原子”概念的认识，在古希腊时代，其内涵是“物质不可分割的最小单位”；而到了今天，“原子”的概念已发展成“无限可分的，有着各种不同层次的，其间又存在着强、弱不同相互作用的基本粒子群”。所以，当我们对教育装备进行概念认定时，就必须首先使我们处于相同的语境和时代当中，各说各话是得不出正确的判断的。

概念的界定就是给概念下定义。既然定义是对概念的语言表述，在概念统一的基础上，如何正确使用语言就成为一个关键问题。正确使用语言包括语言表达的逻辑性和语言表达的方式。通常，给概念下定义的方法有：“属＋种差”定义法、词法定义法、情境定义法、内涵定义法、外延定义法、列举定义法等诸多方法。其中使用比较多的是“属＋种差”定义方法、内涵定义方法和列举定义(特殊的外延定义)方法。给一个事物的概念下定义时必须考虑对语言表达的一些规定。

二、教育装备概念界定的语境

不能构成共同语境的原因有两种情况：一个是参与者的生存场之间本来就没有相同的部分，这种情况比较少见，除非是与原始的印第安人或婴幼儿交谈；另一个是参与者的生存场有相同的部分，但是并没有使这些相同部分重合，这种情况居多。笔者曾经与一位教育装备生产企业的老总讨论教育装备的概念问题，这位企业老总认为教室中的空调设备不应属于教育装备的范畴，因为那既不是教师直接使用的教具，也不是学生直接使用的学具。而笔者认为空调设备既然是构成教学环境的一部分，就属于支撑教学的教育资源，又因为是人工制造，所以就应该是教育装备，教育装备并不就等于教具加上学具。其实，在讨论之前笔者和企业老总之间并没有做一个约定，以使我们的讨论处于同一语境当中，笔者的语境是教育的大环境，而这位老总的语境是企业产品的类型。所以，在进行教育装备概念界定时，创建相同的语境是十分重要的。

既然要对教育装备的概念进行界定，就应该使我们的语境处于“教育”和“装备”的生存境遇约定之中。这里的“教育”应该是指所有的在校教育，包括学历教育与非学历教育，即教育部所管辖的教育，而不包括社会教育、家庭教育等非在校教育。在使用教育语境进行讨论时，应排除生产领域、经济领域、社会领域、文化领域、科技领域等非教育领域因素的干扰，不能将它们混淆在一起。另外，还应注意教育(education)与教学(instruction 或 teaching)的区别，以及它们的涵盖关系。在这一点上，人们比较容易达成共识。

对于“装备”语境的约定似乎要复杂一些，人们不能像对教育一样容易达成共识。这是因为我们恰好生存在装备无所不在的世界之中，没有装备的环境使我们不能忍受。设想如果人类生存在只有红颜色的世界之中而没有非红颜色，因为无法对比其他颜色则人类不会知道什么是红颜色。对事物本质的认识，在于该事物的不在场。在装备无所不在的情况下，我们要想对装备的本质属性有一个认识，就可以假设世界上所有的装备都不存在了。于是，人类会因为没有了生活资源以及获取、制造生活资源的工具而失去生存条件，但是人类会马上根据自己头脑中装备的理念，通过劳动重新制造出一批新的装备来继续生存。所以：(1)装备是人类生存的条件(即生存资源)之一；(2)"真际"装备是人类心中的理念；(3)实际装备是由人工制造的。这样，装备的本质就是人工制造的生存资源。

如果能够达成以上这些共识，再对教育装备的概念进行讨论，则我们就会处于共同的语境之中，对教育装备概念的界定就会变得非常容易。

三、"白马非马"

笔者曾在2006年第2期的《中国教育技术装备》杂志上发表的《教育装备与一般装备制品差异分析》一文中对教育装备下过一个定义，认为"教育装备是指实施和保障教育教学活动所需的仪器、设备、资料、学具、设施以及相关软件的总称"。这是一种列举定义，而列举定义只适用于有限集合，而且只有在这个集合比较小的情况下才有意义。但是教育装备是个无限集合，况且这种定义方法本身就存在着严重的缺陷，所以这个定义不是一个好定义。列举定义法是人们通常比较喜欢使用的定义方法，说它存在着严重的缺陷是因为它违背了"白马非马"的逻辑原则。

白马非马是中国古代逻辑学家公孙龙(约公元前320年—公元前250年)提出的一个著名的逻辑命题，出自《公孙龙子·白马论》①。白马非马中的"白马"是具体的马，而"非马"中的"马"是马的概念，公孙龙的原意是说，不能够将具体的马当作马之概念使用。我们不能说张家的那匹白马或者李家的那匹黑马就是马的概念，马的概念是对所有马共同本质属性的思维规定，是一种思维形态。而列举定义法正是将具体的事物特例开列出来，然后说这就是该事物的概念。所以，我们在对教育装备进行概念界定时应该尽量避免使用列举法定义。

四、与教育装备相关的概念

在对教育装备概念进行界定和讨论的过程中，出现过一些与教育装备相关的其他概念，如：教学装备、教育技术装备、教具、学具等。本文在这里将这些概念与教育装备的概念进行对比分析，希望能够对我们的讨论有所裨益。在

① 百度百科，白马非马[OL]，http://baike.baidu.com/view/10187.htm

此，我们暂且将教育装备定义为“人工打造的教育资源”，以利于下面的讨论。图 2.4 显示出教育装备(A+C+D+E)、教学装备(C+D)、教育技术装备(D+E)以及教具与学具(B+C+D)之间的关系。

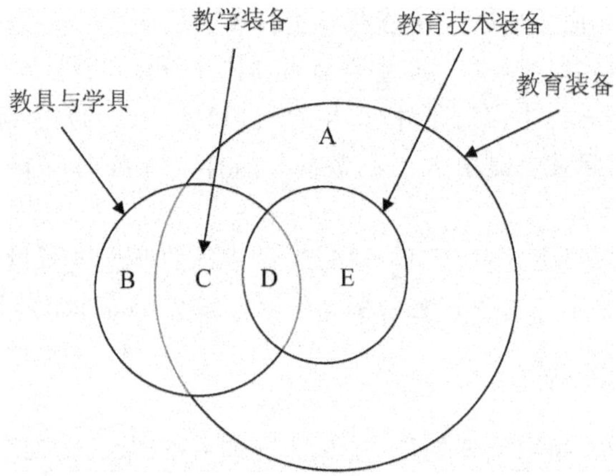

图 2.4　与教育装备相关的概念

(一)教育装备与教学装备

教育与教学是大小不同的两个概念，教育是“传递社会生活经验并培养人的社会活动。通常认为：广义的教育，泛指影响人们知识、技能、身心健康、思想品德的形成和发展的各种活动。狭义的教育，主要指学校教育”。[①] 而教学是“以课程内容为中介的师生双方教和学的共同活动。学校实现教育目的的基本途径。特点为通过系统知识、技能的传授与掌握，促进学生身心发展”。[②] 既然教学是“学校实现教育目的的基本途径”，所以教学显然应该附属于教育，是教育的一个基本内容或重要的组成部分。教育是个大概念，教学是教育下的一个小概念。于是，教育装备就应该是一个大概念，而教学装备就是教育装备概念下的一个小概念。从图 2.4 中可以看出，教育装备(A+C+D+E)与教学装备(C+D)是内含关系，教育装备涵盖了教学装备。

(二)教育装备与教育技术装备

从学科角度讲，由于教育技术学属于教育学，所以我们可以认定：教育技术是教育这个大概念下的一个小概念。于是，教育装备就应该是一个大概念，

① 顾明远主编：《教育大辞典　增订合编本(上)》，上海教育出版社，1998 年版，第 725 页。

② 顾明远主编：《教育大辞典　增订合编本(上)》，上海教育出版社，1998 年版，第 711 页。

而教育技术装备就是教育装备概念下的一个小概念。从图 2.4 中可以看出，教育装备与教育技术装备(D+E)也是内含关系，教育装备涵盖了教育技术装备。需要说明的是，此处所谓教育技术装备是指“教育技术之装备”。

(三)教育装备与教具学具

如果将教具与学具中的“具”理解为“工具”，因工具是人工制造的，属于装备的范畴，则教具与学具就等于是教学装备了。所以，这里的“具”应该理解为“用具”，而用具有可能不是人工制造；或者说，有一些教具与学具是自然的教学资源(树叶、蝴蝶、天然矿石等)，而非人工的教学资源。于是，从图 2.4 中可以看出，教育装备与教具学具(B+C+D)之间是相交关系，它们之间有交集(C+D：即教学装备)。

(四)各区间举例

现在我们对图 2.4 中一些特殊的区域进行举例解释，以用来加深对这些相关概念的理解。这些区域包括 A 区、B 区、C 区、D 区和 E 区。

A 区：教师办公室里的办公桌、教室里的空调设备等。它们没有直接用于教学活动，所以不是教学装备、教育技术装备、教具和学具；但它们属于教育装备，因为它们满足了教育装备的定义。

B 区：空中飞舞的蝴蝶、路边拾来的矿石等。它们可以成为教具学具，但由于不是人工制造，所以不属于教育装备、教学装备以及教育技术装备。

C 区：酒精灯、烧杯等。它们是教具学具，也是教学装备，当然属于教育装备的范畴；但是它们不属于我们通常说的教育技术装备。

D 区：投影机、电子白板等。它们是教具、教学装备，同时还是教育技术装备，当然也在教育装备的范畴之内。

E 区：校园网络教学管理系统等。它们是教育信息化设备，所以属于教育技术装备，但不属于教学装备和教具学具；同时它们落在教育装备的范畴之内。

相信通过这样的讨论，我们能够对教育装备及其相关概念达成一个共识，或者在某种程度上达成一定的共识，让教育装备研究领域和实践领域在更加和谐的环境下发展壮大。

第三章

教育装备发展研究方法

教育装备的发展除了其理论发展外，人们还关心着它的标准化发展、产业化发展、生态化发展、专业化发展等一系列问题。本章将对这些相关发展问题及其研究方法进行较为详细的讨论。

第一节　教育装备的标准化发展

教育装备的标准化一直是这个领域内的一个重要问题，同时也是教育装备理论、实践、生产、发展的一个研究课题，它不仅决定着产品的质量，还影响着教育现代化的进程。教育部在 2014 年 1 月 15 日颁布了本年度的工作要点。《教育部 2014 年工作要点》由 5 个方面 33 条组成，其中第 19 条指出要“加快推进教育装备标准化建设，提高公共教育装备服务水平”，这足以显示出教育装备标准化建设的重要性。

一、教育装备标准与标准化

标准是“为了在一定的范围内获得最佳秩序，经协商一致制定并由公认机构批准，共同使用的和重复使用的一种规范性文件”(标准化工作指南：第一部分：标准化和相关活动的通用词汇 GB/T 20000.1—2002)。标准化是“为了在一定范围内获得最佳秩序，对现实的问题或潜在的问题制定共同使用和重复使用的条款的活动”(标准化工作指南：第一部分：标准化和相关活动的通用词汇 GB/T 20000.1—2002)。标准化工作的任务是制定标准、组织实施标准和对标准的实施进行监督；而标准化的目的则是为了改进产品、过程和服务的适用性，防止贸易壁垒，促进技术进步。

上述关于标准和标准化的定义主要是针对工业产品、过程和服务而制定的，教育装备标准和标准化除了满足上述规定外，还具有其特殊性的一些问题，必须对此加以说明。目前，教育装备标准从类型上看，按照适用范围划分主要涉及国家标准(GB)、行业标准(JY)、企业标准(Q/)、地方标准(DF)、团体标准(T/)；而按照标准涉及的对象类型划分则主要涉及产品标准和服务标准(注：一些教育装备标准也部分地用到术语标准、符号标准、试验标准、过程标准和接口标准)。其中，产品标准是“规定产品应满足的要求以确保其适用性的标准”(标准编写规则第 1 部分术语 GB/T 20000.1—2001)，服务标准则是“规定服务应满足的要求以确保其适用性的标准”(标准编写规则第 1 部分术语 GB/T 20000.1—2001)。教育装备的产品标准容易理解，而教育装备的服务标准应对应其配备标准才对。从《教育部 2014 年工作要点》中对教育装备标准化的指示可以看出，其标准化工作主要关注教育装备产品标准化和服务标准化。

二、教育装备标准化新理念

教育装备标准应该与其他领域的标准有所不同，这是一个值得深入探讨的问题。首先，教育装备的作用对象与其他领域装备的作用对象具有本质上的区别。粗略地说，工业装备的作用对象为无机物或有机物而非生命的物质；农业装备的作用对象为植物或动物而非人类的生命体；军事装备的作用对象是以人为主并兼有非人类的物，且具有破坏性；医疗装备、体育装备、教育装备的作用对象都是人类本身，并都是具有建设性特点的。但是，教育装备又与医疗装备、体育装备不同，它的作用对象虽然是人，但不是人的身体，而是宇宙间最为复杂的人类的头脑和人的心智。

虽然上述各个领域装备的作用对象具有很大区别，但是它们作为产品却都要通过工业生产来获得，或者说，各个领域的装备其实都是工业产品。于是，从产品标准化的角度看，它们首先必须满足的是工业产品、过程与服务的标准。其次，但也是十分重要和关键的一点，它们又必须体现各个领域自身的特点，满足各个领域特殊性的要求，这就是在产品标准、过程标准和服务标准中特别强调的“以确保其适用性”(同前 GB/T 20000.1—2001)的问题。适用性问题之所以这么重要，是因为它是确保生产出的装备产品必须在相关应用领域内能够真正发挥其作用，真正物有所值。于是，教育装备标准化问题的关键就应该是研究和量化教育装备的教育教学适用性的变量和测量指标，即重点研究影响教育装备教学适用性的各种因素，并将它们列入教育装备的标准体系中。

教育装备的另一个特点是复杂性。教育装备的品种庞杂、繁多，从高端的大型仪器设备到一些实验用的杂物，如：一段玻璃棒、一根牛皮筋等不一而足，给每一样东西都制定一个标准是不可能的，也是没有必要的。所以，当前教育装备标准化的核心工作不是忙着为各种仪器设备与材料制定一些详细的标准文件，最重要的是需要研究和制定一个教育装备“元标准(meta-standard)”，即产品教育教学适用性标准。

三、教育装备标准的元标准

meta-(汉译为“元”)在英语中是一个前缀，原来表示“在……之后”的意思。但是在 meta-physics(“元物理学”，汉译为“形而上学”)一词出现后，meta-则开始表示“最根本最原始的原因”的意思[①]。人们对“元”并不陌生，在各个领域的研究中“元”是经常被用到的概念，带有“元”的学问应属于解释学范畴，例如：“元数据”是用于描述数据的数据；“元认知”是对于认知原理的认知；“元科学”是研究科学发展的科学；则“元标准”就应该是用于制定标准的标准了。

其实教育装备元标准也有过出现，例如教育部在2003年7月9日颁布的行业标准《教学仪器设备产品一般质量要求(JY 0001—2003)》就是一个具有这种性质的文件。该标准文件中对教育装备产品的性能、安全、结构、外观等方面都做了详尽的描述，甚至在产品的包装、运输和存储方面也都做了规定，这些都是从产品的适用性角度出发而提出的。但是，作为教育装备元标准还不够完善，因为教育装备的最大适用性问题应该体现在其教学有效性方面。为了保证教育装备的教学有效性，必须考虑它们在生理适用性、心理适用性、时间适用性、空间适用性、教师适用性、学生适用性、认知适用性与文化适用性等方面的影响。以人为作用对象的装备(军事、体育、医疗、教育等装备)，其产品应该比以物为作用对象的装备(工业、农业等装备)更多地考虑适用性问题。军事装备在列装前必须保证其能够有效地消灭敌人，医疗装备在使用前必须保证其能够有效地治疗病人，教育装备在选配前也应该做教学有效性的分析论证才对。教育装备标准的适用性研究，正是针对其教学有效性提出来的。研究制定教育装备的元标准就是对其产品做教学适用性的各种规定，以及如何让这些适用性显性化、数据化、可测量，形成各项技术指标。

四、标准化建设工作的必要性分析

现在来追问这样一个问题：《教育部2014年工作要点》将教育装备标准化建设列出来的原因是什么，亦即该任务是针对什么难题提出的，或者说是什么现象使得这个任务如此重要。不了解这个问题，以上的讨论就成为无的放矢了。而教育装备标准主要有两大类，一个是产品质量标准，另一个则是学校配备标准。

(一)产品质量标准

目前，教育装备的质量问题确实令人担忧，2009年刊出的《“教学仪器设备存在的问题及质量管理的思路”课题研究调查报告》一文用大量的数据描述了教育装备质量低劣现象[②]。另外在2011年，从当时的教育部教仪所与中国教育装备行业协会联合进行的“十二五”全国教育装备调研结果也反映出教育装备的质

① 王德峰：《哲学导论》，上海人民出版社，2000年版，第137—138页。

② 刘文其等：《“教学仪器设备存在的问题及质量管理的思路”课题研究调查报告》，《中国教育技术装备》，2009年第14期。

量问题十分严重。这种情况下，对教育装备生产企业的产品提出标准化要求非常必要，除了在质量控制方面有问题，也说明我们的企业对教育装备的学校适用性方面的研究同样是缺乏的。

(二)学校配备标准

基础教育的教育均衡化是一个重大问题，学校配备标准在教育资源均衡性配置方面的作用是十分巨大的。配备标准要充分发挥作用就必须限制住两头，低端应该建立基本的达标指标，而高端也应设立一个满足适用性的“度”。2013年11月25日《人民日报》发表文章《基础教育要警惕过度信息化》，其中提出了“信息技术在基础教育阶段所起的作用，应该限定在辅助、支持、保障、提升的层面，而不是‘引领’”①的观点，笔者对这一观点基本赞同。但是还应该注意，其实我们警惕的不是过度信息化，而是无效信息化。严格地讲，“过度信息化”是一个伪命题，因为人类在以前的历史上并没有实现信息化，没有一个可量化的“度”作为依据。而我们有几千年的教育教学经验，深知何为“有效教学”。比如告诉一个高血压患者不要过度吃盐等于没说，真正科学的态度是给患者一个测量食盐的小勺，并告诉他每天的食盐摄入量。何为过度，何为不过度，这个度必须由教育装备元标准来规定。

教育装备标准化是新时期重要的建设任务，同时也是一个重大的研究课题。教育装备具有自己的特点，所以它的标准化问题首先应该考虑其适用性、有效性的研究，制定教育装备元标准是其核心工作。

第二节　教育装备的产业化发展

相对于其他产业，教育装备产业既不成熟，尚未形成规模，也没有系统化。教育装备要实现产业化发展就必须形成一定的规模，并具有产业化的设计开发、生产销售与服务结构。到2013年，中国教育装备行业内已经有一些地区初步形成了产业化形式，比较著名的有江苏省的施河蓝天教具城、湖北省的襄阳教育装备产业城和鄂东长江教育装备城、山东临沂的山东省教育用品采购基地等。

一、教育装备产业与产业化

产业是指由利益相互联系的、具有不同分工的、由各个相关行业所组成的业态总称，尽管它们的经营方式、经营形态、企业模式和流通环节有所不同，

① 任飚：《基础教育要警惕过度信息化》，《人民日报》，2013年11月25日。

但是，它们的经营对象和经营范围是围绕着共同产品而展开的，并且可以在构成业态的各个行业内部完成各自的循环①。教育装备产业的主体是教育装备企业，一般由3种形式的企业构成，分别是教育装备专业产品生产企业、教育装备通用产品生产企业、教育装备经销与服务企业。教育装备专业产品生产企业的产品(如：教学挂图、数字化实验仪器设备等)是专门为教育教学而设计生产的，他们一般不再涉及非教育装备产品的经营。教育装备通用产品生产企业的产品(如：计算机、网络设备等)是那些可以用于教育教学的装备，它们的用户并不仅限于学校。教育装备经销与服务企业则是那些自己不生产产品，而处于生产企业与教育用户之间的经销商和服务商。

教育装备产业化就是要将上述3种形式企业的功能整合到一起，使其专门化、系统化、规模化，形成稳步的发展态势，做到可持续发展。产业化发展要形成产业集群，其发展规划是整个产业链的有效整合。而产业链整合发展具有降低成本、创新技术、开拓市场、扩张规模、提高效益、可持续发展的强大竞争优势，同时还可以促进区域经济发展，带动地区经济发展。前文提及的江苏、湖北以及山东3省的教育装备产业城就是在这样一个理念下建立、发展起来的。在这样的产业城中，有教育装备行业发展研究部门，有教育装备产品设计开发部门，有原材料采购与生产企业，有教育装备产品生产企业，有专业营销企业，有售后服务企业，有经营管理协调部门，有专门负责政府采购工作部门，有展示产品的大型展馆，有各种教学实验室与功能室，甚至有经济与法律顾问部门，等等，非常全面而完善。

二、教育装备产业化发展的必要性

中国是一个教育大国，教育装备的市场为世界之最(但这个市场也是非常混乱的)，所以中国教育装备的科学发展必须考虑产业化问题。教育装备产业化发展的必要性基本上是由以下3点决定的，即教育装备的特点、投入和质量问题。

(一)教育装备的特点

教育装备作为产品，与其他领域的产品有着巨大的差异，所以在它的设计、开发、生产、销售、采购等过程中必须考虑其特点问题，必须从教育教学需求出发，必须分析其对教育教学的适用性；而这些是一般分散型的企业所不能够做到，甚至是根本顾及不到的。相对于教育装备，其他领域装备(工业装备、农业装备、军事装备、体育装备、医疗装备等)的作用对象是物或人的机

① 百度百科[OL]，http：//baike.baidu.com/link? url＝jF52C8JHSMKEoOaM1j5CxzX36vZmEmLTgRSgr6Kp6wYCponpfjVC-S5SC2rjcsKq

体，而教育装备的作用对象是宇宙间最为复杂的人的头脑、人的心智。作为一件生活用品或非教育装备产品，在生产之前可以完全不用分析用户的需求问题，也不必考虑该产品的适用性问题，直接生产出来后让市场对其进行检验；适用的自然保留，不适用的自然淘汰，用户就是被试，试验不成功除了影响销量外一般不会有什么不良后果。而教育装备的设计生产绝不能够采取这种态度和方法，绝不能将学生当作试验这种产品的“小白鼠”，试验不成功而造成的结果是无法估量的，有可能对学生造成一生的影响。所以对此必须采取十分科学、万分慎重的态度，说得严重一些，对它的态度反映了价值观问题、道德问题。教育装备的产业化发展提供了专门的研究机构，为科学慎重地开发与生产产品创造了条件，这一需求是由教育装备的特点所决定的。

(二)教育装备的投入

国家对教育的投入在逐年加大，其中分配到教育装备方面的投入同样是十分巨大的，看到了这种形势后许多原来非教育装备企业也开始纷纷转型生产和销售教育装备产品，从每年两次的全国教育装备展示会的规模趋势上就可以看出这一变化。图 3.1 显示出了全国中小学 2005 年至 2012 年间教育装备采购的情况，可以看出这是一个快速增加的趋势，其中教育装备的采购内容还仅仅包括实验室仪器设备、图书以及教育信息化设备 3 项，到 2012 年时的年采购额度已经超过了 355 亿元人民币。

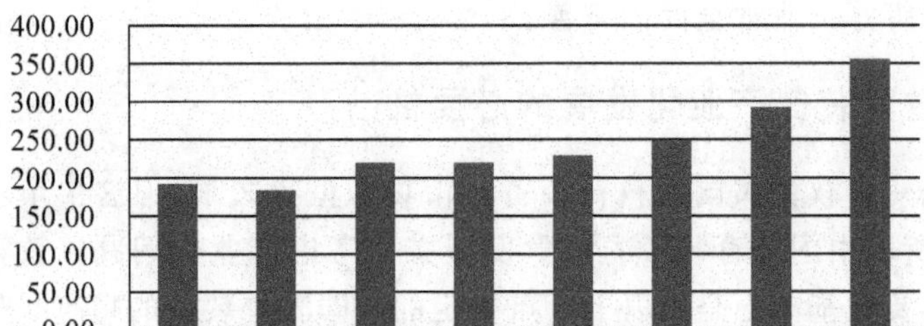

	2005	2006	2007	2008	2009	2010	2011	2012
■亿元	191.7	183.8	219.1	219.6	228.7	249.2	291.6	355.7

图 3.1　全国中小学教育装备 2005—2012 年采购情况

(数据来源：教育部网站 http：//www.moe.edu.cn/publicfiles/business/htmlfiles/moe/s4958/list.html)

教育装备的需求量巨大，但是大到贵重仪器设备，小到试管烧杯，品种繁多，内容复杂，采购时往往以多种产品共同打包的形式进行招标，这就对投标商提出了一个苛刻的要求，即必须对所有产品都要了解，都能够提供；而只有当教育装备产业化时才能够真正有效地完成这一目标。另外，一些高端的教学和实验仪器设备在采购初期进行设计与论证时对设计人员的要求很高，学校（尤其是中小学）一般无法提供这样的技术人员，此时教育装备产业便可以利用自己的研究机构对其进行科学慎重的设计，为学校提供有效服务。

（三）教育装备的质量

教育装备的质量包括产品质量与售后服务质量两个方面。目前，教育装备质量存在的问题令人担忧，《“教学仪器设备存在的问题及质量管理的思路”课题研究调查报告》一文用大量的数据描述了教育装备质量低劣现象①。文中将教育装备存在的问题分为4类：(1)设备质量较差；(2)设备品种和数量与实际需求不符；(3)设备陈旧；(4)易损件未及时补充更新。其中的(3)和(4)属于使用单位自己的管理问题，在此不做评论；而第(1)和第(2)则分别为教育装备产品质量问题和供应商的服务质量问题。如果对文章中开列出来的产品质量和服务质量存在问题的仪器设备进行分类，会发现一个非常重要的现象，即所有这类产品都是前面提到的“教育装备专业产品生产企业”生产的。这些产品都是教学专用仪器设备，如：电机模型、学生电源、摩擦力演示器、光化学演示器、显微演示装置、简单机械，等等，而计算机、投影机等“教育装备通用产品生产企业”的产品只出现在“设备陈旧”和“易损件未及时补充更新”项目中。如果进一步分析生产这些教学专用仪器设备的厂家，就会发现基本上都是一些零散的，未形成规模的，甚至是一些手工作坊式的小型企业。所以，仅从保证教育装备产品和服务质量的角度看，教育装备产业化的作用和意义也是十分巨大的。

三、教育装备产业化发展的可行性

教育装备产业化发展的可行性已经通过国内的一些相关项目实施而被证实，以下是4个典型案例。

（一）施河蓝天教具城

中国施河蓝天教具城于2012年11月初落成，占地580亩。到目前为止，施河镇有教具学具生产企业180多家，形成了智能实验室设备、大型幼儿玩具、校园软件开发等6大类2000多个品种的产品体系，成为国内最大的教具产销地。并计划通过6—8年的建设，最终把施河蓝天教具城打造成中国教育装备产业产品集中展示、采购交易、新品研发、上下游行业分工协作、技术服务交流的首要平台，成为全国最大的科技型、开放型国家级教具学具生产和研发基地。

① 刘文其等：《“教学仪器设备存在的问题及质量管理的思路”课题研究调查报告》，《中国教育技术装备》，2009年第14期。

(二)襄阳教育装备产业城

中国教育装备产业新城(襄阳)项目是湖北省政府2012年、2013年重点建设项目，项目整体由产业集群、产业园区、产业配套三大部分构成。通过二、三产业联动，商贸促进工业，形成教育装备的设计、研发、标准、质检、营销、商贸、材料、制造、体验、采购、物流、金融、信息等系列“高效、系统、低碳、环保”的完整产业链。该项目以积极引领、推动我国教育改革和教育装备事业的发展，形成教育与教育装备的现代服务业产业新城，打造世界级的教育产业综合体为目标。

(三)山东省教育用品采购基地

2007年12月28日山东省教育用品采购基地正式挂牌成立，这是山东省唯一一家，也是全国首家省级教育用品采购基地，坐落在江北最大的文化教育用品集散地——临沂小商品城。采购基地占地600亩，建筑面积40万平方米，总投资9.8亿元，是中国北方交易条件和配套设施最完善的现代化教育商品集散地，中国教学实验仪器生产、经销基地，全国教学实验仪器进出口基地，主要为山东乃至全国大、中、小学、幼儿园、职业学校的教育用品、教学仪器、幼教玩具实现“一站式”集中招标采购，年拉动教育用品采购额达到60亿元。

(四)长江教育装备城

长江教育装备城于2013年3月22日开工奠基，有多家国际国内知名企业已入驻。装备城作为教育装备产业集群发展的有效载体，坚持“布局集中、用地集约、项目集群、产业集聚”的发展方向，打造出一个以综合服务平台为主要建设着力点，形成以产业为纽带，以配套促聚集，以区中园、园中园为特色，区域化、集约化水平较高的新型教育装备产业园区。园区与高校的协同创新，加快了教育装备的研发步伐，提高了研发应用水平。园区拥有完善的监督管理机制，以提升学校教育装备产品质量从而进行有效监管。

这些成功案例用事实有力地证明了，教育装备的发展走产业化之路是完全可行的，也将会成为一种大趋势。

教育装备是教育的重要组成部分。中国在高速向前发展，而各个行业的发展都需要并依赖现代化的装备。教育行业也不例外，没有教育装备的现代化，就没有教育的现代化，教育装备的现代化既是对教育现代化的促进，也是对教育现代化水平的衡量。本文从理论上说明了教育装备的产业化概念，并论及了产业化的必要性和可行性，又通过一些典型的成功案例验证了教育装备发展的产业化之路是一条通往教育装备现代化之路。

第三节 教育装备的生态化发展

教育装备的发展，必须要走生态之路，必须是可持续性的发展；这应该成为教育装备行业的共识。在《中国教育技术装备》杂志 2009 年第 23 期刊出的《从汉诺威原则到教育装备生态观》一文中，笔者提出了教育装备生态观的概念。本文则进一步对教育装备可持续性发展的重要性与其内涵进行论述，并以此说明：对于教育装备行业，发展是硬道理，但可持续性发展是更硬的道理。

一、中国发展的生态之路

在党的十八大报告中，生态文明建设是作为 12 个核心问题之一（"八、大力推进生态文明建设"）被提出来的，这显示出中国发展必走生态之路的态度和决心。报告中提到："必须树立尊重自然、顺应自然、保护自然的生态文明理念，把生态文明建设放在突出地位……努力建设美丽中国，实现中华民族永续发展。"永续发展即可持续性发展。中国要崛起，要成为世界强国，要发展科技、发展经济，实现国家的现代化。对于现代化标准的构想，人们多参照西方、欧洲，或更具体化为美国，认为那就是我们要走的道路，而他们的生活方式与水平就是我们奋斗的目标。但是，一些中外学者的研究告诉我们：此路不通。张维为在他的《中国触动全球》（2008 年）一书中说道："在环境保护的问题上，美国是世界上温室气体排放最多的国家，人口不到世界的十分之一，却消耗着四分之一的世界能源。"①在 2008 年，实际上美国人口（约 3 亿）占全世界人口（约 65 亿）不足 1/20，简单计算不难得出，一个美国人消耗的能源大于全世界人均耗能的 5 倍。目前，中国人口约为美国人口的 4.5 倍，如果我们像美国人一样生活，则需要消耗 2 倍于当前全世界的能源，这在能源逐渐陷于危机的今天是一件难以想象的事情。美国学者杰里米·里夫金在他 1987 年出版的著作《熵：一种新的世界观》中则指出："占世界人口 6%的美国人为了维持目前的生活水平，要耗费约三分之一的世界矿物资源年产量。"②"现在，美国人仅仅在夏季三个月内为空调所消费的电力，就要比整个中华人民共和国一年内所消费的电力还多。而中国的人口是美国的 4 倍！"③中外学者提供的这些数据说明，

① 张维为：《中国触动全球》，新华出版社，2008 年版，第 43 页。

② [美]杰里米·里夫金、特德·霍华德著，吕明、袁舟译：《熵：一种新的世界观》，上海译文出版社，1987 年版，第 88 页。

③ [美]杰里米·里夫金、特德·霍华德著，吕明、袁舟译：《熵：一种新的世界观》，上海译文出版社，1987 年版，第 105 页。

中国的发展绝不能走美国的路子，也不可能走美国的路子。中国的发展必须是可持续性发展，中国应该走出自己的新路，那就是生态之路。

二、生态文明之内涵

无论是生态文明作为一个研究领域，还是生态学作为一个学科领域，它们都具有十分丰富的内涵。生态问题的理论与实践涉及科技、社会、经济三个层面。科技层面主要是围绕能源开发的问题，包括清洁能源、可再生能源、可再生资源、节能减排与循环利用等方面；社会层面主要是围绕环境保护的问题，包括大气环境监测、净水节约利用、垃圾减量、垃圾回收与处理以及建设节约型社会等方面；经济层面主要是围绕如何发展的问题，包括非掠夺式发展、自适应性发展、可持续性发展等方面。虽然上面对这些问题进行了简单分类，但并非说它们之间就是相互独立的，其实许多问题可以在不同层面上出现，例如可再生能源问题。杰里米·里夫金在他 2012 年出版的著作《第三次工业革命》中对目前的能源危机与可再生能源问题进行了十分详尽的论述。如果我们不是从工业动力(蒸汽动力、电力动力)的角度，而是从能源的角度去审视几次工业革命，则第一次工业革命是以煤炭为主要能源，第二次工业革命是以石油为主要能源，第三次工业革命是一场绿色科技革命，它意味着将使用可再生能源。里夫金认为第三次工业革命具有五大支柱，它们是："(1)向可再生能源转型；(2)将每一大洲的建筑转化为微型发电厂；(3)在每一栋建筑物以及基础设施中使用氢和其他存储技术；(4)利用互联网技术将每一大洲的电力网转化为能源共享网络；(5)将运输工具转向插电式以及燃料电池动力车。"①由此可见可再生能源问题既是科技问题，同时又是社会、经济问题，甚至可认为是世界政治问题。

生态学作为一个概念出现得较早。1869 年，德国动物学家和哲学家恩斯特·海克尔(Ernst Heinrich Philipp August Haeckel)提出了生态学(Ecology)一词(原意为"自然界经济学")，并把它定义为"研究生物有机体与其周围环境(包括非生物环境和生物环境)相互关系的科学"②。而作为一个学科，其出现应该是 20 世纪 30 年代的事，且一直被限定在生物学体系内。但是生态学的发展正在突破生物学的限制，回归了它"自然界经济学"的本意。从世界上各国所规定的学科体系、专业目录上就可以发现这一规律③。目前，从我国的高校研究生专业目录上看，在理学学科门类(代码 07)中，生态学(代码 071012)仅作为生物

---

① [美]杰里米·里夫金著，张体伟、孙豫宁译：《第三次工业革命》，中信出版社，2012 年版，第 32 页。

② 常杰、葛滢编著：《生态学》，辽宁美术出版社，2001 年版，第 1 页。

③ 国际学科分类资料[OL]，http：//www. sccm. cn/xueke/internation. htm

学(代码 0710)这个一级学科下的第 12 个专业。美国学科专业则将“生态、进化、分类与种群生物学”作为一级学科放在“生物学与生物医学”学科群中。英国与我国类似，生态学作为一个专业放在一级学科生物学下。德国可能是保持了德国人海克尔提出生态学的原意，以地球生态学为名而成为一个一级学科。俄罗斯是在“自然科学与数学”学科门类中下设了“生态学与自然利用”这个一级学科。韩国则是在“农学”学科门类中下设了“环境生态工学” 这个一级学科。日本是在“工学学科领域”和“农学学科领域”分别设置了“生态学工学”与“生态环境科学”专业。显然，国际上认可的生态学，大多已经不再属于生物学的范畴了。

作为中国社会科学院基础研究项目的成果，余谋昌在他的专著《生态哲学》一书中对生态学的发展做了如下概括：“生态学首先作为生物科学发展，按照生物的类别，有植物生态学、动物生态学和微生物生态学；生态学与其他生命科学的结合，发展了生理生态学、行为生态学、遗传生态学、古生物生态学、进化生态学等。生态学与非生命科学的结合，发展了数学生态学、物理生态学、化学生态学、地理生态学或景观生态学、宇宙生态学等。在应用领域，……发展了农业生态学、工业生态学、资源生态学、污染生态学、医学生态学等。生态学与人文科学的结合，发展了人类生态学、社会生态学、政治生态学、经济生态学、文化生态学、法律生态学、人口生态学、城市生态学、生态美学、生态伦理学、生态哲学和生态神学，等等。”①可见生态学的内涵是十分丰富的。但是作为一个学科的理论体系，仍然缺少一定的完备性。一般情况下，一个学科的理论体系应该由 4 个部分构成：(1)属于认识论范畴的描述性理论，解决“是什么与为什么”的问题；(2)属于方法论范畴的操作性理论，解决“做什么与怎么做”的问题；(3)属于道德论范畴的解释性理论，解决“何以如此想与何以如此做”的问题；(4)属于历史观的史实性理论，解决“前人怎样想与前人怎样做”的问题。如果按照这种方式去考虑，生态学作为一个学科仍有非常大的发展空间。

三、教育装备发展的生态之路

中国的发展要走生态之路，关键问题在于教育，必须从孩子着手开始进行系统的生态文明教育，使他们的生态文明行为从“有意识”逐步走向“下意识”，成为人生习惯。而作为教育的有效工具，教育装备的发展也必须走生态之路。与其他行业的装备相比，由于教育装备作用对象的特殊性(详见笔者在《中国教育技术装备》杂志 2012 年第 11 期上发表的《教育装备的作用对象以及主客体关

① 余谋昌：《生态哲学》，陕西人民教育出版社，2000 年版，第 21—22 页。

系》一文)，教育装备行业与其他行业有着明显的区别。这个行业既包括生产企业，还包括研究机构、管理部门、学校用户，所以教育装备的发展与这些方面都有千丝万缕的关系。于是，教育装备的生态发展问题就涉及以下5个方面。

1. 教育装备企业生产时的节能减排。教育装备生产企业与其他生产企业相比，在生产过程与管理方面没有什么本质上的区别，所以在生产节能减排方面的要求是一样的。只是教育装备生产企业的产品表现得多而杂，且生产水平相对较低，有些产品还在沿用传统的手工制作工艺。

2. 教育装备本身的绿色环保。教育装备产品必须是绿色环保产品，它们在使用过程中应该不会对学校的教学环境造成任何不利的影响。这些教学环境包括光环境、声环境、空气质量环境、电磁兼容性(EMC)环境、温度湿度环境等。同时，还有产品的放射性问题、有毒气体释放问题、重金属问题等。此外，还需要从人机工程学、认知心理学角度考虑它们的教学适应性。以上种种，从严格意义上讲其实都属于教育装备本身的绿色环保问题。

3. 用于生态教育的教育装备产品。这里讨论的主要是基础教育阶段对学生的生态教育，而不考虑高等教育中生态学学科的相关教育装备。对于生态教育的重视，首先应该表现在课程标准上，看是否将生态问题作为重要的教育内容而呈现在日常教学中。在《小学科学课程标准》(修订稿)中将“生态系统与生态平衡”作为一个主要的内容标准呈现。在《初中物理课程标准》(2011年版)的内容标准部分，与环境保护和能源有关的教学内容出现了10次之多。在《初中化学课程标准》(2011年版)开篇就明确表示：“今天，化学已发展成为材料科学、生命科学、环境科学和能源科学的重要基础，成为推进现代社会文明和科学技术进步的重要力量，并正在为解决人类面临的一系列危机，如能源危机、环境危机和粮食危机等，做出积极的贡献。”另外，《初中生物课程标准》(2011年版)在课程内容的10个一级主题中，有关生态的问题就占据了4个(生物与环境、生物圈中的绿色植物、生物圈中的人、生物的多样性)。这些课程都属于理科课程，实验教学以及实验室仪器、设备的配备标准正在逐渐建立，这将是对用于生态教育的教育装备产品的巨大需求。

4. 教育装备的科学型、节约型管理。在教育部的相关文件中[①][②]，将基础教育的教育装备分为3大类：实验仪器设备、图书资料、教育信息化设备。其中，实验仪器设备的配备已经具有比较成熟的行业标准(教育部颁布)，图书资料的配备标准也在制定之中，教育信息化(网络、多媒体)设备的配备标准还没有提到日程上来(目前仅有技术标准)。正是由于教育信息化设备尚无配备标

---

① 教育部基础教育司：《2011年度全国中小学教育技术装备综合统计》，2012年7月。

② 教育部发展规划司：《2011全国教育事业发展简明统计分析》，2012年7月。

准，配备没有依据。信息技术发展迅速，设备更新换代周期较短。管理人员对仪器设备的教学适应性问题缺乏认真研究。于是产生了不可小觑的教育装备浪费现象，例如一些地区刚刚安装上一批电子白板，甚至还未使用就又采购一批大尺寸触摸屏进行更新。“舌尖上的浪费”是浪费，上述这种浪费也是浪费，也不能忽视。

5. 用于学校环境保护的设备与设施。不是直接用于教学的学校设施设备(如：食堂设备、安全设施等)是否属于教育装备，这个问题一直在争论中。但是自从2012年5月31日中国教育装备行业协会学校后勤装备管理分会成立后，问题似乎有了一个定论，即将非直接用于教学的学校设施设备列入教育装备范畴是人们可以接受的。目前，用于学校环境保护的设备设施主要包括绿色空间设备、空气质量监测、厨余垃圾处理、循环利用水处理、太阳能与风能发电、节能灯利用、热能综合利用等方面。除此，在再生纸与低碳笔的推广使用方面，一些地区也已经进行得非常好。

教育装备发展的生态之路是可持续性发展的必由之路，是一项于国于民于教育都十分有益、有利的发展道路。

第四节　教育装备的专业化发展

教育装备管理的专业化发展是一个进程，该进程的主体则是教育装备管理人员。当前，“专业化”一词广泛地出现在各个领域，我们熟知的有专业化管理、教师专业化发展，等等。而教育装备管理专业化发展是一个较新的提法，是一个新课题，是教育装备领域在管理问题上提出的更高、更复杂的要求与目标。说它更高、更复杂，是因为教育装备管理专业化不仅涉及管理的专业化问题，还涉及教育教学的专业化问题，同时还要涉及装备技术的专业化问题。从本质上讲，教育装备管理专业化发展实际上是针对教育装备管理人员提出的高质量要求。

一、教育装备管理专业化内涵

教育装备管理专业化概念包括3个方面：科学化、规范化、标准化。科学化的含义是指教育装备管理人员应该具有先进的科学素养、知识和手段。科学素养要求我们的管理人员必须从经验管理走向科学管理，这应该形成一种意识，并从有意识而为之变成下意识而为之；当一个问题摆在我们面前时，不是从经验中摸索解决问题的方法，是要下意识地从科学管理的理论与方法中寻找出路。科学知识是要求管理人员掌握全面的知识，其中包括现代管理学知识、现代教育学知识和现代装备科技知识。科学手段则要求管理人员能够运用现代的科学管理方法，特别是运筹学、统计学的方法来解决管理上的问题。

规范化包括两层含义：第一，是对管理人员在能力提高方面提出的要求。能力属于隐性知识，能力提高的途径一般采取师徒制策略、反思策略、案例式策略以及规范操作式策略等，此处的规范化则是强调了规范操作式策略的重要性。现代大型企业和职业教育的职业技能培训提出“没有师傅也要出徒”的口号，其采取的教学策略一般都是规范操作式策略，即事先将一系列操作过程从简单到复杂详细地罗列出来，形成范本，让受训者遵照规范循序渐进地反复操作，从而提高他们的技术能力水平。教育装备管理的规范化就是要按照一定的规范范本去操作训练。第二，是对管理人员提出的职业规范和行为范本。这是一个道德层面的要求，是管理人员的行业自律。

标准化也包括两层含义：第一，专业化的管理人员应该能够自觉遵循、正确运用该领域内的各项标准，同时还应该具有参与制定各种标准的能力。第二，管理人员与管理工作是否达到了专业化发展的预期水平，应该具有一个制定出来的量化指标标准，用其来测量和评价管理人员的管理工作；否则说教育装备管理专业化发展就只是一句空话，人们将无法判断管理的专业化水平是否提高，或管理的专业化是否有所向前发展。与规范化相比较，如果规范化是强调管理人员的自律，标准化则是强调管理人员的他律。

二、教育装备管理专业化主体的知识与素养

教育装备管理人员是专业化的主体，专业化的一个重要组成部分就是使其主体具有足够丰富的专业知识。教育装备管理人员所需要具备的专业知识有3个方面：教育学专业知识、管理学专业知识、装备技术专业知识，他们应该是复合型人才。首先，最为重要的是要具有教育教学方面的知识与经验，应该对教育学、教学论、教育心理学等知识有一定的掌握。除了要懂得教育教学以外，他们还要具备管理学方面的知识，特别是现代科学化管理(如：项目管理、运筹学等)的理论与方法。同时，他们还应该懂得装备的工作原理和设计制造，尤其应该了解或掌握电子科学技术和信息通信技术方面的知识和设计制造过程，即应具有理科与工科的知识背景。另外，还要对一些交叉学科的知识有所掌握，如：教育传播学、人机工程学、教育技术学等。

人们对专业化的理解存在两种偏差，一种是认为专业化就是专门化，另一种是将专业化与学科领域的专业(二级学科)发生混淆。在汉语中的“专”是“专门”“专一”“专注”等集中在一件事上的意思，所以“专业”一词容易被理解为仅在一个狭窄的领域内学有所长或有表现突出的表述。教育装备管理专业化的最终目标是使其主体成为该领域内的专家(当然对此应该形成评价标准)，并且应

该属于知识型专家。专家一般具有4种不同类型：学术型、知识型、经验型、技能型。其中，知识型专家的头脑中应该有一个十分丰富的知识库，知识面要足够宽。学术型专家的研究领域有时会比较狭窄但很高深，很少有人涉猎到，例如季羡林先生就是失传的“吐火罗”文(Tocharian Language，世界上分布区域最广的印欧语系中的一种独立语言)方面的学术型专家。经验型专家(如：汽修专家，对一种车型汽车的维修具有十分丰富的经验)和技能型专家(如：按摩专家)都是涉猎面比较狭窄的，属于专门化、专一化的专家。经专业化发展的教育装备专家多属于知识型专家。另外，专业化发展不等于在做学科建设，当然教育装备管理的专业化也需要通过高校建立相应的学科专业来帮助培养专业人才，但专业化更是一个系统工程。

汉语“专业”一词对应的英语单词“profession”除了专业的意思外还有职业、信念、信仰等含义在里面，它实际上还反映了专业的素养问题。前文提到专业素养的下意识具体表现为职业本能，职业本能是对专业人士的能力和素质要求。举一个例子来说明：作为一个未经职业训练的普通人，他们都仅具有生物本能。当一个城市的闹区突然出现炸弹爆炸时，人们会出于生物本能而四散奔逃，远离爆炸中心(动物的表现一定也与此相同)；但是作为受过职业训练的警察此时一定是与人群奔跑的方向相反，他们会向着爆炸中心飞奔而去，这是一种职业本能，是专业化的具体表现。所以，专业化除了对知识的要求外，还要有职业、信念、信仰方面的素养要求。

三、教育装备管理专业化内容

教育装备管理专业化内容是专业化发展的外延，它包括：教育装备的需求分析、建设的项目管理、教学适用性论证、政府采购组织、质量监测(监督与测量)、日常管理、技术评测、教学评价、标准制定等工作的科学化、规范化和标准化。

(1)需求分析是对教育装备的教育教学需求进行科学分析，常采用的分析方法有相关性分析(如：教育装备与学业水平的相关性)、聚类分析(如：分析不同教育装备产品的共性与差异性)、马尔科夫分析(对装备配备水平进行预测)等。(2)项目管理是管理学的一个分支，相对于日常管理，项目管理具有明显的周期性特点，即为一个短期内有始有终的管理过程，而教育装备的配备过程恰好具有这种特征。教育装备的配备过程分为启动、计划、执行、控制和项目收尾5个阶段，所有这些阶段组合在一起被称为项目管理的生命周期。(3)教学适用性论证是教育装备管理一项崭新的工作，也是该领域内一项核心的工作，它最突出地体现了教育装备管理工作的专业化水平。教育装备的教学适用性包括生理适应性、心理适应性、认知适应性、教师适应性、学生适应性、时间适应性、空间适应性、文化适应性等诸多方面的问题。(4)政府采购属于教育装备配备过程的计划和执行阶段，现在绝大多数教育装备的购置都需要以政府采购的方式进行。所以管理人员应该熟悉《政府采购法》与《招投标法》，并具有组织招投标活动的能力。(5)质量监测是对教育装备产品进行监督与测量，其中质量监督是协助政府来做的事情，而质量测量则除了依靠政府与社会的一些专门机构外，更多的是由各地教育装备管理部门来承担。目前越来越多的省市教育装备管理部门都建立了质量检测中心。(6)日常管理主要工作是教育装备的日常维护工作。这项工作目前正在逐步走向外包的方式，通过政府采购由专门的公司来负责。(7)技术评测与教学评价是教育装备项目的绩效考核内容，往往是对于一个较大的工程或系统提出的成本—效益分析问题。绩效考核需要计算项目的投入产出比，其中投入的计算相对比较容易，但产出的变量选择与计算都是非常专业的，它需要测量和评价教育装备技术指标与使用效能是否能够达到要求，测量和评价学校教育教学效果、效益是否能够有所提高。(8)标准制定也是教育装备管理工作的内容，管理人员应该了解和掌握配备标准和产品质量标准的制定，更重要的是需要研究和逐步掌握教育装备“元标准(meta-standard)”(即产品教育教学适用性标准)的制定。

教育装备管理专业化内容不仅限于上述8条，其实还有许多的工作内容需要科学化、规范化、标准化建设与发展。

四、教育装备管理专业化的必要性

首先，教育装备管理专业化是教育的需求、人才培养的需求，这涉及教育的本质和人才培养目标。教育的本质在于教育的存在价值，而教育的存在价值由教育的两大功能来体现：第一，教人做人(影响人的思想品德)；第二，教人做事(增进人的知识和技能)。教育装备管理专业化的目的就是要教育装备在人才培养中发挥更大作用，要在日常教学(教人做事)中发挥作用，还要在素质教育(教人做人)中发挥作用。这一点越来越不为人们所重视，例如：近来在教育信息化领域正在被悄悄地塞进来一个新词“教学信息化”，说明人们正将原来教育信息化的叫法改称为教学信息化。将教育下降为教学的原因可能是想说明信息技术只能为教学服务，不能为教育服务，无非是说信息技术只能用于教书，不能用于育人。《国家中长期教育改革和发展规划纲要(2010—2020年)》中规定了教育信息化是教育改革和发展的保障措施，而不仅仅为教学服务。所以，教育装备能不能为育人服务以及如何服务将成为我们认真研究的课题，教育装备人不能将教育装备管理改为教学装备管理，教育装备专业化发展正是以此为其最重要的目的。

没有一个专业化足够高的管理队伍，对教育装备的准入进行科学评价，这个问题将无法解决。

如果我们不是认真地思考、对待、研究和逐步解决上述这些根本性问题，而仅仅能够做到从市场上采购设备然后分发到学校去，则不仅对于教育装备管理的专业化及其发展没有必要，就是我们管理人员的岗位设置也就没有什么必要性了，因为分发工作可以由供货商直接完成。

推动与完成一项事业需要不断地实践，更需要基础理论的研究与支撑。而任何一个研究领域首先要解决3个基本问题：研究对象、研究目的、研究内容与方法，用通俗一些的话讲就是要解决“是什么”“为什么”“做什么与怎么做”的问题。本文通过逻辑论证的方法解释了教育装备管理专业化发展概念的内涵是解决“是什么”的问题，即探讨研究对象；其必要性是解决“为什么”的问题，即探讨研究目的；而其概念外延是解决“做什么与怎么做”的问题，即探讨研究内容与方法。希望通过本文的论述，能够为教育装备管理专业化发展进程起到积极的推动作用。

第四章
教育装备管理研究方法

本章教育装备管理研究方法的讨论是按照管理工作的时间段进行划分的，前期管理属于项目管理，管理方法上具有周期性的特点，这个阶段又被分为需求论证阶段、采购阶段和项目验收阶段。后期管理是日常维护阶段，这个阶段的管理工作方法与项目管理阶段明显不同。

第一节　需求论证阶段

教育装备项目的研究过程一般是以项目管理的几个环节或步骤作为其较通用的分析研究的基本框架。每一环节的研究都在持续的实践和理论探索中不断地补充和完善本阶段已有的方法与技术。当然，无论是一种全新的教育装备的诞生还是对已有装备的更新和升级，都期望这若干阶段犹如一根信息顺畅的链条，从而达到教育装备“全生命”周期的研究在预期中得以顺利进行。而项目需求规划与设计正是教育装备“全生命”周期的起点，是一切研究工作的开始。在装备的更新与升级中，更是充当着与“旧版本”装备全周期有效连接的作用，扮演着“传承”的角色。正是因为项目需求规划在项目整个过程中的特殊重要性，本章列出独立一节加以讨论。

宽泛地讲，需求来源于教育装备用户在使用装备过程中感受到的某种“缺乏”。这种缺乏正是教育装备在某一阶段没有能够满足用户的地方。而从装备的设计开发人员的角度来说，“缺乏”可以看作是用户对未来新装备在功能、行为、性能、设计约束等方面的期望。

“需求工程”最早起源于软件工程，它是在人们逐渐认识到需求分析与定义的关键性作用后发展起来的。我们可以把所有与需求直接相关的活动通称为需求工程，它贯穿于装备开发的整个生命周期。需求工程中的活动可大致分为两类，一类属于需求开发，另一类属于需求管理。

一、教育装备的需求开发

需求开发的目的是通过调查与分析，获取用户的真实需求并定义装备的需求。教育装备的开发过程与其他产品开发类似，包括两类最主要的活动：需求调查与需求分析。需求调查、需求分析与形成最终的需求文档在实际操作过程中并不严格地遵循线性的顺序，这些活动是相互隔开、迭代进行和反复实施的。

(一)如何开展需求调查

需求调查是需求工程的主体，是需求工程中非常关键、工作量较大以及迫切需要交流的环节，这个过程旨在通过各种途径以获取用户的需求信息(原始材料)。与其他的产品需求调研不同，教育装备的需求调查往往需要分别涉及两类不同的用户群体——教师和学生。例如教室语音装备系统一般具有教师和学生两个不同的子系统，捕获需求时就应分别针对这两大子系统的内容深入展开对教师和学生的需求调查，最终勾画出这两类用户群大体的需求脉络(如对操作界面布局、按钮的设计、卡带仓在桌面的摆放位置等方面的期望)。

在需求调查的实际操作中，对“调查什么?”的准确定位有时较难把握。为了防止调查工作变得漫无边际，需求调查人员首先应当起草需求调查问题表格，将调查重点锁定在该问题表格内。随着后续调查的持续深入，问题将不断地被细化，问题表格也会不断地得到扩充和完善。语音装备系统问题表格的编写最初就可以围绕以下三个问题分类：系统功能设置；操作平台整体设计；用户额外需求。问题表格分为调查问卷单元和与用户访谈单元。

如果所开发的教育装备是对已有装备的升级，那么我们就可以采用最简便的制定问题表格的方法——以已有装备的最终需求文档为模板提取需求问题，尤其是吸收那些以前调查相对不完备的问题或在将来升级装备过程中用户需求改动可能性较大的问题。例如，由于教学理念的影响，在开发网络学习平台时，用户的需求就有可能发生从以前的教师操控占主导到学生的功能模块显著增强的本质性转变，类似这种处于不断变动中的因素一定要作为编写装备需求问题过程中的考虑对象。同时，可以辅助采用另一条捷径——以原有装备的绩效评估记录为切入点，间接地搜寻即将升级的装备所需调查的补充性问题。例如在翻阅装备使用记录的过程中发现原有装备的实际利用率低于期望值，则应在随后的调查中找到影响装备利用率的瓶颈，从而使新装备更好地适应用户的使用。通过以上这两种信息来源方式达到新旧装备传承的关键作用。

起初我们可以利用向用户群体发放调查问卷的客观信息通道来捕获需求信息，问卷中的问题主要以“选择题”和“是非题”为主。在经过统计与核对回收调查问卷之后，我们对那些问题答案一致性较强的题目做好备案(这些答案往往代表着广大用户疑义较小的稳定的需求，是我们撰写最终需求文档的资料积累)；而对于答案差异性较大的题目，应做出详细记录并作为后续调查的切入点。不过作为一个调查者，需求获取是一项需要与用户高度合作的活动，而并不是用户所填写需求的简单复印，因此充分利用另一条信息通道(主观信息通道)——与用户访谈是极其关键的。

用户访谈单元的问题通常选用开放性问题或可扩充的问题，这类问题无法简单地用是或否来回答，由此用户在解释说明时就会提供更多的信息。开放性问题的选用应该以问题表格中所设置的问题门类为主线展开。在融洽轻松的访谈氛围中，尽量使用户能够畅所欲言。例如在语音装备系统的需求调查中，应给用户充足的时间说明他们对系统功能方面的要求及对设计方案上的理解。同时，须尤其关注不同用户的特殊需求，在调查中若条件允许应适当了解其需求背后的深层次原因。用户访谈单元的输出是若干用陈述句形式表达的需求摘要。

(二)需求分析的实用方案

通过利用客观与主观两条信息通道，调查人员在总体与细节层面对用户的需求都能够有比较全面的把握和理解。当然，在整个需求调查过程中用户有时可能会提出一些不现实的、对学习效果无关或在技术上难以实现的甚至是错误的需求等，对于这些问题的解决就进入到了需求分析过程(在需求开发中，对所获取的需求信息进行分析，及时排除错误和弥补不足的信息过滤的过程)。其实需求调查与需求分析之间并没有一条严格的分界线，有些事情在调查阶段就能分析清楚，那么就不要拖延到分析阶段去解决。在调查需求的同时应当进行必要的需求分析。

需求分析本身是一项很费脑子的工作，但“问答分析法”却是一种简单易用、实用价值很强的分析方法。问答分析法其实很容易操作：刨根究底地问，如果问题都被解答了，那么需求也就十分清楚了。问答分析最重要的问题是：“是什么”和“为什么”。对需求调查阶段输出的需求仍以陈述句的形式一一修正，说明需求“是什么”，如果“是什么”的内涵不够清晰，则应补充说明“不是什么”。如果“是什么”和“不是什么”并不是理所当然的，那么应当解释“为什么”。通常在修正需求的过程中需要随时关注需求是否存在二义性、各项需求之间是否有矛盾、需求是否完备等常会出现的问题。

在分析起步时，单一个人可以先“自问自答”地分析需求，或几个人一起研讨；之后把分析成果与装备所涉及的相关领域专家进行交谈，借鉴他们的意见。在整个操作过程中，分析人员可能会发现某些方面的装备需求调查不详尽甚至空白或是对用户需求产生了新的疑义，在这种情形下就需要及时地与用户进行二次访谈。一些较大的项目经常是经历几次这样类似的回合后才能得到若干语意清晰的需求条目。这些条目就构成了《装备最终需求文档》的核心内容。

二、教育装备需求开发需注意的问题

(一)教育装备用户层级的划分

由于教学装备的使用对象是教师和学生，因此在需求开发的全程调研中教师和学生都扮演着装备用户的角色。这一点是教育装备与其他产品开发的显著区别。而对于不同类型的教育装备，教师和学生所充当的用户层级(可以细分为直接用户和间接用户)可能不尽相同。举个简单的例子，如果开发一款改良的实物投影仪，教师是投影仪的直接使用者，是装备的直接用户；学生借助投影仪学习，不亲自操控它，是装备的间接使用者。但假设设计一类有关某个主题的学习平台，教师和学生都有机会操控平台的不同部分，那么教师和学生都可以看作装备的直接用户。

装备用户层级的划分必须作为需求开发最先进行的工作。之所以进行分类，其目的之一是使问题表格的编写更加结构化。在调查问卷单元，不同用户层级可以进行差别化的调研；在用户访谈单元，能使得谈话主题有所侧重。用户层级划分的过程本身也是对装备未来使用背景深入研究的过程，能从另一个侧面为需求开发人员提供一些启示。例如，依照上述对实物投影仪所划分的用户层级，针对教师的问题就应更偏重于功能设计、操作程序等教师直接操控的部分；而有关对学生的问题则更倾向于投影仪的外形设计、幕布的大小等对学生学习产生间接影响的部分。至于上述主题学习平台的用户，需重点调研教师和学生在平台运用过程中所能直接接触到的功能、流程设计、界面风格等内容。

(二)对用户不同意见的处理及需求开发的最终目标

当整理用户的需求或建议时，我们经常会遇到教师和学生对装备的某方面内容持不同意见的情形。在这种情况下，除了参考教师和学生意见背后的原因，还要与专家交谈，广泛听取他们的意见。教育装备的需求开发中所面临的很多疑问以及各种细节问题在条件允许的情况下，最好可以借助于各类专家的帮助。如某类学习平台的流程设计就要吸取教育专家的建议，做到遵循学生的学习规律和特点，方便教师使用；对于各类装备的外形或界面设计等因素就要更多地听取心理学专家的指导。之后综合权衡各方面意见最终使得各种需求条目的“是什么、为什么”达到“显而易见”的地步。

例如，当设计一套教室多媒体讲桌时，采用的最终高度就很有可能成为引起用户争议的问题。教师倾向于设计出偏高的讲桌，以便于教师操控和切换多媒体装备；而学生喜欢低一些的多媒体讲桌，以免挡住自己的视线；而设计开发人员有可能结合自身的理解采用另一个高度值。在这种情形下，调查人员就要听取多方专家的意见，找到多方用户的平衡点，尽量做到“兼顾”。

这一套需求开发过程的终极目标就是要使装备需求文档中的每一个需求条目达到非常合理的程度，这是我们在需求开发中所不断追求的。如果需求条目能做到清晰严谨、一目了然、原因陈述的合理，那么整个需求开发过程就是成功的。同时，在需求开发的始终，我们应抱着这样的思想——将要开发的达到预期要求的教育装备可能并不是最先进的，但却是最适宜特定环境教学的装备。

三、教育装备的需求管理

需求管理的目的是在用户和开发方之间建立对需求的共同理解，维护需求与其他工作成果的一致性，并控制需求变更。教育装备的需求管理过程包括两类主要的活动：需求跟踪与需求变更控制。需求管理贯穿于需求开发后的任一阶段。

(一)需求跟踪的意义及常用方法

很多人有这样的误解：如果依据需求工程、系统的设计实现、装备测试与维护这样的顺序开发教育装备产品，由于每一步的输入就是上一步的输出，所以不必担心设计、实现、测试会与需求不一致，因此可以省略需求跟踪。但事实上，严格线性顺序的开发模型并不能保证各个开发阶段的工作成果与需求保持一致。想必大家都看过电视娱乐档的肢体传话节目，由于人们的肢体表达能力(在装备开发中为语言表达能力)、理解能力不可能完全相同，人与人之间的协作很难达到天衣无缝的境界，最后结果经常是最初的传递者与最后一个接收者所理解的意思大相径庭。这个例子也许有些夸张，但在装备的需求管理中的确存在这样的问题。

相对于整个需求开发过程讲，需求跟踪只需要“用心”去做，它是一件比较容易开展的工作。需求跟踪可选择采用正向跟踪：检查《装备最终需求文档》中每个陈述的需求是否都能在后续工作成果中找到对应点；逆向跟踪：检查设计文档、测试用例等工作成果是否都能在《装备最终需求文档》中找到出处。无论选用哪一种跟踪方式，都须建立与维护需求跟踪矩阵。跟踪矩阵保存了最初需求与后续不同阶段工作成果之间的多种对应关系。建立跟踪矩阵有助于开发人员及时纠正偏差，避免做无用功。

(二)需求变更控制

随着教育装备设计开发工程的进展，用户与开发方对需求的了解将会越来越深入。原先的《装备最终需求文档》可能在后继的开发环节中会发现存在一定的错误或不足，在这种情况下需要变更需求。当然，提出需求变更的动机是无可非议的，但对于整个装备开发而言，变更需求意味着要调整资源、修改前期工作成果等一系列工作，对装备开发的影响面很广，开发人员为此要付出沉重的代价。

正因为由此，需求管理中的一个配置项——变更控制规程就显得很重要了。我们可以依据装备开发项目的性质、背景等因素编写出适宜操作的变更控制规程(如变更目的、变更输入与输出、变更主要步骤等项目)。“权衡利弊”是制定规程统一的原则。规程一旦制定并启动，就必须严格执行，以免变更失去控制。

第二节 采购阶段

教育装备的项目管理主要集中在获取阶段。教育部门在获取教育装备时，主要分为自行研制和采购两大途径。究竟是自行研制还是采购，在做决策时通常考虑的因素有：教育装备的成本、教育装备的研发能力、教育装备的需求量、保密因素和供应因素等方面。教育装备从无到有是发明和研制的过程，研制可以是教育部门自行研制，也可以是教育部门和其他单位联合研制。研制阶段的教育装备是一种技术制品，尚达不到产品或商品的程度。一旦技术制品成熟完善后，便以产品或商品的面貌出现，此时，该教育装备便可进入推广和大量使用的阶段。目前，针对那些使用量大且技术成熟的教育装备，在其配备时大多通过采购方式。

一、招标基本知识

(一)招标的基本方式

招标的基本方式主要有公开招标、选择招标和协商招标三种。综合考虑采购的规模、技术要求的难易、风险的高低及国家的相关法律法规等因素，选择合适的招标方式。技术要求明确、不确定性因素少的项目，一般采用公开招标的方式，该种方式也是较为常见的招标方式。

1. 公开招标

公开招标指采购方以招标公告的方式邀请不特定的法人或者其他组织投标。公开招标是一种无限制的竞争，采购方通过政府招标公报、政府采购网等媒体发出招标公告。招标公告公布项目名称、投标日期、地点及相关要求等信息。

2. 选择招标

选择招标又称限制性招标。它是指采购方以投标邀请书的方式选择特定的法人或其他组织投标。采购方根据合同任务要求需具备特殊技术能力才能完成。根据对企业的了解情况，有重点地选择符合条件的三个或三个以上的企业竞争。

3. 协商招标

协商招标是一种无意竞争的招标方式。它适用于某些特殊情况，如专业性极高的项目。采购方邀请经过预选的被认为较有能力和信誉的企业通过下列方式，择优选择中标方。协商的方式有以下三种：

(1)连续协商方式：采购方可以直接邀请一个最理想的单位进行协商。若协商不成，则再邀请另一个有能力和信誉的单位进行协商，直至达成协议。

(2)对比协商方式：采购方同时邀请多个有能力和信誉的单位进行协商，对项目实施方案、能力、条件、报价等进行分析比较，选出优胜单位。

(3)分析协商方式：采购方依据调研和积累的材料分析，充分认定单一中标方，协商达成协议。

(二)卖方选择的常见工具

1. 加权系统(weighting system)

它是一种针对从可能供应商处接收到的投标文件所进行的定量比较方法，是招标中较为常见和实用的方法。每一份投标书都可以看作是一种候选的解决方案，赋予每一个评价标准加权，再把评分值与权值相乘得出分值，把所有分值相加后得到加权总分。

2. 独立估算(independent estimate)

采购方对采购装备的成本进行独立的估算，所得结果与投标书的报价进行比对，两个数值越接近越说明供应商的报价真实合理。因该方法仅对价格进行评估，更适用于采购内容标准化较强的项目。

3. 筛选系统(screening system)

采购方为各项标准设定阈值。当任一项标准低于阈值时，整个投标书即被排除掉。假设各评分值不得低于总分的50%(阈值为40×50%=20)，若技术方案评分均值为15，则该投标书被过滤掉。

(三)确定卖方过程的标准程序

招标基本方式和常用工具的选定均是招标前的准备工作，最好也同时列于招标文件中。确定卖方过程的标准程序如下：

1. 招标

招标是发布招标公告或发出投标邀请的程序。招标的法律性质为邀请。招标文件应当包括招标项目的技术要求、投标方资格审查的标准、投标标价要求和评标标准等所有实质性要求和条件以及拟签订合同的主要条款。招标文件是对招标方和投标方都具有同等法律效力的文件，招标要求须清晰明确，尽量避免以后容易引起争议的规定和解释。招标文件一旦发出后，尽量不要更改。若需改动，按国家相关法规流程二次发布招标公告。

2. 投标

潜在供应商接到招标(邀标)通知后，用书面方式向投标方表明应标意向。有意应标者应根据通知要求设计编写投标文件。投标文件应当对招标文件提出的实质性要求和条件做出明确的响应。

3. 开标

采购方在预先规定的时间和地点将潜在供应商的投标文件正式启封揭晓的

过程。开标由招标机构人员或招标人主持，邀请所有投标人参加，开标时间和地点在招标文件上预先确定。开标时，由投标人或者其推选的代表检查投标文件的密封情况，也可由招标人委托的招标机构检查并公正。经确认无误后，由工作人员当众拆封，宣读投标人名称、投标价格和投标文件的其他关键性内容。

4. 评标

根据招标(邀标)文件要求，在招标代理机构组织下，对所有投标书进行评审和评比的过程。招投标(邀投标)过程的绝大部分时间都花费在该步骤，评标也是“确认卖方”的核心环节。

评标时，由采购方聘请有关技术、经济、法律等方面专家组成评标委员会，按照标底对投标文件进行审查，评审标书是否符合招标文件的要求和相关规定。需要指出的是，评标过程应采用必要的措施保证过程的严格性和保密性。这一阶段的主要工作有：公正地评出中标单位的顺序，供决标时参考。

5. 决标

依据评标结果来决定中标单位(供应商)，最终评定并写出评标报告，并向中标单位发出中标意向书。定标是对投标的完全接受，其法律性质为承诺。

决标的主要依据不仅要看其报价的合理性，而且还要看技术、性能、进度、技术风险、保障性等多个因素。不能在决标时只考虑价格，而忽视其他因素。

二、教育装备招标采购的项目管理

采购是从外部获得产品和服务的完整购买过程。在企业和政府领域一般都称为采购，但也有些领域称之为购买或外包。但无论哪种具体称谓，所指内容及实施过程基本是一致的。一旦做出采购的决定，实际上我们就进入了一个项目采购过程。采购一般可以分为非招标采购和招标采购。

招标采购是指采购方作为招标方，事先提出采购的条件和要求，邀请众多企业参加投标，然后由采购方按照规定的程序和标准一次性地从中择优选择交易对象，并提出最有利条件的投标方签订协议等过程。达到一定金额以上的采购一般要求采用招标采购。

非招标采购是指招标采购之外的方式取得货物、工程、服务所采用的采购方式。在招标限额以下的大量的采购活动，一般均采用非招标采购方式予以解决。但在有些特定情况下，一些大金额的采购也可能采取非招标采购的方式，例如遇到需要紧急采购或者采购来源单一等情况，招标采购方式并不是经济有效的。非招标采购主要有以下几种类型：

(1)议价采购：是指基于专利或特定条件，与个别供应商进行洽谈的采购。

买卖双方面对面地讨价还价，所以被称为议价。

(2)直接采购：在特定的采购环境下，不进行竞争而直接签订合同的采购方式。

(3)定点采购：通过招标确定定点供应商，期限基本上是一年。

(4)询价采购：也称“货比三家”，是指采购组织向国内外有关供应商发出询价单让其报价，然后在报价的基础上进行比较并确定中标供应商的一种采购方式。

教育装备采购工作中，招标采购和非招标采购并存。由于教育装备招标采购所涉及的经费数量通常较大，工作步骤相对复杂，因此教育装备招标采购是教育装备采购工作的工作重点和难点，各方都应予以高度重视。

教育装备招标采购的步骤可分为：采购计划的编制、询价、采购方案的制定、确认卖方、合同管理与合同收尾，如图 4.1 所示。为了便于读者理解，我们在本章列举的实例均源于某校计算机综合教室采购项目(以下简称“计算机项目”)。

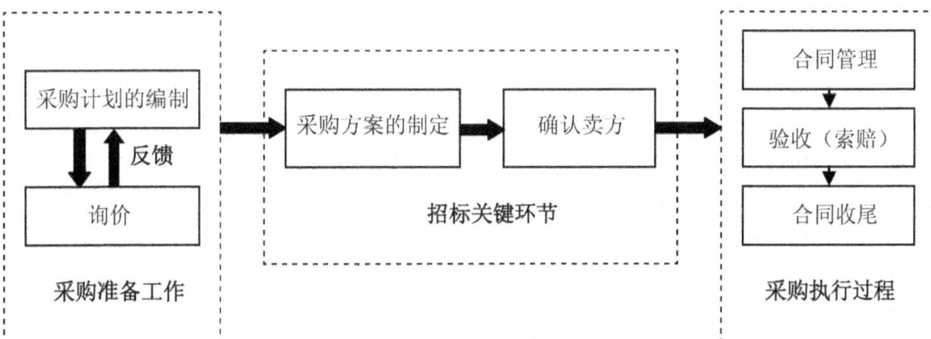

图 4.1　招标采购流程图

(一)采购计划的编制

编制采购计划的关键技术是采购分析(Buy Analysis)。如同所有的计划制订过程，采购计划的分析是尝试预测为了达到项目预期所需要具备的全部资源与过程。采购计划并不是凭空想象，一份合理、详细的采购计划需要寻找到合理、适合建设方现状等基点作为编制依据，需求工程及管理过程正是编制采购计划过程的输入项，只有通过详细调研和科学论证才能真正保证采购计划的可操作性和预期效益。这个过程的核心输出之一是采购管理计划。这份计划阐述并确定了采购项目中所需的装备清单，同时分析制定装备建设项目中还有哪些需求可以通过采购方式来最好地满足，以及在采购中可能遇到的潜在问题等。

(二)询价

这一环节是获得对采购计划进一步响应的过程。工作目标则是根据采购清单，设定完成采购项目所需的价格范围。在教育装备采购项目中，往往会涉及各类硬件和软件装备，特别是需要量身定制的软件开发项目或专业学科性强的采购项目将更为灵活复杂。我们既可以通过媒体上的广告或简介来鉴别潜在供应商和价格，也可从网络、本地相关资源中搜索。本环节中的采购方要继续将主要精力花费在调研上，逐项摸清待购装备的平均价格，大致把握采购所需的总体价格区间。在计算机项目中，询价须首先调研表 4.1 所列装备的市场现状：如品牌、类型、功能、质量、与实际需求的适用度等信息。在此基础上，重点确定价格上限与下限。

表 4.1　计算机项目装备清单

编号	名称	数量	单位	备注
1	教师电脑台椅	1	套	
2	学生电脑台椅	60	套	
3	学生计算机	65	台	需提供生产厂商针对本项目授权书原件
4	多媒体中控系统	1	套	
5	投影机	1	台	
6	电子白板	1	套	
7	投影幕布	1	张	
8	实物展台	1	套	
9	功率放大器	1	套	
10	音箱	1	对	
11	话筒	2	支	
12	硬盘保护卡	65	块	需提供生产厂商针对本项目授权书原件
13	空调机	2	台	
14	DVD 机	1	台	
15	UPS 电源	1	套	
16	防静电地板	110	平方米	
17	电源及网络布线	1	套	

(三)采购方案的制定

当收到采购资金批复后，采购方就可以着手制定实际方案了。项目采购计划是这一阶段的重要输入，该阶段的主要工作内容是确定采购文档。

采购文档用于向可能的供应商征集建议书，最常见的采购文档是方案建议书(Request For Proposal，RFP)。RFP 允许采购方与供应商以相同的规则、需求、进度和信息进行沟通，是双方工作关系的基础。在招标采购范畴，RFP 即是招标文件；与之相对应的供应商的建议书则为投标书。

招标文件是采购过程的关键构件。一份优秀的招标文件除了要有规范化的通用性商务条款外，对采购的“技术要求”具有举足轻重的地位，它也是难度最大的组件。“技术要求”主要是对采购计划的各子项进行逐一分解和细化。对于个人 PC 等通用性强的装备，可通过清晰界定技术参数辅之功能描述的方式呈现；而对于信息化软件建设等较为复杂的采购时，则应把重心放在选取优良且适合的实施关键路径上，重点说明项目采购设计的目标、范围、功能、运行环境、工期等各关键要素，以及计划实施方法和步骤。在招标书撰写中需要特别强调两点：一是招标书整体须使用合理的结构，以帮助潜在的供应商提供精确和完整的答复；二是技术要求须尽量追求数值量化，即使不可量化也需要做出尽可能具体且严谨的描述。表 4.2 和表 4.3 为计算机项目中“技术要求”的部分节选。

表 4.2　学生电脑台椅技术要求——以描述为主

主题	编号	要求
电脑台	1	电脑台每个机位桌面长 65cm、宽 50cm，材质为钢质框架，钢板厚度为 1mm。保证正常使用情况下五年不变形，如含有其他材质要阻燃、环保。电脑桌面要光滑平整、便于清洁。
	2	电脑主机置于带脚轮托架上，以便主机维修保养。主机左右两侧要有坚固的竖立隔板，后面要有带锁的门便于维修。在不影响使用的情况下，学生桌正面有固定的横梁，使主机不能从前面取出。托架距离地面要有足够高度，不影响清洁地面卫生。
	3	学生电脑台内所有电源线、信号线和控制线不能暴露在外，应有走线线槽，并可用锁固定线缆，防止线缆被随意插拔和取走。
	4	电脑台背面需要有全封闭的挡板。
	5	每个机位须有编号，并实现与计算机管理软件中的机位编号相对应。
电脑椅	1	学生电脑椅须坚固耐用。

表 4.3　学生台式机技术要求——以量化为主

编号	部件	要求
1	CPU	一颗四核心、主频≥2.83GHz、Cache 容量≥6MB×2、1333MHz 前端总线

续表

编号	部件	要求
2	内存	容量≥2GB DDR3 1066MHz
3	硬盘	类型为 SATAII 7200 转、容量≥320G
4	显卡	显存≥256M，接口支持 DVI 和 VGA
5	光驱	其中 10 台配有 DVD±RW 刻录光驱，剩余机器不配备光驱
6	显示器	长宽比 4∶3，尺寸为 17 英寸或以上，接口支持 DVI 和 VGA；且每台均须提供 DVI 电缆
7	操作系统	预装 Windows XP With Service Pack 3 的正版操作系统；同时需提供其正版安装盘
8	其他要求	标配机箱密码锁和后 I/O 盖版，防止内部配件丢失配备；专用耳麦，双头电源线；具有 3C 认证，国家节能认证
9	售后服务	需提供原厂保修五年的技术服务，主机和显示器需在 4 小时内提供上门服务

招标文件中的另外一个重要组件是评价标准(Evaluation Criteria)，它用来在接下来的步骤中对接收到的投标书进行客观公正的评价。其实，评价标准罗列于招标书中是为了表示出采购方对各项标准的重视程度，便于潜在供应商更有针对性地准备投标书。一般最重要的评价标准就是价格。价格的计算方法如下：

投标报价得分＝(评标基准价/投标报价)×价格权值×100%

其中，评标基准价为满足招标文件要求且投标报价最低的供应商的报价。对于复杂的采购的评估，应制定诸如企业财务状况、生产能力和兴趣、技术方案、采购能力、服务承诺、企业实力及项目业绩、投标书编制情况等选择标准。表 4.4 是计算机项目的评价标准参考示例。

表 4.4 评价标准参考示例

序号	评审条款	分值	评审细则	细项	备注
1	价格	30	投标报价得分＝(评标基准价/投标报价)×价格权值×100	30	满足招标文件要求且投标价格最低的投标报价为评标基准价
2	技术方案	40	(1)装备选型与主要性能指标	20	
			(2)实施方案的实用性和合理性	12	
			(3)对系统的合理化建议	8	

续表

序号	评审条款	分值	评审细则	细项	备注
3	服务承诺	12	(1)质量保证期	3	
			(2)培训	3	
			(3)现场服务及技术支持方案	6	
4	企业资质	15	(1)三年内同类项目完成情况	12	提供合同复印件
			(2)企业实力	3	获得相关认证情况
5	投标文件的编制	3	投标文件装订良好，页码准确。响应完整，运用图、表等进行说明	3	
合计		100			

在教育装备采购过程中，建议在非标准采购项目中针对供应商的历史绩效(已完成的相似供货项目)和技术方案设定较高的权重，视情况有可能各达到20%或以上，以表示采购方对于相关标准的强调，也一定程度上减轻了采购方风险。如某院校采购校园网站时，当看到某供应商的投标书呈现了大量网站开发经历以及合理周全的技术步骤等内容后，该院校必然会对这个供应商的实力给予肯定。

(四)确认卖方

确认卖方的目标是选用卖方以提供期望产品或服务的过程。在招标文件编制完毕后，将按照国家相关法律法规，进入招投标(邀投标)流程。整个流程执行过程一般由招标代理机构组织实施。这一环节涉及招标过程的相关基础知识，我们将在“三、教育装备的政府采购”部分做详细介绍。

(五)合同管理

合同管理是指对依法签订的采购合同进行管理的一种活动与制度。教育装备采购的合同管理就是指对装备的设计、实施、开发有关的各类合同，从合同条件的拟订、协商、签署，到执行情况的检查和分析等环节进行组织管理的工作，以达到实现采购的预期目标和任务。

教育装备采购合同的主要内容通常由采购方与供应商自行约定。对于相对简单单一的采购过程(如个人PC、投影机等标准规格装备的批量采购)可以采用标准的合同模板，一般应包括以下各项：

(1)采购名称；

(2)采购内容和范围：明晰采购的具体装备型号、数量及是否须承担安装调试等信息；

(3)交货地点和方式；

(4)交货期限；

(5)权利和义务界定：明确采购方与供应商的权利和义务，其中权利和义务应对等；

(6)采购质量要求；

(7)验收标准和方法；

(8)供应商售后服务承诺；

(9)采购价款的支付方式和步骤；

(10)违约责任及违约金或损失赔偿的计算方法；

(11)解决争议的办法；

(12)生效及其他。

对于需要一定程度的建设或开发的非标准化装备的采购，因其复杂性和特殊性，其合同将具有"个性化"的特点。通常会增添如下可能的项目：

(1)采购过程中的各种期限(如项目里程碑时间、验收时间等重要期限)；

(2)技术情报和资料的保密；

(3)风险责任的承担，即明确项目风险的承担方式；

(4)技术成果的归属；

(5)采购方认为需明确提出的采购特殊说明；

(6)其他附件，例如供应商的售后服务承诺书、验收单等。

在采购双方签订合同前，建议双方请法律专业人士对照合同一般内容和格式，逐条研读分析各条款，仔细推敲，与投标书、招标(邀标)书辨认比对，确保合同不致使各方处于不利地位。同时避免遗漏重要款项，对于采购关键点须明确在合同中予以界定。

合同管理过程的主要输出之一是已签订确认的合同文档。另外特别要注意的是，合同管理是贯穿于整个采购过程的重要性活动。合同管理的另一个职能是以合同为基本参照系，在采购过程中不断比较验证合同双方是否遵循合同的执行。当发现执行过程产生偏差或经双方同意确需要变更时，一定要有书面的规范记录并存档，并把它作为合同管理的另一输出。

另外，在采购实践过程中，当招标(邀标)书、投标书与签订的合同之间的规定信息发生冲突时，一般会采用如下的文档优先级：合同书、投标书、招标(邀标)书。当在项目执行时发现合同书、投标书、招标(邀标)书都未对某一方面问题做出规定时，招标方可与中标方签订补充协议，协议也通常视作合同的一部分。以下为计算机项目的格式合同的样例。

合　　同　　书

________(买方)____________(项目名称)中所需____________(货物名称)经____________(招标代理机构)以____________号招标文件在国内____(公开/邀请)招标。经评标委员会评定____________(卖方)为中标人。买、卖双方同意按照下面的条款和条件，签署本合同。

1. 合同文件

下列文件构成本合同的组成部分，应该认为是一个整体，彼此相互解释，相互补充。为便于解释，组成合同的多个文件的优先支配地位的次序如下：

a. 本合同书

b. 中标通知书

c. 协议

d. 投标文件(含澄清文件)

e. 招标文件(含招标文件补充通知)

2. 货物和数量

本合同货物：____

数量：____________________________

3. 合同总价

本合同总价为____元人民币

分项价格：______________________

4. 付款方式

本合同的付款方式为：合同款项按以下时间，分2次支付完毕：

(1)合同生效起3日内，卖方应向买方提供合同总价的10%的履约保证金，验收合格一年后买方无息返还卖方。

(2)合同生效起7个工作日内，买方支付合同总价的50%；系统验收合格后买方支付合同总价的50%。

5. 本合同货物的交货时间及交货地点

交货时间：____

交货地点：__________________________

6. 乙方在本合同执行过程中，应对甲方提供的原始资料进行保密，甲方所提供的资料、乙方制作的最终成果，未经甲方书面许可，不得向第三方提供全部或任何一部分。本合同的最终成果版权归甲方所有，乙方应保证提交的成果未侵犯第三方权益，否则由乙方承担全部责任。

7. 合同的生效

本合同经双方全权代表签署、加盖单位印章生效。

买　方：________	卖　方：________
名　称：（印章）	名　称：（印章）
年　月　日	年　月　日
授权代表（签字）：________	授权代表（签字）：________
地　　址：________	地　　址：________
邮政编码：________	邮政编码：________
电　　话：________	电　　话：________
开户银行：________	开户银行：________
账　　号：________	账　　号：________

（六）验收与索赔

验收又称范围核实或移交。它是核查项目计划规定范围内各项工作或活动是否已经全部完成，可交付成果是否令人满意，并将核查结果记录在验收文件中的一系列活动。采购方通常以会议并辅之现场勘察的形式展开验收过程。参会人员一般包括采购双方的干系人、教育装备所涉及领域的业内专家等。验收主体工作是查阅装备采购建设的阶段性成果和最终成果是否完全响应招标文件、投标文件、合同等文件款项（即采购初始预期）；采购建设成果与相关国际标准、行业标准等的吻合度也是验收过程的可参考点。验收报告通常作为这一过程的输出文档。

（七）合同收尾

这是项目的结束过程，也从属于验收的一部分。它验证供应商的履行合同条款过程是否可以接受，它的输入有招投标书、项目执行工作的各类文档等。合同收尾一般利用采购审计和记录管理等技术。特别值得一提的是，建议采购方在这一过程中编制经验教训文档。该文档是对合同和卖方的分析结果，它可以为未来制订项目采办计划提供非常实用有效的信息。以下为简版验收报告单。

项目验收报告单

合同编号		合同名称	
项目编号		项目名称	
客户名称		客户方负责人	
客户地址		联系电话/传真	
验收内容：（验收双方共同确认，可附加详细的功能列表）			

续表

验收结论：（验收双方共同确认）
备注：
客户方验收人/日期： 客户方验收单位(公章)
实施方验收人/日期： 实施方验收单位(公章)

三、教育装备的政府采购

政府采购(Government Procurement)是各级国家机关、事业单位和团体组织，使用财政性资金采购依法制定的集中采购目录以内的或者采购限额标准以上的货物、工程和服务的行为。政府采购的概念不仅仅是具体的采购行为，而是与之相关的采购政策、采购程序、采购过程及采购管理的集合体，它是有关公共采购管理的一种制度。国家对财政体制的逐步改革和中国加入 WTO 是《中华人民共和国政府采购法》(以下简称《政采法》)出台的主要背景。以 2003 年 1 月 1 日实施的《政采法》为标志，被称为“阳光工程”的我国政府采购制度进入了法制化轨道。

政府采购其本质是政府在购买商品和劳务的过程中，引入了竞争性的招投标机制。政府通过该机制，通常定期性公布采购项目、品牌和每项采购项目的供应厂商。教育装备的采购也经常采用政府采购的方式。常见的政府采购项目包括教学或办公装备：例如计算机、复印机、打印机等；交换机、路由器、防火墙等信息化网络装备；纸张、笔墨等办公材料，也包括基建物资、生活物资等各种原材料、设备、能源、工具等。表 4.5 为北京市 2009 年政府采购集中采购目录节选。

表 4.5 北京市 2009 年度政府采购集中采购目录(节选)

<table>
<tr><th>目录</th><th>备注</th><th>采购类型</th></tr>
<tr><td>(一)通用类政府采购项目</td><td></td><td></td></tr>
<tr><td>1. 货物类</td><td></td><td></td></tr>
<tr><td>摄影、摄像设备</td><td>指数码照相机、数码摄像机、胶片单反照相机(含镜头)及零配件</td><td rowspan="8">单项或批量小于 100 万元为协议采购，100 万元以上(含 100 万元)为项目采购</td></tr>
<tr><td>空气调节设备</td><td>指分体壁挂式、分体柜式、天花板嵌入式(吸顶式)、分体风管机(天井式)</td></tr>
<tr><td>计算机</td><td>指台式机、笔记本及零配件</td></tr>
<tr><td>显示器</td><td></td></tr>
<tr><td>打印机</td><td>指喷墨、激光、针式、多功能一体机，用于固定资产管理的条码打印机</td></tr>
<tr><td>传真机</td><td></td></tr>
<tr><td>复印机</td><td>指复印机、速印机</td></tr>
<tr><td>投影仪</td><td></td></tr>
<tr><td>信息安全产品</td><td>指防火墙、入侵检测、VPN(商密)、漏洞扫描、网页防篡改系统、网络安全审计、安全集成管理平台、反垃圾邮件产品、安全隔离与信息交换系统产品、主机安全管理系统产品</td><td>协议采购</td></tr>
</table>

政府集中采购目录的采购项目类别共分为三类：货物类(上表列出该类的部分采购货物)；服务类(如印刷、互联网接入服务等)；工程类(如修缮、装饰工程等)。教育装备的政府采购主要集中于第一类，即货物类。

从表 4.5 可以看出，货物类采购项目一般为通用性强的装备。每一项货物的品牌、具体型号、厂商联系方式等信息可在中央采购网或地方采购网查询，以上信息一般会定期更新。例如，北京地区某市属高校如果需要以政府采购方式购买台式计算机，则可到北京市政府采购网搜索台式计算机、品牌、参照配置等信息来选择具体型号。

借助政府采购方式采购通用性教育装备的优势较为明显。我们可免去复杂的招投标程序，而直接从采购网中选择需要购买的装备。这种方式实质性提高了采购效率，增加了采购过程中的透明度。同时采购方也能相应降低采购风险。政府采购中的厂商通常在货物质量和售后服务方面会更有保障。另外，我国推行的政府采购制度是政府宏观调控的重要手段，也是满足政府消费行为市场化的需要。

第三节　项目验收阶段

一、装备质量与装备质量管理的概念

质量是对组织生产的产品或服务提供一种优质的保证。项目管理协会把项目质量定义为“固有属性集合履行需求的程度”。质量是教育装备建设与管理的核心，是项目成功的显著标志。通常质量管理贯穿于教育装备建设与使用过程始终。

由于教育装备的建设过程是人的智力的劳动，具有可视性差、变更比较频繁的特点，因此质量管理具有很强的复杂性。教育装备的质量管理主要从质量体系控制、实施过程控制以及单元控制入手，通过阶段性评审、评估，以及实时测试等手段随时发现质量问题，找出质量问题解决方法，最终达到保证教育装备建设质量的目标。

二、质量管理的常用技术

项目质量管理(quality management)是确保项目能满足所要执行的设计要求的过程。这一过程大致可分为三个部分：质量规划、质量保证、质量控制。

(一)质量规划

质量规划是识别相关质量标准并制订计划确保项目可以满足这些标准的过程。鉴于很多规划问题都有质量维度，质量规划通常会在其他规划问题讨论过程中同时进行。

质量规划内容：

(1)质量政策

在规划中首先应明确质量政策。质量政策由质量管理部门提出的关于质量的意图和方针，一般用必要而有力的形式予以颁布。

(2)质量目标、责任

质量目标与责任可以按项目发展阶段和项目任务分工的角度分解：

①按项目发展阶段：即实行项目全程分阶段管理的原则。分析从提出方案到项目完成全过程各阶段的特点，针对影响质量的关键因素，提出有效控制措施，制定每阶段质量目标。

• 任务分析阶段：确定项目的明确需要。

• 方案探索阶段：在方案设计过程中，一是要尽量采用行之有效的技术。若采用新技术，则必须是经过验证的，证明是成熟的技术；二是要把握经济原则，可利用成本/收益分析来评价候选方案的成本与收益，以确定最佳候选方案。以保证产品满足高质量标准所引发的成本之间的权衡分析。

• 论证确认阶段：项目设计不仅是保证产品质量的重要因素，而且可以降低成本。

• 项目实施阶段：这一阶段包括详细设计、试验和使用鉴定等。

②从项目任务分工的角度，分包质量指标，承担质量责任的单位是：

• 承建方对项目设计的文件质量负责，执行国家的相关法规和标准；同时要对整个项目质量负责，逐级建立质量责任制；

• 设备生产单位及配件供应商对所生产的产品质量负责。

(3)界定说明

项目立项时将项目交付件的状态记录下来的项目目标文件。随着项目的进展，该说明可能进行修订和细化。主要包括：

①项目论证文件；

②项目的最后成果；

③项目的质量目标，即项目完成的质量量化标准。

(4)标准和条例

各领域可能对项目造成影响的专用标准和条例。

相对复杂的项目质量标准可以附件等形式列于招标文件的格式合同中，并通常作为项目验收的标准。以下则为计算机项目合同中的验收项实例。

第×条　验收

1. 验收地点：××××××××

2. 甲方采购设备到货后，乙方要派有经验的专家来甲方进行设备的安装、调试及试运行，直至整个系统正常运行60天后，若无任何质量问题，甲方按照《招标文件》要求、乙方投标书和国家有关标准进行验收，乙方应对验收给予配合；

3. 验收合格后，乙方将甲方交付的全部资料返还甲方，并向甲方交付项目成果。双方签署验收报告，验收报告一式两份，甲乙双方各执一份，并报政府采购监督管理部门备案。若甲方验收乙方成果不合格，须在《项目验收单》中明确不合格原因及修改意见，并确定新的验收时间，时长不超过30天。如果乙方在此期限内仍不能达到约定要求，则视为违约；

4. 免费质保期从验收合格之日起计算。

(二)质量保证

质量保证由所有相关活动与事项组成，用来确保项目能够满足在质量规划阶段所总结的质量标准。质量保证是在质量管理过程内实施的有计划的系统性检查活动，是对质量规划、质量控制过程的质量控制，因此这一过程是质量管理的一个更高层次。换言之，质量保证是对项目实施过程的管理活动进行持续不断地检查、度量、评价和调整的活动。

1. 质量保证类型

质量保证共分为两种：一是向项目管理组织和执行机构的管理层提供的内部质量保证，二是向用户和有关人员提供的外部质量保证。

2. 质量保证的工具与技术

质量保证过程可使用两种新工具：质量审计、过程分析。

(1)质量审计是用来评审其他质量管理过程以及识别潜在经验教训的活动。在质量审计中，评审可以由项目组曾接受过培训的人员按照进度或随机进行。质量审计人员要检查项目的许多方面，寻找那些无效或低效的政策、过程或流程。质量审计人员可以从一份已经建好的检查表开始，对项目要评价的各个方面进行评分。

(2)过程分析是检查工作完成的方式。作为质量审计过程的一部分而记载下来的经验教训，可用来提升当前项目和后续项目的绩效。

(三)质量控制

1. 质量控制概述

质量控制(quality control)是对项目作业进行持续不断的检查、度量、评价和调整的活动。这一过程实时监督每个子项的实施状况，确定它们是否与相关的质量标准相符，并根据质量规划提出的内容，找出避免出现质量问题的方法，找出改进质量、组织验收和必要返工的方案。

质量控制是指在力求实现项目总目标的过程中，为满足项目总体质量要求所展开的有关的监督管理活动。在控制的过程中，人既是项目质量控制的主体，又是质量控制的客体。

(1)PDCA 循环

PDCA 循环是美国质量管理专家戴明士博士首先提出的，它是实施全面质量管理所应遵循的科学程序，这一过程就是按照 PDCA 循环周而复始地运转。

PDCA 是英语 plan(计划)、do(执行)、check(检查)、action(处理)的第一个字母的组合，PDCA 循环就是按照这样的顺序进行质量管理，并多次循环进行下去。

项目须把质量规划阶段的成果作为 PDCA 最初循环的输入，以明确质量计划，这个计划不仅包括目标，而且也包括实现这个目标需要采取的措施；计划制订后，就要按照计划进行检查，查看是否实现了预期的效果，是否达到了预期目标；经过检查找出问题和原因；最后进行处理，总结经验和教训。

PDCA 循环的特点如下：

①在 PDCA 循环中，上一周期的循环是下一周期的依据，下一周期循环是上一周期循环的落实和具体化。

②每个 PDCA 循环都不是原地周而复始运转，它是螺旋上升的形态。每一周期的循环都有新的目标和内容。经过每一周期的循环，都解决了一些问题，质量水平有了新的提高。

③在 PDCA 循环中，A 是关键。P、D、C 的最终目的是要找出差距和原因，从而进行解决处理。

(2)质量控制点

质量控制点是对项目的重点控制对象或重点建设进程实施有效的质量控制而设置的一种管理模式。设置质量控制点的目的是将项目质量总目标分解为各控制点的分目标，以便通过对各控制点分目标的控制，来实现对项目质量总目标的控制。

• 设定质量控制点的实际意义

①有利于项目质量总目标的分解，便于将复杂的项目质量总目标分化为一系列简单分项的目标控制；

②有利于及时捕捉和分析控制点所处的环境因素，易于分析各种干扰条件对项目分目标产生的影响及其影响程度，计算质量控制点目标值与实际标值的偏差；

③鉴于质量控制点目标单一，且干扰因素便于确定，有利于制定、实施纠偏措施和控制对策；

④通过对下层级质量控制点各分目标的实现，有效保证上层级质量控制点分目标的实现，直到项目质量总目标的最终实现。

• 设定质量控制点有以下通用原则

①突出重点。质量控制点应放置在项目建设中的关键时刻和关键部位。例如一个校园信息平台建设项目，准确获取使用部门的需求关系到整个应用系统的成败。因此建设方及承建方都可以把需求获取作为一个质量控制点，制定详细的需求收集整理方案。

②易于纠偏。质量控制点应设定在质量目标偏差易于测定的关键活动或关键时刻处，以利于发现偏差。例如在计算机机房的综合布线来说，可把隐蔽作业的实施过程作为一个控制点。如果发现问题，可以及时纠正。

③保持控制点的灵活性和动态性。对于一些综合类项目(如校园网络建设)，由于建设周期长，影响因素多，项目建设目标受到很多因素干扰。因此质量控制点的设置不是一成不变的，应根据实际进展情况，对已有的控制点适时进行必要的调整或增减，以达到对项目质量目标全过程、全方位的控制。

④质量控制点需有利于建设方和承建方的质量控制活动。

2. 质量控制的方法

(1)评审

评审的主要目的是本着公正的原则检查教学装备的当前状态，评审一般是在装备建设项目过程中某个重要的时间节点或完成某个重要环节时进行，比如装备建设前期设计完成、需求分析报告完成、装备调试完成等时刻。通过联系相关领域专家的评审，可以及时发现重大问题，并给出处理意见或建议。

①评审的依据

- 国家和行业的相关标准、技术规范及其他相关规定或规范；
- 领域内通行的普遍性约定；
- 承前性文件。

②评审的范围

一般说来，教育装备建设需要专家会审的主题主要有以下几项：

- 建设方(即学校)的用户需求和方案；
- 建设方的总体技术方案；
- 建设方的工程实施方案；
- 项目验收方案；
- 项目相关售后服务计划；
- 项目运行过程中出现的重要文档。

评审全过程要有记录，并备档保存。在某些情况下，评审可能通过远程进行，但要做好技术保密工作。根据现实情况需要，专家可到现场进行实地考察。

(2)测试

测试是装备建设过程中质量控制的关键性手段之一。测试方式主要分为技术指标测试和功能性测试两类。技术指标测试是依据最初的需求文档或招投标文件中所列出的技术等级或数值与实际进行比对，装备系统的技术指标通常可依据装备技术说明或借助测试专业软件获得。功能性测试则是对装备系统的功能逐项进行演示，观察检验系统的功能是否达到预期的要求。毕竟教育装备最终要由其用户——教师使用，功能性测试往往是装备系统质量好坏的直接反映。特别是信息系统工程的质量到底如何，只有通过功能性测试才能了解。以上两类测试结果都是评判质量的最直接的依据。

测试依据根据不同的测试阶段和测试对象有所不同，主要包括：

①最初调研的需求说明；

②设计说明书；

③行业标准；

④国家标准。

(3)旁站

旁站是教育技术人员控制工程、保证项目目标实现的必不可少的重要手段。旁站往往是在发现问题后难以处理的关键过程或关键工序。现场旁站比较适合于学校各类信息化项目建设的质量控制，也适合工程关键环节的实施过程。

旁站要求现场人员具有深厚的专业知识和项目管理知识，能够统揽全局，对项目阶段或全过程有深刻的了解，明晰项目易出现问题处，并对建设过程具有较高的、深入细致的观察能力和总结能力。

旁站记录需做到：

①记录内容要真实、准确、及时；

②对旁站的关键部位或关键工序，按照时间或工序形成完整的记录；

③记录内容应尽量有量化衡量指标及达成情况；

④监督过程主要记录旁站人员、时间、旁站监督内容、对质量检查的完成情况、意见评价等；

⑤项目总体质量情况主要记述旁站过程中施工人员的工作是否到位，是否按事先的要求对关键部位或关键工序进行检查，是否对不符合操作要求的施工人员进行督促，是否对出现的问题及时纠正；

⑥如果工程因意外情况停工，应写清详细缘由过程，并写明后续处理方案和效果。

(4)抽查

建设方信息化项目建设过程中的抽查主要针对计算机设备、网络设备、软件系统以及其他类教学装备的到货验收检查，以及对项目实施过程中有可能发生质量问题的环节随时进行检查。按项目实施时间点为依据，抽查可分为以下两类：

①到货验收的抽查

对于到货验收的抽查，主要是针对大量设备到货情况。例如一次购进50台台式机，这就需要对产品进行现场抽查。在抽查时，要对设备清单、对抽查台式机的各项技术指标进行逐项检查，并对抽查情况做好详细记录。

②实施过程的抽查

例如，在软件建设过程中，可以随时抽查开发文档的编写情况、测试运行情况及开发的各种功能是否符合最初需求说明或约定。

第四节　日常维护阶段

实验室是为满足专业教学与科研的需求，在特定空间内由多种教育装备而组成的有机集合体。因此，实验室内的装备是实验室的主体，实验室管理的核心内容即为对装备的管理。本节将以实验室装备的技术保障与维修管理两个基本且实用过程为脉络分析讨论实验室管理的相关理论与实践。

一、实验室技术保障

装备使用是否可靠、维修是否方便将直接影响装备使用和装备全寿命周期的每一个环节。可靠性、维修性、保障性是装备技术保障与维修管理过程经常提到的几个基本概念。

(1)可靠性(reliability)一般定义为：产品(指装备系统、分系统、部件、零配件等)在规定的条件下和规定的时间内，完成规定功能的能力。规定的条件是指产品使用时的环境条件和工作条件；规定时间是指产品工作时间，通常用时间单位来表示；而规定的功能是指产品技术文件规定必须具备的功能及其技术指标。可靠性的概率量度是可靠度。

随着装备保障需求的提升和发展，可靠性分为基本可靠性和任务可靠性。

基本可靠性：在规定条件下，无故障的持续时间或概率，它能反映出维修人员对减少维修人力的需求。基本可靠性的参数一般为统计的产品的时间单位和所有故障。

任务可靠性：产品在规定任务中完成规定功能的能力。它反映装备用户对任务成功性的需求。确定任务可靠性参数时只统计那些在任务剖面内发生的影响任务成功的故障。其实，它就是我们习惯上称的可靠性。

(2)维修性(maintainability)定义为：产品在规定的条件下和规定的时间内，按照规定的程序和方法进行维修时，保持或恢复到规定状态的能力。其中，规定条件是指装备进行维修的人、设备、器材等资源条件。维修性的概率量度是维修度。它是维修时间的函数。

(3)保障性(supportability)是装备的设计特性和计划的保障资源能满足平时教与学的使用要求的能力。其中，设计特性是指与装备保障有关的设计特性，如可靠性和维修性，以及使装备便于操作、检测、维修、耗材等方面的设计特性。装备只有具有满足使用与维修要求的设计特性，才是可以保障的。

(一)教育装备技术保障的任务与特点

装备技术保障是指为保持和恢复装备性能完好所采取的技术措施和活动。主要包括装备的维护与修理、技术检查、维修器材的筹措与供应、装备建设、专业培训等内容。装备技术保障的概念包含了装备技术保障的目的和本质特征。其目的是保持和恢复装备的良好和随时可用的状态；其本质特征是通过技术措施运用，保持或改变了装备的技术状态，使之达到良好和随时可用。

1. 技术保障的任务

装备技术保障的主要任务是运用现代科学技术和有效的保障方式、保障手段，保持和恢复装备的规定性能，使装备处于良好的技术状态，为教学提供强有力的装备保障。装备技术保障应当坚持以可靠性为中心的维修思想，贯彻预防为主、科学维修、质量第一、注重效益的方针，做到整体筹划、重点保障、规范管理、系统建设。技术保障是在装备全寿命周期内，为满足完好率要求和降低寿命周期费用，综合考虑装备的保障问题，确定保障性要求，进行保障性设计，调配保障资源，提供装备所需保障的一系列技术与管理活动。

保障性设计是装备技术保障的总体完整的说明，它满足装备的保障要求并与实际使用状况相互协调，它一般包括使用保障设计与维修保障设计。其中，使用保障设计规定了装备使用状况、主要保障资源要求等；维修保障设计包括维修类型、维修级别及其任务、维修间隔期、预期的主要维修资源和维修活动的约束条件等。

2. 技术保障的特点

马克思曾说“社会生活在本质上是实践的”。装备技术保障活动作为人类社会实践活动特殊领域的特殊现象，具有自身的、突出的特点，主要体现在以下两个方面：

(1)装备的技术保障是综合保障

装备的多样性和复杂性决定了装备技术保障不是简单的技术操作过程，而是保障技术、保障资源、保障对象三者之间相互作用的复杂过程。这个过程的顺利实施依赖于装备的保障性、保障资源与保障的复杂度的协调发展，要使装备的使用要求与保障要求之间相协调；装备设计与保障系统设计之间相协调；装备所需的各类保障资源之间相协调；新投入使用的装备与原使用着的装备保障系统相协调；装备辅助教学效能、保障性能、开发进度与费用之间的协调，由此体现了装备技术保障的综合性的显著特点。

(2)装备的技术保障是教师教学的间接保障

随着信息技术应用不断渗透到教学过程中，师生的教学与学习活动对装备的依赖性在增强，特别是新型的教学方式的探索更离不开信息化装备的使用，运用技术措施持续地保持和恢复装备良好和可用状态也是对教学的保障。

(二)教育装备技术保障能力

装备的技术保障能力是装备技术保障系统完成保障任务的能力。它是保障人员、设施、手段、技术和管理水平等因素的综合反映。保障能力不仅取决于保障资源的数量和质量，而且还取决于对这些资源使用方式和总体效能的发挥。

(三)装备技术保障的基本矛盾和基本规律

装备技术保障的基本规律是装备技术保障措施在活动过程中的联系。它是客观存在的，并制约和影响装备技术保障的一切活动。装备技术保障活动的过程，是矛盾运动的过程。装备技术保障的基本规律就存在于装备技术保障基本矛盾运动和基本因素的相互作用之中。因此，研究装备技术保障基本规律应从分析装备技术保障的基本矛盾和基本因素入手。

1. 装备技术保障的基本矛盾

在装备技术保障活动过程中，保障需求总是处于主导地位，且是不断变化和不断增长的，而保障能力总是处于从属地位并保持相对稳定的状态，所以保障能力的提高总是滞后于保障需求的增长。这就导致保障能力和保障需求之间经常会出现不相适应或不能完全适应的状况。这种需求或可能的矛盾，其实就是师生实际教学和学习需求与现实的装备技术保障能力之间的矛盾。它是装备技术保障的一对基本矛盾。另外，装备技术保障活动中，还存在可靠与不可靠、完好与不完好、安全与不安全、强与弱、优与劣、高与低等各种矛盾，它们都以不同的具体形态出现，对教育装备技术保障活动产生不同性质和不同程度的影响。

在此特别提出，由于保障需求与保障能力之间的矛盾规定了装备技术保障的本质；这一矛盾贯穿于装备技术保障活动的始终；且影响和制约着其他矛盾的存在和发展，其他矛盾是这一矛盾在不同侧面和不同阶段的具体表现形态。因此，保障需求与保障能力之间是最基本的矛盾。

2. 装备技术保障的基本要素

装备技术保障的基本要素是构成和影响装备技术保障活动的基本成分和条件，主要包括：

- 技术装备
- 技术保障人员
- 保障物质资源
- 外部环境
- 保障技术
- 保障管理

3. 装备技术保障的基本规律

(1)装备技术保障受到装备质量特性的制约，所以对保持、恢复、提高装备的质量特性和降低寿命周期费用具有能动作用。

一方面，装备是装备技术保障的对象，装备技术保障的全部活动都是围绕装备的获取和使用、维修保障来展开。总体来讲，拥有多大数量、规模和质量特性的装备，就决定了与之相适应的一定格局的装备技术保障体系。

另一方面，装备技术保障对装备又具有能动作用。这主要体现在适应装备的保障需求，提高装备技术保障人员整体的专业素养，充分发挥他们的主观能动作用。高效率的装备技术保障体系同良好的预防性和修复性维修可以更有效地保持、恢复装备的质量特性，改进性维修还能局部改善装备的质量特性，从而提高装备的完好率、降低装备使用维修的费用，提高装备的总体效益。

(2)装备保障的物力资源、装备同步开发和配套建设极大地影响着装备技术保障能力。

装备的保障问题过去常被视为装备投入使用之后才考虑的工作事项。但在保障实践中证明，这种认识和做法不符合装备使用保障规律，会导致装备的完好率下降，维修成本增加。我们必须将装备的保障性与质量、进度、费用同级对待。

装备的保障性包括设计特性和保障资源两项内容。其中，设计特性是指与装备保障有关的设计特性，如可靠性、维修性等，以及使装备便于操作、检查、维修等方面的设计特性。保障资源是指为保证装备实现的教学需求所规划的人力、物质和信息资源。其中，保障物力资源是保证装备日常使用的物质技术和技术手段，它使装备具有能够得到保障的特性。装备的可保障性和能保障特性结合起来，才是装备完整的保障性。要使装备获得完整的保障性，保障物质资源必须与装备的可保障特性协调一致，力求相互匹配。为此，新装备的设计与开发需受到装备的保障性要求约束。

对保障的物质资源与装备进行同步开发，要着重解决配套建设问题，即在装备整个设计与开发过程，对保障物质资源与装备之间和各种保障资源要素之间的协调和匹配问题，反复进行保障性分析，对各种保障要素进行综合权衡，使其完整配套，保证在装备使用后就能自然地综合起来形成适用的保障系统，形成保障能力。如果保障资源不配套，保障能力就会受到直接的影响。

很多实践说明，保障的物质资源和装备的同步开发与配套建设，是形成保障能力的必然要求，符合装备发展和使用保障的客观规律。

(3)装备技术保障的成效依赖于装备技术保障系统的协调运行和对外部环境的适应性。

装备技术保障系统是一个涉及人员多、技术性强的技术保障系统。为了有效地组织装备的技术保障活动，实施有力的装备技术保障，装备的技术保障系统必须构建合理的组织结构和良好的运行机制，充分发挥系统的总体性能。

装备技术保障系统的运行离不开外部环境，时刻都会受到外部环境的影响。在这里外部环境主要是指在信息技术环境的背景下师生自身对装备的需求与期待、上级部门对信息化教与学应用的要求等。当然，装备技术保障过程的目标之一就是要追求外部环境与保障过程的一致性。当系统的组织结构和运行机制与外部环境相适应时，系统就能正常运行，获得预期效果；反之，当两者不相适应时，系统就不能正常运行。这时就需要对系统的某些部分或环节进行合理地调整，使它能够重新适应外部环境。

(4)高素质、多层次的装备技术保障人员队伍是形成装备技术保障能力和推动装备技术保障建设发展的决定力量。

装备技术保障人员队伍是装备技术保障活动的主体，是构成装备技术保障活动诸因素中具有能动作用和决定意义的因素。

当前，在很多学校中装备技术保障人员队伍良莠不齐。缺乏充足的专业知识是技术保障人员普遍存在的不足。在信息技术环境下的管理模式必然需要更具专业化的人员。实施管理活动的“人”在这个模式中将扮演着核心的角色。因此，提升技术保障人员的专业素质，构建一支稳定的人员队伍是又一个需要面对的现实问题。

(四)抢修管理

抢修是指处在教学中的装备已经出现故障后，实验室管理人员以应急手段进行修理，以保障教学的正常进行。在日常的装备管理过程中，我们期望出现的抢修越少越好。因为出现了抢修活动就意味着装备已对教学活动产生了不同程度的干扰。但在实际中，由于装备自身可靠性、使用不当等因素，会出现抢修行为。本节就是探讨在事故发生时如何妥善地进行处理，把对教学的影响尽量降到最低。

1. 抢修与平时修理的区别

装备的抢修性是装备的多项参数之一。它是指装备受到故障性损伤时，以应急手段修理后，恢复其基本功能的能力的程度。

平时的修理与抢修有着非常明显的区别。平时修理的目标是使装备处于良好状态，必须将装备修复到具有完成全部功能的能力的程度。方法上必须采用标准的维修方法。而教室内部装备的抢修工作，时间是首要因素，它并不要求恢复装备的规定状态和全部功能，有时只需恢复教师正在使用的功能即可。抢修主要解决装备损伤进行及时修复。其区别归类如下：

(1)修理时间要求不同

抢修最突出的是时间。它要求修复工作所需时间必须在尽量短的时间内。而平时维修却没有这个要求，平时要求一切维修活动以计划和标准来执行。一般，抢修要比平时维修时间短暂。显然，抢修允许的时间有限，因此抢修比平时维修困难。

(2)修理的标准和要求不同

平时修理是根据事先的技术标准和规范，进行的一种标准化修理，是为了保持装备的固有可靠性和固有特性进行的活动。而抢修只是要求在尽可能短的时间内恢复到能保证能使用故障前教师正在使用的装备功能。

(3)修理备件供应不同

由于设备故障出现的偶然性和随机性较大，有些从未损坏或是从未经历过的损坏，装备管理人员没有现成的备件，或是由于损坏率高备件都用完了，这种情况就只能千方百计地解决备件的替代问题或进行整机的替代。

(4)环境条件不同

平时修理是在修理人员平和的状态下完成的。修理人员只要细心，在计划内修理好装备是不困难的。而抢修过程会面对教室内教师和全体学生焦急的等待，维修人员压力大，容易造成维修中的差错增多。因此，开展必要的抢修培训等将有助于执行抢修工作。

2. 应急抢修的办法

在紧急情况下装备发生故障后，一时难以修复又无备用的装备或备件时，要通过应急修理使装备坚持工作。需要注意的是应急修理不是排除装备故障的根本性方法，是不得不采用的办法。若采用了应急办法，待教师教学结束后，须立即对装备进行彻底的修复工作。现举两种类型的应急抢修的例子供大家参考。

例 1：在缺少专用的零配件的情况下，利用代用器材确保装备的特定功能。如断了一组变压器，可利用好的一组代替；当没有电烙铁的情形发生时，可用蜡烛或酒精灯火舌来熔接导线接点。

例 2：规避抢修性小的装备修理，采用功能相近的其他装备实现特定功能。如在语音课堂的耳机装备出现故障且无备品，可临时借用系统中的音频线路接入外放音箱手段来实现课程中“听”的要求；当计算机系统偶然出现被病毒损坏无法使用时，借助便携式计算机来继续保证课堂正常教学。

3. 提高抢修性的设计措施

每次装备的抢修和修后分析其实都是对装备维修过程的一次警示，为我们完善装备维修提供了改进的方向。当然，除去在装备设计过程中须对装备的抢修性做出考虑外，采用提高抢修性的积极措施是异常重要的。实践证明，能有效提高装备抢修性的措施主要有：

• 谨慎分析每次抢修的引发原因、抢修方案、保障性分析结果等。分析结果用于形成抢修分析记录，并一定做好存档工作，为平时修理及抢修技术手册的编写提供现实依据；

• 在资金允许的情况下，装备管理者应合理地选用特定类型装备或常见耗材(如电池、线材等)的备件。建议采用量化存储备件的方式，即根据平时的维修和临时抢修记录，针对需要有备件的装备或耗材进行分级，从而确定备件的数量占总装备数量的比重或是否需要备件(特别是备件所需资金量大或体积大的情况)。通过备件可以尽量避免抢修时无备件的情况，从而提高抢修效率，增强师生对装备服务的满意度。

• 确保装备的关键性功能或易受损坏的关键性部件的完好性，以便实施快速抢修和更换。另外，在平时维修中，应加大对关键性功能或易受损坏的关键性部件的关注度，缩短检查和维护的周期。

• 加强装备抢修的便捷度。如信息化装备线路繁多，除可用颜色区分外，每根导线在适当的位置印上标号牌，以利于电路切断时能快速查找和连接。另外，限制可更换备件的重量和体积等，加以配备移动手推车等方式促使需搬动的部件减少到一个人可以搬动的程度，实施快速拆卸和更换。

• 在装备开发设计或购建时，须考虑具有互换型的标准通用件，实现部件的同型更换或异型替代。

二、维修管理

教育装备维修是为保持或恢复装备良好的技术性能而进行的维护和修理活动，它是保障与提高教学水平的前提条件，是使装备的潜在效能能否转化为实际效能的重要基础。因此，重视与加强对教育装备的基本管理，使管理层次逐步迈向科学化、规范化是装备管理需要首要解决的问题。

(一)教育装备维修管理的功能和目标

1. 维修管理的功能

从宏观上讲，教育装备维修管理是管理者依据管理对象的客观规律，运用科学方法，保证维修系统具有正常活动的过程，并使其在不断循环、不断重复的过程中向前发展，不断增强维修活动过程中人与人、人与物、物与物的效应。

在操作层面，维修管理就是为了完成预定的维修任务，有效地实现维修目标，而合理组织、计划和使用维修的人力、物力、财力和时间，充分发挥各种维修资源的作用，以最低的消耗，保持、恢复和改进装备的性能。最大限度地保持装备良好的技术状态，延长装备的使用寿命，改善其性能，最终为教学活动或学习活动提供有力的装备保障。

2. 维修管理的主要目标

教育装备维修的基本思路是积极组织并实施经济有效的维修，最大限度地防患于未然。努力不因装备问题而影响正常的教学活动，促使装备有力地辅助教师和学生的教学与学习。参照现代教育装备维修的任务和范围，共有如下 3 个主要目标：

(1)保证最大数量的装备处于良好的技术状态

装备良好的技术状态是其可用性的主要标志。在各类装备使用过程中，因故障、损伤，或达到规定使用年限等因素，总要对部分装备进行必要的预防性、修复性或改进性的维修工作。在这些维修任务进行过程中，装备不能完好地运行。因此，装备管理人员必须在保证固有可靠性水平的基础上，通过提高维修效率、合理地规划和科学的组织管理等可采取的一切有效措施，尽量缩短装备维修所占用的时间，减少对教学的影响，使最大数量的装备处于良好的可用状态。

(2)保持、改进装备的可靠性

可靠性，或称稳定性是衡量装备质量的一项重要参数。每件装备本身具有一定的可靠性水平。这种固有的可靠性水平是对装备进行有效维修时可能期望达到的最高水平。维修的核心任务就是要保持甚至改进这一固有可靠性水平。当在使用中发现装备固有可靠性水平不足时，除向装备生产厂商提出意见，促使其改进设计、制造，提升固有可靠性水平外，装备管理人员也需要通过经常性维修、改进性维修，甚至进行必要的改装以改善装备可靠性水平。

(3)力求以最低的消耗，取得最佳的维修效果

装备维修要实现上述目标，必将需要消耗一定的人力、物力和财力等基本保障。如何解决以最低的消耗，最大限度地实现上述目标，以取得最佳的维修效果这一经济性课题，装备管理人员必须重视提高总体的维修经济效益，求得合理的装备全寿命周期的使用和保障费用。在制定维修方针、原则的确定维修方式和方法时，需进行经济性分析，加强经济活动分析和成本核算。

维修的各项目标，都是一个随主客观因素变化而变化的函数。各目标之间又是相互联系和相互制约的。实现上述各目标的最终目的是保证教学使用。

(二)装备维修管理的内容与方法

维修管理的基本任务是把组织实施维修工作建立在科学的基础上，运用现代管理的理论和方法，掌握装备维修的客观规律。注重从整体出发，对维修系统各个环节和维修过程进行计划、组织、指挥、协调、控制，力争取得最佳的维修效果和经济效益。因此，管理在维修中占有重要的位置。

从突出重点的角度出发，我们把维修管理归结为维修计划、组织与实施、维修协调、监控与控制共四项基本内容。

1. 维修计划

计划即是预测未来，是对装备维修各项工作的内容、步骤和实施程序做出科学的安排和规定，是维修管理后续内容的基本依据。其内容主要包括：建立健全计划管理制度；根据装备技术状况，编制切实可行的维修计划；采取有效措施，确保计划达到预期的效果；检查分析和反思计划的执行情况。

因装备的维修计划是实施装备维修的依据，是维修管理过程启动的起点。因此，科学编制维修计划直接影响着整个维修管理过程的质量。

(1)编制维修计划的依据

编制计划的主要依据通常有：学校教育装备的技术状态；教师教学与学生学习过程对装备维修的要求；上一年度修理情况和接近使用时限的装备数量；修理装备的数量、质量情况；现有技术力量分析等。

(2)编制维修计划的步骤

维修计划一种是学校日常的装备维修计划，装备管理者应根据各类装备的质量和维修资源状况，制订一学期或一个学年的维修计划。周、月等维修计划可由分管不同类型装备的管理人员编制。所有相关维修计划应及时记录维修档案，以便实时掌握和分析装备的使用状态以及各种维修资源的状况。另一种是需要资金量大的升级改造计划。这一类计划应首先摸清学校需升级的装备名称、数量、升级原因、教师意见等。按相关规定填写申请上报，待批准后实施维修。

(3)维修定额测量的技术方法

维修定额是维修定额的制定、贯彻、修订和日常管理工作的总称。

①维修定额的计算

维修工作量是完成一件装备的维修任务所耗费的工作时数，其公式是：

$$T_d = \sum_{i=1}^{n} t_i f_i w_i$$

式中，T_d——计划学年度(一个学期)维修工作量；

f_i——依装备维修难易度确立的某件装备修理工时的系数；

t_i——某件装备修理的标准工时定额；

w_i——某一类型装备的数量；

n——装备的种类数。

②概率估工法

它是利用概率论的基本原理，进行估工的一种常见方法，其公式是：

$$P = M + \lambda \cdot \sigma$$

式中，P——估算的工时定额；

M——平均工时；

λ——标准偏差系数；

σ——标准偏差。

其中，平均工时 $M=\dfrac{a+4c+b}{6}$，式中 a 为先进工时；b 为保守工时；c 为有把握工时。

标准偏差系数 λ 可根据能够完成定额的维修人员达到的百分率，再查询正态分布表求得。

表 4.6　标准正态分布数值表

Φ(z)	0.00	0.01	0.02	0.03	0.04	0.05	0.06	0.07	0.08	0.09
0.0	0.5000	0.5040	0.5080	0.5120	0.5160	0.5199	0.5239	0.5279	0.5319	0.5359
0.1	0.5398	0.5438	0.5478	0.5517	0.5557	0.5596	0.5636	0.5675	0.5714	0.5753
0.2	0.5793	0.5832	0.5871	0.5910	0.5948	0.5987	0.6026	0.6064	0.6103	0.6141
0.3	0.6179	0.6217	0.6255	0.6293	0.6331	0.6368	0.6404	0.6443	0.6480	0.6517
0.4	0.6554	0.6591	0.6628	0.6664	0.6700	0.6736	0.6772	0.6808	0.6844	0.6879
0.5	0.6915	0.6950	0.6985	0.7019	0.7054	0.7088	0.7123	0.7157	0.7190	0.7224
0.6	0.7257	0.7291	0.7324	0.7357	0.7389	0.7422	0.7454	0.7486	0.7517	0.7549
0.7	0.7580	0.7611	0.7642	0.7673	0.7703	0.7734	0.7764	0.7794	0.7823	0.7852
0.8	0.7881	0.7910	0.7939	0.7967	0.7995	0.8023	0.8051	0.8078	0.8106	0.8133
0.9	0.8159	0.8186	0.8212	0.8238	0.8264	0.8289	0.8355	0.8340	0.8365	0.8389
1.0	0.8413	0.8438	0.8461	0.8485	0.8508	0.8531	0.8554	0.8577	0.8599	0.8621
1.1	0.8643	0.8665	0.8686	0.8708	0.8729	0.8749	0.8770	0.8790	0.8810	0.8830
1.2	0.8849	0.8869	0.8888	0.8907	0.8925	0.8944	0.8962	0.8980	0.8997	0.9015
1.3	0.9032	0.9049	0.9066	0.9082	0.9099	0.9115	0.9131	0.9147	0.9162	0.9177
1.4	0.9192	0.9207	0.9222	0.9236	0.9251	0.9265	0.9279	0.9292	0.9306	0.9319
1.5	0.9332	0.9345	0.9357	0.9370	0.9382	0.9394	0.9406	0.9418	0.9430	0.9441
1.6	0.9452	0.9463	0.9474	0.9484	0.9495	0.9505	0.9515	0.9525	0.9535	0.9535
1.7	0.9554	0.9564	0.9573	0.9582	0.9591	0.9599	0.9608	0.9616	0.9625	0.9633
1.8	0.9641	0.9648	0.9656	0.9664	0.9672	0.9678	0.9686	0.9693	0.9700	0.9706
1.9	0.9713	0.9719	0.9726	0.9732	0.9738	0.9744	0.9750	0.9756	0.9760	0.9767
2.0	0.9772	0.9778	0.9783	0.9788	0.9793	0.9798	0.9803	0.9808	0.9812	0.9817
2.1	0.9821	0.9826	0.9830	0.9834	0.9838	0.9842	0.9846	0.9850	0.9854	0.9857
2.2	0.9861	0.9864	0.9868	0.9871	0.9874	0.9878	0.9881	0.9884	0.9887	0.9890
2.3	0.9893	0.9896	0.9898	0.9901	0.9904	0.9906	0.9909	0.9911	0.9913	0.9916
2.4	0.9918	0.9920	0.9922	0.9925	0.9927	0.9929	0.9931	0.9932	0.9934	0.9936
2.5	0.9938	0.9940	0.9941	0.9943	0.9945	0.9946	0.9948	0.9949	0.9951	0.9952
2.6	0.9953	0.9955	0.9956	0.9957	0.9959	0.9960	0.9961	0.9962	0.9963	0.9964
2.7	0.9965	0.9966	0.9967	0.9968	0.9969	0.9970	0.9971	0.9972	0.9973	0.9974
2.8	0.9974	0.9975	0.9976	0.9977	0.9977	0.9978	0.9979	0.9979	0.9980	0.9981
2.9	0.9981	0.9982	0.9982	0.9983	0.9984	0.9984	0.9985	0.9985	0.9986	0.9986
3	0.9987	0.9990	0.9993	0.9995	0.9997	0.9998	0.9998	0.9999	0.9999	1.0000

标准偏差 σ 的计算公式为：

$$\sigma = \left| \frac{b-a}{6} \right|$$

例如：若修理一台某型号投影机的先进工时为1.2，保守工时为2，有把握工时为1.5，并假定有90%的维修人员可以完成确定的定额，试计算其工时定额？

解：$M=\frac{1}{6}(1.2+1.5\times4+2)=1.533$(工时)，

$\sigma=\left|\frac{2-1.2}{6}\right|=0.133$，

由已知条件：有90%的维修人员可以完成确定的定额，根据$P(\lambda)=0.9$，查正态分布表得到$\lambda=1.3$，

确定$P=1.533+0.133\times1.3=1.706$(工时)。

答：修理一台该型号投影机的工时定额可定为1.706。

③统计分析法

该法是参考历史积累的实际工时记录和统计资料，经过分析、整理并结合现实情况而制定的工时定额方法。采用这种方法的前提条件是事先具有一定的统计资料。当然，因这种方法是基于过去的准确的统计资料。如果资料不准确，就会影响到所制定的工时定额的准确性。

统计分析方法的计算与概率估工法求平均工时M的计算方法类似。

例：单位时间内检修机房的某型号计算机按先进工时计算平均为22.5套，按保守工时计算为15套，按有把握工时计算平均为17.9套，其平均工时定额为：

$$M=\frac{a+4c+b}{6}=\frac{22.5+4\times17.9+15}{6}=18.18\text{套。}$$

④类推比较法

根据同类型的装备维修的工时定额，来确定另一种装备维修工时定额的方法。该方法要求用来对比的两种装备必须相似，若缺乏可比性，就不能用该方法来制定工时定额。这种方法的优点是工作量小，能满足制定工时定额快的要求，但该方法往往由于受条件的限制而不可能普遍采用，建议与其他方法结合起来应用。

在编制维修计划的实践过程中，我们可以根据装备的不同类型灵活选用合理且易于操作的技术方法。假如不易计算装备的维修定额，也可采用经验估计，但经验估计缺少仔细分析、计算，易于受到制定人员的主观因素影响。

2. 组织与实施

装备的组织实施是利用现有的维修人员和装备环境，根据维修计划组织与实施维修过程，它是维修管理的中间环节。该环节包括维修结构的划分、设置

和布局；维修人员的合理分配；特定类型装备的管理人员的管辖范围和分管内容、按时并高质地完成维修计划等。在技术日新月异的今天，维修专业培训和学术研究等也被视作该环节的组成部分。

3. 维修协调

在装备维修过程中，维修系统中的人、财、物和环境要素须结合成一个高度统一的整体，以顺利实施维修计划，实现维修目标。协调可分为垂直协调（各级维修部门之间的协调）和水平协调（各部门之间的横向协调）；对内协调（学校内所做出的协调活动）和对外协调（学校之间或学校与其他单位之间的协调活动）。

4. 监控与控制

监控与控制是检查维修活动情况和纠正偏差过程。其目标是及时发现问题、有效地解决问题，以顺利实现维修计划。维修控制的基本内容包括确定标准、检查执行情况和纠正偏差。鉴于维修质量是决定维修管理成败的关键，本书将在后文详细阐述装备维修质量的控制。

上述四项内容发挥着各自不同的作用，并且是一个相互联结，相互制约的有机整体。各环节环环相扣，由此形成了装备维修管理的闭路循环和基本活动，如图 4.2。

- 维修计划——明确目标和任务；
- 组织与实施——建立实现目标和完成任务的正常维修工作秩序和规则；
- 维修协调——调节与协同关系；
- 维修控制——检查计划的完成情况，及时纠正偏差。

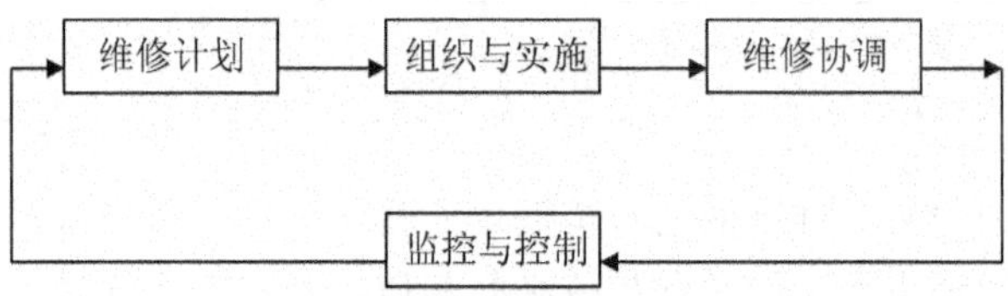

图 4.2 维修管理循环示意图

当资料不足时，我们也可以选用定性分析方法确定装备维修方式。通常来说，故障机制具有明显时间相关性的重要装备、易耗配件、对教学影响范围和程度大的装备可采用装备的定期维护与定期修理相结合的方式；同类型装备数量大的装备，可采用装备检查与故障修理结合的方式；而难以统计装备的运行时间、修理费工的大型装备或技术资料不全的陈旧装备适用装备检查与检后修理结合的方式；当装备达到状态监测的技术水平时，可选用状态监测修理方式。

(三)教育装备维修管理的新发展

随着信息技术的日益发展，许多技术含量高的新型教育装备不时进入我们的视野。同时，各学校的通用类或专业类装备无论从数量还是种类上都日趋丰富。在装备对师生教与学的辅助范围和深度不断增强的大背景下，如何实质性地提高装备的完好率和可靠性，促进装备维修管理的长足发展是各学校所面临的一大挑战。纵观当前装备维修发展的几个大趋势，可大致总结为：装备维修的精细化、信息化、综合化。

1. 装备维修精细化

精细或精准维修是实现装备维修优质、高效、提高装备完好率的主要途径。传统的维修往往是一种相对粗放型的维修，可能形成“维修不足”或“维修过度”，从而造成故障损失或资源浪费，甚至导致人为故障。维修精细化要求在正确的时间、位置、部位实施正确的维修。精细化维修突破粗放型维修的运作模式，强调维修越勤、越宽、越深越好的管理思维。

精细化维修通常借助信息技术、各类维修分析与决策技术的研究和发展成果，其采用的途径主要有：按照以可靠性为中心的维修分析方法科学地制定维修大纲，科学地确立维修内容、时间范围等；利用装备综合诊断提高故障检测、隔离能力和精准性；利用修理级别分析方法，合理确定维修级别等。

2. 装备维修信息化

维修信息化也称 E-维修，它是指在维修过程中积极应用信息技术，开发并充分利用维修保障信息资源，以实现维修管理的各种目标。事实上，许多技术含量高的装备结构复杂，其维修过程已由传统的以修复技术为主，转变为以维修信息获取(含装备状态信息、维修资源信息和维修过程信息的获取)、处理和传输并做出维修技术与管理决策为主。

随着技术的发展，维修信息化具有丰富的内涵，以下列出了装备维修过程中几项常见内容：

(1)基于 E 特征的维修作业，即维修作业的信息化。例如：状态监控；故障诊断；远程维修作业等。目前，许多教育装备都具备某些 E 特征。特别是数字化校园装备，几乎囊括了所有 E 特征。教育装备管理者借助这 E 特征提供的数据，就可以更方便和精准地实施维修作业。

(2)基于 E 特征的维修管理，即维修管理的信息化。基于信息化或数字化手段的维修管理活动。如维修规划及维修资源规划的信息化。在此建立健全计算机的维修管理信息系统是开展维修管理信息化的理想平台。

(3)基于 E 特征的维修支援。基于信息化或数字化技术的维修支援活动。例如：为教育装备管理人员提供的在线装备维修指导；远程技术支持等。

3. 装备维修综合化

综合化是信息化社会、信息化校园的必然要求和发展趋势。传统的装备维修主要依靠个别或少数维修人员技艺的“作坊式”维修作业方式。而现代装备功能越发多样、结构越发复杂，往往都是多学科多种技术综合的产物，其维修问题不能依靠个别人员的技艺来解决。因此，现代装备的维修需要多方面的综合化，主要表现为：

(1)维修与装备的开发、购买、使用及全寿命管理相结合。即维修管理环节不是一个孤立的分支，而是装备全寿命管理的有机组成部分。现代装备的维修须在装备论证、研制时考虑，提出维修要求，进行维修性设计；而在维修中出现的问题等也为装备开发、购买、使用等环节提供最真实的信息。维修管理与全寿命管理的其他环节相互促进，形成合力，从而真正实现“装备全寿命管理”。

(2)装备的维修与升级(改造)的综合。除传统的修复性维修、预防性维修外，根据装备使用者的实际需求，在条件允许(资金、技术等因素)下，积极发展升级性维修。结合维修提升装备与其使用者需要的吻合度，以提高装备的综合效能。其实，当今很多学校软件系统的改版就属于升级性维修。

(3)软硬件维修的综合。随着计算机应用服务在学校的日趋渗透，计算机软件缺陷、故障已经成为影响装备质量的一个不可忽视的因素。装备一旦投入使用后，硬件和软件都需要维修。需要研究软件相关的维修保障的一系列问题，包括维修方案、人员、装备、技术资料及关键技术。

(4)装备维修与装备使用的逐渐融合

装备维修最终目的是为教与学的活动提供强有力的保证。除去装备本身故障外，装备维修管理最直接的参考信息源于装备的使用信息。下面将要介绍的绩效技术就是一种较为实际的实践方法。

绩效一词，即 Performance，在《牛津现代高级英汉词典》里的释义是“执行、履行、表现、成绩”。显然这样一种界定较为宽泛，若单纯从某一学科来分析绩效就显得更有些模糊不清。结合目前对绩效界定的主流观点，笔者认为可以从以下两个角度来理解教育装备的绩效问题。

从管理学的角度：绩效是人们对教育装备预期期望的结果，是为实现所制定的目标而展现的有效输出。换句话说“绩效”就是“产出”，是教育装备在某一阶段达到的实际效能。从经济学的角度：绩效是指实际产出与预期结果的比较。绩效＝装备做了什么(实际收益)＋能做什么(预期收益)。应该说，这种界定更偏重于绩效管理的长远收益。不仅注重装备在教学活动中发挥的现实效果，而且关注装备的未来，从而保证整个教育装备管理的连续性。

在实用性原则的前提下，目标管理的方法比较适用于教育装备的绩效管理过程。那么在这里何为目标呢？目标是在一定时期内人们对教育装备提升教学效果的某种期望，是教育装备“使命”的具体化，是衡量装备效能的最重要标准。而所谓目标管理乃是一种评价程序或过程，通过这种方法使装备的效能评估变得相对简单便捷，更具操作性，从而指导后续装备的维修过程。教育装备绩效管理的基本流程可以分为以下四个步骤：

①装备预期绩效目标的设定，是目标管理程序的第一步。这一部分的主要工作是预计某一类别的教育装备在教学活动中应达到什么样的效果，以及如何来获取相应装备在实际使用中所发挥效能程度的真实信息。这个预期目标应该符合管理学中总结的 SMART 原则：即 Specific，所列举的目标必须尽可能具体，适度细化，缩小范围；Measurable，目标达到与否尽可能有可衡量的标准和尺度，数据或信息具有可得性；Attainable，目标的设定必须是在适度的时限内就可以实现的，目标不可过高或过低；Relevant，各目标之间尽可能体现关联性，它们都应是提高教育装备效能这个总目标的分解目标；Time-bound，以时间为基础，装备评估时计划目标的完成程度必须与时间相关联，检验周期不宜过长。

在检验教育装备绩效的过程中，所制定的目标是否达到或已达到程度的信息渠道大体可分为两类。一是由学生和教师填写的以若干目标及完成等级的形式出现的测量量表，如教室内多媒体装备的使用(满意度)调查；二是主要通过与部分学生和教师访谈的形式，了解他们在教学活动中的真实需求，特别是装备管理者并没有考虑到的需求，参考他们所提出的合理性建议，并做出相应记录。教育装备毕竟是由人来使用，所以加强与装备使用者的沟通是非常必要的。以上正是由量表统计的客观数据与使用者主观意愿的结合构成了装备绩效评估的信息来源。

②确定检验各类装备绩效的时间框架，即对教育机构不同类别的教育装备制订相应的检验时间计划。参照教育装备的不同分类方法——如常用类装备与非常用类装备、硬件类装备与软件类装备、理科类装备与通用类装备等，并依据它们的使用频率以及对教学活动施加影响的程度和长度等因素设计各种教育装备的检验时间。如物理实验室中某些装备使用频率低但在教学中的作用不可低估，数学课引进的画图软件的使用时间和对教学的影响持久而强烈，因此对画图软件的绩效评估周期必定比这些实验室物理装备短。

③将实际达到的绩效水平与预先设定的预期目标相比较，这是一个对已搜集信息的判断和处理的过程。以获取的客观与主观信息为依据，装备管理者就能够准确地发现何种装备的效能没有达到预期的某些目标，并分析出原因为什么未能达到既定的绩效目标。这一步骤不仅有助于改善下一绩效管理周期的各项目标，而且有助于决定教师今后的培训需求。

④制定新的装备绩效目标，以及为达到新的目标可能采取的新的措施。这

是目标管理周期的最后一步。凡是已实现绩效目标的教育装备可以根据现实情况保持或进一步提升其绩效目标。而对于没有达到预定的绩效目标的教育装备，应与使用这类装备的教师与学生再次沟通，判明困难的出现是否属于偶然现象，是否存在外在的客观因素影响了目标的达成，分析此类装备的效能有无提升的可能，并制定出妨碍绩效目标达成的解决办法和行动矫正方案。保持或降低下一轮目标管理周期内的目标设置。

以上描述了教育装备目标管理的一个完整周期。从上述第④步获取的装备效能的真实信息反馈至下一个目标管理周期的第①步，从而构成了整个目标管理过程是一个信息顺畅的封闭环路。也只有这样，装备管理者才能充分利用所获得装备的使用信息，起到直接指导装备的维修管理的作用。

其实，教育装备维修管理的新发展是实验室管理人员职责的重新调整和定位。在了解和实践这些新的发展及其方法中，观念是首先需要逾越的一道关卡。基于信息技术应用下的装备维修管理过程，其实质是立体式地服务于一线教师，最终提高教学的有效性。这种观念和思想可能需要装备维修管理人员经历一个思维调整的过程。观念往往是行动的先决条件，它为今后的教育装备维修过程勾画了一个新的工作基点，对后续工作起着主导和统率作用。

(四)装备维修信息管理

装备维修信息管理是贯穿于整个装备维修管理活动始终的基础性工作。装备维修管理活动的实质就是一个了解信息、掌握信息、分析信息、处理信息的过程。

在维修管理人员执行大量种类繁多的装备维修任务过程中，维修信息已经成为维修管理的基础。现代维修管理的重要特征就是凭借维修信息进行管理。管理的效果很大程度上取决于能否获得必要的信息和及时高效地处理信息。维修管理的主动权决定于驾驭信息的能力，决定于获取信息数量的多少、处理信息能力的高低和使用信息的程度。如果维修管理人员离开了维修信息，缺乏对维修活动实际情况的了解，等于失去了驾驭维修活动的能力，也不可能认识和掌握维修活动的规律。

因此，加强信息管理，对于提高装备维修管理水平具有重要的作用。

1. 装备维修信息探讨

所谓信息，就是表现事物的运动状态以及关于事物运动状态的陈述。它是现代科学技术的一个基本概念。信息同物质、能量一样，是人类生存和发展所不可缺少的宝贵资源，三者共同构成了现代科学技术的三大支柱。装备的维修信息是有关维修活动特征及其变化的表达和陈述。一切有关维修活动的事实和现象，一切经过人们利用语言、文字、符号、图纸加工整理得出的有关维修活动的数据、公式、资料、指令、含有一定内容的信号和代码、文件、规章制度、概念理论等，都归属于维修信息。装备的维修信息可以进行以下三种类型的分类：

(1)从信息的稳定性划分，可分为动态信息和静态信息。

动态信息是指随着时间、地点、条件等的变化而不断变化的信息，这类信息具有较强的时效性和针对性。如装备可靠性检测数据、故障和维修数据、装备使用者对装备的建议等。

静态信息是指相对稳定不变的信息。它是人们通过大量的不断变化的信息进行长期的观察和分析，所得到的揭示事物内在联系和规律的信息。这类信息在一定的时期内不发生根本性的变化，可以重复使用。如维修政策、标准、装备的保障性等。

(2)从信息是否经过加工处理划分，可分为原始信息和已加工处理的信息。

直接收集来的信息都称为原始信息；经过分析、处理的输出信息都称为已加工处理的信息。如通过装备多次维修收集到的各次维修时间、维修内容、维修结果等都属于原始信息；经过分析计算后的平均工时定额、某类装备单位时间的维修资金支出分析数据等则是已加工处理的信息。

(3)从信息反映的内容性质划分，大致有以下九种信息。装备管理者可根据本单位装备现实情况、现实需要对这些信息进行收集、筛选，建立相关类型的信息档案。

①装备基本信息：装备基本情况的信息。如：装备名称、型号、生产厂家、生产年份等。

②使用信息：装备使用情况的信息，它是制订维修计划的依据之一。如：装备寿命、使用时间、使用强度、使用环境。

③故障信息：装备在使用过程中出现的故障信息。如：故障时间、故障原因、故障部件、故障处理结果。

④维修信息：装备故障修复或预防性维修的有关信息。如：维修计划、维修时间、维修所消耗的资源。

⑤可靠性信息：装备、部件的可靠性数据。如：寿命类型、参数。

⑥备件和其他维修资源信息：备件和其他维修资源的种类、需求、消耗数量、备件余量。

⑦人员信息：有关与装备相关人员的信息。如：装备使用者情况、维修人员情况。

⑧费用信息：装备保障和维修中费用的预算和实际支出信息。如：维修费用、备件购置费用。

⑨其他相关信息。如有关政策、标准、制度、维修要求、维修任务规程等。

这九类维修信息在维修活动中的具体作用，体现在以下三个方面：

• 制订维修计划的依据

维修计划是维修管理的重要环节。计划的合理性直接关系到装备的维修质量和对教学的保障。只有充分掌握维修实际情况等各方面的可靠信息，才能运筹帷幄，做出正确的维修计划和决策。从一定意义上说，维修活动成效在很大程度上依赖于信息的充分性和准确性。

• 监督、控制维修活动的依据和手段

维修计划在执行过程中将不断产生新的信息。在装备管理部门行使维修任务中，这些产生的新信息是对计划执行情况进行监督的重要评价参照。若发现维修活动出现偏差，就可以及时发出调节和控制指令，以保证维修活动的正常运行和实现原定目标。维修的反馈信息使维修过程形成闭合的回路，使维修活动便于控制。

• 维修信息是装备设计和选用的依据

装备本身的可靠性和维修性的状况，一定会受到装备实际使用的检验。来自日常的维修信息将对装备的设计和选用具有较强的实际意义。

2. 装备维修信息的收集

装备维修信息的收集是维修信息管理的根基性工作，它从始至终贯穿于维修管理的闭合回路中，以下内容详细探讨了维修信息收集特点及要求、维修信息收集的管理、收集方法这三个方面。

(1)维修信息收集特点及要求

不难理解，收集的信息都为原始的动态或静态信息。它们都是维修现场维修活动的记录。这使得其收集具有两大特点：一是对记录时间要求及时，对记录内容要求具体、准确、全面；二是记录工作琐碎、滞后明显。

前一特点对记录提出了很高的要求：

①准确可靠。收集到的原始信息是装备管理分析的基础，必须反映装备的客观实际，准确可靠的信息是求得正确结论的前提；

②全面系统。维修信息收集的范围不能过于狭窄，为了装备管理的需要，要尽量收集积累装备全寿命过程中的各种有关资料和数据；

③连续及时。要求维修信息收集任务不能有中断和遗漏。如果记录不及时，等时过境迁再凭着回忆补记，往往会因遗忘而不能保证信息的准确性和全面性；对不断发展变化的维修活动如果不经常连续地记录，就无法从维修活动过程大量瞬时产生的偶然事件中提炼出切合管理需要的统计规律来。

后一特点易于使人忽视原始信息的作用。因为记录工作平凡琐碎而又具有较大的滞后性，故在某个时间提供的原始信息不可能立即产生直接的效果。只有在大量长期收集维修信息的基础上，经过科学加工整理，提炼出使用的信息时，我们才能真正意识到原始信息的重要性。由于维修装备时人们通常集中精力和忙于具体的维修作业，也易于忽略记录当时信息。

由此，记录原始信息过程要简便易行。对收集信息项目的确定、统计表格的拟制、统计制度的规定、相关责任的落实等，都要做到简便易行、切实有效。若收集工作设计得复杂烦琐，就不容易长期执行，更不容易使收集人员形成一种工作习惯，这样反而会影响维修信息收集的质量和效果。

(2)维修信息收集的管理

为了积极做好维修信息收集工作，装备管理部门要加强信息收集和统计的管理。主要需在以下几个方向下功夫：

①有意识地加强信息收集的教育或培训，以提高对信息收集任务的认识；熟练掌握信息收集和统计的方法。

②把信息收集和统计的日常工作制度化，规定必要的收集项目，建立信息传递、反馈制度，保证信息畅通；把可标准化的步骤尽量标准化，使记录工作简单但又不丢失信息。

③探索开发必要的管理信息系统，使维修信息的管理、查询、统计等工作信息化。

(3)维修信息收集的主要方法

最常用到的信息收集方法主要有两类，即抽样数据收集、常规记录表格数据收集。抽样数据收集是根据抽样试验的相应标准和规程操作，从而得到具体数据(如大量同型号装备的抽检；收集装备使用者有关装备问题的意见信息等)。常规记录表格数据收集是数据收集中比重最大的部分，这部分信息主要是按照数据收集管理提出的要求进行收集。再次指出，我们的各类数据收集记录的格式和表格需合理完整，简明易懂并便于填写，如可采用“√”与“×”类的填写方法。数据收集记录表格因具体对象的不同会有很大的差异。在实践中应根据具体维修要求设计符合实际情况的表格和记录格式。

在维修信息收集过程中，不可能做到尽善尽美。因此，我们要建立一种信息收集改进机制。从中发现不良问题，及时纠正消除问题，把具有典型性的问题记录于问题册中，作为信息收集制度化及标准化的客观依据之一。

第五章

教育装备评价研究方法

教育装备以及教育装备管理工作的效果如何，需要通过测量与评价给出一个确切的或者有参考价值的结论。但是测量评价方法一定要具有科学性，这是因为教育装备研究属于社会科学的范畴，是用科学的方法来研究教育教学问题。本章阐述了教育装备测量评价方法上的一些通用原则，同时也介绍了一些典型的评测方法。

第一节 测量与评价

教育装备实施后的教学效果如何需要通过科学的判断得出，而科学的判断不应该是主观臆断，它依靠精确的测量和客观的评价。

一、教育装备的评价

教育装备问题是教育学问题，而教育学属于社会科学(即用自然科学的研究方法处理社会问题)，对教育教学活动优劣的判断需要科学判断，科学判断应该是“价值无涉”①的，它的意思是科学判断应该与人的价值取向无关。

(一)科学判断与评价

人们对事物的评价，由判断依据的主体区分可分为主观评价与客观评价，而由判断依据的强度区分可分为定性评价与定量评价，于是就存在4种不同的评价方式：主观定性评价、主观定量评价、客观定性评价和客观定量评价。其中，主观定性评价与主观定量评价属于价值判断，客观定性评价属于认知判断，客观定量评价则属于科学判断，科学判断的评价方式应该是“价值无涉”的。科学研究一般应避免使用属于价值判断的主观评价方式，因为这种评价方式受到评价者知识背景、个人阅历、经验多少、文化习俗、价值取向等主观条件的限制，甚至评价者评价时的社会关系、身体状况与心理情绪等都会成为重要的影响因素。为了说明科学研究应避免使用价值判断的原因，这里举出一个较为极端的例子。一位中国玉雕艺术家将他的一个作品放到国际展会上参加评

① [德]马克斯·韦伯著，韩水法译：《社会科学方法论》，中央编译出版社，1999年版，第145—147页。

选，他的作品表现了一位古装少女含笑起舞时，手拿一块丝帕遮住下巴。所有的外国专家都给该作品以 95 分以上的高度评价，但在场的中国专家却都给它打了 0 分，原因是作品中少女口下有一巾，在汉字里表示上吊的“吊”字，是中国文化中不吉利的象征。截然不同的评价结果是由中外专家完全不同的价值观决定的。艺术不是科学，对于艺术作品人们主要考虑其艺术价值，对它的评价完全不使用科学判断，所以中国专家的评价是无可指摘的，但是若将这种评价方式用于科学研究就是不恰当的了。

(二)对教育装备的评价

教育装备问题属于教育学范畴，是社会科学，所以应该使用科学判断来进行客观定量的评价。对教育装备实施的评价需要有一系列的变量，并具有一个规定的指标；对学生能力提高的评价，同样有一系列的变量和规定的指标。这些变量中要有输入变量(自变量或投入变量)和输出变量(因变量或产出变量)，教育装备研究就是要寻找、发现这些变量，并以此制定评价模型或指标体系，通过测量，得出指标值，看是否达到规定的指标，从而判断出教育装备的教学效果。

二、对测量变量的要求

在教育装备评价的测量工作中，确定变量是十分重要的任务。科学评价所依赖的变量应该具有正交性与完备性，这是科学研究的要求，要给予重视。

(一)变量的正交性

评价教育装备效果时待测量的变量必须具备正交性。说变量要具备“正交性”这是数学语言，在教育学、心理学方面称其为变量之间不应具有“相互依存性”，它们应互不影响、独立存在。变量的正交性用几何语言说就是：表示这些变量的坐标是相互垂直的，每个坐标轴在其他坐标轴上的投影都只能是一个点，这就是“正交”的原意。用统计学语言说就是：变量之间既不能线性相关也不能非线性相关，它们是统计独立的。

测量与评价中变量的正交性是非常重要的因素，在数学上是有严格判断公式的，而在社会科学中就只有凭经验来确定了。例如，教育装备中学生动手操作率 OS 与实验室生均活动面积这两个变量在一般情况下就具有正交性，它们之间是互不影响的。但是，学生实验完成率 SF 与学生进行实验操作时间比 TS 之间就不具有正交性，因为学生操作时间的分配决定着实验的完成率。

(二)变量的完备性

评价教育装备效果时待测的变量还应具有完备性。变量的完备性包括充分性与必要性，或者称为充要条件，用数学语言表述就是“当且仅当”。充分性是要求能够反映被测量对象性质的所有变量都必须包括在内，变量的确定是充分的，缺一个不行；必要性是要求所确定的变量都是能够反映被测量对象性质的，它们都是必要的，多一个不可。先将所有与被测量对象可能有关的变量都找出来(符合充分性)，再从中去掉那些不能够反映被测量对象本质的变量(符合必要性)，这就满足了充要条件。

(三)显变量与隐变量

教育装备测量与评价中的变量一般都可以赋予明确的社会科学或教育学意义，我们称这样的变量为显变量。其实在教育装备问题研究中还存在着大量的隐变量，它们并没有明确的社会科学或教育学意义，甚至没有一个确切的名称，而只能用 Y1、Y2 等变量名来代替。有时我们必须使用隐变量来进行测量和评价，但是我们可以通过数据挖掘和统计分析找到一些隐变量，它们与创新能力具有一定的关系，并且能够侧面反映创新能力水平的高低。

(四)空间变量与时间变量

空间变量与时间变量确切的叫法应该是空间序列变量和时间序列变量，在教育装备问题研究中经常存在它们之间的转化应用。例如，我们希望知道使用教育装备是否会使得学生的学业水平有所提升，其输入变量容易获得，它们无非都是反映教育装备实施情况的一些显变量，而在采集学生学业水平情况时，由于不同地区测量学业水平的标准不同，如果使用空间序列变量的学业水平进行对比研究将没有实际意义。但是，如果使用时间序列变量的学业水平，在当地进行逐年对比，研究结果就具有实际意义了。

三、评价指标的建立

建立一个评价指标体系也是对教育装备效果进行科学评价的方法，并且最终可以得到一个量化的指标，能够客观地反映教育装备的情况。但是，该体系的建立必须科学，变量的选择确定应该严格，建立过程可参考下列流程。

(一)选择变量系列

选择测量变量常使用 Delphi 法：聘请一批业内专家和有经验的教师，总人数应在 15 人左右。请每一位专家和教师背对背独立地写出自己认为测量中应该选中的变量名。公布所有的变量系列方案，让专家和教师分别对自己提出的方案进行讲解和理由阐述。注意此时应采取头脑风暴的原则，即只说明自己的道理，不评论、不否定别人的观点(不进行讨论、辩论)。听完别人的讲解阐述后，对自己提出的变量系列方案进行修改，经过几轮反复，使专家和教师的意见逐渐趋同。一个被认为是有效的测量变量系列就确定下来了。

(二)确定变量维度

对上述确定下来的变量系列进行分类，以确定变量的维度，分类时应掌握正交性与完备性的原则。对于教育装备研究，一般可以将变量分为 3 个维度：教师教学行为维度、学生学习行为维度和实验器材情况维度。再将确定的变量分别分配到各个相应的维度中去。

(三)变量维度加权

科学严谨的加权方法应该使用层次分析法(详见笔者在《中国教育技术装备》2008 年第 8 期刊出的《用层次分析法研究中小学实验室的评估指标体系》一文)。但是也可以简化而延续应用上述的 Delphi 法，让专家和教师根据各个变量和维度在教育装备研究中的重要程度，为它们加权赋值。加权时一般采用百分制，各个变量的加权值之和以及各个维度的加权值之和应该是 100 分。

(四)建立指标体系

这里以中小学实验教学为例建立了一个评价指标体系参考案例，如表 5.1 所示。表中给出的项目与数值仅是一些参考值，在这里只是提供了一种评价指标体系格式，真正的指标体系需要经过认真的研究后才能正式建立。

表 5.1　实验教学评价指标体系

一级指标	权值	二级指标	权值	描述	成绩	备注
教师教学行为	50	实验教学设计合理性	5	教学设计是否完整，目标制定是否合理		
		课堂时间分配合理性	8	讲授与学生操作时间分配是否科学		
		实验讲授情况	2	讲授内容是否全面、到位		
		实验教学策略实施情况	10	采用了几种教学策略		
		学生分组合理性	12	是否根据具体情况进行学生分组		
		学生实验指导情况	5	指导学生分组数		
		对学生相关能力关注度	8	是否设计了具体能力目标		
学生学习行为	40	实验预习情况	4	学生预习实验是否运用了逻辑思维		
		学生协作情况	10	小组协作分配与实施情况		
		学生动手操作率	12	操作学生占全体学生比例		
		学生实验完成率	8	完成实验组数占全部组数比例		
		实验报告完成情况	6	全部完成实验报告，并有创新建议		
实验器材情况	10	实验器材匹配情况	4	实验器材与实验内容的一致性、扩展性		
		实验设备完好率	2	完好设备占全部设备比例		
		实验设备使用率	3	使用设备占全部设备比例		
		实验环境条件达标率	1	实验室面积、照明、通风等条件是否达标		

第二节　问卷设计

教育装备问题的研究少不了采用问卷调研法，伴随问卷调研还需要进行访谈。本文将对调查问卷的设计方法进行较为详细的讨论，并在后面给出设计案例。

一、问卷的分类

一般情况下调查问卷可以分为两种类型，一种是用于假设检验的问卷调查与数据采集，另一种是用于数据挖掘的问卷调查与数据采集。两种问卷在设计上的要求是不同的。

(一)用于假设检验的问卷

假设检验的研究方法是事先对被研究对象建立一个假设(记作 H0)，再选取合适的统计变量，使得该变量在 H0 成立时其分布为已知。通过问卷回收采集到的实测样本，用样本值计算出统计量的值，并根据预先给定的显著性水平做出拒绝或接受假设 H0 的判断。常用的假设检验方法有 t 检验、F 检验、χ^2 检验等，在教学问题研究中它们对样本空间的大小要求不高，一般为 25 以上就可以。

由于假设检验研究方法事先对被研究对象有了一个期望假设，并选取了统计变量，所以在设计调查问卷时必然选择与期望假设有关的一些问题，以便在将来能用它们计算出统计量的样本值。这种情况下设计出的问卷受到人为倾向的影响，在问题选取上将不够广泛，采集到的数据其信息量受到限制。另外，在教育实验或教学实验研究的现实情况下，人们受到教育心理学研究的影响，在设计调查问卷时更加关注被试的心理感受和主观意愿，这使得问卷的问题常失去客观性，而变量不具有客观性对科学判断是不利的。教育装备研究是一个多变量、信息量巨大的复杂问题，我们对它的研究更多的是使用数据挖掘研究方法。而假设检验的研究方法和调查问卷是人们熟知和经常采用的，这里就不再进行讨论了。

(二)用于数据挖掘的问卷

“数据挖掘是在大型数据存储库中，自动地发现有用信息的过程。数据挖掘技术用来探查大型数据库，发现先前未知的有用模式。数据挖掘还可以预测未来观测结果……”①显然，它是从大量的数据中通过算法搜索隐藏于其中的信

① ［美]陈封能、斯坦巴赫、库玛尔著，范明等译：《数据挖掘导论(完整版)》，人民邮电出版社，2011 年版，第 2 页。

息的过程，使用的各种算法大多也都是基于统计学的。它与假设检验的最大区别是事先不做期望假设，但是对数据的依赖非常强，要求数据量要足够大。数据挖掘通常是通过统计分析、在线处理、情报检索、机器学习、专家系统和模式识别等诸多方法来实现发掘隐藏于事物中的规律的目的。

用于数据挖掘的问卷为保证最终得到的数据量足够大且不丢失信息，一般选取的样本数要非常多(应该在数百至数千甚至更多)，题目涉及的内容也必须覆盖研究对象的所有方面，因为我们并不知道即将得到的结论是什么。但是，这并非是说对样本数和题目范围不加限制、没有期望假设，也并非没有明确的研究目标。其实在设计这种问卷前的准备工作应该是十分科学和规范的，需要对被试预先随机抽样，必须对变量进行严格选择。本文主要讨论用于数据挖掘问卷的设计问题。

二、数据挖掘问卷设计

用于数据挖掘的问卷具有一定的特点，在进行设计时必须逐一加以考虑，此处将设计中最为重要的一些问题展开讨论。

(一)问卷设计流程

下面按照先后顺序将问卷形成流程的各个环节开列出来。

(1)确定研究目的与研究对象；

(2)根据研究目的，针对研究对象用 Delphi 法找出所有相关变量；

(3)对变量进行分类，并要求它们满足正交性与完备性；

(4)形成问题框架，再根据该框架建立二维变量关系表；

(5)在二维变量关系表中填写将要向被试提出的问题，同时考虑它们的客观性、量化性，并应满足信度与效度要求；

(6)确定被测试的对象；

(7)撰写引导语，形成标准形式问卷。

(二)客观与量化问题

问卷向被试提出一系列的问题期待人们的回答，被试在回答问题时其实正是在做一个判断，为使他们的判断满足科学性(尽量不使用价值判断与认知判断)条件，所提出的问题就应该具有一定的客观标准和量化水平。

1. 客观标准。该项要求就是尽量克服判断者的主观性，将主观问题转化成客观问题，把提问被试如何想的问题变成提问被试如何做的问题。例如，为了了解学生动手操作能力水平，可以提问：“你觉得自己的动手能力强吗?”这就是一个主观问题，反映学生对自己能力水平是怎样考虑的。但是如果将问题改为：“你的自行车坏了，你是自己动手修理，还是在别人帮助下修理，或者是送到修车部修理，或者干脆不修理而直接换一辆新的?”通过这么处理，问题就成为一个客观问题了，它不是反映被试如何想的，而是客观地反映被试是如何去做的。显然，客观问题的可信度远高于主观问题，因为被试回答客观问题时是在做科学判断。

2. 量化水平。一些问卷题目本身就是量化的，如向被试提问："你们实验室的生均活动面积是多少?"但是还有大量的作为心理或生理感受的问题并不是量化了的，如题目的题干为："你们实验室的灯光亮度适宜吗?"此时一般采用里克特5级分度量化，即对这个提问可以提供5个备选答案让被试选择，它们分别为：A. 非常适宜；B. 比较适宜；C. 一般；D. 比较不适宜；E. 非常不适宜。此题为单选题，被试选择后对答案编码就可以得到量化的结果。

(三)信度与效度

问卷的信度与效度是在问卷调研中人们最为关注、讨论最多的问题，一份合格问卷的产生要求其所列出的题目必须同时满足信度要求和效度要求。

1. 信度问题。信度是指问卷中所提出的题目在回答后的可信程度(即一致性、可靠性和稳定性)。为了增加题目的信度，常用的方法是：第一，将主观问题尽量变成客观问题。这种方法前文已经做了介绍。第二，围绕原问题再提出一些被称为是"测试条件"的相关题目。例如，向被试提问："在教学使用中，您认为投影机亮度是影响投影效果的最重要因素吗?"这是一个主观题，并且不易做客观性转化而变成一个客观题。可以设想被试恰好是一位正在使用一台全新高亮度投影机的教师，并假设他并没有使用过其他低亮度投影机的经历，在没有比较的情况下他是不会对投影机亮度这个因素的重要性有正确认知的。所以，对于他的回答这个题目的信度是很低的。为了提高这个问题的信度，我们必须同时增加一些起着"测试条件"作用的相关题目，如："您正在使用的投影机其灯泡已经累计工作了多少小时?""您曾经使用过几台投影机，每台投影机使用的累计时间数是多少?""您使用投影机的教室是否挂有遮光窗帘?"等等一系列客观题。在考虑了这些"测试条件"的情况下对原问题的回答进行综合判断并给予适当的加权，才能使结果具有高度可信性。规定与使用"测试条件"是数据采集中控制变量、降低干扰，从而得到可靠数据的有效途径。

2. 效度问题。效度是指问卷中所提出的题目是否与该项研究的目标与目的切题，它反映了题目针对研究目标与目的中需要解决问题的有效程度(即有效性和正确性)。为了提高题目的效度，通常需要针对欲达到的目标与目的反复论证列出的题目。前文介绍了问卷设计流程，前面的部分是："(1)确定研究目的与研究对象。(2)根据研究目的，针对研究对象用 Delphi 法找出所有相关变量。(3)对变量进行分类，并要求它们满足正交性与完备性。"其实，这些内容就是对问卷的有效性进行了规定，按照这些变量而设计出的题目应该都是高效度的。

3. 信效度测量。教育测量学上是非常重视测试的信度与效度的，并且提供了经典的公式和算法来得到一份问卷精确的信度值与效度值。但是，这些计算只有在问卷回收、数据采集整理之后，才可利用采集到的数据进行计算和测量分析。它们可以真实地反映出我们采集到的数据的可信性与有效性如何，却无法在数据采集前对问卷的信度与效度进行控制。

4.“三角互证”与“多角互证”。传统的问卷设计，为了提高问卷中题目的信度与效度，还经常采用“三角互证”或“多角互证”的方法。在教育教学研究中的三角互证法就是将研究者、教师、学生这三个不同角色对问卷中一个问题的回答放在一起进行分析，从三个不同角度论证答案的真实可信性和正确有效性。而多角互证法就是让参与的角色更多一些(如增加教学主管、学校领导、学生家长等)，并通过除了问卷之外的访谈等形式多角度地验证问卷的信度与效度。显然，三角互证与多角互证都是在问卷回收与访谈进行之后，通过对结果的分析做出的判断，它们同样不能在事先解决问卷的信效度。

信效度测量和三角、多角互证都无法在设计阶段解决问卷的信度与效度问题。所以，要想使设计出的问卷具有较高的信度与效度，就应该采用将主观题目客观化、给主观题目增加测试条件以及按照规范化的设计流程(科学选择变量)进行操作的方法对问卷进行预处理。

三、问卷设计举例

为了能够更加清楚地了解用于数据挖掘问卷的设计方法，我们通过一个中小学实验教学问题研究的实例来具体说明问卷的设计流程。

(一)确定目的对象

研究目的：发现实验教学对整个教学系统的作用。研究对象：根据教学系统三分论，研究对象应该包括教师和学生(主体部分)、实验教学内容(客体部分)以及实验教学环境与器材(教育装备)。

(二)选择相关变量

运用 Delphi 法选择相关变量。对应上述确定的研究对象所选择的变量开列如下：

(1)教师教学行为相关变量：实验教学设计、实验教学组织。

(2)学生学习行为相关变量：学生分组协作情况、动手操作情况。

(3)实验教学内容相关变量：物理课实验、化学课实验、生物课实验、科学课实验。

(4)教育装备配备相关变量：实验室生均活动面积、器材先进程度、设备完好率。

需要说明的是此处开列的变量(项目)并不完备，只是为了举例说明方便

(太多的变量文中不易展现)而将部分变量写出来的参考项目，与实际情况具有差距。另外，分析后发现这些变量都应该属于输入变量，对于输出变量(即产出目标)可做如下设定：

(1)实验教学计划目标。各科实验教学计划情况，包括实验次数、实验内容等。

(2)实验教学实施目标。各科实验教学完成情况，包括完成人数、完成水平等。

(3)实验教学评价目标。各科实验教学评价情况，包括测量方法、评价结论等。

(三)形成问题框架

论证变量的正交性与完备性。为了问题说明比较清楚形象，此处采用了坐标图像的方式(如图 5.1 所示)。

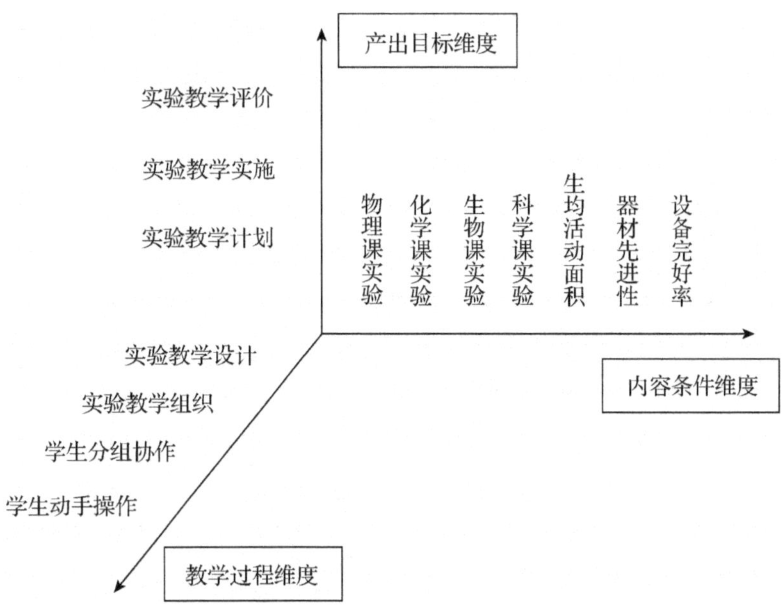

图 5.1　变量框架坐标系

(四)建立变量关系

根据变量框架建立变量之间关系的表格。因为输出变量共有 3 个(实验教学计划、实验教学实施和学生能力提高)，所以应建立 3 个表格(详见表 5.2、表 5.3、表 5.4)。

表 5.2　实验教学计划相关变量表

实验教学计划				
	实验教学设计	实验教学组织	学生分组协作	学生动手操作
物理课实验				
化学课实验				
生物课实验				
科学课实验				
生均活动面积				
器材先进程度				
设备完好率				

表 5.3　实验教学实施相关变量表

实验教学实施				
	实验教学设计	实验教学组织	学生分组协作	学生动手操作
物理课实验				
化学课实验				
生物课实验				
科学课实验				
生均活动面积				
器材先进程度				
设备完好率				

表 5.4　实验教学评价相关变量表

实验教学评价				
	实验教学设计	实验教学组织	学生分组协作	学生动手操作
物理课实验				
化学课实验				
生物课实验				
科学课实验				
生均活动面积				
器材先进程度				
设备完好率				

（五）填写相关题目

在上述表格的相应单元格中填写相关的题目，表 5.5 显示了部分题目的填写情况。这样做的目的是为了保证问卷题目的完备性，同时保证了数据采集中不会丢失信息，因为信息的缺失将对后期的数据挖掘和得出的研究结论产生极大的不良影响。

表 5.5　题目填写举例（实验教学实施）

	实验教学设计	……
……		
科学课实验	1. 实验过程中教师是否关注了学生的能力培养？(S) 是□　否□	
生均活动面积	1. 教学设计中实验室生均活动面积的考虑对实验效果的影响程度如何？(T) A. 非常有影响　B. 比较有影响 C. 影响一般　D. 比较无影响 E. 完全无影响	
……		

（六）确定被测试者

在题目的后面标注出被测试对象，可以用符号代替，如：学生用 S 表示，教师用 T 表示，等等（见表 5.5）。

（七）制作标准问卷

将题目按照被测试对象分类，分别形成针对不同测试对象的问卷。在问卷前面撰写引言、调查意义和填写注意事项等，并注意要有表示感谢的内容，最终形成一个标准的问卷。

第三节　变量的选择

教育装备的绩效评价属于教育装备管理学中的概念，同时也是目前各个教育部门和单位在每个财政年度都必须面对的实际问题。我们在这里系列地讨论绩效评价技术是想为学校及其管理部门在绩效考核时提供有效的测量方法。教育装备应采用科学化管理，所以对教育装备绩效应使用科学评价，科学评价是“价值无涉”的，就是不能通过价值判断（主观判断）而必须依据科学判断，即客观和量化的评价方式。客观、量化的测量评价需要确定变量和具有数据支持，这是在评价阶段不可回避的现实问题。

教育部门属于政府机关或事业单位，它们在进行项目建立和绩效考核时必然会遇到对教育装备的货物、服务以及工程采购项目中预期目标的阐明和评价问题，这就必然要涉及对教育教学产出变量的选择、确定、量化和详细描述。本文将重点讨论对教育教学产出变量的处理方法。

一、绩效评价

在正式讨论绩效评价技术之前，必须将有关的概念进行界定，从而使我们的讨论不偏离方向且更加具有针对性。

(一)教育装备绩效

绩效(Performance)是管理学中的一个概念，“单纯从语言学的角度来看，绩效包含有成绩和效益的意思。用在经济管理活动方面，是指社会经济管理活动的结果和成效；用在人力资源管理方面，是指主体行为或者结果中的投入产出比；用在公共部门中来衡量政府活动的效果，则是一个包含多元目标在内的概念”。①

可以看出，在不同的语境下对绩效有着不同的理解。但是教育装备的绩效却是一个复杂问题，它几乎涉及了上述定义中的所有方面。教育装备的投入是经费，而做管理工作的是管理人员；教育装备的产出其实就是教育的产出，而教育的产出就是人才培养；教育装备的投入是由学校的上级单位做决策的，而这些上级单位又是政府部门。所以，教育装备绩效就是反映教育装备投入后的成绩和效益，在其项目实施方面要关注结果和成效，在管理方面要计算的就是投入产出比，作为学校的上级单位就必须要综合考虑上述问题。我们在这里规定，教育装备科学化管理中的绩效就是考查其效益，而这个效益就是教育装备的投入产出比。

(二)评价与评估

一般情况下“评价”与“评估”这两个词是可以混用的，人们不把它们做严格的区分。但是为了使我们的讨论更加具有针对性且不偏离方向，就必须给出一个严格的概念界定。本文采用“评价”一词而没有使用“评估”是具有充分理由的。《教育大辞典》中对评价和评估的解释如下：

评价(Evaluation)是对事物价值的判断。如对教育目标的实现程度做出的价值判断。这类判断有时只依据由测验提供的测量值，更多的则是综合各种测

---

① 百度百科，绩效[EB/OL]，http：//baike.baidu.com/view/122994.htm

量、关键性事件、主观印象和其他各种证据。

评估(Evaluation)指评议和估价，是对事物和过程的一种判断，是一个包含一系列步骤和方法的连续性的系统过程。其一般程序是规定目的，确定目标，系统地采集信息，分析资料，运用包括数学在内的科学手段，对某一对象进行综合的评议和估价。它为决策者提供信息和资料，为决策服务。

虽然评价和评估的英文名称完全相同，但在汉语解释中却有着根本不同的含义。显然，评估是在一个项目执行前对该项目目标和可能产生的结果进行预测和估计，而评价则是在一个项目执行后对该项目在初期建立的目标和项目执行后所产生的效益进行测量和评判。教育装备绩效考核是考查项目执行完成后的效益问题，所以我们在本文和以后的序列讨论中将一直使用绩效评价这个称呼。

(三)绩效评价技术

绩效评价可以采用价值判断，但是也可以采用认知判断或科学判断。教育装备管理应该是科学化管理，需采用科学评价，而科学评价一定要使用客观、量化的方法。客观、量化的方法通常需要依靠数学模型、数据计算来实现，于是便形成了各种相关技术，这就是我们在这里讨论的教育装备绩效评价技术。

二、评价变量的选择

绩效评价需要对项目的效益进行计算，效益的具体体现就是投入产出比，客观、量化的评价首先应确定投入变量和产出变量。

(一)投入变量

投入变量亦称输入变量，教育装备绩效评价的投入变量反映出投入成本，是教育成本的一部分。在《教育大辞典》中对教育成本(Education Cost)的定义是："培养学生所耗费的社会劳动，包括物化劳动和活劳动。其货币表现为培养学生由社会和受教育者个人直接和间接支付的全部费用。"其中物化劳动是指教育资源中的人工资源部分，也就是教育装备；而活劳动则是指教育在资源中的人力资源部分，包括教育教学的实施者(教师)、管理者(各级领导、各种管理人员)、生活服务人员等。教育装备投入成本中的物化劳动其实就是教育装备本身，活劳动则是指教育装备的管理人员。所以教育装备绩效的投入变量应选择以货币形式呈现的教育装备投入(即购置费用)和管理人员的人数、水平(学历、职称)、工作量等内容。

(二)产出变量

产出变量亦称输出变量，教育装备绩效的产出变量其实也反映了教育的产出，它们是相同的概念。教育效益是指教育投入的产出效果，包括直接效益和间接效益、经济效益和政治文化效益。教育产出变量的选择是一个非常复杂的问题，它与企业的产出不同，不是仅用货币量就可以反映的，并且讨论教育的效益时并不是关注其经济效益，而是注重它的社会效益、政治文化效益。

一般情况下，人们多选择以下可量化的变量作为教育或教育装备绩效的产出变量：

1. 培养学生人数。这是一项直接效益的产出变量，反映了一个教学单位培养人才的能力。但是由于在计算教育效益时常用“生均投入”作为投入变量，而且培养人数与教学单位规模一起被规定下来，一般不随教育投入发生变化，所以这个产出变量不能够很好地反映教育效益，很少被采用。

2. 学生学业水平。这也是一项直接效益的产出变量，它直接反映了一个教学单位的教育教学水平。学生的学业包括知识的获取、能力的提高和道德的养成，于是这个变量还需要进一步细分。知识也被称为显性知识，是通过纸笔考试进行考核的，这个产出变量可以使用学生的卷面成绩。能力属于隐性知识，不易进行量化测量，却可以通过造诣测验(亦称成就测验)针对学生获得的成果或奖励确定产出变量。道德的养成就是德育，德育作为产出变量是最不容易量化的，可以考虑通过社会对该教学单位学生道德水平的总体评价进行赋值。应该注意，在较大空间范围内进行绩效评价使用学生学业水平作为产出变量时，由于不同地区会有不同的测量标准，所以将一些成绩(如：各地高考成绩、中考成绩等)作为产出变量就会带来问题。但是可以通过下文介绍的变量变换方法来解决。

3. 学生身体素质。对于非体育教育的普通教学单位，学生身体素质虽然属于人们关注的一个重要问题，但与学生学业水平这个产出变量要求不同，它一般只与教育或教育装备在体育锻炼相关方面的投入部分有关。有时，学生身体素质甚至还会被设定为影响学生学业水平的输入变量。

4. 毕业生中的成功人士数量与水平。这是一项间接效益的产出变量，因为它虽然与原教学单位的教育有关，但还与成功人士其他的经历与奋斗有关，通常它只是一个参考变量。

显然，能够反映教育效益的产出变量是非常少的，还会出现测量标准不统一而使得变量没有使用意义的情况。所以寻找、发现和定义教育装备效益的产出变量是一个技术含量很高的科学问题。

三、评价变量的产生方法

教育装备绩效产出变量的寻找和发现可以通过数据挖掘技术来实现，以下便通过实例来介绍这些技术。

(一)显变量与隐变量

教育装备绩效评价中的变量一般都可以赋予明确的社会科学或教育学意义，如前面提到的学生学业水平等，我们称这样的变量为显变量。其实在教育装备问题研究中还存在着大量的隐变量，它们并没有明确的社会科学或教育学意义，甚至没有一个确切的名称，而只能用 F1、F2 等变量名来代替。有时我们不得不使用隐变量来进行测量和评价，例如，由于学生创新能力是一个复合型能力，一般不具有直接进行测量的方法，但是我们可以通过数据挖掘和统计分析找到一些隐变量，它们与创新能力具有一定的关系，并且能够侧面反映创新能力水平的高低。通常，投入变量一般都表现为显变量，而产出变量则有很多情况下只能去挖掘那些隐变量。

(二)变量变换

1. 空间变量与时间变量变换。空间变量与时间变量确切的叫法应该是空间序列变量和时间序列变量，在教育装备绩效评价问题研究中经常会存在它们之间的转化应用。例如，我们希望知道教育装备投入是否会使得学生的学业水平有所提升，其输入变量容易确定，它们无非都是反映装备投入实施情况的一些显变量，而在采集学生学业水平情况时，由于不同地区测量学业水平的标准不同，如果使用空间序列变量的学业水平进行对比研究将没有实际意义。但是，如果使用时间序列变量的学业水平，在当地进行逐年对比，研究结果就具有实际意义了。此时得到的是各地区学生学业水平随时间逐步提高的曲线，而各地区的这个曲线的斜率是不同的，通过斜率比较就能够很好地体现教育装备投入的效益。

2. 变量功能变换。变量功能变换就是将一个可测量的变量功能引申，使得它可以反映另一个变量的水平值。例如，我们可以认为学生参加网络答题的速度能够反映该生信息技术水平，从而设定该水平为一个评价产出变量。但是，能否真的当作产出变量使用必须做相关性验证。一般，如果该变量与投入变量相关，则有可能成为产出变量，否则不能作为产出变量。说“有可能成为”是因为两个变量之间具有相关关系但不一定就是因果关系，要得到因果关系还需要进一步推演证明才行(两个变量不具有相关性则必然不会具有因果性，而具有相关性时则有可能会具有因果性)。以下是一个使用真实数据的实际例子。

某市 6 个区县(用 DMU1 至 DMU6 表示)小学生的生均教育信息化投入经费数见表 5.6 所示。学生信息化水平用网络答题时间代替，平均答题时间长被认为信息技术水平低，反之则认为水平高，于是得到表 5.7 中的信息技术水平指数。变量变换方法采用了计算公式：信息技术水平指数＝10 / 平均答题时间。

表 5.6　生均信息化投入经费数

单位编号	DMU1	DMU2	DMU3	DMU4	DMU5	DMU6
生均投入经费数（万元）	0.08846468	0.05327666	0.23711312	0.2109119	0.05426667	0.05847859

表 5.7　学生信息化水平指数

单位编号	DMU1	DMU2	DMU3	DMU4	DMU5	DMU6
平均答题时间(秒)	50.979102	32.389259	13.844724	14.872457	22.562091	13.483956
信息技术水平指数	0.1961588	0.3087443	0.7222968	0.6723839	0.4432213	0.7416221

将生均教育信息化投入经费数(作为投入变量)和学生信息技术水平指数(作为产出变量)填入统计分析软件 SPSS 中，选择相关分析选项，可以得到表 5.8 所示输出结果。该结果显示出这两个变量的相关系数为 0.545，它们似乎具有一定的相关性。但进一步考查可见显著性值 $\rho=0.264$。在相关分析时规定为 0 假设(H_0)，当 $\rho<0.05$ 时才能够认为两个变量具有相关性，所以我们开始设定的投入与产出变量不具有相关关系，当然就更不会具有因果关系。于是得出的结论是：该变量变换可行(即可将答题时间变换为信息技术水平)，但是在该项目中使用这个产出变量不可行。在该项目中，在这个城市的 6 个区县之间，不能够将上述两个变量用作投入和产出的对应变量来进行小学校的教育信息化绩效考核。

表 5.8　SPSS 相关性分析结果

相关性

		生均投入	信息技术水平
生均投入	Pearson 相关性	1	0.545
	显著性(双侧)		0.264
	N	6	6
信息技术水平	Pearson 相关性	0.545	1
	显著性(双侧)	0.264	
	N	6	6

(三)隐变量的挖掘

在产出变量十分稀少的情况下利用数据挖掘技术设定一些变量作为产出变量是一个不错的选择，这里介绍用主成分分析法(Principal Components Analysis，简称 PCA 法)进行隐变量挖掘的实例。主成分分析是多元分析中一种常见的变量降维和赋权方法，在尽量不丢失信息的情况下将多个变量转换成少数几个变量(称主成分变量)。这些主成分变量具有正交性(统计独立、无相互依存性)，而每个主成分中所包含的变量之间一般具有较强的相关性(同质)。我们可以将主成分变量认定为隐性产出变量，其依据主要出于以下几点：

1. 趋同特点。与其他领域不同，教育在装备投入上有着配备标准，人们多依标准进行投入，即使在没有建立标准的地方也根据经验尽量选择一致性的配备，这种现象称为趋同性。

2. 全局预测。在能够获得大范围(全省市甚至全国范围)投入数据的情况下根据上述趋同性特点进行产出隐变量的挖掘是有意义的。局部地区或该地区教学单位的教育装备绩效的产出指标可根据这些隐变量进行测量和评价。

3. 同质聚类。主成分分析就是将趋同的变量聚类在一起。在进行主成分分析时应尽量提供一些已知的产出变量数据参与，这样对于隐变量的有效性更加有利。

表 5.9 是某市小学校教育装备投入变量($X01$—$X13$)的名称对照。将全市这些变量对应的数据填入 SPSS 软件，选择主成分分析，可以得到表 5.10 和表 5.11 所示的结果。

表 5.9 变量名对照表

变量名	$X01$	$X02$	$X03$	$X04$	$X05$	$X06$	$X07$	$X08$	$X09$	$X10$	$X11$	$X12$	$X13$
影响因子	学生人数	班数规模	专用教室	公共用房	运动场地	活动面积	理科设备	文科设备	艺术设备	健康设备	实践设备	信息设备	图书资料

表 5.10 各主成分的最大特征值与对系统的贡献率

Total Variance Explained

Component	Initial Eigenvalues			Extraction Sums of Squared Loadings		
	Total	% of Variance	Cumulative %	Total	% of Variance	Cumulative %
1	7.036	54.125	54.125	7.036	54.125	54.125
2	2.346	18.043	72.168	2.346	18.043	72.168
3	1.385	10.656	82.824	1.385	10.656	82.824
4	0.645	4.965	87.789			
5	0.451	3.468	91.257			
6	0.320	2.461	93.717			
7	0.238	1.829	95.547			

续表

Component	Initial Eigenvalues			Extraction Sums of Squared Loadings		
	Total	% of Variance	Cumulative %	Total	% of Variance	Cumulative %
8	0.206	1.588	97.134			
9	0.150	1.157	98.291			
10	0.121	0.928	99.219			
11	8.422E-02	0.648	99.867			
12	1.599E-02	0.123	99.990			
13	1.353E-03	1.040E-02	100.000			

Extraction Method: Principal Component Analysis.

表 5.11　前 3 个主成分与各变量的关系

Component Matrix[a]

	Component		
	1	2	3
*X*01	0.939	−0.149	0.122
*X*02	0.876	5.710E-02	0.294
*X*03	−0.152	0.893	0.228
*X*04	−0.144	0.702	0.482
*X*05	0.359	0.612	−0.542
*X*06	0.307	0.707	−0.506
*X*07	0.859	−0.165	−0.107
*X*08	0.935	−0.247	−6.89E-02
*X*09	0.866	5.067E-02	−0.245
*X*10	0.897	0.129	8.084E-02
*X*11	0.881	−9.99E-02	−5.60E-02
*X*12	0.865	8.462E-02	3.917E-02
*X*13	0.655	0.179	0.601

Extraction Method: Principal Component Analysis.

a. 3 components extracted.

表 5.10 中的“Total”一栏为各主成分对应的最大特征值，“Cumulative”为主成分累计贡献率百分比，最大特征值大于 1 的主成分有 3 个，它们的累计贡献率已经达到 82%以上。表 5.11 显示的是前 3 个主成分与各变量（$X01$—$X13$）的关系。从表 5.10 中可见主成分 F_1 的最大特征值 $\lambda_1 = 7.036$，主成分 F_2 的最大特征值 $\lambda_2 = 2.346$，主成分 F_3 的最大特征值 $\lambda_3 = 1.385$。根据以下公式计算综合评价函数。

$$F = \frac{\lambda_1}{\lambda_1 + \lambda_2 + \lambda_3} F_1 + \frac{\lambda_2}{\lambda_1 + \lambda_2 + \lambda_3} F_2 + \frac{\lambda_3}{\lambda_1 + \lambda_2 + \lambda_3} F_3$$
$$\approx 0.653F_1 + 0.218F_2 + 0.129F_3$$

根据综合评价函数 F 和表 5.11 中各个变量的系数确定出 F 的各个变量系数见表 5.12 所示，写成百分数形式（各个系数之和等于 100）如表 5.13 所示。

表 5.12　综合评价函数各变量的系数

影响因子	$X01$	$X02$	$X03$	$X04$	$X05$	$X06$	$X07$	$X08$	$X09$	$X10$	$X11$	$X12$	$X13$
系数	6.426	6.705	1.341	1.301	3.211	3.670	5.561	5.660	6.324	6.529	5.887	6.339	5.931

表 5.13　综合评价函数各变量的百分度系数

影响因子	$X01$	$X02$	$X03$	$X04$	$X05$	$X06$	$X07$	$X08$	$X09$	$X10$	$X11$	$X12$	$X13$
系数	9.90	10.33	2.07	2.01	4.95	5.66	8.57	8.72	9.75	10.06	9.07	9.77	9.14

最后得到的隐性产出变量有两个，分别为主成分 F_1 和 F_2。主成分 F_3 因只与 X_{13}（图书资料）有关，不予考虑。计算两个产出变量时，其对应的各个投入变量和投入的权值由下面的表达式决定：

$$F_1 = 9.90X_{01} + 10.33X_{02} + 8.57X_{07} + 8.72X_{08} + 9.75X_{09} + 10.06X_{10} + 9.07X_{11} + 9.77X_{12}$$

$$F_2 = 2.07X_{03} + 2.01X_{04} + 4.95X_{05} + 5.66X_{06}$$

第四节　数据预处理

一、数据预处理的必要性

教育装备的评价问题与许多其他领域评价问题的研究方法不同，在对教育装备本身特点、教育装备配置条件、教育装备使用效果等方面建立评价指标体系时，由于管理部门已经掌握了大量的原始数据，更多注重主成分分析(简称PCA)，而将Delphi法放在次要地位。但是，PCA法对原始数据的可靠性、一致性以及规范性十分敏感，如果不做相应的处理将不能得到满意的结果。表5.14是未做预处理的数据用SPSS软件进行PCA的输出结果，而表5.15是经过预处理的数据进行PCA的输出结果。两个结果对比可见，在最大特征值和主成分的累计贡献上存在着很大差异。

表5.14　未做预处理的数据进行PCA的输出结果

Total Variance Explained

Component	Initial Eigenvalues			Extraction Sums of Squared Loadings		
	Total	% of Variance	Cumulative %	Total	% of Variance	Cumulative %
1	4.565	35.115	35.115	4.565	35.115	35.115
2	2.541	19.548	54.663	2.541	19.548	54.663
3	1.468	11.290	65.953	1.468	11.290	65.953
4	0.841	6.466	72.419			
5	0.757	5.822	78.241			
6	0.661	5.081	83.323			
7	0.563	4.333	87.655			
8	0.419	3.227	90.882			
9	0.396	3.044	93.925			
10	0.316	2.427	96.353			
11	0.260	2.002	98.355			
12	0.193	1.488	99.843			
13	2.046E-02	0.157	100.000			

Extraction Method：Principal Component Analysis.

表 5.15　经过预处理的数据进行 PCA 的输出结果

Total Variance Explained

Component	Initial Eigenvalues			Extraction Sums of Squared Loadings		
	Total	% of Variance	Cumulative %	Total	% of Variance	Cumulative %
1	7.036	54.125	54.125	7.036	54.125	54.125
2	2.346	18.043	72.168	2.346	18.043	72.168
3	1.385	10.656	82.824	1.385	10.656	82.824
4	0.645	4.965	87.789			
5	0.451	3.468	91.257			
6	0.320	2.461	93.717			
7	0.238	1.829	95.547			
8	0.206	1.588	97.134			
9	0.150	1.157	98.291			
10	0.121	0.928	99.219			
11	8.422E-02	0.648	99.867			
12	1.599E-02	0.123	99.990			
13	1.353E-03	1.040E-02	100.000			

Extraction Method：Principal Component Analysis.

二、数据的可靠性分析与处理

在教育装备管理部门进行数据统计时，由于管理上的疏漏或下级单位对呈报数据的不理解，往往造成原始数据中存在着大量的虚假数据。在进行 PCA 前必须对这些数据做预处理，剔除虚假数据。用 SPSS 软件进行这方面的分析和处理是十分方便的①。

首先，可以用 SPSS 的数据分布图像的功能（“Graphs”→“Histogram”）对原数据进行处理，得到数据分布的直方图。图 5.2 是国内某地区 1200 个小学专用教室个数分布的直方图。

① 陈平雁、黄浙明主编：《SPSS 10.0 统计软件应用教程》，人民军医出版社，2002 年版。

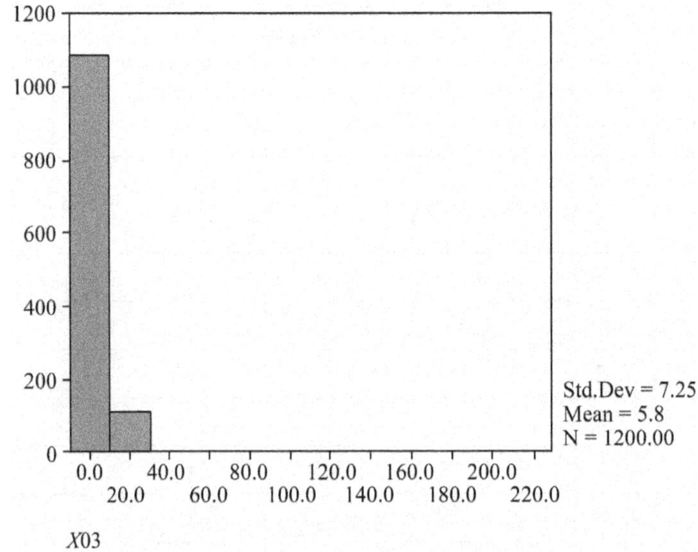

图 5.2　未做预处理数据的分布图

从该图可以看出，样本数(学校数 N)为 1200 个，学校具有专用教室数的平均值(Mean)为 5.8，标准差(Std. Dev)为 7.25。同时还可以从分布图上看出，数据存在着大量的偏离值，而且最大偏离值已经超过 220(即 1 个小学有 200 多个专用教室已经非常不可信了)。进一步，用 SPSS 的频数分析功能(“Analyze”→“Descriptive Statistics”→“Frequencies”)可得数据频数统计分析表(见表 5.16)。由该分析表可见，具有专用教室数在 20 个以内的学校已经占全部学校总数的 99.3%，具有 20 个以上专用教室数的学校只有 8 个，其中有 59 个、77 个和 221 个专用教室的学校各有 1 个。显然应将这 3 个学校的数据剔除掉。进一步根据实际情况分析，可将具有 30 个以上专用教室学校的数据剔除掉。

表 5.16　未做预处理数据的频数统计输出

X03

		Frequency	Percent	Valid Percent	Cumulative Percent
Valid	0.00	10	0.8	0.8	0.8
	1.00	34	2.8	2.8	3.7
	2.00	81	6.8	6.8	10.4
	3.00	188	15.7	15.7	26.1
	4.00	208	17.3	17.3	43.4
	5.00	206	17.2	17.2	60.6

续表

	Frequency	Percent	Valid Percent	Cumulative Percent
6.00	144	12.0	12.0	72.6
7.00	113	9.4	9.4	82.0
8.00	61	5.1	5.1	87.1
9.00	37	3.1	3.1	90.2
10.00	27	2.3	2.3	92.4
11.00	26	2.2	2.2	94.6
12.00	17	1.4	1.4	96.0
13.00	8	0.7	0.7	96.7
14.00	8	0.7	0.7	97.3
15.00	11	0.9	0.9	98.3
16.00	4	0.3	0.3	98.6
17.00	6	0.5	0.5	99.1
18.00	1	0.1	0.1	99.2
19.00	1	0.1	0.1	99.3
20.00	1	0.1	0.1	99.3
21.00	1	0.1	0.1	99.4
24.00	1	0.1	0.1	99.5
26.00	1	0.1	0.1	99.6
30.00	1	0.1	0.1	99.7
31.00	1	0.1	0.1	99.7
59.00	1	0.1	0.1	99.8
77.00	1	0.1	0.1	99.9
211.00	1	0.1	0.1	100.0
Total	1200	100.0	100.0	

剔除可靠性差的数据，可以借助 SPSS 软件来完成（“Data”→“Select Cases”→“If Condition”→“if”→“选择筛选条件”→“Continue”→“Unselected Cases Are－Deleted”）。上述数据经筛选剔除后再进行频数统计分析和输出数据分布直方图如图 5.3 所示。

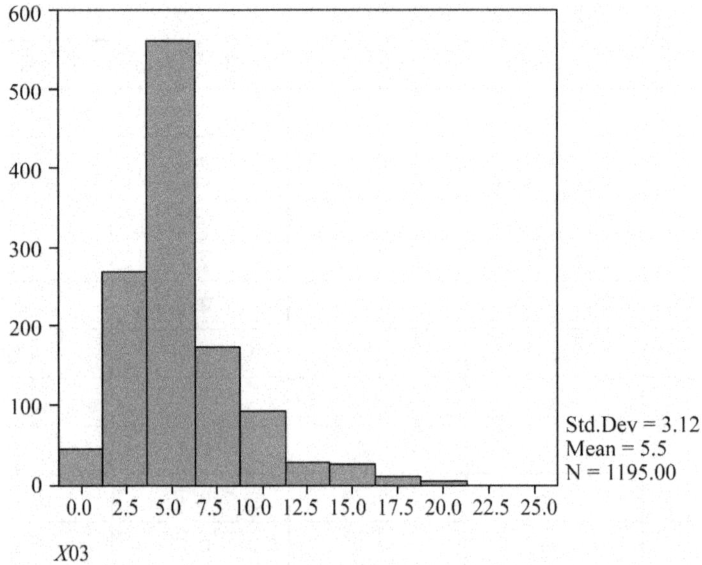

图 5.3　做过预处理数据的分布图

当然，对所有评价项目(变量)的数据都应做类似的处理。做过可靠性分析和处理的数据可以进一步做一致性分析与处理。

三、数据的一致性分析

数据的一致性是针对 PCA 对数据的要求提出的。PCA 的原理是通过对变量之间相关性分析，达到整合变量而实现降维(降低变量个数)的目的。PCA 要求各变量的样本值基本呈正态分布，并且许多变量之间存在着线性相关性(即多重共线性)；如果各个变量之间是相互独立的或线性无关的，也就不能或没有必要做 PCA 了。

用 SPSS 软件的分析功能(“Analyze”→“Data Reduction”→“Factor”)可以对数据中各变量的线性相关性做分析。表 5.17 是某地区小学办学条件数据的相关性分析，由 SPSS 输出的相关系数矩阵，其中各个变量所代表的意义开列在表 5.18 中。

表 5.17　Correlation Matrix(相关系数矩阵)

	X01	X02	X03	X04	X05	X06	X07	X08	X09	X10	X11	X12	X13
X01	1.000	0.975	0.345	0.347	0.190	0.233	0.142	0.103	0.178	0.214	0.103	0.826	0.745
X02	0.975	1.000	0.360	0.395	0.196	0.252	0.171	0.115	0.206	0.245	0.121	0.841	0.795
X03	0.345	0.360	1.000	0.254	0.061	0.087	0.076	0.034	0.072	0.108	0.060	0.370	0.325
X04	0.347	0.395	0.254	1.000	0.070	0.133	0.162	0.126	0.183	0.183	0.082	0.413	0.447

续表

	X01	X02	X03	X04	X05	X06	X07	X08	X09	X10	X11	X12	X13
X05	0.190	0.196	0.061	0.070	1.000	0.586	0.091	0.078	0.095	0.085	0.044	0.162	0.098
X06	0.233	0.252	0.087	0.133	0.586	1.000	0.091	0.088	0.177	0.133	0.079	0.190	0.144
X07	0.142	0.171	0.076	0.162	0.091	0.091	1.000	0.599	0.609	0.633	0.396	0.134	0.251
X08	0.103	0.115	0.034	0.126	0.078	0.088	0.599	1.000	0.443	0.510	0.388	0.092	0.163
X09	0.178	0.206	0.072	0.183	0.095	0.177	0.609	0.443	1.000	0.586	0.440	0.114	0.262
X10	0.214	0.245	0.108	0.183	0.085	0.133	0.633	0.510	0.586	1.000	0.456	0.211	0.312
X11	0.103	0.121	0.060	0.082	0.044	0.079	0.396	0.388	0.440	0.456	1.000	0.105	0.183
X12	0.826	0.841	0.370	0.413	0.162	0.190	0.134	0.092	0.114	0.211	0.105	1.000	0.755
X13	0.745	0.795	0.325	0.447	0.098	0.144	0.251	0.163	0.262	0.312	0.183	0.755	1.000

表 5.18　变量所代表的意义

变量名	X01	X02	X03	X04	X05	X06	X07	X08	X09	X10	X11	X12	X13
影响因子	学生人数	班数规模	专用教室	公共用房	运动场地	活动面积	理科设备	文科设备	艺术设备	体育健康	实践活动	教育技术	图书资料

一般认为相关系数大于 0.8 时两变量才是具有强线性相关性的。从表 5.17 中的数据可见，各个变量的相关性是比较弱的。例如：变量 X05 和 X06 的相关系数仅为 0.586，这两个变量分别代表学校运动场地和学生室外活动面积，而一般学校的这两项指标应该是一致的，即运动场地多，学生活动空间就相应大一些。可以使用 SPSS 软件的相关性分析功能（“Analyze”→“Correlate”→“Bivariate”）对该两项数据做进一步的比对分析。表 5.19 显示的是数据分析的结果。其中 0.586 是两变量的相关系数，0.000 是两变量完全不相关假设成立的概率，1200 是样本数。分析说明两变量应有较强的相关性。如果将两个变量的分布直方图进行比对（如图 5.4），可以发现它们在横坐标原点附近存在较大差异。

表 5.19　Correlations（相关系数）

		X05	X06
X05	Correlation	1.000	0.586
	Sig.（2-tailed）	.	0.000
	N	1200	1200
X06	Correlation	0.586	1.000
	Sig.（2-tailed）	0.000	.
	N	1200	1200

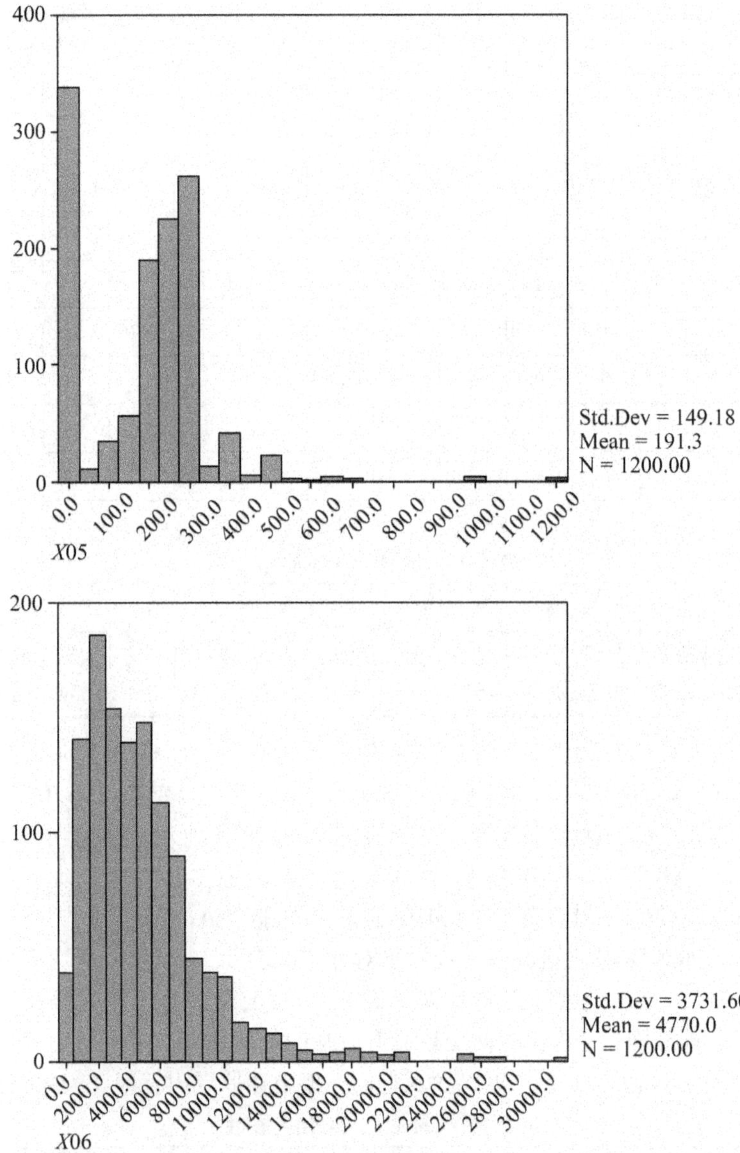

图 5.4　*X*05 与 *X*06 的分布图

在教育装备管理中，上述分析结果说明大量学校虽然具有较大的学生活动空间，但是由于装备设施的缺乏，运动场地(足、篮、排球场)严重不足。应该加强这些学校运动场地的设备投入和建设。同样，如果学校藏书数与杂志种类数、实验设备数与实验教室数、学生人数与班级个数等有严重的不一致，则说明在这些方面的管理存在问题。

四、数据的规范性处理

PCA 前数据的规范性处理是指数据的无量纲化(如：归一化处理)和规格化(如：将数据整理成均值为 0，方差为 1 的 Z 标准化处理)。这些处理是进行 PCA 时必须事先进行的。但是，如果我们使用 SPSS 软件做 PCA，则因为 SPSS 软件在做 PCA 前自动对数据进行上述处理，所以可以免去我们人工对数据进行规范性处理的过程。

第五节　教育装备管理评价指标体系建立

一、主成分分析在评价指标建立中的地位

科学建立教育装备管理的评价指标体系涉及主成分分析(简称 PCA 法)、专家分析(简称 Delphi 法)、层次分析(简称 AHP 法)和马尔可夫分析，这里仅就 PCA 法进行讨论。

PCA 法与 Delphi 法都是在建立评价指标体系之前对指标项的确定和指标项之间重要性程度关系进行的分析。Delphi 法为主观分析，受专家经验和水平的制约而有一定的局限性。PCA 法则依靠大量的原始数据，是一种客观的统计分析方法。科学建立评价指标体系应该将 PCA 法与 Delphi 法有机地结合起来，共同发挥作用。

二、PCA 法的数据分析过程

作为教育装备管理机构，国内各地区的教育技术装备中心掌握着大量本地区学校设备设施配备情况的统计数据。利用这些数据通过 PCA 法来建立教育装备管理的评价指标体系是十分便捷而有效的。为了叙述上的方便，我们将数据划分为 13 个变量，它们是能够反映学校规模与教育装备配备水平的 13 个影响因子。表 5.20 列出了这 13 个影响因子的名称和它们被赋予的变量名(*X*01—*X*13)。

表 5.20　影响因子变量名对照表

变量名	*X*01	*X*02	*X*03	*X*04	*X*05	*X*06	*X*07	*X*08	*X*09	*X*10	*X*11	*X*12	*X*13
影响因子	学生人数	班数规模	专用教室	公共用房	运动场地	活动面积	理科设备	文科设备	艺术设备	健康设备	实践设备	信息设备	图书资料

在做 PCA 之前，应对这些变量下各个学校的数据进行预处理。数据预处

理工作包括数据的可靠性、一致性和规范性分析与处理。经预处理后的数据可以载入 SPSS 软件进行 PCA：选“Analyze”→“Data Reduction”→“Factor”进入主对话框；把 X01—X13 选入“Variables”；然后单击“Extraction”，在“Method”中选择“Principal Components”(主成分)，单击“Continue”回到主对话框；单击“Rotation”，在“Method”中选择“None”；单击“Continue”回到主对话框后单击“OK”。将某地区小学数据载入后的输出结果见表 5.21 和表 5.22。

表 5.21 各主成分的最大特征值与对系统的贡献率

Total Variance Explained

Component	Initial Eigenvalues			Extraction Sums of Squared Loadings		
	Total	% of Variance	Cumulative %	Total	% of Variance	Cumulative %
1	7.036	54.125	54.125	7.036	54.125	54.125
2	2.346	18.043	72.168	2.346	18.043	72.168
3	1.385	10.656	82.824	1.385	10.656	82.824
4	0.645	4.965	87.789			
5	0.451	3.468	91.257			
6	0.320	2.461	93.717			
7	0.238	1.829	95.547			
8	0.206	1.588	97.134			
9	0.150	1.157	98.291			
10	0.121	0.928	99.219			
11	8.422E-02	0.648	99.867			
12	1.599E-02	0.123	99.990			
13	1.353E-03	1.040E-02	100.000			

Extraction Method：Principal Component Analysis.

表 5.22 各主成分与各变量的关系

Component Matrix[a]

	Component		
	1	2	3
X01	0.939	−0.149	0.122
X02	0.876	5.710E-02	0.294
X03	−0.152	0.893	0.228

续表

	Component		
	1	2	3
*X*04	−0.144	0.702	0.482
*X*05	0.359	0.612	−0.542
*X*06	0.307	0.707	−0.506
*X*07	0.859	−0.165	−0.107
*X*08	0.935	−0.247	−6.89E-02
*X*09	0.866	5.067E-02	−0.245
*X*10	0.897	0.129	8.084E-02
*X*11	0.881	−9.99E-02	−5.60E-02
*X*12	0.865	8.462E-02	3.917E-02
*X*13	0.655	0.179	0.601

Extraction Method：Principal Component Analysis.

a. 3 components extracted.

表 5.21 中的“Total”一栏为各主成分对应的最大特征值，“Cumulative”为主成分累计贡献率百分比，最大特征值大于 1 的主成分有 3 个，它们的累计贡献率已经达到 82%以上。表 5.22 则是各主成分与各变量(*X*01—*X*13)的关系。

三、PCA 数据的进一步分析与处理

根据表 5.22 提供的数据可列出 3 个主成分(F_1、F_2、F_3)的解析式：

$$F_1 = 0.939X_{01} + 0.876X_{02} - 0.152X_{03} - 0.144X_{04} + 0.359X_{05} + 0.307X_{06} + 0.859X_{07} + 0.935X_{08} + 0.866X_{09} + 0.897X_{10} + 0.881X_{11} + 0.865X_{12} + 0.655X_{13}$$

$$F_2 = -0.149X_{01} + 0.0571X_{02} + 0.893X_{03} + 0.702X_{04} + 0.612X_{05} + 0.707X_{06} - 0.165X_{07} - 0.247X_{08} + 0.0507X_{09} + 0.129X_{10} - 0.0999X_{11} + 0.0846X_{12} + 0.179X_{13}$$

$$F_3 = 0.122X_{01} + 0.294X_{02} + 0.228X_{03} + 0.482X_{04} - 0.542X_{05} - 0.107X_{06} - 0.0689X_{07} - 0.245X_{08} + 0.0808X_{09} - 0.0615X_{10} - 0.0560X_{11} + 0.0392X_{12} + 0.601X_{13}$$

从表 5.21 的表中可见主成分 F_1 的最大特征值 $\lambda_1 = 7.036$，主成分 F_2 的最大特征值 $\lambda_2 = 2.346$，主成分 F_3 的最大特征值 $\lambda_3 = 1.385$。根据以下公式计算

综合评价函数。

$$
\begin{aligned}
F &= \frac{\lambda_1}{\lambda_1+\lambda_2+\lambda_3}F_1+\frac{\lambda_2}{\lambda_1+\lambda_2+\lambda_3}F_2+\frac{\lambda_3}{\lambda_1+\lambda_2+\lambda_3}F_3 \\
&\approx 0.653F_1+0.218F_2+0.129F_3
\end{aligned}
$$

计算出综合评价函数各影响因子的系数并列在表 5.23 中。归一化后的系数(即每个系数在全部系数之和中所占比例，归一化系数之和为 1)在表 5.24 中。最后，该地区小学教育装备配备与学校规模的评价指标体系权值分配就是将归一化系数写成百分数的值，它们并列在表 5.25 中。

表 5.23　综合评价函数各影响因子的系数

影响因子	$X01$	$X02$	$X03$	$X04$	$X05$	$X06$	$X07$	$X08$	$X09$	$X10$	$X11$	$X12$	$X13$
系数	6.426	6.705	1.341	1.301	3.211	3.670	5.561	5.660	6.324	6.529	5.887	6.339	5.931

表 5.24　综合评价函数各影响因子的归一化系数

影响因子	$X01$	$X02$	$X03$	$X04$	$X05$	$X06$	$X07$	$X08$	$X09$	$X10$	$X11$	$X12$	$X13$
系数	0.0990	0.1033	0.0207	0.0201	0.0495	0.0566	0.0857	0.0872	0.0975	0.1006	0.0907	0.0977	0.0914

表 5.25　各项指标归一化系数百分度权值

影响因子	$X01$	$X02$	$X03$	$X04$	$X05$	$X06$	$X07$	$X08$	$X09$	$X10$	$X11$	$X12$	$X13$
系数	9.90	10.33	2.07	2.01	4.95	5.66	8.57	8.72	9.75	10.06	9.07	9.77	9.14

从图 5.24 表中可以看出，与主成分 F_1 呈高度正相关的变量有 $X01$、$X02$、$X07$、$X08$、$X09$、$X10$、$X11$、$X12$，与主成分 F_2 呈高度正相关的变量有 $X03$、$X04$、$X05$、$X06$，而与主成分 F_3 呈高度正相关的变量只有 $X13$。对照表 5.23 中各变量所代表的含义可知，主成分 F_1 为学生与设备变量，主成分 F_2 为设施变量，而主成分 F_3 为图书资料变量。如果我们将 $X01$—$X13$ 定为评价指标体系中的二级指标，则 F_1—F_3 就是一级指标。进一步可将主成分 F_1 的学生变量和设备变量分成两个一级指标，即学生规模和设备规模。最后得到的评价指标体系见表 5.26。

表 5.26　评价指标体系

一级指标	一级指标权值	二级指标	二级指标权值
学生规模	20.23	学生人数	9.90
		班数规模	10.33
设施场所	14.69	专用教室	2.07
		公共用房	2.01
		运动场地	4.95
		活动面积	5.66
设备规模	55.94	理科设备	8.57
		文科设备	8.72
		艺术设备	9.75
		健康设备	10.06
		实践设备	9.07
		信息设备	9.77
图书资料	9.14	图书资料	9.14

第六节　教育装备用户周期费用的最小值

在教育装备的研究领域里，人们已经熟知了装备的全寿命周期费用(Life Cycle Cost，LCC)管理理论。全寿命周期一般是指设备的设计阶段、生产阶段、使用阶段和退役阶段，其费用涉及公司成本、用户成本和社会成本①。作为教育装备使用与管理者，更关心的是设备在使用阶段和退役阶段的费用问题；并希望找到一个方法，使我们在保证设备性能的基础上而产生最低的费用。网络技术中的最短路径法可以帮助我们解决这一问题。

一、网络技术与最短路径

对研究对象(事物)特征的描述，可以通过对事物的状态以及与其他事物之间的关系来表示。用结点表示事物的状态，而用结点间的连线(称为“边”)表示事物之间的关系就形成了一个网络(如图 5.5 所示)。如果用结点(A、B、C、

① 陈晓川、方明伦：《制造业中产品全生命周期成本的研究概况综述》，《机械工程学报(中文版)》，2002 年第 38 卷第 11 期。

D、E、F)代表装备的寿命周期时间分界点，而在边上标注出费用情况，就可以用网络技术来解决装备的寿命周期最小费用问题了。

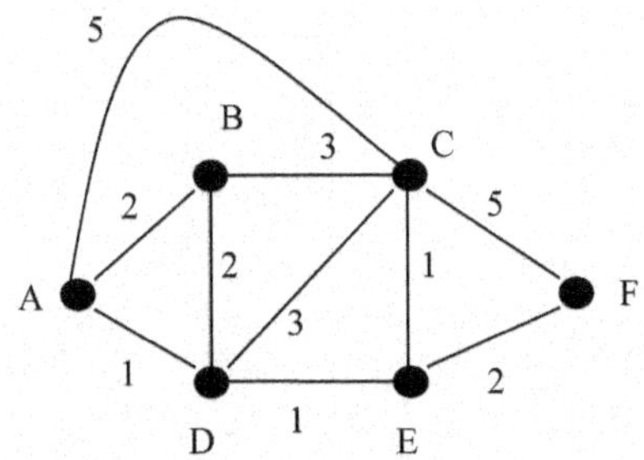

图 5.5　网络图

如果我们计算从A结点出发到达F结点的总费用，A结点就称为源结点，而F结点称为目的结点。从源结点到目的结点可以有许多条不同的路径，但其中有一条总费用最低的路径，称为最短路径。

二、最短路径法

世界著名计算机科学家Dijkstra提出一个求解网络最短路径的计算方法①。首先定义，(1)$D(v)$：从源结点到第v个结点当前的路径费用值；(2)$p(v)$：从源结点到结点v的当前最低费用路径上v的前一结点标号；(3)N：从源结点出发的已知最低费用路径所历经结点的集合；(4)与第v个结点不相邻结点形成边的费用值视为∞。表5.27反映了用这一算法对图5.5所示网络求最短路径的计算过程。当集合N中收集了网络的全部结点时，表示从源结点开始到其他所有结点的最短路径都已查找遍，计算就结束了。然后，从目的结点开始沿着反向费用最低路段追溯到源结点，这便是所要求的最短路径。

表 5.27　Dijkstra算法的求解过程

步骤	集合N	D(B)，p(B)	D(C)，p(C)	D(D)，p(D)	D(E)，p(E)	D(F)，p(F)
0	A	2，A	5，A	1，A	∞	∞
1	AD	2，A	4，D		2，D	∞
2	ADE	2，A	3，E			4，E

① James F. Kurose and Keith W. Ross, *Computer Networking: A Top-Down Approach Featuring the Internet*, *3rd Edition*, 2004, 7.

续表

步骤	集合 N	D(B)，p(B)	D(C)，p(C)	D(D)，p(D)	D(E)，p(E)	D(F)，p(F)
3	ADEB		3，E			4，E
4	ADEBC					4，E
5	ADEBCF					

在步骤 0 时，v=A，结点 A 的相邻结点有 B、C、D。这 3 个结点与结点 A 之间形成边的费用分别为 2、5、1；而且 3 个结点的前一结点的标号都是 A。结点 E 和 F 与结点 A 不相邻，所以 D(E)=D(F)=∞。在与结点 A 相邻的 3 个结点中，只有边 AD 的费用最低，即 D(D)=1，所以选择边 AD 为当前的最短路径，将 D 结点纳入集合 N 中。在步骤 1，v=D，当前结点 D 的相邻结点有 B、C、E。这 3 个结点到结点 A 的总费用分别为 3、4、2，所以选择费用低的结点 E 为下一结点，并将结点 E 纳入集合 N 中。同时注意到，从 A 结点直接到 B 结点的费用为 2，比经过 D 结点再到 B 结点的费用低，所以到 B 结点的最低费用已经求得。但是由于每一步骤只能将一个求得的结点放入集合 N，这里选择先将结点 E 纳入集合 N。在步骤 2，v=E，当前结点 E 的相邻结点有 C 和 F，从源结点 A 到这两个结点的费用分别为 3 和 4。但是与结点 A 到结点 B 的费用 2 相比还不是最低的，所以将结点 B 纳入集合 N。在步骤 3，比较到 C、F 结点的费用，选择将 C 纳入结合 N。最后将结点 F 纳入集合 N。此时，集合 N 中包含了全部结点，从中得到了从源结点 A 到达所有其他结点的最低费用路径(如图 5.6 中的粗实线所示)。

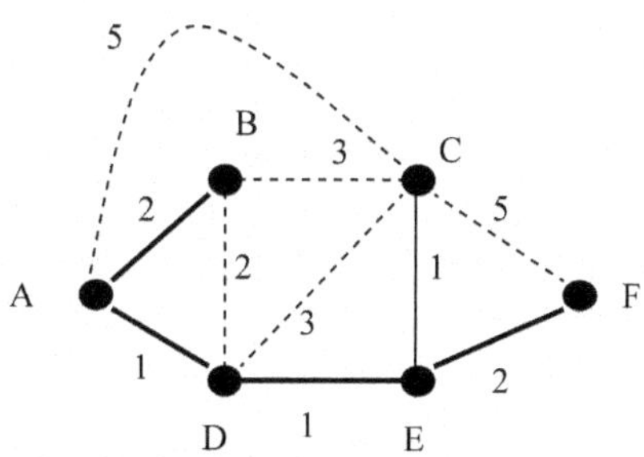

图 5.6　最低费用路径

将前面推算的结果开列在表 5.28 中，根据表中的数据就可以推出最小费用路径。

表 5.28　源结点 A 到其他结点的数据

目的结点	费用与最短路径上的前一结点
B	2，A
C	3，E
D	1，A
E	2，D
F	4，E

在表 5.28 中可见，若选择结点 F 为目的结点，则最短路径的前一结点为结点 E，总费用为 4；而结点 E 的前一结点为结点 D，结点 D 的前一结点为结点 A，其顺序为 F—E—D—A。将该顺序倒过来就是最短路径顺序 A—D—E—F。

三、求解装备寿命周期最小费用问题

为使问题简化，我们只考虑装备在使用阶段的情况。而费用则仅考虑购置费用和设备的维修费用。设某学校需要在每年的年初时计划更新购置并常年维护使用一批教学设备。从当年开始该设备的平均购置费用逐年变化情况列于表 5.29，而该设备平均维修费用逐年变化情况列于表 5.30。

表 5.29　平均购置费用逐年变化情况

	第 1 年年初 A	第 2 年年初 B	第 3 年年初 C	第 4 年年初 D	第 5 年年初 E
价格(万元)	1.4	1.3	1.2	1.1	1.0

表 5.30　平均维修费用逐年变化情况

	第 1 年内	第 2 年内	第 3 年内	第 4 年内	第 5 年内
价格(万元)	0.3	0.5	0.8	1.2	2.5

现在我们需要解决的问题是，如果在第 1 年年初购置了该设备，那么在 5 年之内的那一年年初更新购置设备，可使得总体费用最低。为此，我们设前 5 年年初时的标号顺序为 A、B、C、D、E，而第 5 年年末或第 6 年年初用 F 来表示。表 5.31 反映了 5 年使用周期内的费用情况。

表 5.31　使用周期内的费用情况

	B	C	D	E	F
A	1.4+0.3=1.7	1.4+0.5=1.9	1.4+0.8=2.2	1.4+1.2=2.6	1.4+2.5=3.9
B		1.3+0.3=1.6	1.3+0.5=1.8	1.3+0.8=2.1	1.3+1.2=2.5
C			1.2+0.3=1.5	1.2+0.5=1.7	1.2+0.8=2.0
D				1.1+0.3=1.4	1.1+0.5=1.6
E					1.0+0.3=1.3

图 5.7 是将表 5.31 反映的情况转换成的网络图。每个结点表示年初，每条边上的数字为周期费用。设 A 结点为源结点，F 结点为目的结点，则上述需要解决的问题就转化成在该网络图中求最短路径的问题了。

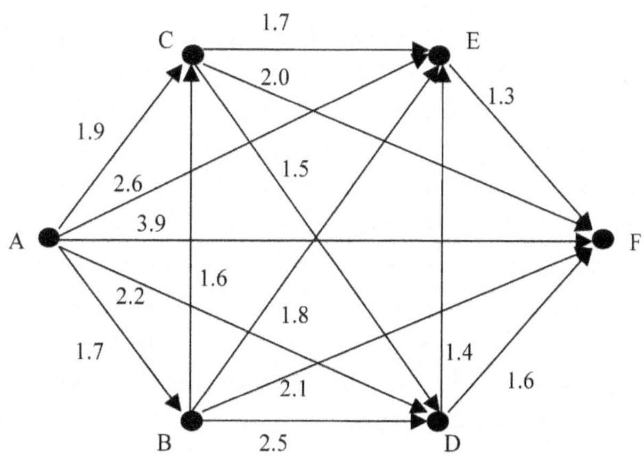

图 5.7　逐年费用网络图

使用 Dijkstra 算法求最短路径的过程开列在表 5.32 中。图 5.8 为求得的最短路径图。

表 5.32　求最短路径的过程

步骤	集合 N	D(B)，p(B)	D(C)，p(C)	D(D)，p(D)	D(E)，p(E)	D(F)，p(F)
0	A	1.7，A	1.9，A	2.2，A	2.6，A	3.9，A
1	AB		1.9，A	2.2，A	2.6，A	3.8，B
2	ABC			2.2，A	2.6，A	3.8，B
3	ABCD				2.6，A	3.8，B
4	ABCDE					3.8，D
5	ABCDEF					

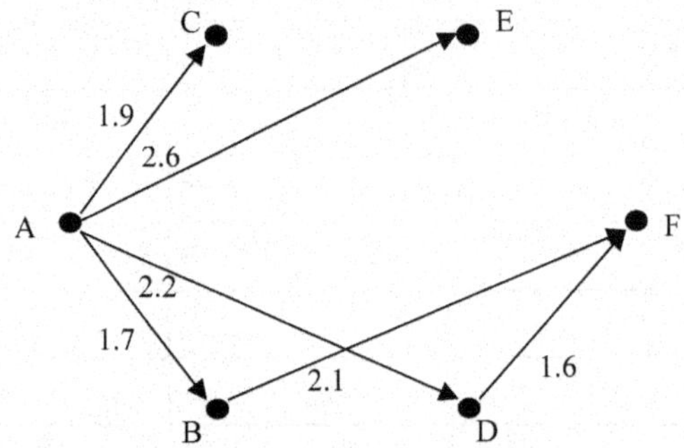

图 5.8 求得的最短路径图

在这个求解过程中应注意几个问题：(1)因为每个结点都不存在“不相邻”结点，所以没有出现∞值。(2)这个网络图中的边为有向边，在计算路径费用时要沿着边的指向进行，不可逆向计算。(3)计算出的最低费用路径有两条，一条是 A—B—F，另一条是 A—D—F，两条路径的费用都为 3.8。这一结果说明，如果在第 1 年年初购置了该设备，则在第 2 年年初或第 4 年年初更新该设备，使得到第 5 年年末(或第 6 年年初)时总费用最低。但是，如果考虑到一台设备的实际使用寿命应大于一年，同时第 5 年后还要长期使用这种设备，就应选择路径 A—D—F，即在第 4 年年初更新设备较为合理。

第七节　数据包络分析

在教育装备的研究与管理工作中，对其成本—效益进行评价应该限定在一定的历史时期、局部的地区范围、适当的办学类型以及教育的中观层面。同时，由于反映教育装备效益的产出变量不是唯一的，而影响产出的成本投入也是多变量的，所以针对这一评价的最佳测量工具应首推数据包络分析(Data Envelopment Analysis，简称 DEA)。

一、DEA 的基本原理

DEA 一般用来解决多变量问题(如表 5.33 所示)，是对 n 个单元，每个单元的 m 个投入变量值和 s 个产出变量值反映出来的成本—效益进行相对评估测量。

表 5.33　DEA 的变量与取值

评价指标 \ 决策单元		DMU1	DMU2	…	DMUn
投入变量	X1	2	3	…	3.5
	X2	3	1	…	3.5
	…	…	…	…	…
	Xm	5	4.5	…	3.6
产出变量	Y1	1	2	…	4.3
	Y2	1.2	3.2	…	2.7
	…	…	…	…	…
	Ys	1.5	2.2	…	2.7

为了能够更好地理解 DEA 测量的基本原理，我们先将问题简化：设有 5 个单元(A、B、C、D、E)，每个单元各有 1 个投入变量 X 的取值和 1 个产出变量 Y 的取值。如果用横坐标表示 X，用纵坐标表示 Y，则如图 5.9 所示，反映 5 个单元成本—效益的点分布在这个平面上。将这 5 个点分别与原点连接形成 5 条线段。按照我们通常的理解，显然认为斜率越大的线段上的点应该是产出/投入比越大的单元，即 B 点的效益最好。但是我们在做数据包络分析时是判断这些点是否 DEA 有效。A 点与 E 点比，它们有相同的产出值，但是 A 点比 E 点的投入小，所以称 E 点非 DEA 有效。C 点与 E 点比，它们有相同的投入值，但是 C 点比 E 点的产出大，所以仍称 E 点非 DEA 有效。而 A、B 两点相比，它们有相同的投入，不同的产出，但是从整个分布图上看，它们的投入已经是最小投入(基本投入)，所以认为它们都是 DEA 有效，但由于 A 点产出低，称 A 点为 DEA 投入弱有效。C、D 两点相比，它们有相同的产出，不同的投入，但是从整个分布图上看，它们的产出已经是最大产出(极限产出)，所以也认为它们都是 DEA 有效，但由于 D 点投入大，称 D 点为 DEA 产出弱有效。点 P、A、B、C、D 连接的虚线为数据包络线，在该包络线上的点都是 DEA 有效的，而包络线右下方的所有点为 DEA 非有效。当然，数据包络线上的点还存在 DEA 有效和 DEA 弱有效之分别。所以，DEA 问题的本质是寻找那条数据包络线，也可以认为是数学上的求极值问题。

二、DEA 的数学表述

DEA 方法，是以相对效率概念为基础发展起来的一种崭新的效率评价方法，可以对任何决策单元(Decision Making Units，简称 DMU)做出评价，尤

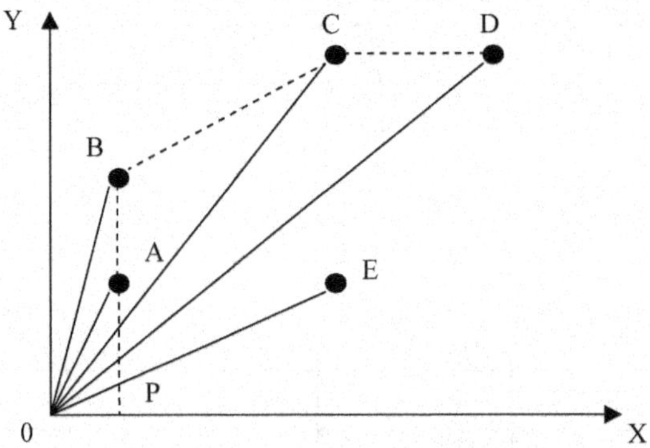

图 5.9 单变量投入—产出分布

其适用于多输入、多输出的复杂系统。一个决策单元 DMU 可以是一个学校，也可以是一个地区，通过对 DMU 的输入输出数据进行 DEA 处理，从而分析出有效的DMU 和非有效的DMU，并指出非有效的原因，用于向主管部门提出合理的建议。DEA 的数学实现是由运筹学家 A. Charnes、W. W. Cooper 和 E. Rhodes 于 1978 年提出，并建立了第一个 DEA 数学模型。该数学模型以三人的姓氏命名，称为 CCR 或 C^2R 模型。按照我们前面“DEA 问题的本质是寻找那条数据包络线，也可以认为是数学上的求极值问题”的观点，C^2R 模型就应该符合这样一个要求。

设某个决策单元 DMU 在一项活动中的输入向量为 $X=(x_1, x_2, \cdots, x_m)^T$，输出向量为 $Y=(y_1, y_2, \cdots, y_s)^T$，于是我们可以简单地用$(X, Y)$表示这个 DMU 的整个活动。$n$ 个 DMU 中第 $j(j=1, \cdots, n)$个决策单元 DMUj 的输入向量为$X_j=(x_{1j}, x_{2j}, \cdots, x_{mj})^T>0$，输出向量为$Y_j=(y_{1j}, y_{2j}, \cdots, y_{sj})^T>0$，于是对固定的 $j_0(1\leqslant j_0\leqslant n)$，构造出两个线性规划模型。其中，基于输入的 C^2R 模型(CCR－I)的出发点是“产出不变，投入最小”，它的数学表述为：

$$\begin{cases} \min & [\theta-\varepsilon([e^-]^T S^- + [e^+]^T S^+)] = V_D \\ s.t. & \sum_{j=1}^{n} X_j\lambda_j + S^- = \theta X_0 \\ & \sum_{j=1}^{n} Y_j\lambda_j - S^+ = Y_0 \\ & \lambda_j \geqslant 0 \quad (j=1,2,\cdots,n); S^+ \geqslant 0; S^- \geqslant 0 \end{cases}$$

基于输出的 C^2R 模型(CCR－O)的出发点是“投入不变，产出最大”，它的数学表述为：

$$\begin{cases} \max & [\alpha+\varepsilon([e^-]^T S^- + [e^+]^T S^+)] = V_D \\ s.t. & \sum_{j=1}^{n} X_j\lambda_j + S^- = X_0 \\ & \sum_{j=1}^{n} Y_j\lambda_j - S^+ = \alpha Y_0 \\ & \lambda_j \geqslant 0 \quad (j=1,2,\cdots,n); S^+ \geqslant 0; S^- \geqslant 0 \end{cases}$$

式中的"min"表示求极小值，"max"表示求极大值，"*s. t.* "表示条件；ε 称为非阿基米德无穷小量，实际应用中一般取 $\varepsilon=10^{-6}$；λ_j 为决策单元 DMUj 的组合权重；S^+ 和S^- 为松弛向量。判断决策单元 DMUj_0是否 DEA 有效，要根据如下计算结果：

①若 $\theta=1$(或 $\alpha=1$)，且 $s^+=s^-=0$，则称 DMUj_0为 DEA 有效；

②若 $\theta=1$(或 $\alpha=1$)，则称 DMUj_0为 DEA 弱有效；

③其他为 DEA 非有效。

三、应用实例与结果分析

在 DEA 的实际应用中，并不需要我们用上面所述的两个数学表达式进行计算。目前有许多计算机 DEA 软件可用来处理数据，典型的有 DEAP、DEA-Solver、MyDEA、xlDEA 等。下面用 DEA-Solver 软件对国内某城市 7 个区县初中的教育装备成本—效益进行评价和分析。我们隐去了这 7 个区县的名称，而以 DMU1—DMU7 来表示。表 5.34 开列了 7 个区县初中的教育装备投入(输入)、产出(输出)的具体情况。其中，输入变量有理科设备、文科设备、艺术设备、健康设备、教育技术设备以及图书资料，图书资料的单位为册，其他变量的单位为件(或台)；输出变量有中考平均成绩、高中入学人数和重点高中入学人数。

表 5.34 各区县初中投入产出具体情况

区县	(I)理科设备	(I)文科设备	(I)艺术设备	(I)健康设备	(I)教育技术设备	(I)图书资料	(O)中考平均成绩	(O)高中入学人数	(O)重点高中入学人数
DMU1	8721	427	380	725	7492	2045490	471.91	5239	920
DMU2	11156	444	1086	1072	11300	3260887	483.35	5931	1657
DMU3	3325	112	137	422	4013	1198626	434.83	2919	254
DMU4	5792	131	134	600	4497	1529728	389.22	2607	250
DMU5	20915	1650	818	2168	19922	3979055	380.76	6398	555
DMU6	10805	373	417	1688	28254	4193674	460.25	13639	1869
DMU7	9957	384	409	989	7056	1331864	378.72	4068	245

表 5.35 输出结果

No.	DMU	Score	Excess 理科设备 S−(1)	Excess 文科设备 S−(2)	Excess 艺术设备 S−(3)	Excess 健康设备 S−(4)	Excess 教育技术设备 S−(5)	Excess 图书资料 S−(6)	Shortage 中考平均成绩 S+(1)	Shortage 高中入学人数 S+(2)	Shortage 重点高中入学人数 S+(3)
1	DMU1	1	0	0	0	0	0	0	0	0	0
2	DMU2	1	0	0	0	0	0	0	0	0	0
3	DMU3	1	0	0	0	0	0	0	0	0	0
4	DMU4	0.94387	2387.5666	19.794274	0	171.02119	312.81798	329575.15	0	155.097	0
5	DMU5	0.5529613	522.27197	492.49968	0	0	0	0	197.87716	0	28.200407
6	DMU6	1	0	0	0	0	0	0	0	0	0
7	DMU7	1	0	0	0	0	0	0	0	0	0

启动 DEA-Solver 软件，载入表 5.34 所示的数据，选择 CCR-I 分析模式（产出不变，投入最小），运行后得到表 5.35 所示评价结果。输出结果显示出：编号为 DMU1、2、3、6、7 的 5 个区县为教育装备成本—效益分析 DEA 有效，而 DMU4 和 DMU5 两个区县为 DEA 非有效。进一步观察还可以看出，DMU4 区县的理科设备（$S_1^-=2387.5666$）与图书资料（$S_6^-=329575.15$）的投入相对大了一些，DMU5 区县的理科设备（$S_1^-=522.27179$）和文科设备（$S_2^-=492.49968$）的投入也相对大了一些，这些因素是造成这两个区县教育装备效益相对较低的主要原因，提醒我们在今后的教育装备投入上应该做适当的调整。

第八节　达标评价预测

一、分析方法综述

科学建立评价指标体系的工作流程如图 5.10 所示。在建立评价指标体系

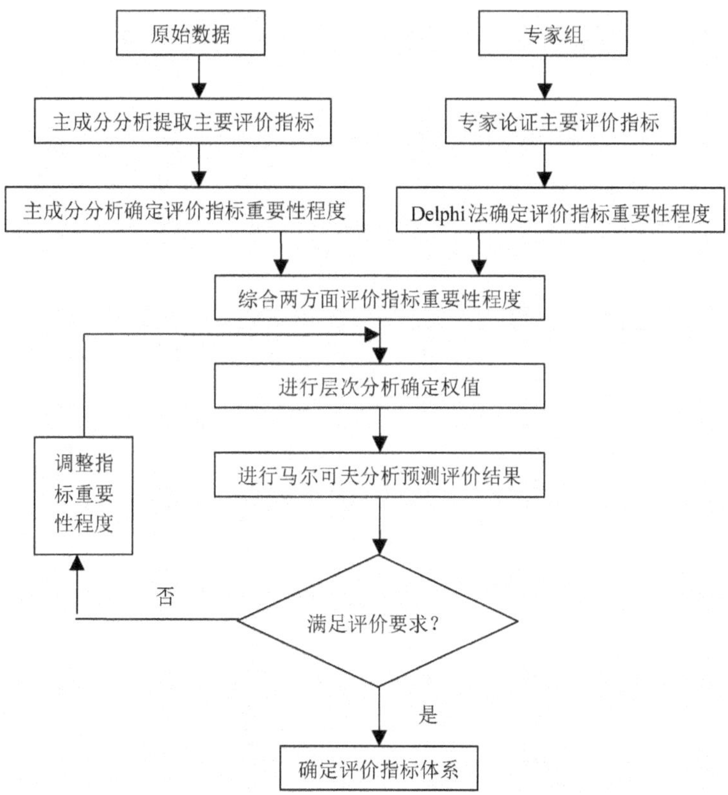

图 5.10　科学建立评价指标体系的工作流程

之前的分析主要依赖于专家分析（简称 Delphi 法）和原始数据的主成分分析（简称 PCA）。其中 Delphi 法为主观分析，具有一定的局限性；而 PCA 为客观统计方法分析，对原始数据的依赖性较强。

对用于评估达标情况的评价指标体系，除了要进行专家论证、主成分分析、层次分析之外，还应对该评价指标进行达标预测。若预测结果反映不能在规定时间内达到预先设定的标准，一般应认为该评价指标体系的项目权值分配存在问题，要进行适当调整。而对评价指标体系的权值分配合理性进行预测，可以通过对使用该评价指标进行测试的结果实施马尔可夫分析。

本文是针对国内某地区基础教育在初步确定了达标评价指标体系后，对该地区 1675 个中小学校实行办学条件试评估，然后预测到 2010 年是否能够实现全部达标而论述的。使用的预测分析为马尔可夫分析。在分析之前，先根据这 1675 个学校的实际硬件条件，应用初步确定的评价指标体系对 2006 年和 2007 年提供的数据进行评估打分，并规定分数在 60 分（含）以上的学校为达标学校。该试行评价指标体系一、二级指标及权值分配见表 5.36。

表 5.36　试行评价指标体系一、二级指标及权值分配

一级指标	权值	二级指标	权值
学校规模	10	班数规模	5
		学生人数	5
教学用房	30	专用教室	22
		公共教学用房	8
体育设施	15	运动场地	5
		室外生均活动面积	10
教学设备	35	理科学习领域专用教学设备	7
		文科学习领域专用教学设备	2
		艺术科学习领域教学设备	5
		体育与健康学习领域教学设备	4
		综合实践活动教学设备	2
		现代教育技术设备	10
		图书资料	5
规范管理	10	设备设施管理	7
		人员管理	3

二、马尔可夫分析的原理与方法

本文中进行马尔可夫分析的目的是对执行试行评价指标体系后，到2010年全地区中小学校达标情况进行预测。

应用马尔可夫分析的条件是被分析对象应满足马尔可夫链[①]，即过程在每一时刻的状态仅仅取决于该过程中前一时刻的状态，而与这之前的状态无关。各个学校在达标评价中的硬件条件，仅仅与前一年设备申报预算和购置有关，而与此前学校硬件条件无关，基本符合马尔可夫分析条件。

马尔可夫分析的方法是先对2006年和2007年全地区达标学校情况进行统计分析，形成迁移矩阵，将该矩阵归一化后成为概率矩阵，最后根据概率矩阵计算出2010年全地区中小学校达标的概率。

首先，对1675个学校的2006年和2007年情况进行评估打分。然后，根据两年的分数分布按5个分数段（注：60分以上为达标）进行统计，结果见表5.37。表中数据具体解释如下：

第2行第2列数据38，表示在2006年得分为30分以下，而在2007年得分仍然为30分以下的学校共有38个。第2行第3列数据22，表示在2006年得分为30分以下，而在2007年得分上升为30—40分之间的学校有22个。第3行第2列数据6，表示在2006年得分为30—40分之间，而在2007年得分下降为30分以下的学校有6个。其他数据以此类推。

表5.37　2006—2007年达标学校数量迁移表

2007年 / 2006年	30分以下	30—40分	40—50分	50—60分	60分以上
30分以下	38	22	8	1	0
30—40分	6	155	113	21	0
40—50分	3	27	400	211	24
50—60分	2	0	33	364	143
60分以上	0	0	0	10	94

三、马尔可夫分析的过程与结论

将表5.37中的数据进行行归一化处理后得到表5.38所示的归一化迁移表。所谓行归一化，就是计算出每个数字在本行全部数字之和中所占比例，使

① 吴育华、杜纲：《管理科学基础》，天津大学出版社，2006年版。

每行比例数字之和等于 1。

表 5.38　归一化后的 2006—2007 年达标学校数量迁移表

2006 年 \ 2007 年	30 分以下	30—40 分	40—50 分	50—60 分	60 分以上
30 分以下	0.5507	0.3188	0.1159	0.0145	0
30—40 分	0.0203	0.5254	0.3831	0.0712	0
40—50 分	0.0045	0.0406	0.6015	0.3173	0.0361
50—60 分	0.0037	0	0.0609	0.6716	0.2638
60 分以上	0	0	0	0.0962	0.9038

由归一化后的 2006—2007 年达标学校数量迁移表可得迁移矩阵 A，因为该矩阵的每行之和为 1，所以被称为概率矩阵。概率矩阵的特点是其 n 次幂仍然是一个概率矩阵。概率矩阵 A 为：

$$A = \begin{pmatrix} 0.5507 & 0.3188 & 0.1159 & 0.0145 & 0.0000 \\ 0.0203 & 0.5254 & 0.3831 & 0.0712 & 0.0000 \\ 0.0045 & 0.0406 & 0.6015 & 0.3173 & 0.0361 \\ 0.0037 & 0.0000 & 0.0609 & 0.6716 & 0.2638 \\ 0.0000 & 0.0000 & 0.0000 & 0.0962 & 0.9038 \end{pmatrix}$$

从 2006 年到 2010 年一共经历了 4 年。根据马尔可夫分析的方法，计算出概率矩阵 A 的 4 次幂矩阵 $A^{[4]}$，然后对 $A^{[4]}$ 提供的数据进行分析，即可预测达标情况。使用 MATLAB 软件计算概率矩阵 A 的 4 次幂矩阵如下：

$$A^{[4]} = A \cdot A \cdot A \cdot A = \begin{pmatrix} 0.1068 & 0.2240 & 0.3400 & 0.2407 & 0.0882 \\ 0.0187 & 0.1186 & 0.2761 & 0.3273 & 0.1844 \\ 0.0082 & 0.0368 & 0.2131 & 0.3977 & 0.3441 \\ 0.0047 & 0.0082 & 0.0749 & 0.3423 & 0.5699 \\ 0.0012 & 0.0010 & 0.0192 & 0.2052 & 0.7735 \end{pmatrix}$$

$A^{[4]}$ 矩阵中的第 5 列的 5 个元素表达出的信息为：0.0882 表示在 2006 年 30 分以下的学校到 2010 年达标(60 分以上)的概率为 0.0882；0.1844 表示在 2006 年 30—40 分的学校到 2010 年达标的概率为 0.1844；0.3441 表示在 2006 年 40—50 分的学校到 2010 年达标的概率为 0.3441；0.5699 表示在 2006 年 50—60 分的学校到 2010 年达标的概率为 0.5699；0.7735 表示在 2006 年 50—60 分的学校到 2010 年达标的概率为 0.7735。

由表 5.37 可见，2006 年 30 分以下、30—40 分、40—50 分、50—60 分、

60分以上等5个分数段学校的数量分别为69、295、665、542、104；学校总数为1675。于是可以计算出各分数段的学校比例分别为：0.0412、0.1761、0.3970、0.3236、0.0621（即：69/1675、295/1675、665/1675、542/1675、104/1675）。最后计算出2010年全部学校达标(60分以上)的平均概率为：

$$(0.0412\quad 0.1761\quad 0.3970\quad 0.3236\quad 0.0621)\cdot\begin{pmatrix}0.0882\\0.1844\\0.3441\\0.5699\\0.7735\end{pmatrix}$$
$$=0.0412\times0.0882+0.1761\times0.1844+0.3970\times0.3441+0.3236\times0.5699+0.0621\times0.7735$$
$$\approx 0.4052$$

这个数据也可以解释为，按试行的评价指标体系进行评估，到2010年应有40.52%的学校可以达标，即不能够实现2010年全部学校达标。

问题解决的途径：调整改变试行评价指标体系中的权值。如果不改变权值而继续使用试行评价指标体系进行评估，要到2010年实现本地区全部学校达标就必须加大学校硬件建设，应该在现在的基础上再增加1.5倍的经费投入。

第六章

教育装备均衡性研究方法

教育装备的均衡性研究是教育装备研究领域的一个重要课题，对其方法的研究是该领域的一个首创，目前在国内外还未曾有相同或相近的研究成果出现。教育装备均衡性的研究方法不仅适用于教育装备研究领域，同时也适用于教育教学的各个领域，所以对其方法的研究具有普遍意义。

第一节 均衡性的基尼系数表示法

一、基尼系数与经济均衡性

在经济学上，人们用基尼系数反映社会分配不平等程度。基尼系数被称为平均差指数，是由意大利统计学家 C. 基尼于 1912 年首次提出，并于 1920 年由英国收入分配专家 H. 达尔顿在其所著《收入不均等的测量》中进行了详细说明，且认为该指数可以用来研究收入分配问题①。

一个国家或地区，其经济均衡性也就是收入分配的平等或不平等程度，可以用该国家或地区的基尼系数来表示。如果该国家或地区的全部资产都集中在一个人(如，国王)手中，则它的基尼系数为 1；而如果全部资产平均分配到每个人手中，则它的基尼系数为 0；其他情况，基尼系数在 0 到 1 之间。按照联合国有关组织规定：基尼系数低于 0.2，属于收入绝对平均；基尼系数在0.2—0.3 之间，收入比较平均；在 0.3—0.4 之间，收入相对合理；在 0.4—0.5 之间，收入差距较大；达到 0.5 以上则属于收入差距悬殊。

二、用基尼系数反映教育装备投入的均衡性

一般认为，基础教育阶段，教育装备投入的均衡化可以改善教育的均衡性，而且人们一直希望通过一个指数来反映教育装备投入的均衡化情况。基尼系数应该就是这样一个指数，它能够很好地反映一个国家或地区在教育装备投入方面的均衡情况。通过对基尼系数的计算，人们可以客观地掌握教育装备投入和配备的分配状况，以进行科学控制而使投入合理化。

---

① 刘颖等:《对基尼系数计算方法的比较与思考》,《统计与决策》, 2004 年第 9 期。

三、教育装备投入的基尼系数计算方法

计算基尼系数的方法有很多，有几何法(又分为：离散求和法、拟合曲线法和弓形面积法)、基尼平均差法、协方差法、矩阵法等。这些方法的缺点是计算过程复杂、烦琐，且不容易掌握。故本文选用了陈传波、丁士军在他们的文章中所介绍的方法①。这个方法计算过程相对比较简单，并可以在计算机上使用 Excel 自动计算出结果。求基尼系数 G 的表达式如下：

$$G = 1 - \sum_{i=1}^{n} p_i (2Q_i - w_i)$$

其中：

$$Q_i = \sum_{k=1}^{i} w_k$$

式中的 n 为参与计算的学校总数；p_i 为第 i 个学校学生数占全部参与计算学生总数的比例；w_i 为第 i 个学校教育装备投入占全部参与学校投入总数的比例；Q_i 为从 1 到 i 的累计投入比重。同时还需要特别注意，必须将全部样本按人均投入由小到大排列后进行计算才能使所求得的基尼系数是有效的。按照上述算法，建立 Excel 电子表格文件，并填入相关数据，就可以自动求得相应的基尼系数。

笔者利用建立起的计算基尼系数的 Excel 电子表格文件，填入国内某省级市 2008 年共 1192 个小学的教育装备现有资产和当年投入的相关数据(应数据提供者要求，这里隐去了城市名称)，得到基尼系数 $G=0.3014$。为了能够对计算结果有进一步的认识，笔者又对全国 32 个省、直辖市、自治区从 2006 年至 2011 年小学教育装备投入(数据来源：国教育部教育信息咨询中心)的基尼系数进行了计算，并开列在表 6.1 中。

表 6.1　全国各地小学教育装备投入历年基尼系数

年份	2006 年	2007 年	2008 年	2009 年	2010 年	2011 年
总投入基尼系数 G 值	0.4209	0.4176	0.4334	0.4291	0.4571	0.3832
中央财政投入 G 值	0.4886	0.4215	0.4713	0.4514	0.5061	0.3939
地方财政投入 G 值	0.3817	0.4919	0.4194	0.4190	0.3482	0.3741

为了更加直观，笔者同时将上述数据制成变化趋势图(见图 6.1 和图 6.2)。

① 陈传波、丁士军：《基尼系数的测算与分解——Excel 算法与 Stata 程序》，《上海统计》，2001 年第 7 期。

其中，图 6.1 是各年教育装备总投入的基尼系数变化趋势，图 6.2 则是总投入(系列 1)、中央财政投入(系列 2)和地方财政投入(系列 3)基尼系数变化趋势。

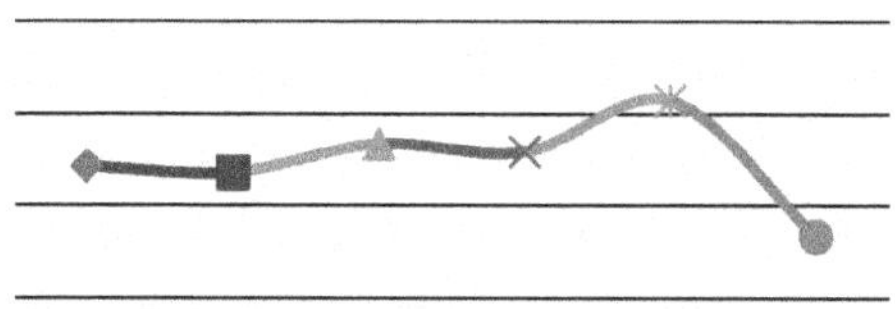

	2006	2007	2008	2009	2010	2011
系列1	0.4209	0.4176	0.4334	0.4291	0.4571	0.3832

图 6.1　总投入基尼系数变化趋势

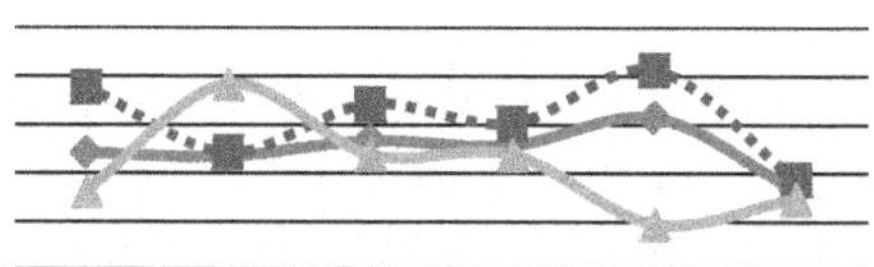

	2006	2007	2008	2009	2010	2011
系列1	0.4209	0.4176	0.4334	0.4291	0.4571	0.3832
系列2	0.4886	0.4215	0.4713	0.4514	0.5061	0.3939
系列3	0.3817	0.4919	0.4194	0.4190	0.3482	0.3741

图 6.2　三项投入基尼系数变化趋势

四、存在的问题与进一步研究思路

在这里，笔者认为有必要将数据处理时的一些条件、采取的措施、数据的局限性以及进一步研究的问题进行说明，以利于有意者做更加深入的研究。(1)求社会分配均等性的基尼系数时，基本样本单位是各个社会家庭，要根据家庭成员数和家庭总收入求得人均收入。而在计算教育装备均衡性的基尼系数时，基本单位就变成了各个学校(这已经是最小单位)，要根据学校的学生数和对学校的投入求得人均教育装备投入。(2)由于对小学生、中学生、大学生在教育装备投入上存在一定的差异，所以不能够将各个学段的投入放在一起来进行计算，否则求得的基尼系数除了反映地域的均衡性外，还包含了不同学段的均衡性，这显然是不够合理的。(3)本文只计算了小学教育装备投入的基尼系数，这是因为小学校的情况比较简单、单一。中学则包括初中校、高中校、初高中完校和九年一贯制学校，它们的情况复杂，必须分别加以分析才对。而高校情况更加复杂，有部属院校与地方院校之分，有理科院校和工科院校之分，有普通高校和高等职业学校之分，有本科学校和专科学校之分，等等。(4)表6.1、图6.1与图6.2显示的数据其基本样本单位是省、直辖市、自治区，这样处理显然是不合理的。但是，因为目前尚不具有全国各省、直辖市、自治区每个学校投入的详细数据，又由于本文只是提供一种用于测量教育装备投入均衡性的可能方法，所以仍然使用现有数据进行了计算。该数据虽然不能真实反映全国小学教育装备投入均衡情况，但是却能够反映全国各个地区的不均衡情况。(5)从前文2008年的情况来分析，可以看出，其中某市的基尼系数0.3014与当年全国的基尼系数0.4334相差较大，这是由于3个方面因素造成的。第一，计算某市的基尼系数，其基本样本单位是学校；而计算全国的基尼系数时，基本样本单位是省、直辖市、自治区。第二，计算某市的基尼系数时使用了现有教育装备资产值和当年投入值之和；而计算全国的基尼系数时只使用了当年投入值。第三，计算全国教育装备投入基尼系数时，一个城市的贡献会被其他地区的贡献抵消掉。(6)用基尼系数反映教育装备投入均衡性的方法还有非常大的研究空间，例如：目前尚没有一个合理的测量指标值，用来表示到2020年基本实现教育现代化时，教育装备投入均衡性的公认目标。

第二节　教育装备均衡指数 J

使用基尼系数法固然可以对教育装备均衡性进行测量与评价，但并不是最佳的，且存在诸多不便和不适。本文则提出一个全新的概念——教育装备均衡指数J，并说明用其对教育装备均衡性进行测量评价的可行性与优越性。

一、一个基本假设

在《中国教育技术装备》杂志2012年第29期刊出的《话说装备(六)——教育装备投入均衡性的基尼系数表示法》一文中，笔者论述了用反映社会分配平等或不平等水平的基尼系数来表示教育装备投入均衡性的可能性与存在的问题。对于社会分配问题和教育装备均衡问题，笔者认为它们都符合这样一个规律：随着社会的发展和人们的努力，社会将会达到绝对的分配平等，即人人收入一样，实现“世界大同”；而教育装备的投入也同样会逐渐达到均等与均衡。这是一个必然发展的趋势，也是本文中提出的一个基本假设。如果用熵函数来描述这一现象的话，上述诸过程都是“熵增”过程。

二、熵函数表示均衡性的原理

社会分配均等和教育装备均衡的发展规律，就像一个封闭的热力学系统一样，其中物体的热总是具有从温度高的地方向温度低的地方扩散的趋势，当各处的温度都相同时系统的一个物理量——熵其值最大(不可逆过程)，被称为热力学的“熵增原理”。信息的传播也有相同的特点，信息从信源向外传播的过程中信息熵在增加，当系统中所有信宿都得到该信息时，系统具有最大的信息熵，被称为信息学的“熵增原理”。在《中国教育技术装备》杂志2010年第12期刊出的《电子白板教学的局限性》一文中，笔者论述了教育信息传播时也有相同的情况，当知识只存在于教师头脑中时，教学系统的信息熵为0，而通过教育信息传播使系统中所有学生都相同地掌握了教师的知识时，系统具有最大的信息熵。所以，教学过程就成为信息熵增加的过程，且总具有增加的趋势，称其为教育信息的“熵增原理”。于是可以猜想到，用熵函数也是可以反映教育装备投入均衡性的，当达到绝对均衡时，可以得到最大的熵函数值。

三、教育装备均衡指数J的表达与算法

信息系统是一个离散系统，它的熵函数表达为：

$$H=\sum_{i=1}^{n}p_i\log_2\left(\frac{1}{p_i}\right)$$

式中的n表示系统中事件的总数，p_i则表示第i个事件发生的概率。当系统中仅有1个必然事件(如：$i=1$)发生时，有$p_1=1$，$p_2=\cdots=p_n=0$，系统有最小的熵：$H_{\min}=0$；而当系统中的n个事件等概率发生时，有$p_1=p_2=\cdots=p_n=\frac{1}{n}$，系统达到最大熵：$H_{\max}=\log_2 n$。则系统的熵函数值就应该分布在0与$\log_2 n$之间。如果使用熵函数值直接当作教育装备均衡性测量的指数，就会存在一些问题，例如：基尼系数G的数值应该分布在0与1之间，而熵函数值不能够满足这一点。于是，将熵函数H归一化后用来反映教育装备的均衡性，得到如下的表达式：

$$J_1=\frac{H}{H_{\max}}=\frac{\sum_{i=1}^{n}p_i\log_2\left(\frac{1}{p_i}\right)}{\log_2 n}$$

式中的p_i即为第i个学校生均教育装备数占全部生均教育装备数总和的比例，n为学校总数；而J_1的值则变得在0与1之间了。但是，通过演算可以知道，当基尼系数$G=0$时所对应的是$J_1=1$，基尼系数$G=1$时对应$J_1=0$，所以重新定义：

$$J_2=1-J_1=1-\frac{\sum_{i=1}^{n}p_i\log_2\left(\frac{1}{p_i}\right)}{\log_2 n}$$

则 J_2 与基尼系数 G 就有了取值一致的对应关系。进一步分析可知，由于基尼系数表达式为：

$$G = 1 - \sum_{i=1}^{n} p_i (2Q_i - w_i)$$

其中 p_i 与 G 是线性关系，而 J_2 的表达式中 p_i 与 J_2 呈非线性关系。通过演算发现 J_2 的数值在正常情况下分布在很小的数值区间内。综合考虑之后，定义：

$$J = 1 - \left[\frac{\sum_{i=1}^{n} p_i \log_2 \left(\frac{1}{p_i} \right)}{\log_2 n} \right]^{2\pi}$$

上式可以很好地反映教育装备配备均衡性的情况，本文称 J 为教育装备均衡指数。

利用上述教育装备均衡指数 J 的表达式，通过电子表格 Excel 来自动计算教育装备的均衡性，将使其变得十分容易。其步骤如下：

(1)打开 Microsoft Office Excel，建立一个新的工作表。

(2)在该工作表的 A1、B1、C1、D1 和 E1 单元格内分别键入“经费数”“学生数”“生均经费”“p_i”和“$p_i * \log_2(1/p_i)$”(如图 6.3 所示)。

(3)在 A3 至 A13 和 B3 至 B13 单元格内输入非 0 的任意正数。(注：为了说明方便，本例只处理 11 组数据，即 $n=11$；需要处理更多数据，可根据需要加长该表格，并注意 n 值的改变)

(4)在 C3 单元格内输入公式“=A3/B3”，点击“√”按钮；将鼠标光标放在 C3 单元格的右下角，鼠标光标变成“+”，按住鼠标左键向下拖鼠标至 C13 单元格处，放手。C4 的内容将变成“=A4/B4”，C5 的内容变成“=A5/B5”，……，依此类推。

E15 =1-(E14/LOG(11,2))^(2*PI())

	A	B	C	D	E	F
1	经费数	学生数	生均经费	pi	pi*ln(1/pi)	
2						
3	1	1	1	0.090909	0.314493784	
4	1	1	1	0.090909	0.314493784	
5	1	1	1	0.090909	0.314493784	
6	1	1	1	0.090909	0.314493784	
7	1	1	1	0.090909	0.314493784	
8	1	1	1	0.090909	0.314493784	
9	1	1	1	0.090909	0.314493784	
10	1	1	1	0.090909	0.314493784	
11	1	1	1	0.090909	0.314493784	
12	1	1	1	0.090909	0.314493784	
13	1	1	1	0.090909	0.314493784	
14	11	11	11	1	3.459431619	
15					0	教育装备均衡指数J
16						

图 6.3 计算 J 的 Excel 表格

(5)在 D3 单元格内输入公式“＝C3/C＄14”，点击“√”按钮，然后参照(4)中的操作对 D3 至 D13 进行处理。

(6)在 E3 单元格内输入公式“＝D3＊LOG(1/D3，2)”，点击“√”按钮，然后参照(4)中的操作对 E3 至 E13 进行处理。

(7)在 A14 单元格内输入公式“＝SUM(A3：A13)”，点击“√”按钮；将鼠标光标放在 A14 单元格的右下角，鼠标光标变成“＋”，按住鼠标左键向右拖鼠标至 E14 单元格处，放手。

(8)在 E15 单元格内输入公式“＝1－[E14/LOG(11，2)]^[2＊PI()]”，则该单元格内就是教育装备均衡指数 J 的数值。

四、教育装备均衡指数 J 与基尼系数 G 对比分析

笔者利用全国 32 个省、直辖市、自治区从 2006 年至 2011 年小学教育装备投入的数据(数据来源：教育部教育管理信息中心)进行了教育装备均衡指数 J 与基尼系数 G 的计算，并将结果制成图像(如图 6.4：系列 1 为 J 的变化趋势线，系列 2 为 G 的变化趋势线)。从图中可以看出，两条曲线的一致性还是比较好的，只是 J 的数值在 0.7 上下浮动，且分辨率比较高，而 G 的数值在 0.4 上下浮动，分辨率比较低。

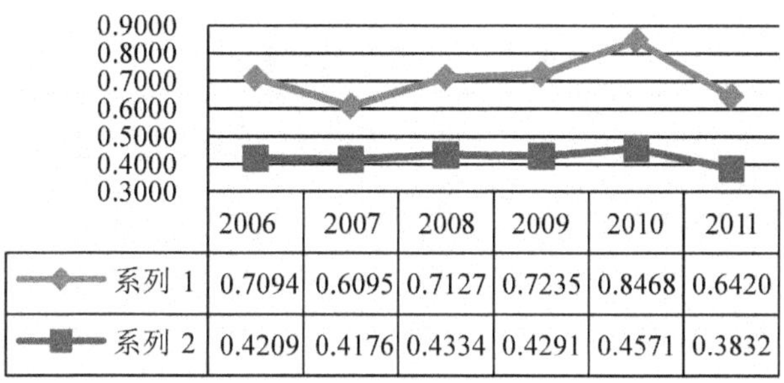

图 6.4　J 与 G 的对应关系

为了说明使用均衡指数 J 表示教育装备的均衡性比使用基尼系数 G 具有更大的优势，下面将一些特殊数据的 J 和 G 进行对比，并指出它们的差异和优略。

表 6.2　J 与 G 的边界值比较

	生均经费数					
单位 1	1	1	1	1	1	1
单位 2	1	1	1	1	1	1
单位 3	1	1	1	1	1	1

续表

	生均经费数					
单位 4	1	1	1	1	1	1
单位 5	1	1	1	1	1	1
单位 6	1	1	1	1	1	1
单位 7	1	1	1	1	1	1
单位 8	1	1	1	1	1	1
单位 9	1	1	1	1	1	1
单位 10	1	1	1	1	1	1
单位 11	1	2	5	10	100	1000
基尼系数 *G*	0	0.0758	0.2424	0.4091	0.8182	0.8992
均衡指数 *J*	0	0.0724	0.4636	0.8077	0.9999	1.0000

表 6.2 开列的数据反映出，在绝对均衡或平等的情况下有 $J=G=0$，这一点与所期望的结果是一样的。当不均衡现象出现时，随着不均衡度的加剧 J 比 G 以更快的速度向最大值 1 趋近；这一点正好能够反映出，人们在教育装备配备上与社会人均收入相比，更加不能容忍某些单位与其他单位之间存在着更大、更悬殊的投入比例。

表 6.3　*J* 与 *G* 的渐变值比较

	生均经费数											
单位 1	1	1	1	1	1	1	1	1	1	1	1	1
单位 2	1	1.1	1.2	1.3	1.4	1.5	1.6	1.7	1.8	1.9	10.9	100.9
单位 3	1	1.2	1.4	1.6	1.8	2	2.2	2.4	2.6	2.8	20.8	200.8
单位 4	1	1.3	1.6	1.9	2.2	2.5	2.8	3.1	3.4	3.7	30.7	300.7
单位 5	1	1.4	1.8	2.2	2.6	3	3.4	3.8	4.2	4.6	40.6	400.6
单位 6	1	1.5	2	2.5	3	3.5	4	4.5	5	5.5	50.5	500.5
单位 7	1	1.6	2.2	2.8	3.4	4	4.6	5.2	5.8	6.4	60.4	600.4
单位 8	1	1.7	2.4	3.1	3.8	4.5	5.2	5.9	6.6	7.3	70.3	700.3
单位 9	1	1.8	2.6	3.4	4.2	5	5.8	6.6	7.4	8.2	80.2	800.2
单位 10	1	1.9	2.8	3.7	4.6	5.5	6.4	7.3	8.2	9.1	90.1	900.1
单位 11	1	2	3	4	5	6	7	8	9	10	100	1000
基尼系数 *G*	0	0.1212	0.1818	0.2182	0.2424	0.2597	0.2727	0.2828	0.2909	0.2975	0.3564	0.3629
均衡指数 *J*	0	0.0576	0.1278	0.1822	0.2232	0.2548	0.2797	0.2999	0.3164	0.3303	0.4711	0.4914

表 6.3 开列的数据反映出的问题将更有意义。这些数据的分布呈现出所谓的“枣核状”，即最“贫”与最“富”的数量极少，绝大部分为“中产阶级”。一般认为，这种分布对于社会分配是一种表现比较好的现象，可以使得社会稳定，即使最“贫”与最“富”的收入比例相差悬殊也不必顾忌。所以基尼系数对“贫富”比例达到 1000 倍的情况，仍然赋予了 0.3629 的好成绩(基尼系数在 0.3—0.4 之间，收入相对合理)。而教育装备均衡指数 J 对此表现出不能够过于容忍的态度，$J=0.4914$ 已经接近“差距悬殊”的范围(基尼系数在 0.4—0.5 之间，收入差距较大；达到 0.5 以上则属于收入差距悬殊)。在实际情况中，教育装备的投入也是不能够容忍这样巨大的比例差距出现的。所以，在教育装备研究领域，采用均衡指数 J 要比使用基尼系数 G 有更大的优越性。

综合上述情况可以看出：(1)均衡指数 J 比基尼系数 G 的计算方法更加简单，概念更加清晰。(2)用均衡指数 J 来测量评价教育装备的均衡性，比使用基尼系数 G 更加接近实际情况。(3)用均衡指数 J 来测量评价教育装备的均衡性时，其数值标准可仍然采用基尼系数的规定：数值低于 0.2，属于均衡性好；数值在 0.2—0.3 之间，为均衡性比较好；在 0.3—0.4 之间，均衡性相对合理；在 0.4—0.5 之间，均衡度差距较大；达到 0.5 以上则属于均衡度差距悬殊。

无论使用均衡指数 J 还是使用基尼系数 G 来评价教育装备的均衡性，其实都存在着一些必须进一步进行深入研究的问题。例如，使用 J 或 G 测量教育装备经费投入，就会遇到这样的问题：假设这些经费是用来建筑校舍的，由于全国各地材料、劳力等成本的差异，同样多的经费会产生差距很大的校舍面积及水平，于是其发挥的实际作用将非常不同。所以在评价时测量生均教育装备数比测量生均经费数显得更加合理。但是，进一步分析可知，测量生均教育装备数也存在许多问题，例如，生均教室面积、生均实验室面积、生均图书数、生均计算机数等，它们在测量时的权重应该是不一样的，如何对它们进行科学的加权是一个非常复杂的问题。再如，生均计算机数有时也不能反映真实情况，计算机可能是 286 级别的，也可能是 Core 级别的，如果再对它们进行加权，将使得问题更加复杂化。所以，教育装备领域还有巨大的研究空间、庞杂的实际问题有待我们去钻研。

第三节　教育装备均衡指数的应用

一、教育装备均衡指数的概念

教育装备均衡指数的提出，基于这样一个假设：当国家通过教育经费的投入，让教育装备的配备惠及全国义务教育的每一个角落，使得同一学段的生均教育装备占有是相同的，则此时教育装备的配备就均衡了，而这一过程与教育信息的传播过程具有相似性。教育信息的传播满足信息传播的“熵增原理”，它类似于热力学的熵增原理。于是，我们可以设想用熵函数值计算的方法来衡量教育装备的均衡性。

二、教育装备均衡指数 J 的应用

本文运用教育装备均衡指数 J 的算法对 2006 年至 2011 年间全国中小学教育装备投入的具体数据进行处理，并针对计算结果和数据变化趋势进行分析。数据来源于教育部教育管理信息中心，涉及全国 32 个省、自治区与直辖市的中小学校，主要对各学校的实验仪器和实验室设备的配备情况进行地域均衡性差异分析。其中各类实验室只反映实验仪器的配备，而实验室总额则包括实验仪器与实验室设备两部分。计算结果如下：图 6.5、图 6.6、图 6.7、图 6.8 依次为全国高中校、完中校、初中校、小学校从 2006 年至 2011 年间，各个实验室仪器设备配备的 J 值分布情况。表 6.4、表 6.5、表 6.6、表 6.7 依次为全国高中校、完中校、初中校、小学校从 2006 年至 2011 年间，各个实验室仪器设备配备的 J 值分布的统计情况。从这些数据可以大致看出，全国中小学实验室仪器配备的均衡情况高中校最好，J 的平均值在 0.1—0.4 之间，属于均衡性较好到相对合理的范围；实验室总额的 J 值的平均值为 0.4795(表 6.4)，说明实验室设备配备的均衡性相对差一些。数据还反映出，实验室设备配备的均衡性完中校不如高中校，初中校不如完中校，小学校此项 J 值最大，达到了 0.7388(表 6.7)，为均衡度差距悬殊。所以，相比较而言，义务教育阶段(初中和小学)教育装备配备的均衡性确实存在较大的不足。

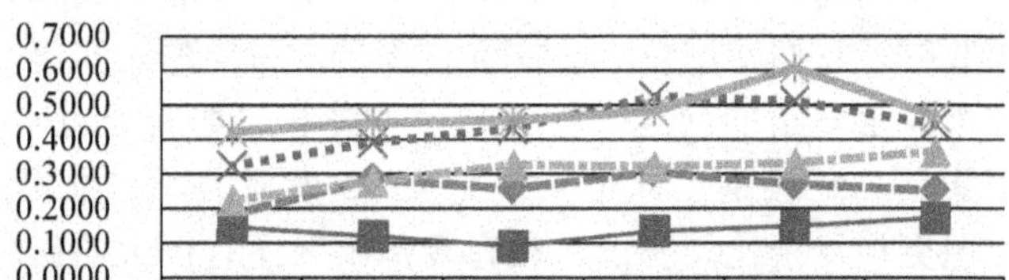

	2006	2007	2008	2009	2010	2011
物理	0.1822	0.2847	0.2569	0.3053	0.2701	0.2514
化学	0.1450	0.1182	0.0912	0.1339	0.1481	0.1715
生物	0.2233	0.2777	0.3253	0.3199	0.3310	0.3632
数学地理	0.3228	0.3908	0.4310	0.5230	0.5102	0.4435
实验室总额	0.4221	0.4462	0.4549	0.4812	0.6063	0.4664

图 6.5　高中校 J 值的逐年变化情况

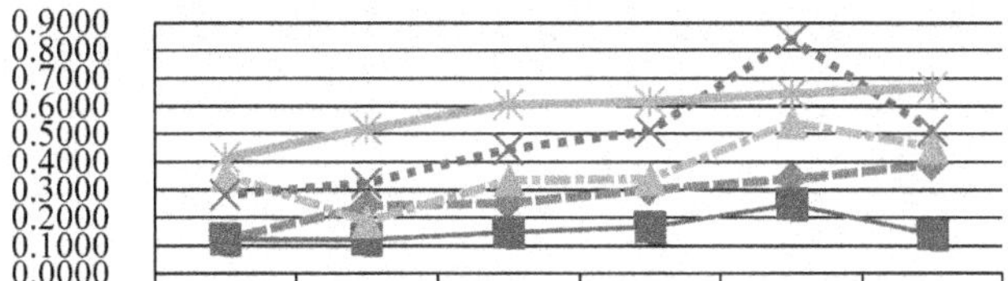

	2006	2007	2008	2009	2010	2011
物理	0.1220	0.2421	0.2527	0.3012	0.3403	0.3905
化学	0.1224	0.1218	0.1472	0.1662	0.2477	0.1403
生物	0.3533	0.1881	0.3347	0.3393	0.5405	0.4544
数学地理	0.2816	0.3238	0.4453	0.5106	0.8389	0.5119
实验室总额	0.4147	0.5179	0.6054	0.6157	0.6454	0.6676

图 6.6　完中校 *J* 值的逐年变化情况

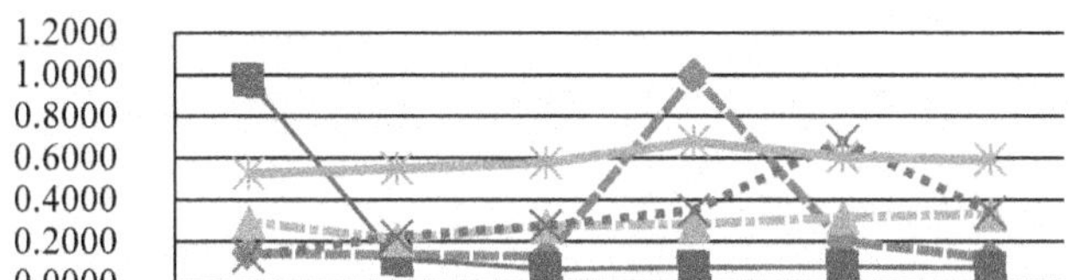

	2006	2007	2008	2009	2010	2011
物理	0.1463	0.1350	0.1309	0.9943	0.2020	0.1230
化学	0.9708	0.1174	0.0706	0.0783	0.0816	0.0749
生物	0.2930	0.2110	0.2761	0.2821	0.3156	0.3312
数学地理	0.1304	0.2243	0.2755	0.3487	0.6798	0.3393
实验室总额	0.5237	0.5484	0.5760	0.6775	0.6043	0.5903

图 6.7　初中校 *J* 值的逐年变化情况

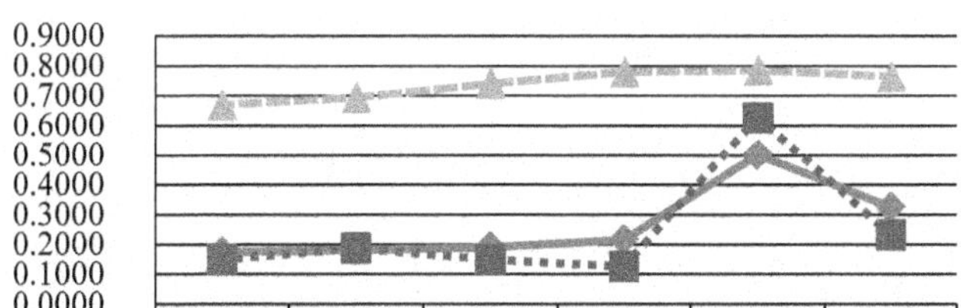

	2006	2007	2008	2009	2010	2011
数学	0.1741	0.1815	0.1912	0.2152	0.5003	0.3245
自然	0.1493	0.1872	0.1488	0.1256	0.6259	0.2326
实验室总额	0.6693	0.6936	0.7410	0.7793	0.7850	0.7648

图 6.8　小学校 *J* 值的逐年变化情况

表 6.4　高中校 J 值变化统计结果

	平均值	标准差
物理仪器	0.2584	0.0422
化学仪器	0.1347	0.0276
生物仪器	0.3067	0.0492
数学地理仪器	0.4369	0.0748
实验室总额	0.4795	0.0652

表 6.5　完中校 J 值变化统计结果

	平均值	标准差
物理仪器	0.2748	0.0930
化学仪器	0.1576	0.0472
生物仪器	0.3684	0.1198
数学地理仪器	0.4854	0.1978
实验室总额	0.5778	0.0949

表 6.6　初中校 J 值变化统计结果

	平均值	标准差
物理仪器	0.2886	0.3469
化学仪器	0.2323	0.3622
生物仪器	0.2848	0.0417
数学地理仪器	0.3330	0.1880
实验室总额	0.5876	0.0531

表 6.7　小学校 J 值变化统计结果

	平均值	标准差
数学仪器	0.2645	0.1281
自然仪器	0.2449	0.1904
实验室总额	0.7388	0.0476

对这些数据做深一步的分析可以得出非常有意义的结果。首先可以发现，各种学校实验室总额逐年 J 值的变化情况基本相似，在 2006 年至 2011 年之

间，利用图中提供的数据可计算出：高中校实验室总额 J 值的平均值为0.4795，标准差为0.0652；完中校实验室总额 J 值的平均值为0.5778，标准差为0.0949；初中校实验室总额 J 值的平均值为0.5876，标准差为0.0531；小学校实验室总额 J 值的平均值为0.7388，标准差为0.0476。它们的平均值与标准差之间基本上相差一个数量级。但是，各分项配备的 J 值变化就表现出较大差异性，其中：高中校离散度最大的是数学地理仪器，其平均值为0.4369，标准差为0.0748；完中校离散度最大的也是数学地理仪器，其平均值为0.4854，标准差为0.1978；初中校离散度最大的是化学仪器，其平均值为0.2323，标准差为0.3622；小学校离散度最大的则是自然课仪器，其平均值为0.2449，标准差为0.1904。义务教育阶段教育装备均衡性离散度大，说明实验仪器设备缺少配备标准，或者是没有很好的执行标准；而配备不标准则说明实验教学内容没有统一标准，或者说课程标准中没有对实验教学进行明确的内容规定，这是现行义务教育阶段课程标准的一个缺憾。

第四节　教育均衡性测量

教育装备的均衡性在其绩效评价中是一个非常重要的因素，通过它能够反映全国或一些地区在教育投入均衡性上的表现。对教育装备均衡性的测量与评价是一个非常科学的技术问题，与社会的经济均衡性测量评价一样，它也具有自己的衡量指标与评价指数。同时，在研究教育的均衡性时还可以将教育装备均衡指数的概念及其算法拓展到其他方面，用于对教育的均衡性进行测量和评价。

一、教育装备均衡指数

衡量社会的经济均衡性具有国际通用的指标体系或指数，如：基尼系数、恩格尔系数、城乡收入比、五等分法等。这些指数直接用于对教育装备均衡性的测量是不行的，教育装备均衡性的测量须用教育装备均衡指数来表达，因为教育对其装备均衡性的要求具有它自己的特点。笔者于2013年提出了测量教育装备均衡指数的计算公式：

$$J = 1 - \left[\frac{\sum_{i=1}^{n} p_i \log\left(\frac{1}{p_i}\right)}{\log_2 n}\right]^{2\pi}$$

式中的 J 被定义为教育装备均衡指数，n 为参与计算的教育教学单位总数，p_i 为第 i 个教育教学单位的生均教育装备投入额或累计额占所有 n 个单位生均总额的比例，π 为圆周率，$\log_2$ 表示求以 2 为底的对数。对计算出均衡指数 J 的数值及其意义做如下规定：$J<0.2$，属于均衡性好；$0.2<J<0.3$，为均衡性比较好；$0.3<J<0.4$，均衡性相对合理；$0.4<J<0.5$，均衡性差距较大；$J>0.5$，则属于均衡性差距悬殊。

二、教育装备均衡指数作为评价变量

教育装备均衡指数作为评价变量时既可以当作输入变量来评价产出，也可以当作输出变量来反映投入。

(一)作为输入变量

以下通过一个实例说明如何将教育装备均衡指数作为一个输入变量，用来测量其对学生学业水平的贡献。表 6.8 是用前文讲述的方法对某市 6 个地区(用 DMU1 至 DMU6 表示)高中校 2010 年至 2014 年生均教育装备投入均衡指数测量的结果，表 6.9 则是 6 个地区 2010 年至 2015 年学生高考的平均成绩。

表 6.8　生均教育装备投入均衡指数

单位编码	2010 年 J 值	2011 年 J 值	2012 年 J 值	2013 年 J 值	2014 年 J 值
DMU1	0.788430022	0.851447754	0.738575701	0.868554935	0.934908013
DMU2	0.586594989	0.590105202	0.522200145	0.625758454	0.586689261
DMU3	0.977399917	0.94980623	0.983002106	0.981828468	0.950793099
DMU4	0.602443666	0.673054883	0.612467314	0.497768123	0.711884315
DMU5	0.887420731	0.85669315	0.796506405	0.942819133	0.787822318
DMU6	0.868966154	0.80939513	0.77632012	0.834241366	0.860043455

表 6.9　学生高考平均成绩

单位编码	2010 年成绩	2011 年成绩	2012 年成绩	2013 年成绩	2014 年成绩	2015 年成绩
DMU1	389.3983333	440.3858333	446.4591667	445.1516667	446.6758333	443.5666667
DMU2	434.02125	438.42375	427.665	418.01625	440.15875	424.29375
DMU3	476.966	477.5453333	478.006	477.494	476.9966667	475.5526667
DMU4	458.735	460.7033333	457.445	460.4566667	469.1433333	459.92
DMU5	437.3636364	439.9090909	436.9909091	446.4181818	447.5727273	449.0727273
DMU6	365.64875	352.2525	360.82125	381.965	325.5625	330.1375

将表 6.8 与表 6.9 的数据带入 SPSS 软件，选择相关性分析，处理结果显示在表 6.10 中(注意，该表是经笔者节选了的有意义部分，其他部分省略了)。

表 6.10 相关性分析结果

		2010 年成绩	2011 年成绩	2012 年成绩	2013 年成绩	2014 年成绩	2015 年成绩
2010 年 J 值	Pearson 相关性	−0.053	−0.105	−0.011	0.135	−0.160	−0.047
	显著性(双侧)	0.920	0.844	0.983	0.799	0.762	0.929
	N	6	6	6	6	6	6
2011 年 J 值	Pearson 相关性		0.075	0.192	0.339	0.030	0.148
	显著性(双侧)		0.887	0.715	0.511	0.954	0.780
	N		6	6	6	6	6
2012 年 J 值	Pearson 相关性			0.206	0.353	0.033	0.143
	显著性(双侧)			0.696	0.493	0.951	0.787
	N			6	6	6	6
2013 年 J 值	Pearson 相关性				0.114	−0.091	0.010
	显著性(双侧)				0.830	0.864	0.985
	N				6	6	6
2014 年 J 值	Pearson 相关性					−0.075	0.029
	显著性(双侧)					0.887	0.957
	N					6	6

从表 6.10 的数据可以看出，历年教育装备投入的均衡性与学生历年高考成绩之间不具有显著相关性(显著性 ρ 值普遍远大于 0.05)，于是可以得出结论：教育装备投入的均衡性对学生学业水平的提高没有贡献。这是因为，若有贡献则说明这两个事物之间必然存在因果关系，而存在因果关系的必要条件是两个事物之间首先要满足相关性条件，即相关性是因果性的必要条件。不相关则一定非因果，非因果则不会有贡献。需要说明的是，两个事物之间建立因果关系只满足必要条件是不够的，因果关系的建立还需要满足充分条件，以实现条件的完备性(即充要条件)。

(二)作为输出变量

教育装备均衡指数作为输出变量反映教学单位产出应该是一种常态使用，此时它是对一个地区或多个地区乃至全国各个教学单位教育装备投入、配备及保有量情况的测量。使用时应该注意：

(1)参与测量的单位应具有可比性。教学单位一般应选取同一学段的学校，如同为小学、初中、高中，或者同为高等职业学校、普通高校、师范院校等。

(2)注意测量对象。对教育装备均衡性的测量通常具有3种不同对象：当年或逐年装备投入、一次性教育装备配备以及装备保有量。其中，当年或逐年装备投入是没有考虑已有装备固定资产额的现实投入；一次性教育装备配备多是与专项经费有关的投入；而装备保有量则反映此前的教育装备固定资产额。这些因素在测量时应给予充分考虑。

(3)0值数据的处理。在计算生均教育装备投入时，有时会遇到当年没有投入(即投入为0)的情况。此时如果使用0值作为原始数据进行计算就会产生0作除数错误，出现非法数据。解决的办法是可以用一个小值数据来取代数据0，例如，可以将数据0(元)改写为数据0.0001(元)，以便使计算过程能够继续完成。

(4)测量评价范围限制。教育装备均衡指数测量与评价一般不能仅针对一个教学单位而进行，它必须在较大地区范围内，在多个教学单位之间进行比较测量与评价才是有意义的。

三、教育装备均衡指数拓展应用

教育装备均衡指数不仅限于对教育装备的投入、配备及保有量方面的测量，还可以将其应用范围拓展到其他方面，如：对教师配备均衡性、教学耗材经费投入均衡性、实验室面积与仪器设备配备均衡性、体育设施配备均衡性等方面的测量评价。

(一)师资均衡性测量

师资均衡性属于教育教学人力资源配备问题，但是仍然可以使用教育装备均衡指数来进行测量与评价。反映师资均衡性的变量通常可以选择如下3种：

1. 生均教师人数。人们多使用师生比或生师比概念，常用一个教师对应多少个学生来表示生师比，生师比是一个大于1的数。而生均教师人数则是师生比，是一个学生对应的教师数，这是一个小于1的数。生均教师人数的均衡性就是用教育装备均衡指数J来测量和评价一个地区各个学校生均教师数配置的情况。

2. 生均教师学历(学位)水平。处理方法举例说明：设某校学生人数821人，教师具有博士研究生学历2人、硕士研究生学历5人、本科学历32人、本科以下9人，则生均教师学历水平=(博士人数×4+硕士人数×3+本科人数×2+本科以下人数)/学生人数 =(2×4+5×3+32×2+9)/821。其中各学历人数分别乘上的4、3、2、1为加权值，这些权值亦可自己选定。计算时，将所有参与测量评价学校的生均教师学历水平数据带入均衡指数J的公式即可。

3. 生均教师职称水平。教师职称具有高级、副高级、中级、初级及初级以下等层次，计算生均教师职称水平的处理方法与上面生均教师学历水平相同。图 6.9 为国内某市 6 个地区(用 DMU1 至 DMU6 表示)实测高中校教师职称水平均衡性分布情况。

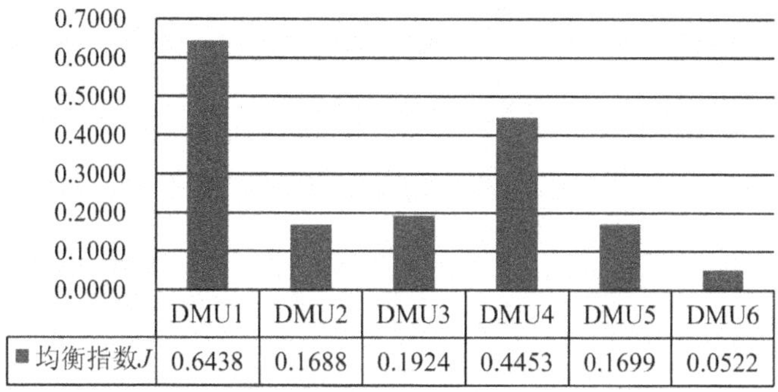

图 6.9　高中校教师职称水平均衡性测量结果

(二)教学耗材经费投入均衡性测量

教学耗材经费是一般教学单位经常给予忽略的，但是又往往严重影响教学。因为在采购设备时人们对经费预算是十分重视的，但是对于设备的配件和耗材却不是这样。例如，一些学校在采购投影机时忽略了投影机灯泡的备件采购，使得一两年后投影机还完好的情况下因灯泡寿命问题而停滞使用，影响了教学。所以，教学耗材是评价一个教学单位教育装备管理水平的重要指标，而一个地区诸多学校在生均教学耗材经费上的均衡性上则体现出该地区的教育装备绩效水平。

计算生均教学耗材经费均衡性的方法与上述教育装备投入均衡性的测量方法相同，此处不再赘述。

(三)实验室面积与设备均衡性测量

生均实验室面积与仪器设备能够反映一个学校的实验教学支持能力和水平，而生均实验室面积与生均实验仪器设备的均衡指数则反映了一个地区对实验教学的重视程度与管理水平。

实验室面积与仪器设备的均衡性属于教育均衡的范畴，而教育的均衡性则反映出一个国家的文明程度，生均实验室面积与生均实验仪器设备的均衡指数是衡量标准化工作实施情况的重要指标，应该引起足够重视。

教育的均衡性反映着一个国家或地区的文明程度，教育装备均衡性是教育均衡性的重要衡量与评价内容。然而，对这些均衡性的评价必须具有有效的测量工具。同时，正确地理解和使用这些工具也是非常必要的。本文就是希望通过具体的、较为详细的描述让使用者掌握它们并有效地应用它们。

第七章

教育装备标准化研究方法

教育装备标准化建设是该领域研究的一个重要的课题，同时也是非常重要的教育实践活动内容。标准化工作对于正在发展的教育事业具有举足轻重的作用，教育均衡问题与教育公平问题都与标准化有着直接的关系。本章讨论的标准化研究方法，包括标准文件的建立方法、元标准的建立方法、实验教学课程标准的建立方法以及教育装备标准化发展的研究方法。

第一节　教育装备工作中标准化的作用

2016 年 7 月 13 日教育部印发了《教育部关于新形势下进一步做好普通中小学装备工作的意见(教基一〔2016〕3 号)》(以下简称《意见》)。人们认为这是自 1999 年教育部印发《教育部关于进一步加强中小学教育技术装备工作的意见(教基〔1999〕11 号)》后又一关于中小学教育装备工作的重要指导性文件，并对它的作用与实施充满了期待。

一、关于《意见》的文件定位

从 1999 年(教基〔1999〕11 号)与 2016 年(教基一〔2016〕3 号)两个文件的名称上进行比较，其中将关键词“教育技术装备”改称为了“装备”，可以看出在教育装备概念的界定上有了深入的考虑，比较慎重。两个文件另一个重要的关键词就是都使用了“意见”一词。作为一个政府部门正式颁发的文件，意见与规定、决定、指示、通知、公告等用词不同，它具有建议、推荐的意思，这就决定了对《意见》的层次或执行强度的定位。

在“教育部《关于新形势下进一步做好普通中小学装备工作的意见》答记者问”针对记者第七个提问的回答中，第一句是这样阐述的：“装备工作涉及教育教学和师生生活方方面面，关乎学生成长和健康安全，备受社会关注。因此，要贯彻《通知》要求，坚持依法行政、依法治教，要强化多方参与、多元共治。”但是，因为在整篇答记者问中只有此处出现了“通知”一词，所以我们可以认为这是笔误(或口误)，原意应该是全文贯穿的“意见”一词。而对《意见》的定位显然要理解为是一个政府颁发的法律文件，即应为“贯彻《意见》要求，坚持依法行政、依法治教”。

从上述分析可以看出，《意见》应该属于一个执行力度很低的法律性文件，不是“大法”而是“小法”，其内容是在被建议或被推荐执行的层面上，地位相当于一个带有“GB/T”标志的国家标准化文件。

二、关于教育装备的功能定位

在《意见》及其相关的解释文件中，教育装备的功能被定位为“教育教学装备是教书育人的必要条件”。[①] 在这里，文件强调了教育装备在教育教学中的必要性而不是完备性(必要且充分)，这是一个准确的定位。我们关心对教育装备功能的科学定位，是因为它涉及《意见》文件的立论基础，即文件的立论必须有理论的证明和数据的支持。

教育装备对教育教学的作用到底有多大，这在历史上和现阶段都有理论和数据的说明。20 世纪 60 年代，美国学者科尔曼(James S. Coleman)教授做了一项针对美国“基础教育”(K—12 学段)的研究，在 1966 年形成了著名的《科尔曼报告》。该报告中指出：以前认为与学生成绩有关的因素，诸如班级规模、课本质量、学校设施、教师经验等对学生的学习影响都很小，“学生学业水平与其家庭社会经济地位呈高度正相关，相关系数为 0.75”。其中的学校设施、课本质量等都是属于教育装备的范畴，而它们与学生的学业水平没有相关性。距此 40 年后，于 2006 年在英国由伦敦大学学院(UCL)和伦敦国王学院所做的调查研究得出了与《科尔曼报告》完全相同的结论，只是在表述上为：学生的考试成绩只与他们家庭住址的邮政编码呈高度相关性(与穷人区和富人区有关)。

2015 年 3 月，教育部教育装备研究与发展中心受教育部基础教育一司的委托进行“全国基础教育装备专项调查研究”工作。该项调研工作于 2016 年结束并得出了研究结论，正在撰写研究报告。在《科尔曼报告》公布的 50 年后，也是在英国相同研究结论公布的 10 年以后，在中国，通过对“全国基础教育装备专项调查研究”中的抽样数据做出的分析，发现以下规律：

(1)教育装备的投入水平与学生的学业水平没有相关性，这一点与美国的《科尔曼报告》和英国的研究结论是一致的。数据分析中对 2010 年至 2014 年各个样本学校的生均教育装备投入和学生 2010 年至 2015 年中、高考各科成绩进行了相关性分析，其中初中生的生均教育装备投入与历年中考的语文、数学、英语、物理、化学单科成绩和总成绩及成绩变化之间都不具有相关性；高中生

① 教育部：《〈教育部关于新形势下进一步做好普通中小学装备工作的意见〉答记者问》[EB/OL]，中华人民共和国教育部政府门户网站，http：//moe.edu.cn/jyb_xwfb/s271/201607/t20160727_273082.html

的生均教育装备投入与历年高考的语文、数学、外语、文综、理综和总成绩及成绩变化之间也不具有相关性。或者说，教育装备投入对初、高中学生的学业水平是没有贡献的，它们之间不存在因果关系。

(2)教育装备的投入水平与学生的能力水平具有显著相关性，这一点是美国的《科尔曼报告》和英国的研究没有涉及的。数据分析表明：生均教育装备投入与学生校外参赛获奖(反映出创造能力)和信息技术等能力之间在 $\rho<0.05$ 水平上表现出显著相关性；而学校在教育装备配备和管理水平上与学生动手能力、自我管理能力等方面在 $\rho<0.01$ 水平上表现出显著相关性。或者说，教育装备对学生能力水平的提高是可能有贡献的，它们之间有可能存在因果关系。

我们对教育装备进行研究是希望发现那些具有因果关系的变量，并通过控制其中的自变量来影响因变量(函数)从而达到优化教育教学的目的。但是，两个事物之间具有相关关系并不代表一定具有因果关系，而如果两个事物之间存在因果关系则其必然首先应具备相关关系。也就是说，若在两个事物之间建立因果关系就必须满足完备性条件，即同时满足充分性条件与必要性条件(亦称“充要条件”或“当且仅当”)。相关性是因果性的必要条件，却不是充分条件。因此我们再次强调，《意见》认为“教育教学装备是教书育人的必要条件”这一定位是准确的。

三、关于实验教学功能的定位

素质教育就是“德育为先”和“能力为重”的教育。《意见》认为教育装备“是培养学生创新精神和实践能力、促进学生全面发展的重要载体”。而“加强装备工作是推进义务教育均衡发展、促进教育公平的必然要求，是实施素质教育、促进学生全面发展的重要基础，是提高教育质量、加快推进教育现代化的重要举措”。①

从前文装备功能定位的分析可以看出，新形势下教育装备工作的重点必须且只能是使装备在学生创新能力水平提高上发挥其作用。但是，创新能力是一个复合型能力，必须对它进行分解才能使得我们相应的教育教学工作具有针对性且更加有效。根据心理学研究，能力可以分为 3 种类型，在此我们将创新能力分解为 3 大类共 11 种简单型能力(见图 7.1)。

在中小学教育教学活动中必须为学生上述这些能力的培养和提高而创造适宜的平台与构建适宜的环境，实验教学就是这样一个平台，教育装备工作就应

① 教育部：《教育部关于新形势下进一步做好普通中小学装备工作的意见》[EB/OL]，中华人民共和国教育部政府门户网站，http：//moe.edu.cn/jyb_xwfb/gzdt_gzdt/s5987/201607/t20160727_273081.html

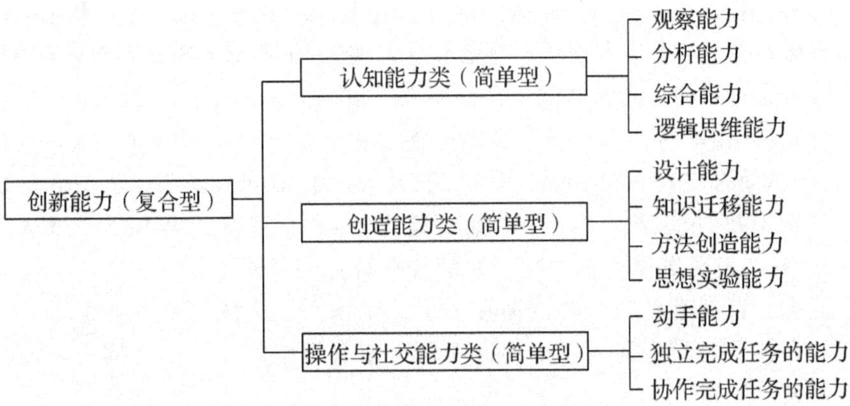

图 7.1　对创新能力的分解

该为实验教学构建适宜的环境。为此，中小学实验教学的功能必须重新定位，必须从原来巩固课堂知识、验证科学原理、探究实验方法的传统功能定位中脱离出来，成为学生各种简单型能力培养和提高的训练场所。中小学实验教学重新定位的功能与课堂教学有着本质的不同，课堂教学是知识本位的教学(以学生获得知识为主要目标)，新形势下的实验教学则应该是能力本位的教学(以学生提高各种能力为主要目标)。所以笔者认为，新形势下中小学教育装备工作的中心任务应该是为实验教学服务，为学生创新能力提高服务，为素质教育服务。

四、关于教育装备标准化的定位

《意见》中关键词“标准”共出现过 21 次之多，足见对教育装备标准化工作的重视程度。特别是在“一、总体要求”的“(一)主要目标”部分提出要建立“与国家课程标准相匹配的国家装备配备和质量标准体系”的目标，在“(二)工作原则”部分提出了“标准引领、专业支撑”和“实现标准化与特色化的有机统一”的建设原则。从中可见，《意见》已将标准化定位于新形势下中小学教育装备工作的引领地位，并明确指出需要建立和完善的标准体系主要包括装备配备标准和装备质量标准。

这里有 3 个问题需要讨论：(1)配备标准与质量标准的范围；(2)标准化与特色化如何统一；(3)对标准引领如何理解。

(一)配备标准与质量标准

配备标准是教育领域(或行业)特有的，其他领域或行业几乎都没有配备标准，而教育装备配备标准的作用主要应该在实现教育均衡方面发挥作用，特别是在实验室仪器设备配备标准化问题上的作用。如前所述，当我们将中小学实验教学的功能定位于学校素质教育的平台、学生创新能力培养的主战场时，实验室的实验教学环境标准化配备就变得十分关键。

质量标准是对教育装备的产品质量的规定，它应该包含 3 方面的内容：功能质量、性能质量和安全质量。性能质量是指产品在几何结构、物理、化学、生物、电气等特性上的技术指标规定，它是由生产该产品的行业进行认定的，因为教育装备基本都属于工业产品，所以它们的性能质量几乎都是由相应的工业标准来规定。安全质量是指产品在涉及使用者(或消费者)个人、生态环境、社会与国家安全方面的规定，它是由国家进行强制认证(如：3C 认证、QS 认证等)的。所以教育装备的性能质量与安全质量都不是我们自己能够解决的问题，我们能够解决和必须关注的问题是装备的功能质量。功能质量是对产品在教育教学适用性方面的规定，是必须由教育领域的相关部门进行科学测量和认证的。教育装备具有 8 个方面的教学适用性问题，分别是在对教学主体所具有的生理、心理、认知、教师、学生、时间、空间、文化方面的适用性。

所以在新形势下中小学教育装备标准化工作方面，配备标准应该注重建设，特别是实验室配备标准的建设；而质量标准应该注重研究，特别是功能质量即教育装备教学适用性规定、测量与评价的研究。

(二)标准化与特色化

标准化是趋同，而特色化(或个性化)是求异，两者要想统一起来必须具备一定的条件。常言道："文明一定趋同，文化必须求异"，文明和文化是两个完全不同的概念。教育的均衡化反映了国家的文明程度，教育的规模化则反映了国家的文化水平。同理，中小学实验室装备配备的均衡性属于文明的范畴，是一定要趋同的，应该讲求标准化；而校园网、特色教室、走班教室、创客空间等装备配备则属于文化问题，是必然求异的，应该追求特色化，没有必要为它们建立配备标准。

目前中小学教育装备配备的均衡性如何不能靠猜想，应该用数据说话。在前文所述"全国基础教育装备专项调查研究"过程中，对抽样学校进行了教育装备生均投入均衡性的对比分析，使用了教育装备均衡指数 J 来进行测量。

所以新形势下中小学教育装备工作的当务之急应该是为教育的均衡化发展而建立和完善标准，具体地讲就是要更加科学地建立各种实验室的配备标准和积极推进这些配备标准的实施。

(三)对标准引领的理解

标准属于法律文件，在强调依法行政、依法治教的新时期，法律在发展中的地位到底是什么需要认真讨论。法国思想家、法理奠基人孟德斯鸠认为："在君主国里，教育的法律的目的应该是荣誉；在共和国里，应该是品德；在专制国里，应该是恐怖。"①可见孟德斯鸠将教育的法律定位在了道德的层面上。法律的作用"可以分为规范作用和社会作用。……两者之间的关系为：规范作用是手段，社会作用是目的"。② 作为教育装备标准的法律性文件显然具有的是规范作用，它是一种手段，是实现教育现代化、推行素质教育的有力保障，将它定位于引领地位似有不妥。教育装备工作是为教育服务的，引领新时期教育装备工作的依然应该是素质教育、能力为先的教育。

五、关于装备与教学的融合

《意见》中多次用到关键词"融合"，并强调教育装备的"三个融合"，即与教育教学融合，与提高教师应用水平融合，与健全考评机制融合。③

"融合"一词对应的英文名词为 integration，动词为 integrate，它同时还具有整合、集成的意思。装备与教学的深度融合应该表现为装备在教学中变得"渺无痕迹"，这就像粉笔与黑板在教学过程中的表现一样，教师在备课和教学当中从不用分神去考虑粉笔怎样使、黑板如何擦，对于教师来说粉笔与黑板在教学过程中是渺无痕迹的。一个新型的教育教学装备要想做到与教学深度融合，就不能要求教师在备课和教学过程中还要经常考虑如何操作它，考虑何时去按哪个按钮、点哪个图标等。能够实现深度融合的教育装备，如前文所述，它必须完全满足对于教学 8 个方面的适用性。

从上述分析可以看出，对教育装备与教学深度融合的要求不应该是针对教师和学生提出的，而应该是针对教育装备的管理者、设计者、制造者、研究者们提出的要求。作为教育装备的管理者，必须在进行需求论证和产品选型时考虑装备的教学适用性程度；作为教育装备的设计制造者，在产品的开发阶段就必须开始充分考虑装备的教学适用性问题；而作为教育装备的研究者，则应该对装备的教学适用性问题做出标准化规定，并能够提出具有可操作性的测量和评价方法。只有这样，才能够真正做到教育装备与教学深度融合。

《意见》是新形势下教育装备工作的重要指导性文件，所以必须对它有充分的认识。《意见》是纲领性文件，此后再发布关于它的实施条例的可能性不会太大，所以对它的解读、诠释就显得十分重要。但是由于阅读和讨论时的语境不同，在理解上必然会存在各种不同的观点，求同存异是认识统一的原则，而认识统一是《意见》具体实施的有利条件。上述对《意见》的解读只是笔者的一家之

---

① [法]孟德斯鸠著，张雁深译：《论法的精神》，商务印书馆，1961 年版，第 29 页。

② 百度百科，法的作用[EB/OL]，http://baike.baidu.com/view/424852.htm

③ 教育部：《〈教育部关于新形势下进一步做好普通中小学装备工作的意见〉答记者问》[EB/OL]，中华人民共和国教育部政府门户网站，http://moe.edu.cn/jyb_xwfb/s271/201607/t20160727_273082.html

词，但它是经过深思熟虑的，同时，接受批判、求同存异也是笔者的学术态度。

第二节　配备标准的制定过程

中小学实验室的建设要根据各种标准来实施，这些标准主要是实验室建筑标准、实验仪器设备产品标准和实验器材配备标准。实验器材配备标准全称应为中小学实验室仪器设备材料配备标准(以下简称配备标准)，它涉及的实验教学装备包括实验仪器(电流表、示波器等)、实验设备(恒温箱、排风系统等)、实验材料(化学药品、金属材料等)，同时也包括实验教学时需要的工具(锤子、裁纸刀等)以及实验室中的教学设备(投影机、示展台等)。标准文件是法律文件，制定和推行配备标准是为了在中小学保障实验教学的正常有效进行，如何编制配备标准的标准文件是本文主要介绍的内容。

一、配备标准编制的依据

依据什么来编制配备标准是非常重要的，因为它决定了配备物的精准性以及对教学的有效性。目前存在的编制依据最少为如下 4 种：

(1)根据传统实验室配备编制。我国自清代末年西学东渐，按照西方的学校模式，就已经开始在学校中建立理科的科学实验室，并配备了各种实验仪器设备。这些实验室一直延续下来，但没有标准化。根据这些实验室的配备经验编制出一套完备的标准是目前采用的最主要方法。

(2)参考其他已有标准编制。西方先进国家早已存在一些实验室的配备标准，参照这些标准来编制或完善自己的标准，也是经常采用的方法之一。

(3)根据现行教材内容编制。中小学现行教材中都有对于实验内容以及实验仪器设备的建议或规定，根据这些建议、规定建立数据，进行统计，最后编制出配备标准。这是本文主要介绍的依据和方法。

(4)根据实验教学标准内容编制。首先根据课程标准制定出实验教学标准，再依据实验教学标准来编制实验室配备标准，笔者认为这才是科学的配备标准建立方法。但是鉴于目前还没有一个实验教学标准存在，所以本文尚无法详细讨论这种方法。

二、配备标准编制的过程

配备标准的编制过程是较为繁复的，为了使得该过程的介绍更加清晰，以下仅以我国目前初中物理实验室的配备标准为例进行说明。

(一)新课标中对实验内容的规定

本文介绍的配备标准，在编制时首先分析了教育部颁布的《义务教育物理课程标准》(以下称初中物理课标)和上海市教委颁布的《上海市中学物理课程标准》(以下称上海物理课标)对实验内容的规定。在初中物理课标的“附录1 学生必做实验说明”中指出：“学校应充分利用已有的实验器材，努力开发适合本校情况的实验课程资源，尽可能让学生自己动手多做实验。为了便于教学与评估，现列出以下学生必做的实验项目。”同时，在后面开列出20个具体实验题目①(题目清单略)。上海物理课标对实验内容的规定较为具体、深入，在“初中阶段(八至九年级)内容与要求”部分说明了实验的内容和教学要求，其中“基础型课程部分”规定了15个实验题目，“拓展型课程部分”规定了4个实验题目，“探究型课程部分”则给出了15个建议学生动手实施的示例②(题目清单略)。

在进行实验内容统计时，将初中物理课标中规定的20个实验内容列入了统计表格；将上海物理课标中“基础型课程部分”规定的15个和“拓展型课程部分”规定的4个共计19个实验内容也列入了统计表格，但未对“探究型课程部分”给出的15个建议实施示例进行统计(因不具有一般性)。

(二)现行教材中实验内容的统计

本文介绍的配备标准编制过程主要是依据现行初中物理教材规定的实验内容而进行的。对于实验内容，虽然课程标准是统一的，但是由于初中物理课标中做了“学校应充分利用已有的实验器材，努力开发适合本校情况的实验课程资源，尽可能让学生自己动手多做实验”的说明，所以全国初中物理教材中对实验内容的规定并不是统一的。

在进行实验内容统计时，收集了全国各地现行的初中物理教材共计6个版本，分别为：人民教育出版社版、上海科学技术出版社版、北京师范大学出版社版、教育科学出版社版、江苏科学技术出版社版、广东教育出版社与上海科学技术出版社版。同时，也将河南省教育技术装备管理中心组织编写(景泽强主编)的《初中物理实验教学指导书》内容统计在内③。最后形成的统计表格如表7.1所示(注：表中只开列了统计表前面的几个实验，其他部分省略)。这样统计出来的实验共计192个，其中仅在《初中物理实验教学指导书》中出现而各版本教材上没有出现的实验有50个，其余142个实验是从各个版本的现行

---

① 教育部：《义务教育物理课程标准(2011年版)》，北京师范大学出版社，2012年版。

② 上海市教育委员会：《上海市中学物理课程标准(试行稿)》，上海教育出版社，2004年版。

③ 景泽强主编：《初中物理实验教学指导书》，教育科学出版社，2010年版。

教材中统计出来的。需要说明的是，由于初中物理课标中与上海物理课标规定的实验都在教材中有所体现，所以也就被统计到该表格中，不再进行特殊标记。另外，统计过程中根据出现频次将实验分为 3 种类型：必做型实验，出现频次为 5 至 7；拓展型实验，出现频次为 3 和 4；提高型实验，出现频次为 1 和 2。

表 7.1　初中物理教材实验统计

实验题目	人教版	上海科技版	北师大版	教育科学版	江苏科技版	广东&上海版	实验指导书	出现频次
声是怎样产生的	√			√	√		√	4
声是怎样传播的		√	√		√	√	√	4
声速测量的方法							√	1
决定音调高低的因素				√		√	√	3
影响声音响度的因素	√					√	√	3
不同乐器的发音特点							√	1
橡皮筋吉他		√						1

(三)实验器材的统计与分类

1. 进行统计

各个版本教材中对每个实验都有较为详细的描述，对实验的方法、过程和所需要的设备、仪器、材料都做了说明。根据这些说明统计每个实验的实验方法以及每种方法配备的器材，并将它们开列在表 7.2 所示的表格中。表格中“等级”一栏是对该实验类型的标注：必做型实验标注 A，拓展型实验标注 B，提高型实验标注 C，它们是根据表 7.1 中出现的频次被规定下来的。作为示例，表 7.2 中只选择了 4 个必做实验，所以都被标注了字母 A。需要说明的是，大多数实验描述中都没有对器材的规格进行规定，这是现行教材实验部分的一个缺陷，同时也使得我们编制配备标准变得困难。

表 7.2　实验所需仪器设备材料统计

物理实验名称	等级	仪器设备材料
探究光的反射规律	A	方法 1：光具盘、平行光源、平面镜 方法 2：光反射实验器一套 方法 3：激光笔、可折叠硬纸板、不同颜色笔、三角板、平面镜

续表

物理实验名称	等级	仪器设备材料
测量小灯泡的电功率	A	学生电源、电流表、电压表、滑动变阻器、小灯座、小灯泡、单刀开关、定值电阻、导线
磁体周围空间的磁场	A	条形磁铁、蹄形磁铁、小磁针、铁屑、视频展示台、显示设备
二力平衡的条件	A	方法 1：硬片纸、测力计、刻度尺、粉笔、小车、定滑轮、等质量小盘、砝码 方法 2：两端有挂钩的实验小车、定滑轮、砝码盘、砝码、弹簧测力计

2. 进行分类

到此为止，以上的统计工作都是人力手工完成的。分类的过程是个复杂过程，但是借助 Word 的制表功能和 Excel 电子表格的统计功能会使工作变得容易一些。具体操作过程如下。

(1)将表 7.2 中所有列出的设备、仪器、材料名称复制到一个 Word 文档中，复制时注意，在每个实验的所有器材名称前面一行注上该实验类型等级(A、B 或 C)。

(2)利用 Word 的替换功能把所有器材名称后面的顿号"、"转换成回车符，原来具有的回车符则保留。这样，所有的器材名称就形成一长列，每个名称占据 1 行(注意实验类型等级 A、B、C 也占据 1 行)。用 Word 的全选功能将文件中全部名称选中，再用"文本转换成表格"的功能将全部名称变成一个单列的表格。

(3)此时，器材名称的顺序并没有被打乱。在该单列表格的右边添加一个空列，并根据该器材名称所处实验类型等级在每个名称的右边单元格中标注上 A、B 或 C，再删除掉原来单个字母 A、B、C 所占据的行。全选并复制这个 Word 表格，将它粘贴到 Excel 电子表格中。

(4)实验器材包括 5 个类型，给它们分别定义为 1 型到 5 型：1 型为仪器类，包括示波器、电流表等；2 型为设备类，包括大型设备恒温箱、抽气机等，也包括小型设备如酒精灯、铁架台等；3 型为材料类，包括金属粉、浓盐水等；4 型为工具类，包括实验工具和维修工具如裁纸刀、剥线钳等；5 型为实验课堂教学设备类，包括投影机、示展台等。在上述 Excel 电子表格的右边再增加一列，并在增加的列中分别标注出每个器材的类型编号(1 至 5)。

(5)表格建立好后，分别根据器材类型(1 至 5)和器材名称先后进行升序排序，再对重复的相同器材名称进行合并。最后形成如表 7.3 所示的表格(注：该表格只显示了部分器材)。

表 7.3　器材分类表

器材名称	等级	类型
阿基米德原理实验器	A	1
测力计	A	1
测力计	B	1
弹簧测力计	A	1
弹簧测力计	B	1
弹力测力计	C	1
电流表	A	1
电流表	B	1
电流表	C	1
电流磁场演示器	C	1
电压表	A	1
电压表	B	1
电压表	C	1
学生电源	A	1
学生电源	B	1

(四)配备列表的生成

最后生成的初中物理实验室配备总表如表 7.4 所示(表中为部分内容)。表中的编号规律为：1000 至 1999 分配给仪器类使用，2000 至 2999 分配给设备类使用，3000 至 3999 分配给材料类使用，4000 至 4999 分配给工具类使用，5000 至 5999 分配给实验课堂教学设备类使用。有些仪器设备已经具有标准，在执行标准代号一栏中将其所执行的标准代号列出。分类与代码是为以后仪器设备统一代码后使用。至此，初中物理实验室的配备标准编制工作基本告一段落。

表 7.4　初中物理实验室配备总表

编号	仪器名称	规格型号功能	单位	数量	实验等级			执行标准代号	备注	分类与代码
					必做	拓展	提高			
1001	阿基米德原理实验器		套		√			JY 175		
1002	测力计	10N	个		√	√		JY 0127		
1003	弹簧测力计		个		√	√	√			
1004	电流表	2.5 级，0.6A，3A	只		√	√	√	JY 0330		
1005	电流磁场演示器		套				√			
1006	电压表	2.5 级，3V，15V	只		√	√	√	JY 0330		
1007	学生电源	直流 1.5V—9V，1.5A，每 1.5V 一档	台		√	√	√			
1008	温度计		只		√	√	√			

三、标准文件的完成

前面介绍的内容是一个标准文件的主体部分，而编制一个完整的标准文件还要遵照许多规范和基本格式规定。2009 年 6 月 17 日由中华人民共和国国家质量监督检验检疫总局和中国国家标准化管理委员会联合发布了《标准化工作导则 第一部分：标准的结构和编写(GB/T 1.1—2009)》(2010 年 1 月 1 日正式实施)。该标准详细描述了各类标准文件编写的体例、内容、格式、尺寸等各项规定。图 7.2 与图 7.3 分别为行业标准和地方标准文件封面格式，图 7.4 为标准文件目录页格式，图 7.5 为标准文件正文页格式。

了解和编制中小学实验室配备标准是实验教学研究的一个重要内容，实验教学工作水平要发展就必须具备统一的标准，并能够按照标准去实施。本文介绍的配备标准文件的编制过程不要求实验教师和实验室管理人员全部掌握，但是阅读和了解这一过程对深入进行实验教学应该是非常有益的。

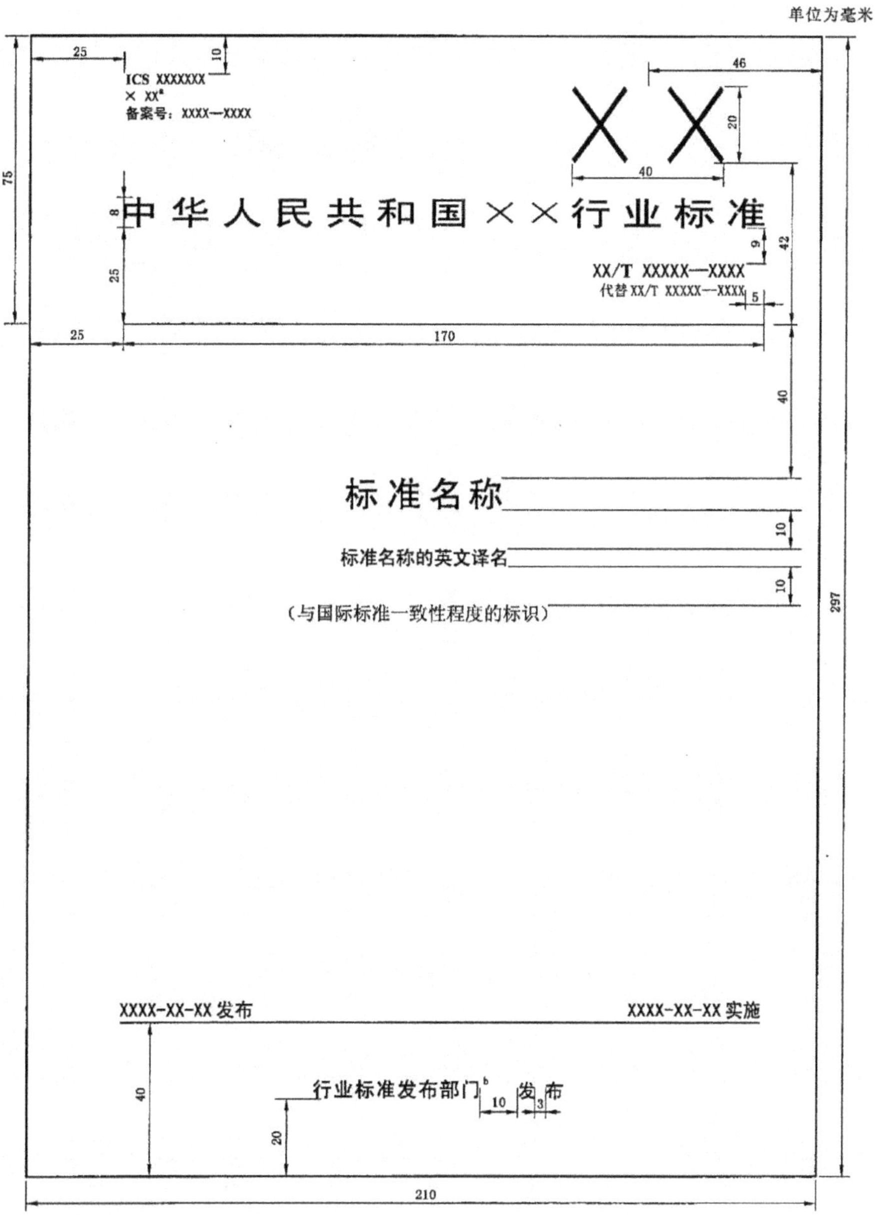

[a] 填写中国标准文献分类号。

[b] 行业标准发布部门按有关规定填写。

图 7.2 行业标准封面

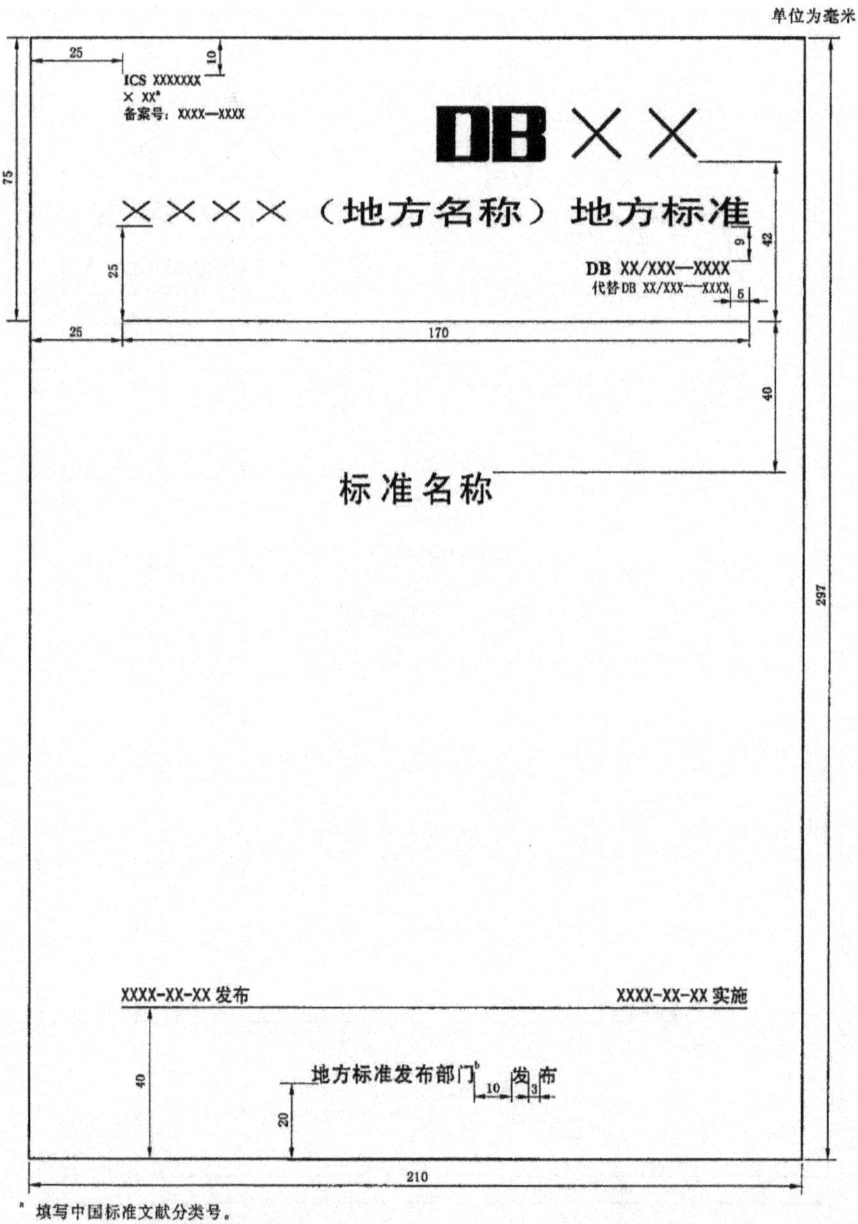

[a] 填写中国标准文献分类号。

[b] 地方标准发布部门按有关规定填写。

图 7.3　地方标准封面

单位为毫米

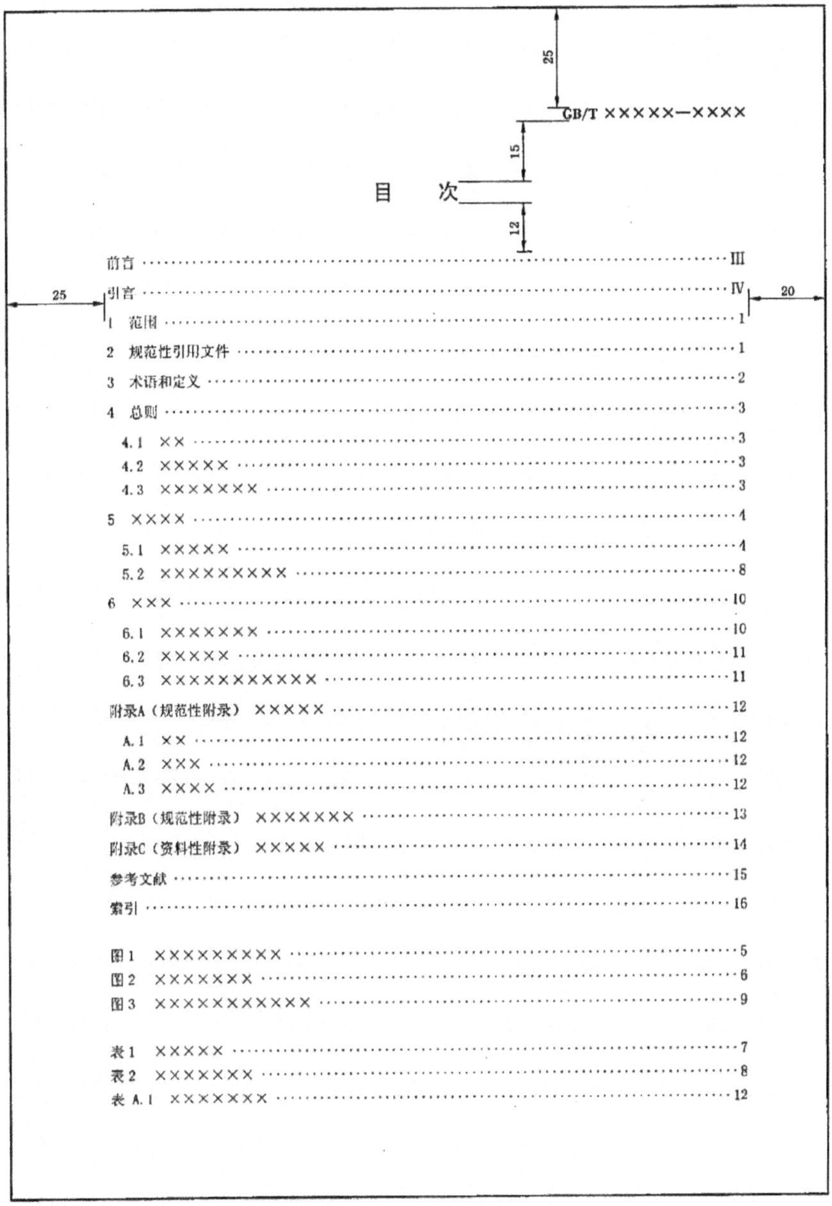

注：以单数页为例。

图 7.4　目录页

单位为毫米

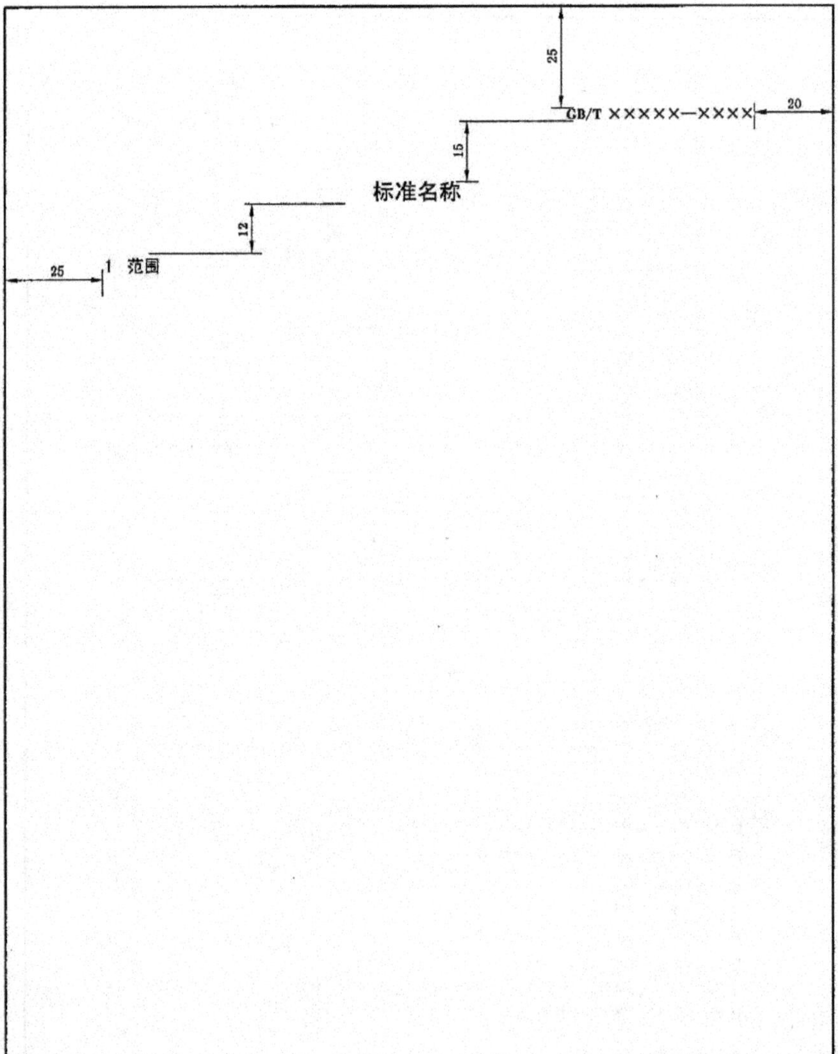

图 7.5 正文页

第三节 教育装备元标准建立的必要性

2014 年 1 月 15 日颁布的《教育部 2014 年工作要点》中指出要“加快推进教育装备标准化建设，提高公共教育装备服务水平”，此后，教育装备标准化建设工作被推到了一个新的高度。标准化的目的是改进产品、过程和服务的适用性[①]，防止贸易壁垒，促进技术进步，所以教育装备建立标准就是为了提高教育装备产品和服务对教育的适用性。而教育装备元标准的建立则是为这种适用性提供依据、提供标准，使该标准化进程更加科学有效。

一、元标准概念

元标准(meta-standard)是制定标准的标准，它为相关领域标准文件的制定提供了科学的依据，为相关领域的标准化进程指明了正确的方向。《中华人民共和国标准法》是所有标准建立的依据，也可视为侧重社会性、经济性要求的元标准，是政府行为的表现。教育装备元标准则是强调本领域科学性、技术性要求的元标准，是行业行为的表现。

(一)“元”的概念

“元”在英文中为前缀“meta-”，意思是“在……之后”，最早出现在词“meta-physics”(元物理学)中。meta-physics 这个词在中国被译为形而上学，在西方就是哲学的意思。古希腊哲学家亚里士多德的弟子们整理他们老师的著作，按分类学进行排序时将物理学放在了最前面，之后是哲学部分，但是因为当时还没有哲学“Φιλοσοφια”(古希腊文“爱智慧”的意思，后演变为英文 philosophy)这个名称，所以称哲学为“物理学之后”，即 meta-physics。又由于哲学是物理学的基础，古典物理学的发展来源于哲学思考，所以古典物理又有自然哲学之称，也就是元物理学(meta-physics)。现在我们常用“元”这个字表示最根本的东西，即“meta-”为“最根本最原始的原因”[②]。

被冠以“元”的概念有很多，如：元数据(meta-data)、元科学(meta-science)、元认知(meta-cognition)、元方法(meta-method)、元标准(meta-standard)，等等。其中元数据是描述数据属性的数据，元科学是研究科学发展的科

---

① 国家质检总局：《中华人民共和国国家标准(GB/T 20000.1—2002)标准化工作指南》，2002 年版，第 228 页。

② 王德峰：《哲学导论》，上海人民出版社，2000 年版，第 137—138 页。

学，元认知是对认知原理的认知，元方法是创造科学方法的方法，而元标准就是制定标准文件的标准。

(二)标准与元标准

《中华人民共和国国家标准(GB/T 20000.1—2002)》即《标准化工作指南第1部分：标准化和相关活动的通用词汇》中对产品标准与服务标准(以及过程、接口等标准)做了严格规定，其中产品标准是“规定产品应满足的要求以确保其适用性的标准”，而服务标准则是“规定服务应满足的要求以确保其适用性的标准”。对于“适用性”一词，该文件中也有具体的解释：“适用性(fitness for purpose)：产品、过程或服务在具体条件下适合规定用途的能力。”所以，对于每一个领域的标准来说，其元标准的一个最重要的内容就应该是针对适用性做出具体而严格的规定，以保证制定的标准是科学而有效的。

二、教育装备分析

教育装备标准与元标准的建立与教育装备本身的性质有着直接的关系，所以在讨论教育装备元标准之前应该对教育装备的本质、特点、分类以及适用性等问题进行澄清。

(一)教育装备本质

教育装备的本质在于它的存在价值，它的存在价值由其功能来体现，而它的功能则主要表现在对其作用对象的影响方面。教育装备的作用对象与其他领域装备的作用对象具有本质上的区别。粗略地说，工业装备的作用对象为无机物(如机械)或有机物(如化肥)，它们是非生命的物质；农业装备的作用对象为植物(如庄稼)或动物(如家畜)，它们是非人类的生命体；军事装备的作用对象是以人为主(敌人)并兼有非人类的物(敌方设施)，且具有破坏性；医疗装备、体育装备、教育装备的作用对象都是人类本身，并都是具有建设性的。但是，教育装备又与医疗装备、体育装备不同，它的作用对象虽然是人，但不是人的身体，而是宇宙间最为复杂的人类的头脑与心智。所以教育装备对教育教学的适用性也是一个非常复杂的问题。

(二)教育装备特点

教育装备的特点是指相对于其他领域的装备所具有的特殊性，其特点主要表现在3个方面：复杂性、非限定性与非必备性。

1. 复杂性。教育装备的品种庞杂、繁多，例如：实验设备从高端的大型仪器设备到一些实验用的杂物(如：一段玻璃棒、一根牛皮筋等)；体育设施器材从运动场馆到一个乒乓球；信息化的硬件设备到教学软件；教学环境从课桌椅到灯光照明；等等。在所有领域的装备中，教育装备是最为众多复杂的，而它们的教育教学适用性问题也是最难确定的。

2. 非限定性。农民用的镰刀与工人用的锤子由于功能不同而不能在生产中置换使用，用于工农业生产的镰刀、锤子也不能代替医疗上的手术工具，所以各个领域的工具用具都具有限定性，而教育领域对教育装备的态度是没有限定性的(称非限定性)，镰刀、锤子、手术刀皆可拿到学校作为教具使用。但是人们在生产这些工具时从未考虑过这些东西还要用于教育，或者说他们并不是从教学需求出发而生产其产品，改良工具的新兴技术的出现也都是从本领域的目的出发的。一个新技术新产品的产生，作为教学内容与学习辅助工具人们也会将其用于学校，但它基本都不是从教学环境作用的需求出发而被设计出来的。所以，这样形成的教育装备，都缺乏其本身对教育的适用性方面问题的考虑。

3. 非必备性。非必备性则是指教育对教育装备的依赖性其实是很低的，并非所有先进装备必配不可，新技术工具对人的培养的作用并不是像人们所期待的那样大。1966 年美国学者科尔曼(James S. Coleman)做的一项研究形成的《科尔曼报告》证明了这一点。

(三)教育装备分类

教育装备有许多种分类方法，可以按照行业分工分类，可以按照装备功能分类，可以按照研究领域分类，也可以根据装备属性进行分类，等等。表 7.5 开列了部分分类法，并列举了它们的具体类型和实例。这些分类中，最能说明教育装备元标准必要性问题的是根据装备属性进行的分类，即作为教学内容的装备、辅助教学的装备和构成教育环境的装备。

表 7.5　教育装备分类列表

分类法	类型	举例
行业分工分类	教学设施设备	教室、黑板
	实验仪器设备	示波器、铁架台
	学科设施设备	体育场、乐器
	信息化设施设备	校园网、计算机
	图书设施资料	图书馆、图书
	后勤设施设备	食堂、饮水机
装备功能分类	构建教学环境的装备	课桌椅、投影机
	构建教育管理的装备	校长室、校园网
	构建生活环境的装备	学生宿舍、床位

续表

分类法	类型	举例
研究领域分类	教学装备	显微镜、烧瓶
	教育技术装备	计算机、投影机
	教具与学具	挂图、算盘
装备属性分类	作为教学内容的装备	教材、标本
	辅助教学的装备	计算机、投影机
	构成教育环境的装备	教室、实验台

1. 作为教学内容的装备。这里所说的教学内容并非是指教学系统中的客体部分(知识对象)，而是教育装备中那些作为知识或信息的载体部分，如：教材、动植物标本、挂图、光盘、教学资源软件等。它们在教育装备种类中所占比例不大，而且仅仅出现在与教学有关的教育活动当中。教育装备的非限定性和非必备性特性在它们身上表现不突出。

2. 辅助教学的装备。教育装备中的很大一部分都起着辅助教学的作用，其中主要构成教学系统的那些都是以工具的形式出现的(既非教学主体也非教学客体)，如：黑板、投影机、实验仪器设备、校园网、教学管理软件等。它们在教育装备中所占比例是非常大的，并表现出较大的非限定性与非必备性。需要指出的是，有一些教育装备既可以作为教学内容也可以作为辅助教学的装备，例如像计算机软硬件，在计算机类课程中它们起着教学内容的作用，而在其他课程的计算机辅助教学中它们就是辅助教学的装备。

3. 构成教育环境的装备。这是教育装备中种类最多、数量最大的部分，如：饮食设施、办公桌椅、空调设备、广播系统、活动场地等。它们具有较强的非限定性与非必备性。

(四)教育装备的教学适用性

如前所述，制定的标准应该是规定产品或服务“应满足的要求以确保其适用性的标准”，而教育装备在教学系统中对教学主体具有生理、心理、认知、教师、学生、时间、空间、文化 8 个方面适用性的问题，所以在讨论教育装备元标准之前必须对这些适用性问题加以说明。

1. 生理适用性与心理适用性。这是由人机工程学所研究和规定的教学适用性。例如，教室中投影幕安装位置过高，会使得前排学生长期处于仰望姿势，而造成身体上和视觉上的不适，这属于生理适用性问题。又例如，一个教学课件显示了太多与学习内容无关，而令人眼花缭乱的装饰动画，会使学生产生心理上的不适应。

2. 认知适用性，即认知水平适用性。第一是指对各个学段的学生应该配备与其年龄和认知水平相适应的教育装备；第二是指人对事物的认知有 3 个层次，即感性的、知性的和理性的，它们分别适应于不同的教育装备及其所构成的教学环境。

3. 教师适用性与学生适用性。这是考虑有些教育装备只适合教师教学，而对学生的学习没有更多的关注；或者相反，只考虑了学生但没有关注教师教学的情况。例如，电子白板存在“够得着与看得见”之间的矛盾。电子白板 4∶3(或 16∶9)的比例限制住了它的使用面积，如果将电子白板挂得较高，学生看得见，但教师够不着；反之，照顾个子不高教师的板书，将电子白板安装过低，又会影响到后排学生对白板上低处内容的观看。

4. 时间适用性与空间适用性。时间适用性反映了教育装备发展的历史上在技术和理念方面的适用问题。在《教育装备的起源与本质》(《中国教育技术装备》，2012 年第 6 期)一文中，笔者举了“教鞭”的例子，认为教鞭这个教具在早期的教育中的确起了促进教学的作用，时代不同，社会不同，人们对这个具有强制性与惩戒性的教具不再能理解和接受，它的教学适用性是具有时间(历史、社会)局限性的。与之相比，黑板和粉笔却不受时间(历史、社会)限制，其教学适用性一直长久不衰。空间适用性则反映了地域的不同，例如校车这个教育装备，在边远山区和城市中心显然具有完全不同的适用性。

5. 文化适用性。这是由于学生这个学习主体所处文化背景不同而在教育装备适用性方面表现出的问题。在《教育装备的文化适用性》(《中国现代教育装备》，2013 年第 20 期)一文中，笔者详细论述了中西方文化差异造成的中国学生的学习特点，使得我们对一些从西方引进的教育装备(如：以 Pad 为基础的各种电子教科书、电子书包等)必须采取审慎的态度，对其教学适用性要做科学的论证。作为使用汉字这种象形文字的中国学生，长期不用手写字，会造成“提笔忘字”的不良后果。所以，在制定教育装备标准时其文化适用性是我们必须加以考虑的重要问题。

三、教育装备标准

教育装备标准有它自己的特点和分类方法，而且教育装备的标准化现状也存在一些问题。此处将这些情况进行讨论，以此说明建立教育装备元标准的必要性。

(一)教育装备标准类型与特点

教育装备常用标准具有 3 种分类方法：按照适用范围分类、按照要求程度分类和按照涉及对象分类(详见表 7.6)。其中按照涉及对象分类的 4 种类型是需要我们重点讨论的内容。

1. 建筑标准。此类标准规定了学校的场地和总平面布局，教学用房及教学辅助用房，行政办公用房和生活服务用房，主要教学用房及教学辅助用房面积指标和净高、安全、通行与疏散、室内环境、建筑设施等内容。如：由中华人民共和国住房和城乡建设部与中华人民共和国国家质量监督检验检疫总局联合发布的《中小学校设计规范(GB 50099—2011)》。

2. 质量标准。此类标准规定了教学仪器设备产品在性能、安全、结构、外观、标志、合格证、使用说明、包装、运输、贮存、保管和维护等方面的质量要求。如：由中华人民共和国教育部发布的《教学仪器设备产品一般质量要求(JY 0001—2003)》。

3. 安全标准。此类标准规定了学校教室或实验室用的仪器和零部件的安全质量要求以及机械性能、高温和低温、噪声和振动、电离辐射等方面的安全性要求。如：由中华人民共和国教育部发布的《教学仪器设备安全要求总则(GB 21746—2008)》。

4. 配备标准。此类标准规定了学校教室或实验室用的仪器、设备、设施等在种类、数量、技术指标等方面的配备要求。如：由中华人民共和国教育部发布的《初中理科教学仪器配备标准(JY/T 0386—2006)》。

表 7.6 教育装备标准分类列表

分类法	类型	标志
按照适用范围分类	国家标准	GB
	教育行业标准	JY
	地方标准	DB
	企业标准	Q
按照要求程度分类	标准	
	推荐标准	/T
	规范	
	规程	
	指南	
按照涉及对象分类	建筑标准	
	质量标准	
	安全标准	
	配备标准	

教育装备的配备标准应该是教育领域特有的，其他领域很少有配备标准，

这是教育装备标准的特点。严格地讲，其实教育装备建筑标准也应属于配备标准，只不过它规定的不是仪器设备的配备要求，而是房屋舍室的配备要求。这些配备标准的本质问题就反映在所配备的教育装备是否对教育教学能够满足其适用性。

(二)教育装备标准化现状

教育装备的特点决定了其标准的特点，在教育装备标准化的进程中存在着许多亟待解决的问题，这些问题表现如下：

1. 标准数量问题。教育装备的品种庞杂、繁多，给每一样东西都制定一个标准是不可能的，也是没有必要的。据粗略统计，教育装备中除了通用产品(如：计算机、电视机、工具类产品、化学药品、玻璃仪器等)外，专门用于学校教学的仪器产品就有500多个品种；仅九年义务教育阶段的教学仪器[据《初中理科教学仪器配备标准(JY/T 0386—2006)》和《小学数学科学教学仪器配备标准(JY/T 0388—2006)》]就有1400多件。而目前已经建立的教学仪器标准却只有400多个，教育装备数量与标准数量相差悬殊。

2. 个性化与标准化的矛盾。现代学校提倡个性化教育，学生要求个性化发展，几乎所有的学校都有自己的校本课程，都有自己的特色学科。走班制和翻转课堂等新兴教学模式催生出大量个性化的教室和实验室，人们提出了“一校一标准”甚至“一班一标准”的建设理念，已经建立的仪器设备配备标准不再被严格执行，教育装备标准化正面临新的考验。

3. 对教育标准化的重视程度。标准文件种类繁多，为了进行区分归类，必须对各种标准文件进行分类编号。但是在原国家标准局编制的《中国标准文献分类法》(*Chinese Classification for Standards*，简称CCS)中并没有与教育相关的标准类型和编号。在国际标准化组织(ISO)编制的《国际标准分类法》(*International Classification for Standards*，简称ICS)中，教育(Education)类标准被赋予编号“03.180”，它作为二级分类而放在了“03 社会学、服务、公司(企业)的组织和管理、行政、运输”这个一级分类目录之下。这反映了教育装备标准化是不被重视的。而造成这种局面的原因或许正与教育装备的复杂性、非限定性和非必备性有直接关系。

4. 教育装备适用性问题。教育装备的标准为数也不算少了，但是标准文件中涉及装备适用性问题或对装备适用性提出要求的内容却根本见不到。这是教育装备标准化工作的一大缺失，应该给予重视。

(三)教育装备元标准必要性

教育装备的配备必须适用于教育教学，必须对教育教学有促进作用。前面分析的教育装备与其标准的复杂性、学校装备配备的个性化需求以及装备的适用性问题等，都对教育装备标准化提出了新的要求。所以，当前教育装备标准化的主要任务不再是急于为各种仪器设备与材料制定一些详细的标准文件，它最为核心的工作应该是尽快研究和制定一个教育装备元标准，也就是对装备配备的教育教学适用性进行规定的标准文件。

四、教育装备元标准界定

前面对教育装备元标准的概念进行了界定，同时对它建立的必要性也进行了分析。此处，还需要对它建立的目的、内容等做一些必要的说明。

(一)目的

为了保证教育装备的产品生产与配备能够满足学校教育教学的适用性，在教育教学中能够充分起到促进作用，进而成为建立各种教育装备标准文件的依据，或者直接用于指导教育装备产品的生产、配备与服务，故建立此元标准。

(二)内容

1. 相关名词解释。对诸如教育装备、标准、元标准、适用性、列装、退役等关键词与相关概念进行科学界定。

2. 标准分类与编码。参照《国际标准分类法》(ICS)，根据教育装备的特点进行标准分类并制定标准编码(当前人们正在为每个教育装备产品进行编码，这项工作就像为每个装备制定一个标准一样地缺乏必要性，而且必定不会完备)，建立《教育装备标准分类法》。

3. 适用性规定与测评。对教育装备的教育教学适用性进行分类详细描述，并提供装备是否具有适用性的测量方法和评价手段。

4. 安全性规定与测评。对教育装备在学校使用安全性问题进行分类详细描述，并提供装备是否具有安全性的测量方法和评价手段。

5. 列装与退役。规定对教育装备列装与退役进行科学管理方面的基本要求，避免教育装备列装的随意性、盲目性以及以获利为目的的列装现象，并为退役装备从管理上提供出路。

第四节　教育装备与实验课程标准

中小学课程标准简称课标，它是对各学科课堂教学内容的规定，并用于教材的制定、教学的指导、学业水平的测量等。中小学实验教学也应该有自己的课程标准，这是实验教学能够充分体现其功能的依据，是教学改革的需要，更是人才培养的要求，它的实现将会填补在实验教学标准化方面的空白。但由于篇幅的限制，本文仅对中小学实验教学课程标准(以下简称实验课标)的结构框架做初步的讨论。

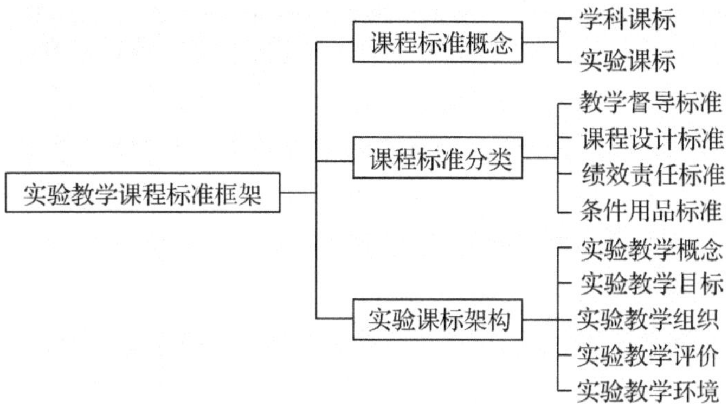

图 7.6 实验教学课程标准框架

一、课程标准的概念与分类

实验课标与中小学各学科课堂教学课程标准(以下简称学科课标)不同，为了能够对实验课标有更加深刻的理解，需要对课程标准的概念与其分类做一简单介绍，并以此来界定实验教学课程标准的内容和范围。

(一)课程标准概念

《教育大辞典》中对“课程(curriculum)”概念的界定是“为实现学校教育目标而选择的教育内容的称谓”。而将“课程标准(curriculum criterion)”定义为“确定学校教育一定阶段的课程水准、课程结构与课程模式的纲领性文件”。从这些定义中可以看出一些问题，在此做简要说明。

1. 课程标准内容。课程是被选择的教育内容，而不是狭义的教学内容，所以课程内容并非只限于学科知识。另外，课程标准是用于确定课程的水准、结构以及模式的，所以课程标准内容并非只是反映课程内容，也更不是一定要有学科知识内容。

2. 课程标准与产品标准。课程标准的英文书写为“curriculum criterion”而不是“curriculum standard”，说明作为课程的标准(criterion)与通常意义上对产品与服务制定的标准(standard)是不同的，不能等同对待。《中华人民共和国国家标准(GB/T 20000.1—2002)标准化工作指南》中对“标准(standard)”的定义是“为了在一定的范围内获得最佳秩序，经协商一致制定并由公认机构批准，共同使用的和重复使用的一种规范性文件。注：标准宜以科学、技术和经验的综合成果为基础，以促进最佳的共同效益为目的”。[①] 可见两者之间存在巨大差异，所以我们不

① 国家质检总局：《中华人民共和国国家标准(GB/T 20000.1—2002)标准化工作指南》，2002 年版，第 229 页。

能用国际标准化组织(ISO)对标准文件的规定来限定课程标准的内容。

3. 趋同与求异。人们对各种事物的态度是不同的，有些需要趋同，而有些则需要求异，例如人们常说的“文明一定趋同，文化必须求异”就是这个道理。对于趋同的事物应该制定标准，为求异的事物去制定标准就没有意义。课程标准的制定也应该遵循这一原则，对课程中那些人们追求一致的东西建立起标准来，使课程实施时有法可循。

(二)课程标准分类

由于课程标准是用于确定课程的水准、结构以及模式等3个方面的，其侧重点有所不同，于是就存在着不同类型的课程标准。为了能够对中小学实验教学课程标准有更深刻的理解，在讨论其结构之前首先对课程标准的分类进行简单介绍，这部分内容主要参考了柯森的《课程标准体系基本结构分析及其意义》一文。①

1. 按照规定对象分类

课程标准按照其所规定的对象不同通常可被分为3类：①学习内容标准。标准文件中主要规定学生在校学习的学科知识内容，称为内容标准。对于以学生获取知识为主要目的(知识本位)的课堂教学来说，多采用这种课程标准为教学效果评价依据。②学习表现标准。课程标准文件中不仅要规定学生应掌握的学科知识内容，还描述学生在学习这些知识时应有何种表现、达到何种结果或质量。也就是在课程标准中除了知识内容还规定了对这些知识掌握程度的评价方法。③学习机会标准。课程标准文件中对课程与教学中影响学生学习机会的有关条件或安排做出规定，涉及教学规范、关系规范以及课程资源分配规范等。这些是我们在制定以提高学生能力为主要目的(能力本位)的实验课标时所必须加以考虑的规定对象，而这种课程标准将成为制定实验课标框架的主要参考依据。

2. 按照应用领域分类

从课程标准应用的角度，考虑课程标准与课程实践活动的关系，可将课程标准分为4类：①教学督导标准。这是对课程与教学指导工作所做的规定。②课程设计标准。这是对课程教学内容与过程的规定。③绩效责任标准。这是对课程教学应达到的效率或结果的规定。④条件用品标准。这是对与课程教学有关的环境条件或设施用品的设置做出的规定。这4类标准中所规定的内容都是实验课标中可能涉及的。

二、实验教学课程标准的结构特点

实验课标与用于课堂教学的学科课标之间存在着很大的差别，这主要体现

① 柯森：《课程标准体系基本结构分析及其意义》，《华南师范大学学报(社会科学版)》，2007年第5期。

在它们的类型结构、层次结构和体系结构方面。

(一)类型结构特点

实验教学是以提高学生能力为主要目的，其课程标准不宜采用学习内容标准的类型结构，或者说不应该对学科知识进行规定，所以课标内容与学科无关，即不去区分物理、化学、生物等学科的实验教学课程标准。但是，它必须对学生的学习表现和学习机会做出规定。不分学科是实验课标与课堂教学的学科课标之间的最大区别。

(二)层次结构特点

实验课标与学科课标的第二个区别就是层次结构上的不同。用于中小学课堂教学的学科课标被分为 3 个层次：小学课标、初中课标、高中课标。其实，中小学实验课标分为两个层次即可，即小学实验课标与中学实验课标。这样处理主要基于两方面的考虑：第一，作为能力要求对于小学生和中学生具有比较大的差异性。皮亚杰在研究儿童认知规律时将其分为 4 个阶段(如表 7.7 所示)，分别为 0—2 岁的感知运算阶段、2—6 岁的前运算阶段、7—11 岁的具体运算阶段和 12 岁以上的形式运算阶段；并认为从 12 岁开始儿童思维发展到抽象逻辑推理水平。所以学生的认知能力类是以 11、12 岁为一个节点，这正是小学生与中学生的一个区分年龄，而中学以后不再区分。第二，与实验教学关系最紧密的如物理、化学、生物、地理等课程在初中和高中阶段都是一样设置的，而小学阶段却没有设置这些课程，所以就实验课程要达到的能力目标来说，小学与中学存在较大差别，但初中与高中的差别是非常小的。

表 7.7　皮亚杰认知发展理论①

年龄范围	阶段描述	发展表象
0 岁至 2 岁	通过感官和行为感觉世界的运动体验	感觉物体的永恒性 对陌生的焦虑
2 岁至 6 岁	用文字和图像表示事物	假象游戏 自我为中心 语言发展
7 岁至 11 岁	对事件的具体逻辑操作思维与具体类比的把握	具有保护意识 开始数学变换
12 岁至成年	假想情景的形式操作思维与抽象思维处理	具有抽象思维逻辑 开始成熟的道德推理潜力

① 百度百科，皮亚杰[EB/OL]，http：//baike.baidu.com/view/447847.htm? fromtitle=%E7%9A%AE%E4%BA%9A%E6%9D%B0&fromid=343170&type=search

(三)体系结构特点

体系结构(System Structure)亦称系统结构，与其他结构形式(非体系结构)相比较，它们之间存在着本质上的差异。非体系结构的事物其构成特点是各个组成部分的简单堆积，其各单元的内容之间具有“从属关系”或“关联关系”，即内容之间具有相关性。体系结构则要求其构成的各个单元内容应满足正交性与完备性。正交性是要求内容之间不应具有相关性，或者说不应具有“相互依存性”；完备性是要求其内容满足充分性与必要性，充分性是说所有内容都包括在内而一个也不少，必要性是说多余重复的内容一个也没有，即满足了充要条件。能够使得一个课程标准成为体系结构是非常困难的事情，它需要经过反复研究论证才可实现。我们在这里提出的实验课标虽然不能严格遵照体系结构建立，但是应该尽量靠近体系结构，尝试按照体系结构的要求去实现。

三、实验教学课程标准框架内容

根据上述讨论的原则，实验课标的内容应该涉及实验教学的概念、教学目标、教学组织、教学评价以及教学环境等方面的描述和规定。其中除了概念部分之外，其他 4 个部分根据体系结构要求应该是相互独立的。

(一)实验教学概念

阐明中小学实验教学的概念，并对实验教学的功能定位做出详细描述。同时，说明中小学开设实验课程的目的和意义，以及开设实验课程对学生学业能力水平提高的积极作用。

(二)实验教学目标

对应教学督导标准部分的内容。教学目标的设定是由功能定位所决定的，其应该充分反映实验教学开设的目的，但又必须是具体而量化的，因为它必须为教学督导提供可以进行评价的依据，或者说实验教学被督导时首先查看的是教学目标是否达成。实验教学目标是整个框架中的一个维度(注意它仅与功能定位相关，其他部分都是相互独立的)，对它的描述不需要再展开成 3 个维度的形式。

(三)实验教学组织

对应课程设计标准部分的内容。课程设计亦称课程教学设计，实验教学组织是课程教学设计的关键内容，对它的规定是教学得以顺利实施的可靠保障。这一部分涉及教学过程组织(包括时间组织、空间组织、学生组织、器材组织)、教学组织策略以及实验报告设计等内容。

(四)实验教学评价

对应绩效责任标准部分的内容。实验教学评价必然涉及测量问题，评价必须建立在科学的基础之上，必须是客观而量化的测量结果。这一部分规定了对实验教学评价的方式方法与原则，而不是评价的内容。评价对象应该是教学系统主体的行为表现，即教师的教学行为和学生的学习行为。

(五)实验教学环境

对应条件用品标准部分的内容。构成实验教学环境内容的是实验室、设施(实验桌椅等)、仪器设备等实验条件。但是因为此实验课标与学科无关，所以不会在这里提出各个学科的实验仪器设备的配备标准要求，而它提出的是一个“元标准”。作为“元标准”，它必须能够充分反映实验仪器设备的教学适用性，课标这部分内容就是对此提出的具体要求。

中小学实验教学课程标准现在还没有建立，但是对它的需求正在逐渐显现出来。制定实验课标是一个艰巨的任务，需要广大教师们认识它、理解它、研究它，通过共同努力来完成这一宏伟目标。

第八章

教育装备比较研究方法

在社会科学的研究中，比较研究是一种常用的研究方法。教育装备研究作为社会科学的一部分，其研究方法也完全能够采用比较研究方法。比较研究方法是指对两个或两个以上的事物或对象加以对比，以找出它们之间的相似性与差异性的一种分析方法，它是人们认识事物的一种基本方法。“中英教育技术与教育装备比较研究”项目具有非常典型的比较研究的特点，本章的内容就是基于这个项目在研究方法上进行了较为详细的论述。

第一节 中英教育装备比较研究

2016年10月2日至12日，中国繁荣基金项目“中英教育技术与教育装备比较研究”总课题组部分人员赴英国进行实地考察。考察期间与英国教育供应商协会(BESA)及其旗下的众多企业会员单位进行了深入交流，其间还参观了一些相关的中小学校。本文是在此次考察的基础上，通过数据分析对中英两国教育装备行业做比较，以此来发现合作机会和在发展中得到有益的借鉴。

一、CEEIA与BESA

CEEIA是中国教育装备行业协会(China Educational Equipment Industry Association)的英文缩写。而BESA是英国教育供应商协会(British Educational Suppliers Association)的英文缩写。这两个协会在各自国家的功能和地位相当，可以用来进行对比分析。

首先，两个协会下的企业其服务对象都是基础教育和学前教育。CEEIA下企业的服务主要是针对中国的中小学校和幼儿园，BESA下企业的服务则主要针对英国的Primary School(相当于中国的小学，但学生年龄在4—11岁)和Secondary School(相当于中国的中学，学生年龄在11—18岁)，以及年龄为3—4岁孩子早期教育阶段的幼儿园。

从两个协会规模上看，CEEIA具有会员单位2659个[①]，而BESA的会员单位数量只有325个，仅从数量上看似乎两个协会在规模上相差太大，没有可

① 中国教育装备行业协会会员查询系统[EB/OL]，http://so.ceiea.com/

比性。但是如果进一步对它们的服务对象数量进行分析，就可以看出可比性的条件所在。据中国教育部公布的数据①，2015 年全国小学的数量为 19.05 万，初中校为 5.24 万，高中校为 2.49 万，总计为 26.78 万所。这是一个粗略的统计，因为没有区分 9 年制与 12 年制学校存在造成对数量的影响。据 BESA 提供的数据，2015 年英国全国中小学校数量为 32175 所。CEEIA 会员单位数与 BESA 会员单位数之比为 2659∶325≈8.18∶1，中国中小学校数与英国中小学校数之比为 267800∶32175≈8.32∶1，两个比例数相差很小，说明两个协会的规模作用具有可比性。

同时，两个协会都具有一定的历史经验。CEEIA 的前身为中国教学仪器设备行业协会，于 1986 年成立，至今已有 30 多年的历史。BESA 的历史更长，已经有 80 多年的教育服务历史，具有非常丰富的经验。

二、CEEIA 与 BESA 成员构成比例分析

BESA 成员构成及其占比关系如图 8.1 所示。其中：

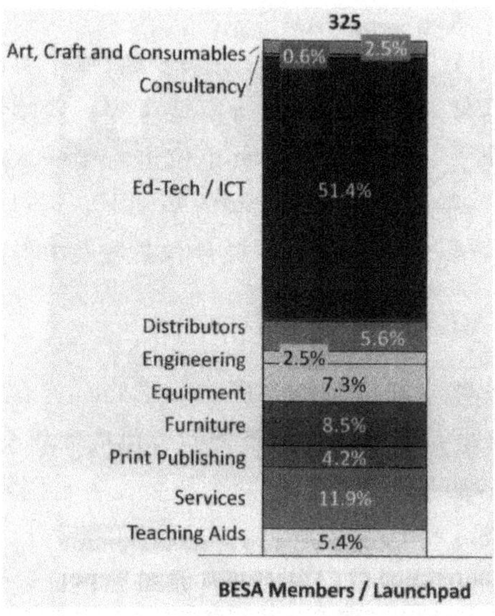

图 8.1 BESA 成员构成比例

(1)Art，Craft and Consumables 是教育类艺术、工艺与耗材生产厂商，占比为 2.5%。

(2)Consultancy 是与教育相关的咨询公司，占比为 0.6%。

(3)Ed-Tech / ICT 可理解为是教育技术/信息通信技术厂商，相当于我们

① 教育部：《2015 年全国教育事业发展统计公报》，2016 年 7 月 6 日。

的教育信息化产品生产厂商，占比为51.4%。

(4)Distributors 是产品经销商，占比为5.6%。

(5)Engineering 是教育工程策划类公司，占比为2.5%。

(6)Equipment 是教学仪器设备生产厂商，占比为7.3%。

(7)Furniture 是教学家具生产厂商，占比为8.5%。

(8)Print Publishing 是教育类印刷出版公司，占比为4.2%。

(9)Services 是教育服务类公司，包括系统集成商，占比为11.9%。

(10)Teaching Aids 是教具与学具生产厂商，占比为5.4%。

相比之下，CEEIA 的成员要复杂得多，为了能够进行对比分析，我们先将CEEIA 的成员做一简单分类(如图8.2所示)。

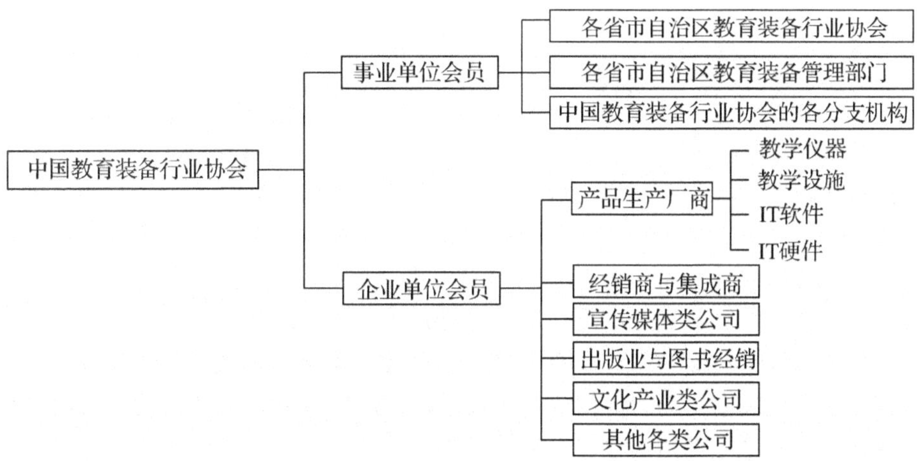

图8.2　CEEIA 会员单位分类

根据图8.2的分类，并通过对中国教育装备行业协会会员查询系统提供的会员单位信息进行分析，可以得到如图8.3所示的会员单位构成比例。其中，事业单位是事业单位会员，包括了各省市自治区教育装备行业协会、各省市自治区教育装备管理部门和中国教育装备行业协会的各分支机构；图书出版是出版业与图书经销商；媒体类是宣传媒体类公司；文化类是文化产业类公司；图中的其他则是指其他各类公司。以下据此进行详细的对比分析。

(1)CEEIA 成员中以经销商与集成商所占比例为最大，达到了40.43%。其中经销商一般没有自己的产品，只是代理经销其他厂商的产品。而集成商有时会具有自己的少量产品，但在整个销售额中所占比重很小，往往是为了巩固自己的市场而加入自己独特的小量产品。在 BESA 的成员中经销商与集成商的比例比较小，只有不足17.5%(=5.6%+11.9%)。说它不足是因为集成商只是服务商中的一部分。

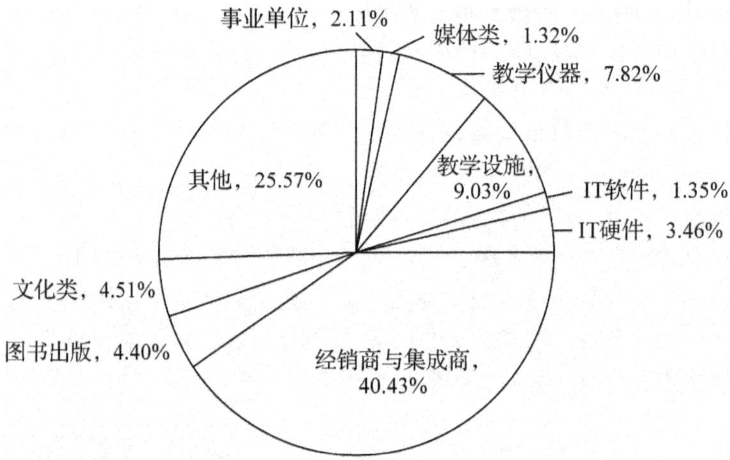

图 8.3 CEEIA 会员单位构成比例

(2)CEEIA 成员中教育信息化产品的生产厂商占比非常小，其中 IT 硬件厂商占比为 3.46%，IT 软件产品厂商或开发商的占比仅为 1.35%，两项之和为 4.81%，而且硬件厂商数大于软件厂商数。BESA 成员中教育信息化产品的生产厂商占比则非常大，达到了 51.4%，超过了半数。通过与 BESA 交流还了解到，在这些教育信息化产品生产厂商中软件厂商的数量远大于硬件厂商。

(3)CEEIA 成员中有超过四分之一的其他各类公司，占比为 25.57%。把他们放在其他类中是因为他们的产品或所经营的项目并不是纯粹为教育教学而设计的，只不过可以用到学校中或教学当中。例如：一些投影机、计算机、触摸屏、显微镜等设备生产厂商，他们的产品主要是商业用途或属于家电业，但是因为这些产品也能够用于教育教学，所以他们也就成为 CEEIA 会员了。而在 BESA 会员中则几乎没有与其对应的厂商，BESA 的会员基本都是纯粹从事教育服务的。

(4)CEEIA 的事业单位会员中有全国各省市自治区的行业协会，这些地方行业协会下属的企业会员也为数不少，并且有一些企业是同时作为 CEEIA 会员和地方行业协会会员而以两种身份存在的。英国则没有这种地方性的教育装备行业协会，BESA 在各地也没有分支机构，这点与 CEEIA 完全不同。其实在 BESA 的成员中是不存在事业单位性质会员的。

(5)CEEIA 成员中的教学仪器生产厂商占比为 7.82%，教学设施生产厂商占比为 9.03%，两项合计为 16.85%。对应到 BESA 中，教学仪器设备生产厂商占比为 7.3%，教学家具生产厂商占比为 8.5%，教具与学具生产厂商占比为 5.4%，三项合计为 21.2%。两个协会这方面成员的比例还是比较相近的。

(6)CEEIA 的经销商和集成商除了做中小学、幼儿园的项目以外，还要做普通高等学校和职业院校的项目，有时一个公司的两方面项目每年数量已经非常接近，并且他们还要做其他非教育领域的项目。这种现象在BESA中是没有出现的，BESA的会员都只做基础教育和学前教育的项目。

三、中英教育装备行业与本国教育的关系

教育装备的设计、开发与生产首先应该根据教育教学需求而确定，同时教育装备的功能必须能够解决教育教学中的问题。在这一点上，CEEIA与BESA之间存在比较大的差异。

(一)关于教育教学需求的问题

CEEIA的成员以经销商与集成商为主，说明企业并没有在产品开发上下功夫，即他们的服务并不是从学校的教育教学需求出发而设定的，往往是先掌握了新的技术或其他领域的新型装备，再向学校输送。据BESA的总干事Caroline Wright女士介绍，他们企业产品开发的主要人员基本上都是有教学经验的教师，他们最了解学校教学的需求，教育装备产品的开发完全是从学校需求出发的。而且教育信息化产品生产厂商在BESA的成员中占大多数，可认为这是一种良性结构。

中国教育装备行业大量的经销商与集成商能够很好地生存下来，一定有它的道理，我们在这里不对它的优劣进行评论。但是应该指出，如果不从教育教学需求出发而盲目进行教育装备配备，其结果肯定是要严重影响教育装备行业发展的，也必将会影响教育的正常发展。

(二)关于解决教育困境的问题

人们认为中国基础教育的最大困境是培养了大量“高分低能”的人，为此而掀起了以素质教育为导向的教育教学改革。素质教育就是“德育为先，能力为重”的教育，除了道德养成教育以外，培养和提高学生的能力成为问题的焦点。这里有3个基本问题必须解决：(1)学生需要培养和提高哪些能力；(2)怎样培养和提高这些能力；(3)如何对这些能力培养和提高的水平进行测量与评价。在与BESA成员进行交流的过程中，发现他们有大量的企业(教育信息化产品生产厂商)从事学生与教师各种能力培养和提高方面的培训软件、测量评价软件的产品开发。虽然他们在这些软件开发上时间并不是很长，只有几年或十几年的历史，但是他们在能力训练和测量评价的研究上已经有几十年的经验了。

中国教育装备行业要想有大的发展，就必须在中国基础教育的根本问题解决上发挥作用，就必须首先解决学生与教师在能力培养和提高的培训、测量、评价方面的技术问题，在这些方面开发出适宜中国教育教学环境的教育信息化产品。

(三)关于教育装备标准化的问题

教育装备标准化有配备标准和质量标准两个方面的问题。配备标准是教育

领域特有的，其他领域或行业几乎都没有配备标准，而教育装备配备标准的作用主要是在实现教育均衡发展方面发挥作用。质量标准是对教育装备产品质量的规定，它应该包含3方面的内容：功能质量、性能质量和安全质量。性能质量是指产品在几何结构、物理、化学、生物、电气等特性上的技术指标规定，它是由生产该产品的行业进行认定的，因为教育装备基本都属于工业产品，所以它们的性能质量几乎都是由相应的工业标准来规定。安全质量是指产品在涉及使用者个人、生态环境、社会与国家安全方面的规定，它是由国家进行强制认证的。可见教育装备的性能质量与安全质量都不是教育部门能够解决的问题。功能质量是对产品在教育教学适用性方面的规定，必须由教育部门进行科学测量和认证，但它还仅处于研究阶段。所以在国内，教育装备的配备标准是一个热点问题。

此次赴英考查的目标之一是了解英国教育装备的标准化进程，与中国教育装备标准做比较研究。但是在与BESA进行交流时得知，英国目前在基础教育阶段并不存在教育装备的配备标准。其实，一方面，美国、英国、澳大利亚的教育经历了“进步”“平等”和“卓越”3个阶段，到20世纪80年代后已经进入了“卓越”期，教育均衡问题已经基本解决①，所以他们不需要教育装备配备标准来促进教育均衡发展。另一方面就是20世纪90年代英国施行了“教育分权化”政策，教育财政方面政府放权，而学校校长掌握着财政大权②。据BESA的总干事Caroline Wright女士介绍，政府对聘用来的学校校长足够信任，认为他/她们是教育专家，相信他/她们十分清楚学校教学环境建设的需求，由他/她们自己决定各种设施与装备的配备，不需要标准文件对学校的配备物进行规定。通过BESA会员企业对自己产品的介绍，可以看到他们更加关心学生与教师能力的标准化问题，在能力培训和测量评价方面有着严格遵循的标准。

四、中国教育装备行业的改革与发展

中国的教育事业需要改革与发展，中国的教育装备行业同样需要进行改革与发展。教育装备行业必须关注基础教育的两个关键问题：一个是素质教育问题，一个是教育均衡问题。

(一)教育装备与素质教育

素质教育是国策，是“德育为先，能力为重”的教育，“高分低能”是素质教育要解决的问题。而研究表明中小学校的教育装备投入对提高学生考试成绩无效，但是与学生能力的提高确实存在一定的关系。

---

① 冯大鸣：《美、英、澳教育管理前沿图景》，教育科学出版社，2004年版，第110页。

② 冯大鸣：《美、英、澳教育管理前沿图景》，教育科学出版社，2004年版，第144页。

1966年美国的《科尔曼报告》、2006年英国KCL和UCL的相同研究以及2016年中国教育部教育装备研究与发展中心（以下简称：装备中心）的研究指出，在基础教育阶段教育装备的投入水平与学生的学业水平（中考成绩与高考成绩）没有相关性，当然也就不会存在因果性关系。但是装备中心的进一步研究表明，学校教育装备投入水平与学生各种能力水平的提高确实具有显著相关性，有可能存在因果关系。所以教育装备行业，特别是致力于教育信息化产品开发的企业，应该借鉴BESA相关企业对学生与教师能力培训、测量等方面产品研发以及标准建立的经验，为中国中小学素质教育做出贡献。

（二）教育装备与教育均衡

“文明一定趋同，文化必须求异”，教育的均衡化反映了国家的文明程度，是一定要趋同的；教育的规模化则反映了国家的文化水平，是必然求异的。同样，标准化是趋同，而特色化是求异，中小学实验室装备配备的均衡性属于文明的范畴，应该讲求标准化；而校园网、特色教室、走班教室、创客空间等装备配备则属于文化问题，应该追求特色化，没有必要为它们建立配备标准。教育装备行业应更加科学地建立各种实验室的配备标准和积极推进这些配备标准的实施。

教育装备企业虽不会在教育装备配备标准建设方面有所作为，但是在教育装备产品质量标准中功能质量的规定、描述、测量、评价等方面必须且必定会发挥主导作用。教育装备的功能质量要规定其8个方面的教学适用性问题，分别是在对教学主体所具有的生理、心理、认知、教师、学生、时间、空间、文化方面的适用性；教育装备企业将会为教育装备元标准的建立贡献力量。

第二节　中英教育装备标准化比较

中国繁荣基金项目“中英教育技术与教育装备比较研究”课题组在英国进行考察期间特别关注了英国的教育装备标准化问题，此后又对英国的教育装备标准做了较为深入的调研。本文是在此次考察和英国教育标准文献研究的基础上，提出了目标取向标准化与条件取向标准化的概念，并对它们的特点和优劣进行客观分析。

一、英国教育标准化

英国是一个十分重视教育的国家，政府将教育摆在了国家发展战略的首位，“当问及英国首相其政府发展目标的重点是什么时，回答是：教育，教育，教育”。①

(一)英国教育改革

西方教育在经历了“进步”“平等”和“卓越”的三大标志性进程后，由“经济动力”“社会动力”与“政治动力”的驱使于20世纪80年代进入了较为彻底的教育改革时期。英国则在1988年正式颁布了著名的《教育改革法》(*Education Reform Act*)。该法案在基础教育方面的重大变革主要表现在以下5个方面：②

(1)国家课程。有详尽的课程内容说明和对7岁、11岁、14岁和16岁学生的评估安排。

(2)地方学校管理委员会。把经费和资源管理权移交给学校管理团体和学校的员工，并由此大大消减地方教育当局的权力。

(3)开放式入学。去除对学校能力的人为限制，使家长能够为其孩子选择就读的学校，只要学校的物理容量允许即可。学校的预算经费与学生数量紧密关联，鼓励学校为维持或提高其经费收入而竞争生源。

(4)学校可以“不接受”地方教育当局控制而成为直接拨款的条件。直接拨款从基金代理机构获取经费和资本预算，该机构的成员由教育大臣任命。

(5)引入国家控制的督导制度，该制度将确保所有学校每4年接受一次督导，督导的标准由“教育标准局”(Office for Standards in Education, Ofsted)制定。

在此之后英国政府又于2002年颁布了《传递结果：到2006年的战略》，它全面勾画出英国国家教育改革发展的战略目标(见表8.1)。

表8.1 英国国家教育部战略目标(2002—2006年)

战略目标		
通过下述目标旨在帮助构建一种竞争性的经济和全纳的社会： • 为每个人发展其学习创造良机 • 释放人的潜力，以发挥其最大作用 • 在教育标准和技能水平上达成卓越		
具体目标1	具体目标2	具体目标3
给予儿童一个卓越的教育开端，以使他们对未来的学习拥有一个更好的基础	使所有年轻人能够发展并拥有生活与工作所需要的技能、知识和个人素养	鼓励并使成人能够学习、改善其技能并丰富其生活

从上述这些教育改革发展目标与措施中可以清楚地看出，此次改革的重点

① 新标准信息：《英国教育标准化》，《兵工标准化》，1999年第5期。

② 冯大鸣：《美、英、澳教育管理前沿图景》，教育科学出版社，2004年版。

突出表现在标准化、经费放权、关注学生能力等几个方面。

(二)英国教育标准化方向

英国中央层面教育管理的一个重要机构就是前面提到的教育标准局 Ofsted，它的全称目前已经改为“教育、儿童服务及技能标准局”(Office for Standards in Education，Children's Services and Skills)，但是仍沿用 Ofsted 这个英文缩写名称。虽然 Ofsted 并非一个政府机构，却对英国的教育行政决策和教育管理事务发挥着广泛而重要的作用，Ofsted 的主持人是由教育大臣任命的皇家总督学。①

英国 Ofsted 注重的是以学生成就为核心的教育质量标准体系。反映学生成就的教育质量标准主要涉及以下几个方面：②

(1)学生学业质量标准。根据该标准，在学生学完每个义务教育阶段的课程后要进行学业成绩测评，测评科目主要是英语、数学、科技知识 3 科，其目的是评价学生学业成就质量的优劣。

(2)教师专业标准。根据该标准，学校要对教师进行测评，从而不断提高教师的专业水平，用以保障学生的学业成就质量。

(3)国家课程质量标准。根据该标准，Ofsted 要对 7 岁、11 岁、14 岁和 16 岁学生各门课程的学业成绩进行检查，检查方法包括任课教师对学生所做的形成性测评和 QCA(教育质量局)组织的全英统一终结性测评。

(4)学校质量标准。英国教育的首要目标是提高学生的成就，学校系统改革的关键不在于结构变化而在于关注学生的成就标准。所以学校质量标准仍然仅包括这些内容：①学生学习质量，包括课堂获得的知识和胜任学习的能力；②学校效率，即学校是否充分利用了资源；③学校总体质量标准，反映学生纪律、文化、精神、道德发展情况；④教学质量。

(三)英国基础教育标准化特点

通过对上述标准问题的分析可以看出，英国基础教育标准化的一个显著特点是其制定的标准为目标取向的。所谓目标取向是说政府仅对通过教育使学生所应达到的目标进行标准制定，而对可能达成这一目标的各种条件几乎都不进行标准规定，即标准化不是条件取向的。在针对基础教育的各类标准中，除了教师专业标准外，我们看不到对学校规模、设施设备、教学环境等办学条件方面的标准化规定，即使在学校质量标准的规定中也都反映出对最终目标的追求。目标取向的教育标准化就如同目标管理责任制，不管你以什么样的条件为基础，也不管你通过什么样的办法，只要能够达到我规定的建设目标即可，而

---

① 冯大鸣：《西方六国政府学校关系变革》，上海教育出版社，2011 年版。

② 王小飞：《英国教育质量标准评述》，《中国教育政策评论》，2010 年第 00 期。

我仅对你是否达到了所规定的目标建立标准和依据此标准进行测量评价。我们不得不承认这种目标取向的标准化是科学的，它经历了历史的磨炼，在英国的基础教育中发挥着重要的作用。

(四)英国教育装备标准化

“中英教育技术与教育装备比较研究”课题组在英考察期间与英国教育供应商协会(British Educational Suppliers Association，BESA)进行了深入交流，并对中英教育装备的标准化问题展开讨论。相对于中国教育装备的配备标准和质量标准，中英之间存在巨大的差异，在英国不存在教育装备的配备标准，而教育装备的质量标准就是产品的工业标准，由行业和企业对其进行规定。英国教育更加注重目标取向的教育质量标准的制定，而对条件取向性的教育装备配备标准并不关注。

二、我国教育装备工作定位分析

2016 年 7 月 13 日，我国教育部印发了《教育部关于新形势下进一步做好普通中小学装备工作的意见(教基一〔2016〕3 号)》(以下简称《意见》)，这是自 1999 年教育部印发《关于进一步加强中小学教育技术装备工作的意见(教基〔1999〕11 号)》之后又一关于基础教育阶段教育装备工作的重要指导性文件。

(一)教育装备标准化工作定位

对于教育装备的作用与其标准化工作的重要性，《意见》强调指出：“教育教学装备是教书育人的必要条件”和“标准引领、专业支撑。以课程标准规定、装备标准体系和规范工作机制为引领，强化法治意识、规范意识和专业意识，坚持推进装备规划、实施、管理的制度化和专业化。”而对于教育装备标准建设的种类，教育部发布的解释文件《加强中小学装备工作　服务立德树人根本任务——教育部印发〈关于新形势下进一步做好普通中小学装备工作的意见〉》一文中指出：“《意见》强调要贯彻创新、协调、绿色、开放、共享发展理念，建立与基础教育改革发展相适应，与学生发展核心素养培育相协调，与国家课程标准相匹配的国家装备配备和质量标准体系。”①同时，《意见》还特别强调：“加强装备工作是推进义务教育均衡发展、促进教育公平的必然要求，是实施素质教育、促进学生全面发展的重要基础，是提高教育质量、加快推进教育现代化的重要举措。”

对上面教育装备标准化工作的定位进行分析，可以得出以下几点结论：

---

① 教育部：《加强中小学装备工作 服务立德树人根本任务——教育部印发〈关于新形势下进一步做好普通中小学装备工作的意见〉》[EB/OL]，中华人民共和国教育部政府门户网站，http：//moe.edu.cn/jyb_xwfb/gzdt_gzdt/s5987/201607/t20160727_273081.html

(1)我国的教育装备标准化具有条件取向的性质。

(2)我国教育装备标准具有法律文件的属性，执行配备标准是依法治教的具体体现。

(3)我国教育装备标准主要关注配备标准与产品质量标准两种。

(4)实施教育装备标准化配备是推进教育均衡性和公平性的重要举措。

(二)教育装备配备标准及其取向属性

配备标准是教育领域所特有的，并且我国中小学教育装备工作所涉及的标准几乎都属于配备标准。一般，人们容易把对配备标准的理解仅局限于学校理科、文科实验室的实验仪器设备标准化配备方面，但实际上学校信息化建设(计算机机房、校园网等)标准、房屋建设(教室、实验室等)标准、图书配置(图书馆、图书等)标准、运动场所建设(跑道、风雨操场等)标准、教室条件建设(课桌椅、黑板等)标准、班级环境建设(照明、空调、通风系统等)标准、辅助设施建设(食堂、校园文化等)标准以及地方性的各种学校建设达标标准等等一系列标准都应该属于教育装备配备标准的范围。

上述林林总总的配备标准是对构成学校教育教学环境、条件的标准化规定，所以它们具有明显的条件取向的特征，于是我们可以认为，教育装备配备标准是条件取向性的标准。而我国教育标准化则更多的是关注这些条件取向的标准建设，对目标取向的标准问题研究和重视不够。况且，教育装备的配备对学生的学业水平是否能够发挥良性作用还是值得怀疑的，美国(American，A)1966年的《科尔曼报告》、英国(British，B)2006年KCL和UCL的相关调研以及中国(China，C)2016年的全国基础教育装备调研(以下合并简称"ABC调研")都显示出：教育教学环境与学生学业水平不具有相关性(详见表8.2)。对于学生的学业水平，规定条件性的工作繁杂而无效，规定目标性的工作倒有可能产生好的效果，所以目标取向的标准化优于条件取向的标准化在很大概率下是成立的。

表8.2　教育装备与教学成果相关性研究

时间	国家	研究	结论	
1966年	American 美国	《科尔曼报告》	学生学业水平与教育装备投入无关	学生学业水平与学生家庭经济水平呈高度相关，相关系数0.75
2006年	British 英国	KCL&UCL的相关研究	学生学业水平与教育装备投入无关	学生学业水平与学生家庭住址的邮政编码呈现高度相关性
2016年	China 中国	全国基础教育装备专项调研	学生学业水平与教育装备投入无关	学生能力水平与学校教育装备投入在$\rho<0.01$水平上呈现显著相关性

教育装备标准化由条件取向性向目标取向性转化是必由之路。目前，繁多

的、各种各样的配备标准已使教育装备工作不堪重负，而且配备标准的规定正在逐渐失去其现实意义，人们不再重视它的作用，“一校一标准”甚至“一班一标准”的现象普遍存在，配备标准的严肃性、权威性面临挑战。教育装备工作必须开始研究和建立目标取向的统一标准，“教育装备元标准”就是典型的目标取向性标准。教育装备元标准对教育装备的教学适用性做了严格规定，而教学适用性的本质是教学有效性，即要求教育装备必须能够对教育教学效果产生良好的作用，必须经过教育教学有效性的实际检验。规定和测评教育装备教学适用性是教育装备元标准的核心内容。教学适用性或教学有效性的规定与 ABC 调研的结论并不矛盾，原因有 3 个：

(1)ABC 调研的中国调研中有一条结论，虽然教育装备对学生学业水平(中、高考成绩)不产生作用，但是与学生各种能力的提高的确呈现出显著相关性。

(2)不得不考虑到，在此之前的教育装备配备是没有进行深入的教学适用性或有效性设计、检验和认定的，而经过这些处理的教育装备就应该会对教学效果发挥作用。

(3)ABC 调研是对教育装备整体表现进行的判断，并未对逐个装备的教学有效性表现进行相关性分析，所以具有教学有效性的教育装备存在的可能性是有的。

(三)标准化文件的法律属性分析

党的十八大之后，政府提出了“依法治国”的发展国策，教育领域则提出了相应的“依法治教”策略，教育装备管理部门为了响应政府的号召，将“依法治教”落实到装备管理工作中，在制定的《意见》中强调通过“标准引领”来体现教育装备工作的“依法治教”。这无形中就将课程标准、装备配备标准等标准文件定位在了法律文件上面。于是，教育装备配备标准是否真的具有法律文件的性质便成为我们现在需要认真讨论的问题。

道德与法律是两种不同的对人进行约束的精神，但是道德讲求自律，法律则强调他律；道德告诉人们应该怎样做，而法律则规定人们不应该做什么。从法权关系角度去分析，法理规定人与人之间可以建立法权关系，如：监护人与被监护人的关系；人(此处为人格)与物之间也可以建立法权关系，如：人与私有财产的关系；但物与物之间无法建立法权关系，我们不能说“此物占有彼物”。再来看教育装备配备标准，它规定了何物必须放在何处，此物与彼物之间如何关联，所以该类标准不具有法律文件所应具有的一些特征，不能归入法律的范畴。倒是教育管理部门颁布的一些与教育装备相关的限令(或禁令)反而具有法律文件的性质。有关教育装备限令的讨论，将在后面展开。

(四)教育装备产品质量标准分析

教育装备产品质量标准是对产品质量3方面的规定：性能质量、安全质量、功能质量。

1. 性能质量标准

性能质量标准是指产品在几何结构、物理、化学、生物、电气等特性上的技术指标规定，它是由生产该产品的行业进行认定的，因为教育装备基本都属于工业产品，所以它们的性能质量几乎都是由相应的工业标准来规定。在教育装备领域人们热衷于建立几乎所有装备产品的性能质量标准，但是由于教育装备的“非限定性”特性，使得其他任何领域的装备都可以拿到学校里作为教育装备使用，若给它们都制定一个性能质量标准是不可能的，其实也是没有必要的。据粗略统计，教育装备中除了通用产品(如：计算机、电视机、工具类产品、化学药品、玻璃仪器等)外，专门用于学校教学的仪器产品就有500多个品种(注：每个品种又有许多类型和型号)；根据《初中理科教学仪器配备标准(JY/T 0386—2006)》和《小学数学科学教学仪器配备标准(JY/T 0388—2006)》中描述的情况，仅九年义务教育阶段的理科实验室教学仪器就有1400多件。

一台用于校园网的交换机与用于其他领域的商用机在技术参数上是否应该存在差别呢？网络交换机的技术指标需求由它所工作的网络环境决定，网络的吞吐量、无阻塞、可靠性等要求决定了包转发率、背板带宽、可扩展性、冗余度等技术指标方面对网络交换机的选型。相同的技术环境下对交换机提高或降低技术要求标准，以及制定一个完全相同的标准显然是毫无意义的。

2. 安全质量标准

安全质量标准是指产品在涉及使用者(或消费者)个人、生态环境、社会与国家安全方面的规定，它是由国家进行强制认证(如：3C认证、QS认证等)的。同样，为用于学校的产品再去做一个完全相同的安全质量标准也没有任何意义。

3. 功能质量标准

功能质量标准是对产品在教育教学适用性、有效性方面的规定，必须由教育领域的相关部门进行科学测量和认定，但它还仅处于研究阶段。教育装备具有8个方面的教学适用性问题，分别是在对教学主体所具有的生理、心理、认知、教师、学生、时间、空间、文化方面的适用性。

例如，基于Pad形式的电子书包是在苹果公司iPad的基础上衍生出来的，而乔布斯的设计理念是尽量简化用户对使用这一电子产品的操作，用单击图标的动作代替了几乎全部相关操作指令。这样的设计理念或许对于具有西方文化使用拼音文字的学习者毫无影响，因为他们毕竟只有26个字母需要记忆。但是对使用象形文字的中国学生来说，由于有成千上万的汉字需要记忆，乔布斯的设计必定会对他们产生适用性方面的问题，长期使用电子书包而造成“提笔忘字”的现象是该类装备在文化适用性方面不匹配的典型表现。如果我们必须要给中国学生使用的电子书包制定一个产品质量标准的话，那么首先要解决的就是它文化适用性的功能质量标准。

(五)均衡性与公平性的取向特点

加强装备工作是推进义务教育均衡发展、促进教育公平的必然要求，均衡性是针对义务教育阶段提出的，而公平性则是针对高中与高等教育提出的。

1. 教育均衡性具有条件取向性

《中华人民共和国教育法》第十九条规定：“国家实行九年制义务教育制度。各级人民政府采取各种措施保障适龄儿童、少年就学。适龄儿童、少年的父母或者其他监护人以及有关社会组织和个人有义务使适龄儿童、少年接受并完成规定年限的义务教育。”此处特别指出了国家各级政府要为义务教育采取各种保障措施，教育的均衡性就是让全国各个地区学校的这些保障措施(或教育教学条件)尽量达到一个平均、一致、标准化的水平。所以，教育装备配备标准的必要性主要体现在义务教育阶段，这是因为如前文所述——配备标准是具有明显条件取向性特征的。

2. 教育公平性具有目标取向性

“民不患寡而患不均”，人们对教育公平性的关注度非常之高，而且主要表现在高中教育与高等教育阶段。国内高等教育资源的缺乏和获得高等教育后的利益使得它成为人们追求的焦点，而教育公平应表现为获得高等教育的同等机会方面。其实，人们对同等机会的理解是这样的：即无论身处全国的任何地方，无论什么样身份的家庭背景，只要满足报考高等学校条件，那么他所在的那个地区或学校都具有高等教育普通学校、重点高校以及名校的相同考中比例。这是一个十分明确的目标，或者说公平性是具有明显目标取向性的。但现状是考中高等学校的机会集中在一些城市中的重点高中，于是使得能够进入这些重点高中的机会又表现出教育公平问题。对于一所高中校，教育装备投入量是否均衡人们并不关心，人们最关心的是它的学生考入重点高校的比例，而且ABC调研的结论说明了教育装备投入其实对学生高考成绩没有贡献，所以高中校的教育装备配备标准在目标取向的公平教育需求下就显得无足轻重了。

三、教育装备限令的作用

限令(ordering)或禁令(injunction)是政府颁布的法律文件，起着限制或禁止从事某项活动或使用某物的规定作用。教育限令是政府在教育领域颁布的法律文件，是依法治教的具体体现。教育装备限令则是教育管理部门对教育装备的推广使用所做出的法律规定。英国在基础教育阶段基本不存在教育装备配备标准的，体现法律作用的是一些必须颁布和执行的限令。

2014 年我国一些学校出现了毒跑道事件。“从新疆到东北，从内蒙古到深圳，近两年来，校园‘毒跑道’事件层出不穷，学生家长怒发冲冠，社会各界反应强烈。而其产生根源之复杂、持续时间之长、涉及地域之广、带来危害之大可能超乎想象。”①该事件对教育装备管理的科学性提出了更高的要求。为避免此类事件再次发生或在事先就能够防止此类事件发生的办法是制定相关的法律文件。与此相关的法律文件有两种形式：一是制定标准，二是颁布限令。

(一)制定相关标准的困境

对于塑胶跑道这个产品，当我们对其在中小学校表现出的安全质量还没有进行深入研究和测试时，制定能够满足学校适用性的标准是一个十分困难的事情。首先，我们并不知道像《体育场地使用要求及检验方法第 6 部分：田径场地(GB/T 22517.6—2011)》与《合成材料跑道面层(GB/T 14833—2011)》等这些标准所规定的那些对于成人可以适应的材料是否同样能够适用于中小学生，或者说成人与中小学生是否应该使用同一个标准文件。另外，在采购、施工与验收时，原来适用于其他领域的方法是否同样适用于中小学校这个环境。制定一个具有教学适用性的产品标准是个长期的过程。同时，对以次充好等奸商行为用制定标准的办法来约束也是无济于事的。

除了制定相应标准外，证书制也是非常重要的措施。在英国使用塑胶跑道的学校占全部学校(大中小学和学前班)的比例不足 1%，而学校田径跑道的实施必须具有证书，“申请证书的新跑道或需要重新测量的跑道必须在有官方机构授权的测量师监督下，通过一个完整的调查问卷。在英国田径协会收到所需的全部手续后，将会递交给国家/地方设施统筹机构，该机构将会派出评估员进行参观评估。根据评估报告的建议，将颁发相应水平的证书。证书一般自检查日起有效期 5 年”。②

(二)颁布相关限令的有效性

毒跑道事件出现后最有效的补救办法不是修订标准，而是颁布相关限令。塑胶跑道并不是一个十分成熟的产品，而且这种产品在中小学校中使用的必要性和安全性也没有经过科学的论证。“中英教育技术与教育装备比较研究”课题组在英国进行考察时发现，所参观过的中小学和幼儿园的操场都没有铺设塑胶跑道和塑胶草皮，而是使用真草皮。

在中小学校中使用一个新产品必须慎重，应经过科学的需求和安全论证，

---

①　新华每日电讯 4 版：《新华社记者五问“毒跑道”事件》[EB/OL]，http：//news.xinhuanet. com/mrdx/2016-06/14/c_135434751. htm，2016 年 6 月 14 日。

②　人民网：《校园“毒跑道”追踪：国外校园跑道采用什么材质、安全监管如何?》[EB/OL]，http：//world. people. com. cn/n1/2016/0620/c1002-28456847. html? from=singlemessage

需求分析必须充分，安全认证一定可靠。当所有这些都不具备时，出现问题后教育管理部门应立即发出限令，禁止中小学校使用此类产品。同样，对于一种未经检验的产品或技术，在中小学校推广使用之前一旦发现苗头应立即颁布限令。例如，目前校园网室内无线路由器的载波频率普遍使用 2.4GHz 的，新产品则开始使用 5.8GHz 载波频率。其中 2.4G 是成熟技术，其安全性经过检验，而 5.8G 安全性还有待考验，在中小学校盲目推广使用 5.8G 产品是不负责任的态度。出现此类苗头时，相关部门应颁布限令，在中小学校目前阶段要禁止使用 5.8G 产品才对，只有这样做才能在教育装备工作中真正体现出依法治教的精神和科学管理的态度。

本文通过中英教育装备标准化特点对比分析得出的目标取向与条件取向概念是一个应该给予重视的现象，更是一个值得研究的课题。中英两国在教育标准和教育装备标准上取向的不同反映出在教育管理方式上的巨大差异。英国教育的改革与发展经历了不同的阶段，在教育装备管理方面也有近一个世纪的经验，他们曾经遇到的问题或许我们也正在经历。了解他们的历史和现状，对我们与他们之间的差别进行分析，取长补短、发现机遇，提高我们的教育装备管理水平，推进我们教育事业更加快速发展是该项研究的目的。

第三节　中英教育科技产品比较

教育装备工作应该更多地关注学生的能力培养、测量与评价问题，因为教育装备投入仅与学生能力水平的提高具有相关性，必定存在对学生能力提高上发挥作用的很大可能性。这个命题已经不再是一个研究性假设，不再是教育科学猜想，它已经被采集到的巨量数据的分析而加以证实。本文则是要通过对英国在教师与学生能力测量评价方面教育科技产品的介绍，进一步用事实证明上述命题的成立，并以此为依据来促进我国教育装备的科学良性发展。

一、能力问题的重要性

“德育为先，能力为重”是我国素质教育的国策，学生能力是指什么，以及学生能力为什么如此重要是需要我们首先阐述清楚的问题。

(一)知识与能力

知识(knowledge)可被简单地分为两个类型：显性知识(explicit knowledge)与隐性知识(tacit knowledge)，而能力(ability)则属于隐性知识。

1. 显性知识与隐性知识

显性知识是可以直接通过语言对其进行描述，可以运用逻辑推导对其进行证明或证实的知识，它是学生在课堂上获取的最主要知识。学生在日常教学活动中通过听教师讲课或通过阅读书籍所获得的科学知识(数学、物理、化学、生物等知识)、人文知识(文学、历史、哲学等知识)都属于显性知识，这些知识都经过了严格的逻辑证明或证实，而测量学生掌握这些知识的水平通过卷面考试即可实现。

隐性知识的表现方式与显性知识明显不同，它多不能直接通过语言进行描述，并无法或无须对其进行证明。一般认为能力、技能(skills)、先验知识(prior knowledge)等都属于隐性知识的范畴(如：与生俱来的生存技能、不证自明的几何公理)。能力与技能的提高依靠经常不断的训练，先验知识的获得则多是通过“点悟”来实现。

2. 能力的特征

人的能力是在实践活动中通过人体各个器官经历各种训练而得到提升。我们使用“能力的提升”而不使用“能力的获得”这样的说法，是因为能力具有先验性。能力是隐性的，它先天地藏在我们的身上，只是表现出来程度的不同。有些人具有先天的音乐才能，有些人具有先天的绘画才能，有些人天生就是个哲学家，而有些人天生就是个数学家，他们天生就具有一些非凡的能力，这些能力都是先验的，后天的训练只是将这些能力获得加强或充分调动。能力是隐性知识，所以它具有隐性知识的特点，例如，人们无法用语言将一种具体的能力精确地描述出来；我们只能说这种能力强或不强，而不能像对显性知识一样说它是正确的还是错误的，且它不会被遗忘；能力只有在实践中得到提升，而不能像显性知识一样通过信息技术手段进行传播；同时它不能够被直接地进行量化和测量，只能通过间接的方法了解其被人们掌握的程度。

能力的这些特点使得它的提升、测量与评价变得十分困难，对它的研究进度非常缓慢，积累的经验也是凤毛麟角。所以借助世界上其他国家在本领域的先进经验就显得尤为重要。

3. 能力本位的教学条件

中小学的课堂教学是以学生获取显性知识为主要目的，我们称其为知识本位的教学。而中小学实验教学、社会实践、课外活动以及一些校本特色课程等则定位于以学生能力培养和提升为主要目的，我们称其为能力本位的教学。能力本位的教学需要构建一定的教学条件与环境，对这一条件与环境的研究是我们面临的一个重要课题。

(二)素质教育与能力

人们认为中国基础教育的困境是培养的人才“高分低能”，为此而掀起了以素质教育为导向的教育教学改革。国家“十二五”规划中指出：教育要“育人为本”和“德育为先，能力为重”。其实，素质教育就是“德育为先，能力为重”的教育。在我们实际推行素质教育的过程中，除了道德养成教育以外，培养和提升学生的能力就成为问题的焦点。有关学生能力培养与提升的问题，有3个基本概念必须阐述清楚：(1)学生需要培养和提升哪些能力；(2)怎样培养和提升这些能力；(3)如何对这些能力培养和提升的水平进行测量与评价。这些基本问题不解决，“能力为重”的目标只能是一个口号。

但是，只有概念讨论是远远不够的，为了将能力培养与提升的教育付诸实践，了解和学习世界上此项工作走在前列国家的经验同样是十分重要的任务。

(三)教育装备与能力

2015年3月，教育部教育装备研究与发展中心受教育部基础教育一司的委托进行“全国基础教育装备专项调查研究”工作。该项工作历时一年，对全国6个省市290所中小学校的558名正副校长、4300名教师和25826名学生进行了问卷调查、访谈和数据采集。从调查研究中返回的数据做出的分析，发现了以下规律：

(1)教育装备的投入水平与学生的学业水平没有相关性。

(2)教育装备的投入水平与学生的能力水平具有显著相关性。

二、英国教育改革中涉及的能力问题

注重学生能力问题不仅是我国基础教育所关注的问题，在世界上作为教育发展先驱的英国以更加超前的意识与更加先进的手段处理着这一问题。从1988年英国政府颁布《教育改革法》开始到2007年英国国家课程标准制定，学生与教师的能力问题就一直没有离开过人们的视线。表8.3开列了这段时间内英国政府颁布的相关文件中对学生与教师能力要求的具体描述，英国教育改革中对师生能力问题的重视程度可见一斑。

表8.3 英国政府颁布的教育改革文件中对能力要求的描述

时间	颁布文件	能力要求相关描述
1988年	教育改革法	(a)不同能力和不同成熟程度的学生在每一个主要阶段需要接受的事实、技能和理解力(在本章简称“成绩目标”)。 (b)不同能力和不同成熟程度的学生在每一个主要阶段需要接受的事实、技能和活动(在本章简称“教学大纲”)。①
1988年	英国国家课程	第二，探索能力。包括：(17)动手能力；(18)集体合作能力。 第三，信息技能。包括：(19)表达自己的意见和对别人见解的反应；(20)利用参考资料。②

① 张振改：《教育政策的限度研究》，人民出版社，2014年版。

② 余中根：《外国教育史研究》，云南大学出版社，2008年版。

续表

时间	颁布文件	能力要求相关描述
1992 年	学校质量标准	(1)学生学习质量 学习质量即学生在课堂上学习所取得的进步(即对知识、理解力和技能的掌握程度)以及他胜任学习的能力(包括读、写、算方面的能力)。这些学习技能包括：准确、流畅和理解地进行阅读的能力，观察力，信息检索能力，寻找范例与规划的能力，较深的理解力，用各种不同方式交流信息和思想的能力，集中注意以及与他人有效地进行合作和工作的能力和在适当情况下应用计算机的能力。①
2002 年	传递结果：到 2006 年的战略	战略目标之一：在教育标准和技能水平上达成卓越。 具体目标 2：使所有年轻人能够发展并拥有生活与工作所需要的技能、知识和个人素养。②
2007 年	英国国家课程	将操作化能力与知识内容分开表述。 英国基础教育质量标准所强调的“核心能力”主要指向儿童的“生活技能”，要求学校培养出适应知识经济需求的“候选人”。③
2007 年	英国教师专业标准框架	专业技能：计划、教学、评价监控和反馈、反思与改进、学习环境、团队合作。④
2007 年	教师专业标准	3. 专业技能(professional skills) 专业技能包括一般能力和与教学有关的特殊能力。其一是规划技能。其二是教学技能。其三是评价、监督和反馈技能。其四是教学评审技能。其五是学习环境营造技能。其六是团队工作和合作技能。⑤

三、英国教育科技产品对师生能力问题的表现

英国的教育改革非常关注教师与学生的能力问题，而且这种重视最终还能够具体体现在实践之中。英国政府对教育提出的师生能力的提升与测评，几乎都能够在教育科技产品中得以实现。“Educational Technology”一词在我国被称

① 王小飞：《英国教育质量标准评述》，《中国教育政策评论》，2010 年第 00 期。

② 冯大鸣：《美、英、澳教育管理前沿图景》，教育科学出版社，2004 年版。

③ 丁晓昌等主编：《瞭望世界的风景(国际比较教育研究报告集)》，江苏教育出版社，2011 年版。

④ 江芳、杜启明：《小学教师专业标准知与行》，安徽师范大学出版社，2013 年版。

⑤ 孙珂、马健生：《促进教师的专业发展：英国教师教育标准述评》，《比较教育研究》，2011 年第 8 期。

为教育技术，而在英国这个词组的汉语词义为教育科技(美国的教育技术一词则使用“Instructional Technology”)。英国从事教育科技的企业形成了一个稳固的行业。

(一)英国教育科技企业学生能力相关产品比例分析

BESA是英国教育供应商协会(British Educational Suppliers Association)名称的英文缩写，BESA旗下的企业被称为教育科技产品厂商与服务商，其厂商中有大量是生产教师与学生能力训练与测评软件的企业。

(1)BESA旗下的企业数为325个，占据了英国全国从事教育科技行业中企业数的80%。

(2)BESA网站(http://www.besa.org.uk)链接的各企业官方网站数为283个，占BESA全部成员数(325个)的87.08%。

(3)在上述283个企业中具有教育软件产品的厂商数为230家，占网站上链接全部企业数的81.27%。

(4)在上述230家具有教育软件产品的厂商中从事师生能力训练与评测软件开发、设计、生产的厂商数量为56家(其余为教育教学资源、教育管理软件等产品厂商)，占全部教育软件产品厂商的24.35%。

(5)在上述56家从事师生能力训练与测评软件生产的厂商中专注于能力测量评价软件研究与生产的厂商数量为31家，占比为55.36%。

(6)在上述31家生产师生能力测评软件的厂商中仅针对学生能力测评软件生产的厂商数量有23家，占比为74.19%；其余8家厂商除了生产学生能力测评软件外同时还生产教师能力测评软件，占比为25.81%。

这种比例的合理性我们尚不能对其做出充分论证，但它毕竟是伴随着英国教育改革几十年的实践而逐步形成的，所以它的比例关系对我国这一行业合理构成具有参考意义。英国BESA网站可以链接到的企业(283个)中，从事师生能力训练与测评软件生产的厂商共计56家，相对于英国全国可能存在的相同厂商数应为：$56 \times (325/283) \div 80\% \approx 80$(家)。英国2015年全国中小学校数量为32175所，则平均每家此类厂商对应的学校数约为402所。中国2015年全国中小学校数量总计为26.78万所，如果也按照平均每家此类厂商对应402所学校计算，则中国需要此类厂商数量约为666家。这仅仅是一个参考性的粗略估算，并没有将诸多影响该数据的因素考虑进去，如：学生能力类型数量的限制、生产厂商与代理经销商的比例关系、中英文化差异造成的两国教育培养目标的不同等等重要与非重要因素。

(二)英国教育科技学生能力测评软件案例分析

表8.4是英国教育科技行业中从事学生能力测评软件的一个真实厂商产品的实际情况(隐去了厂商的名称)。从中可以发现一些有价值的信息：

(1)一家厂商并非只有一个能力测评软件产品，此案例中的厂商就有4个此类产品。

(2)提供的测量工具针对性是很强的，对应不同的能力问题都有具体的解决方案。

(3)从能力类型上看，该案例关注了学生的学科学习能力、阅读能力、逻辑推理能力、认知能力以及对事物的理解能力等多方位的能力。

(4)给出软件测试功能的同时还提供了测试条件，这对于能力测评结果的科学性是十分重要的。

(5)英语、数学和科学这三个学科的测评是英国中小学生最基本的测评，它是由英国教育标准局(Office for Standards in Education，Ofsted)规定的标准化测评内容，是分别针对英国7岁、11岁、14岁和16岁学生的国家课程标准规定，同时也是西方提出的“STEM”教育的基本内容。

表8.4　英国教育科技某厂商的能力测评软件产品功能描述

软件名称	Cognitive Ability Tests(CAT4)	The Complete Digital Solution (CDS)	Progress Test Series	New Group Reading Test (NGRT)
针对能力	认知推理能力	自然推理的能力 学习态度 目前能力的表现	英语、数学和科学三个学科的成绩和发展情况测评	阅读和理解能力(包括语音测试)
类型	单项能力测评	综合测评 (显示一年的变化)	学科测评	单项能力测评
能力测评功能简述	通过语言交际能力、非语言交际能力、数学能力、空间意识四个维度的测量认知能力，并提供全国平均能力水平作为参照。测试不受课标材料和母语学习的影响。	包括三套测量工具： (一)能力测试工具：CAT4。 (二)成绩测试工具：通过Baseline，Progress Test Series，New Group Reading Test，Single Word Spelling Test四个测试显示与学生认知水平不符的成绩异常。 (三)学习态度测试工具：通过Dyslexia Screener，Pupil Attitudes to Self and School (PASS)，Kirkland Rowell Survey测试学生学习过程中存在的态度或情绪问题。	PT Series是基于课标的学科测评。	测评分为两部分： 完成句子——测量解码和基本理解能力； 篇章理解——逐步提高难度，测量理解能力。 阅读能力较弱的学生将需要完成拼读能力测试。

续表

软件名称	Cognitive Ability Tests(CAT4)	The Complete Digital Solution (CDS)	Progress Test Series	New Group Reading Test (NGRT)
网址	https：//www.gl-assessment.co.uk/products/cognitive-abilities-test-cat4/	https：//www.gl-assessment.co.uk/products/complete-digital-solution-cds/	https：//www.gl-assessment.co.uk/products/progress-test-series/	https：//www.gl-assessment.co.uk/products/new-group-reading-test-ngrt/

人才培养的事业中学生能力问题是非常重要的一环，英国教育很早就意识到了这个问题。从英国教育与教育科技产品的分析中可以看到它们在这方面的成绩，这些应该成为我们可以借鉴的先进经验。

第四节 中英教育相关标准比较

目前教育装备标准化是一个热门话题，有众多的单位、企业甚至个人都在积极参与研究和制定教育装备标准的工作。为了使该项工作更加规范而有效，需要参考国际上具有丰富经验国家的标准化成就。繁荣基金项目“中英教育技术与教育装备比较研究”课题组于2016年10月和2017年1月两次赴伦敦进行实地考察，走访了6所伦敦的中小学校和多个相关单位，并对教育与教育装备标准化问题进行研讨。本文希望通过分析中英两国在本领域的工作，找出差距，积累经验，达到促进我们教育装备标准化工作科学发展的目的。

一、中英标准化管理机构

国家标准化工作由国家标准化管理机构指导，教育标准化与教育装备标准化工作也有相应的机构负责，了解中英两国标准化管理机构的情况并加以比较是进一步掌握中英教育与教育装备相关标准差异研究的基础。

(一)SAC与BSI

中国国家标准化管理委员会SAC(Standardization Administration of the People’s Republic of China)于2001年成立，为中国国家质量监督检验检疫总局管理的事业单位，是国务院授权的履行行政管理职能、统一管理全国标准化工作的主管机构。SAC代表国家参加国际标准化组织ISO、国际电工委员会IEC和其他国际或区域性标准化组织，负责组织ISO、IEC中国国家委员会的工作。

英国标准协会或英国标准机构 BSI(British Standard Institution)被称为世界标准之源，在世界标准界占据了举足轻重的位置。BSI 成立于 1901 年，并于 1929 年获得英国皇家特许，成为世界上首家国家级标准机构，同时它也是国际标准化组织 ISO 的创始成员之一。

SAC 与 BSI 除了在历史上和国际影响力上的差距以外，他们在各自国家中的地位和作用是基本相当的。

(二)中英基础教育相关标准管理机构

1. 中国教育部基础教育司

由教育部组织成立基础教育课程教材工作领导小组，教育部基础教育司具体负责，于 2000 年和 2014 年分别成立两届基础教育课程教材专家工作委员会，并组织国家课程标准编写组负责对中小学各个学科课程标准进行编写。但是，上海市不采用全国标准，而是由上海市教委基教处组织编写上海市中小学课程标准。

2. 中国全国教学仪器标准化技术委员会

1988 年，当时的国家教委(1998 年改为教育部)在国家技术监督局的支持下成立了全国教学仪器标准化技术委员会，代号 CSBTS/TC125。该委员会旗下有力学和热学(CSBTS/TC125/SC1)、电学和磁学(CSBTS/TC125/SC2)、光学和原子物理(CSBTS/TC125/SC3)、生物学(CSBTS/TC125/SC4)、化学(CSBTS/TC125/SC5)、小幼教(CSBTS/TC125/SC6)6 个分委员会，负责组织教学仪器设备国家标准与行业标准的制定、修订和复审工作。① 2016 年该委员会更名为全国教育装备标准化技术委员会。

3. 中国教育部教育信息化技术标准委员会

2000 年，教育部科技司组织力量研制现代远程教育技术标准，并于 2001 年成立了现代远程教育技术标准化委员会，2002 年更名为教育部教育信息化技术标准委员会。同年，经国家标准化管理委员会(SAC)批准成为全国信息技术标准化技术委员会(SAC：TC28)教育技术分技术委员会(CELTSC)，授权承担全国教育技术、教育信息化相关标准的研制、认证和应用推广工作。②

4. 英国 Ofsted 与 Ofqual

教育标准局 Ofsted(Office for Standards in Education)是英国中央层面教育管理的重要机构，但它是一个非政府部门，在其网站上清楚地标明："Ofsted is

---

① 教育部高等教育评估中心：《高等学校教学工作评估与教学成果评审实用手册 第 4 卷》，华夏教育出版社，2005 年版。

② 中国教育部教育信息化技术标准委员会[EB/OL]，http：//www.celtsc.edu.cn/index.html

a non-ministerial department."(https://www.gov.uk/government/organisations/ofsted)Ofsted 依据英国 1992 年颁布的《教育(学校)法》(《Education (School) Act 1992》)于 1993 年正式成立。2007 年它的全称改为"教育、儿童服务及技能标准局"(Office for Standards in Education, Children's Services and Skills),但是目前仍沿用 Ofsted 这个英文缩写名称。Ofsted 虽然被称为英国教育标准局,但其主要工作并非是制定各种教育相关标准,而是对学校教育进行督导,它的主持人是由教育大臣任命的皇家总督学。①

英国资格与考试管理办公室 Ofqual(Office of Qualifications and Examinations Regulation)于 2007 年成立,为独立法人组织,直接对英国议会负责,承担国家教育考试和测验管理事务。而 Ofsted 对影响国家课程评价标准的相关问题进行监测并向 Ofqual 报告检测信息。②

5. 英国 QCA 与 QCDA

资格与课程委员会 QCA(Qualification and Curriculum Authority)是代表英国政府具体负责在全国范围内推行发展各级教育和培训课程与资格的权威部门,于 1997 年由国家职业资格委员会(National Council for Vocational Qualifications)和学校课程评审委员会(School Curriculum and Assessment Authority)合并而成立。在英国,QCA 的主要任务是制定国家课程标准。③

英国资格与课程发展局 QCDA(Qualifications and Curriculum Development Agency)于 2008 年成立,取代 QCA 来负责开发和制定国家课程标准,同时负责与国家考试相关的一系列事务。2010 年英国撤销 QCDA,并成立新的机构负责原来 QCDA 的工作。

二、中英标准文号与标识

标准文件一般都应具有文号与标识,而各国的标准文件所采用的编号方法不同,它们之间存在一些差别,本节对此进行简单的说明。

(一)中国标准文件

中国国家标准标识为 GB,文号格式采用:GB+顺序号+批准年号,如:GB 50099—2011。带有 GB 标识的标准是由中国国家标准化管理委员会 SAC 起草、审查,由国务院标准化行政主管部门审批、编号和发布的。国家标准又分

① Office for Standards in Education [EB/OL], https://www.gov.uk/government/organisations/ofsted

② Office of Qualifications and Examinations Regulation [EB/OL], http://dera.ioe.ac.uk/14514/

③ Qualification and Curriculum Authority [EB/OL], http://www.qca.org.uk/

强制执行标准与推荐执行标准，强制标准的标识就是上面所述的GB，推荐标准的标识是在其基础上加有“/T”，如：GB/T 21747—2008。中国国家标准有时会等同采用国际标准，如：《管理体系审核指南》(GB/T 19011—2013)就是等同采用国际标准英文版的ISO 19011：2011。

对没有国家标准而又需要在全国某个行业范围内统一技术要求的则是制定行业标准。中国的行业标准由国务院有关行政主管部门制定，并报国务院标准化行政主管部门备案。行业标准的文号格式：行业标识＋顺序号＋批准年号。教育行业标准标识为JY，文号格式采用：JY＋顺序号＋批准年号，如：JY 0001—2003。行业标准也有强制型与推荐型之分，标识方法与国家标准相同，如：JY/T 0386—2006。

除此之外，中国还有企业标准(标识为Q)和地方标准(标识为DB)等。

(二)英国标准文件

英国标准文件使用的标识为BS(British Standard)，文号格式采用：BS(＋专业代号)＋顺序号＋制定(修订)年号。非专业性的一般标准没有专业号项。当文件为同一标准的不同部分时，文号则使用标识“pt.＋序号”的方法，如：BS 594 pt. 2—1996。

带有标识BS的标准是英国标准机构BSI制定的标准，属于英国国家标准。但英国并非所有的标准都要由自己重新制定，而是经常直接使用欧盟标准(标识EN)、国际标准(标识ISO)、国际电工委员会标准(标识IEC)等进行转化或等同采用为自己的标准。例如，文号为BS EN ISO/IEC 19796－1—2006的标准文件就是一个经转化或等同采用英国、欧盟、国际以及国际电工委员会的标准。该标准的英文名称为“Information technology. Learning, education and training. Quality management, assurance and metrics. General approach”。中文名称为：“信息技术；学习、教育和培训；质量管理、保证和度量；一般方法。”[①]

三、中英基础教育相关标准

涉及基础教育的相关标准有国家课程标准、教师标准、校长标准、学校质量管理标准和教育装备标准等，下面逐一进行介绍。

(一)国家课程标准

“国家课程”是国家控制的全国统一性的教育质量标准，是衡量基础教育质量的标尺。中英两国都有自己国家的课程标准，并都为此付出巨大努力。

1. 中国基础教育国家课程标准

1912年，当时的国民政府教育部公布了中国课程发展史上的第一个课程标

① BSI [EB/OL], https://www.bsigroup.com/

准:《普通教育暂行课程标准》。此后,在 1923 年颁布了中小学课程暂行标准纲要,1929 年颁布了中小学课程暂行标准,1936 年、1942 年、1948 年先后颁布了中小学课程修正、修订、二次修正标准。中华人民共和国成立初期颁布过小学各科和中学个别科目课程标准(草案)。1952 年以后,改用教学计划、教学大纲。[①] 2001 年,在新一轮课程改革中教育部制定并颁布了 2001 年版"新课程标准",该课程标准涉及义务教育各个学科的 19 门课程和高中的 13 门课程。2011 年对 2001 年版的课程标准进行了修订和改造,重新颁布了 2011 年版的义务教育阶段各门课程标准(小学科学课程除外)。

2. 英国基础教育国家课程标准

1988 年,英国议会通过《教育改革法》,规定在全国中小学实施"国家课程"。1989 年,当时的英国教育和科学部正式颁布了国家课程标准。国家课程由 10 个学科的课程组成,其中英语、数学和科学为 3 个核心学科,历史、地理、技术、美术、音乐、体育和现代外语则为 7 个基础学科。此后,英国教育和科学部分别在 1991 年和 1995 年对其进行了修订和调整。2000 年,英国新成立的教育与就业部和资格与课程委员会 QCA 共同颁布了面向 21 世纪的新国家课程标准。目前,英国中小学课程标准使用 2014 年教育部颁布的《英国国家课程框架文件》(*The National Curriculum in England: Framework Document*)。[②]

中英基础教育国家课程标准文件都没有使用各自国家标准文件的统一文号,也不带有国家标准文件的标识。

(二)教师标准

1. 中国基础教育教师专业标准

2012 年,中国教育部根据《中华人民共和国教师法》和《中华人民共和国义务教育法》制定并正式颁布了《幼儿园教师专业标准(试行)》《小学教师专业标准(试行)》和《中学教师专业标准(试行)》3 部教师专业标准。标准文件提出了"学生为本,师德为先,能力为重,终身学习"的基本精神,确立了"专业理念和师德、专业知识、专业能力"3 个核心标准化内容。[③]

2. 中国义务教育师资配置标准

2016 年,在《中华人民共和国国民经济和社会发展第十三个五年规划纲要》

① 顾明远主编:《教育大辞典 增订合编本(上、下)》,上海教育出版社,1998 年版。

② *The National Curriculum in England: Framework Document* [EB/OL], https://www.gov.uk/government/publications/national-curriculum-in-england-framework-for-key-stages-1-to-4

③ 教育部文件(教师〔2012〕1 号)[EB/OL], http://www.gov.cn/zwgk/2012-09/14/content_2224534.htm

第五十九章(推进教育现代化)提出了九项教育现代化重大工程，其中在第一项“(一)义务教育学校标准化”中规定：“实施加快中西部教育发展行动计划，逐步实现未达标城乡义务教育公办学校的师资标准化配置和校舍、场地标准化。”义务教育阶段公办学校的师资配置标准即将出炉。

3. 英国基础教育教师专业标准

1988 年，英国议会通过《教育改革法》，教育和科学部公布了《合格教师身份》咨询文件。1989 年，英国成立教师教育认证委员会 CATE(Council Accreditation of Teacher Education)，并颁布了《合格教师资格标准》。1998 年，英国师资教育署颁布了《英国中小学教研组长的专业标准》，2002 年，颁布了《英国合格教师专业标准与教师职前培训要求》。2007 年，英国开始实行《英国教师专业标准框架》，该框架的 3 个核心标准化内容为：专业品质、专业知识和理解、专业技能。①

同样，中英基础教育涉及教师专业标准的标准文件也都没有使用各自国家标准文件的统一文号，也不带有国家标准文件的标识。中国义务教育师资配置标准尚在研制之中，是否使用标准文号和标识还未有定论。

(三)校长标准

1. 中国基础教育校长专业标准

中国国家教育部于 2013 年制定印发了《义务教育学校校长专业标准》，又于 2015 年制定印发了《普通高中校长专业标准》，至此，中国基础教育校长专业标准全部具备。这些标准中提出了“以德为先、育人为本、引领发展、能力为重、终身学习”的办学理念，在专业要求方面规定了“规划学校发展、营造育人文化、领导课程教学、引领教师成长、优化内部管理、调适外部环境”6 个方面的专业职责。

2. 英国基础教育国家校长标准

英国《国家校长标准》(*National Standards for Headteachers*，NSH)于 1998 年首次颁布并实施使用，又于 2004 年做了重要的修订。该标准规定了校长工作的三项基本原则：以学习为中心的、重视领导作用的发挥、体现出最高的专业水准；指出校长工作的核心目的是为学校提供专业领导和管理；详细说明了校长工作的 6 个领域为：规划未来、领导学与教、发展自我和与他人一起工作、对组织的管理、明确责任、加强与社区的联系。2015 年，英国又颁布了《国家卓越校长标准》(*National standards of excellence for headteachers*)。②

① 章云珠：《论英国教师专业标准框架的特征》，《教育评论》，2012 年第 2 期。

② *National standards of excellence for headteachers* [EB/OL]，https：//www.gov.uk/government/publications/national-standards-of-excellence-for-headteachers

中英基础教育校长标准也未配有标识与文号。

(四)学校质量管理 ISO9001 标准认证

1. ISO9001 标准与质量管理体系认证

ISO9000 标准是国际标准化组织 ISO 于 1994 年发布的标准，称为 1994 版 ISO9000 族系列标准，在 2000 年又正式发布了 2000 版 ISO9000 族系列标准。ISO9001 标准是 ISO9000 族系列标准的一个子项，2000 版 ISO9001 标准的使用截止到 2010 年 11 月，目前使用的最新版是 ISO9001：2008 版标准。根据 ISO9001 标准建立起来的质量管理体系是全世界公认的各个行业进行质量测量和评估的依据与工具。ISO9001 质量管理体系认证就是对各个行业法人单位的质量管理机制和监督机制进行认证。ISO9001 认证适用的行业一共有 39 个，大部分为生产制造业和服务业，其中公共行政管理被排到第 36，教育行业被排到第 37。

2. 中英基础教育学校 ISO9001 认证

为了提高与保证学校教育质量，中国与英国的中小学都有一些学校申请并获得了 ISO9001 质量管理体系认证。中国申请 ISO9001 认证的中小学以民办学校最为踊跃。1998 年，无锡南洋国际学校(从幼儿园到高中的民办 15 年一贯制学校)成为中国首家获得认证的学校；1999 年，广东东莞民办的东方明珠学校也通过了 ISO9001 认证。2002 年，南京市赤壁路小学成为我国第一个获得认证的公立学校；2003 年，北京市第 25 中通过了 ISO9001 质量管理体系和 ISO14001 环境管理体系的双认证。据不完全统计，到 2013 年全国获得 ISO9001 认证的中小学达 500 多所，其中大部分为民办学校。但是根据教育部网站上提供的信息，在 2013 年全国公办中小学校为 26 万多所，民办中小学也达到了 1 万所左右；而且到 2013 年 11 月对全国各个行业发放的 ISO9001 证书数已经达到 31 万张。从哪个角度看，这 500 多所中小学校的认证数都显得太少了。造成这种情况的原因除了对学校与校长的管理理念和管理水平要求非常高之外，也与一些业内专家反对中小学申请 ISO9001 认证的观点和宣传有着直接的关系。这些专家的最主要一个观点是：依据 ISO9001 质量管理体系对学校进行管理是“文本管理”，而学校是育人单位，需要“人本管理”。其实，ISO9001 认证的过程就是对一个单位进行文本评估或评价，这种文本的评价体现了客观与量化的特点，相对于人本的主观与定性评价要科学得多。另外，ISO9001 质量管理体系运用的是目标化管理，与“人本管理”的过程性管理方式相比有着明显的优势。

英国中小学申请 ISO9001 质量管理体系认证的学校数量也不是很多。“中英教育技术与教育装备比较研究”课题组在英国伦敦走访的 6 个中小学是随机抽取的学校，这 6 个学校中只有一所学校(东伦敦科学学校，East London Science School)的校长在介绍本校情况时提到了申请 ISO9001 标准质量管理体系认证的问题。

(五)教育装备标准

1. 教育装备配备标准

中国的教育装备类标准主要是配备标准，如：实验室仪器设备配备标准、学校信息化建设标准(计算机机房、校园网等)、房屋建筑标准(教室、实验室等)、图书配置标准(图书馆、图书等)、运动场所建设标准(跑道、风雨操场等)、教室条件建设标准(课桌椅、黑板等)、班级环境建设标准(照明、空调、通风系统等)、辅助设施建设标准(食堂、校园文化等)，除此之外还有各种专用教室(录播教室、创新实验室、走班制教室等)的标准。这些条件取向性的教育装备标准是中国特色，在英国不存在此类标准。

2. 教育装备质量标准

教育装备质量标准属于产品质量标准，包括功能质量、性能质量和安全质量。性能质量是指产品在几何结构、物理、化学、生物、电气等特性上的技术指标规定。安全质量是指产品在涉及使用者(或消费者)个人、生态环境、社会与国家安全方面的规定，它是由国家进行强制认证(如：3C 认证、QS 认证等)的。功能质量是对产品在教育教学适用性方面的规定，是目前处于研究阶段而尚未解决的问题。

(六)其他标准

1. 学生学业质量标准

学生学业质量标准其实就是标准化考试。中国基础教育阶段的标准化考试有两个，一个是中考，另一个是高考。英国标准化考试较多，有每年分别针对 7 岁、11 岁、14 岁、16 岁学生进行的核心课程(英语、科学、数学)学业成绩的标准化考试，还有对应于中国中考的 GSCE(General Certificate of Secondary Education)标准化考试和对应于中国高考的 A-Level(General Certificate of Education Advanced Level)标准化考试。

2. 教师教育技术能力标准

这是中国特色标准。2004 年 12 月 25 日，教育部正式颁布了《中小学教师教育技术能力标准》。

3. 教师教育信息技术能力标准

这也是中国特色标准。2014 年 5 月 27 日，教育部办公厅印发了《中小学教师信息技术应用能力标准(试行)》。

四、中英基础教育相关标准对比

为了对中英基础教育相关标准有一个更加系统的认识，将这些类型的标准开列在表 8.5 中进行对照。从对照中可以看出，中国基础教育相关标准无论从数量上还是种类上都远大于英国，尤其在教育装备的标准方面表现突出，而且在配备标准方面也是中国独有的。一般地讲，质量标准是具有目标取向性的，而配备标准则是具有条件取向性的，英国对条件取向性的配备标准不予以关注，而更加重视目标取向性的质量标准。英国 BSI 是世界标准之源，英国的标准化工作走在世界前列，中英基础教育相关标准对照应该对我们的教育与教育装备标准化工作具有重要启示。

表 8.5　中英基础教育相关标准对照表

		质量标准	配备标准	国际标准	国家标准	行业标准	企业标准
课程标准	中国		√		√		
	英国		√		√		
教师标准	中国	√			√		
	英国	√			√		
校长标准	中国	√			√		
	英国	√			√		
学校标准	中国	√		√			
	英国	√		√			
装备标准	中国	√	√		√	√	√
	英国	√		√	√		
标准考试	中国	√			√		
	英国	√			√		
其他标准	中国	√				√	
	英国						

第九章

教育装备研究方法专题

本章介绍一些专题性的教育装备研究方法，其中包括教育装备发展史研究方法、教育装备文化适用性研究方法、教育装备大数据研究方法、教育装备管理人才培养方法以及学前教育装备的研究方法等。

第一节 教育装备发展历史研究

在教育装备发展史的研究工作中，我们面临着一个巨大的困难，那就是这项研究是一个前无古人的研究，我们丝毫没有可以借鉴的现成成果供使用，而必须将散落在浩如烟海的历史文献中的那些教育装备的相关内容一点一滴地搜索、收集出来，从而完成我们的研究工作。这就使得我们不得不去寻求一个科学的思想方法和一种优越的技术手段，以求我们的研究工作更加有效，更加高速。本文就是在这样一种思想的支配下进行的探索工作。

一、指导思想：马克思主义逻辑与历史统一的理论

最早提出逻辑与历史统一理论的是德国哲学家黑格尔，他在其著作《逻辑学》《小逻辑》和《哲学史讲演录》中，从理论上明确地阐述了逻辑和历史相统一的思想，认为哲学学说的历史发展次序要与逻辑发展的次序相一致、相符合。马克思肯定了黑格尔关于逻辑和历史相一致的思想，从辩证唯物主义出发，对其进行了科学合理的改造，批判地吸收了黑格尔这一思想的合理内核，使之成为更加科学的原理和方法。对于马克思主义逻辑与历史统一的理论，马佩先生在他的《辩证逻辑》一书中指出："所谓逻辑的历史的统一法乃是这样的构建科学理论范畴体系的方法，用这种方法构建的范畴体系能够也必须以'凝缩'的形式再现研究对象的历史发展的基本顺序、方向、趋势。"①用更加通俗的语言来描述这一理论的作用和方法，可以这样说：为了找到一个事物的历史发源起点，不妨先从逻辑上对该事物的起源进行推导，继而找到它可能出现的时间与空间范围，以更加精确地去定位而减小工作量。

针对教育装备发展史研究工作中的困难，采用首先使用逻辑推导的办法找

① 马佩：《辩证逻辑》，河南大学出版社，2006年版，第262页。

到相关资料的藏匿地点，然后再去发掘这些资料、资源是完全可行的。在严格的逻辑推论过程中，教育装备发展的历史重现了。

二、技术手段：海量图书文献全文检索引擎——“读秀”

有了指导思想可以让教育装备史的研究方向和目标快速定位，但是在浩如烟海的历史资料中去搜索教育装备的相关信息仍然是一项十分困难的工作。采用信息技术手段，利用搜索引擎进行信息检索将使得研究工作更加有效、效率更高，“读秀”便是这样一个非常出色的图书文献全文检索工具。读秀学术搜索采用双层 PDF 检索技术，是由海量全文数据及元数据组成的超大型数据库，为读者提供数百万余种中文图书、约几十亿页全文资料、几千万种期刊的全文检索。读秀学术搜索的馆藏纸质图书、电子图书、随书光盘等学术资源，为研究者提供最全面而准确的学术资料。

登录读秀网站(http：//www. duxiu. com)，在知识、图书、期刊、报纸、学位论文、会议论文等栏目中选择自己关注的内容；在文本框中输入需要查找的关键词；点击“中文搜索”或“外文搜索”按钮，相关信息目录将会呈现在屏幕上。

三、逻辑论证：教育装备源起历史的研究

教育装备发展史的研究需要追溯教育装备的起源，而教育装备的起源涉及教育的起源与装备的起源。关于教育的起源，一般有 4 种学说①：(1)教育的生物起源说。该学说以法国的利托尔诺(Charles Letourneau，1831—1902)为代表，认为成年动物在教幼崽捕猎时就已经开始了教育活动，教育是动物的本能。(2)教育的心理模仿起源说。该学说以美国的孟禄(Paul Monroe，1869—1947)为代表，认为人类祖先在没有学校、没有教师、没有教材的原始状态下，教育应起源于儿童对成人无意识的模仿。(3)教育的劳动起源说。该学说是苏联教育理论界的观点，认为劳动使猿变成了人，教育产生于劳动是以人类语言意识的发展为条件的，教育从产生之日起其职能就是传递劳动过程中形成的生产和生活经验。(4)教育的人类社会需求起源说。这是我国教育理论家胡德海教授的观点，他认为：“教育起源于人类社会生活的需要，这句话讲得具体点，就是：教育起源于社会群体传递、发展文化和社会个体社会化这两个方面的共同需要。”②该学说是目前被人们广泛认可的。

---

① 胡德海：《教育学原理(简缩本)》，甘肃教育出版社，2008 年版，第 111—124 页。

② 胡德海：《论教育起源于人类社会生活的需要》，《西北师大学报(社会科学版)》，1995 年第 5 期。

教育装备是与教育和装备同源的，自有人类社会起就有了教育，同时也就有了教育装备。而关于装备的起源，该文中也有较为详细的论述。根据逻辑与历史统一的理论和方法，当采用不同的教育起源学说时，必将引出不同的教育装备历史的探究起点。如果采用教育的生物起源说，追溯教育装备发展的历史将要从动植物本能行为开始，这与我们教育装备的概念界定(教育装备是教育资源中的人工资源部分)相抵。而如果采用教育的心理起源说，因为该学说是探讨“没有学校、没有教师、没有教材的原始状态”，于是就没有了这些教育活动赖以生存的教育资源，也就没有了教育装备的概念。教育的劳动起源说可以理解为劳动本身即教育，则一切劳动工具都将成为教育装备，或者说人类赖以生存的一切生活资源就都成为教育资源，这显然也是与教育装备概念不相容的。同时，从教育的本质上讲，它其实是脱离了当时生产劳动的一种社会活动(如：宗教活动、艺术活动、早期教育活动等)，往往是由失去体力劳动能力而具有丰富经验的老人承担教育者工作。在这些分析之后，可以得出结论：从教育的人类社会需求起源说出发，则有可能成为研究教育装备源起历史的唯一有效途径。

由于“教育起源于社会群体传递、发展文化和社会个体社会化这两个方面的共同需要”，所以就应该在社会群体传递、发展文化的活动中和个体社会化的活动中去寻求源起的教育装备。人类最早期社会文化传递与发展的活动主要表现为艺术和宗教。而个体社会化是作为一个自然人(或生物人)对社会的融入，是个体在社会环境影响下，认识和掌握社会事物、社会标准的过程；所以个体社会化活动其实是泛教育(包括在校教育和非在校教育)的代名词。于是，人类的教育就应该起源于艺术、宗教以及有意识的早期教育活动。进而得出结论，对教育装备发生历史的追溯，也就应该从这些活动开始。

四、考古发现：教育装备史的实物证明

走进任何一个历史博物馆，丰富的展物令人眼花缭乱，那些文物记录着历史，反映着当时人们的生活、战争、文化、建筑、艺术等，以及工农业生产的情况。但是在仔细观察后总感觉有一些遗憾，不知什么原因，人们几乎看不到任何一件能够如实反映当时教育水平的教育装备文物。或者是人们把它们的作用忽略了，抑或中国古代的教育真的就没有教育装备的概念。然而，通过认真研读中国历史，我们仍然能够发现中国古代教育装备应用的痕迹，并在历史文物上表现出来。

中国的考古发现，仰韶文化(约公元前 4800—公元前 4300 年)遗址的西安半坡村有一间 160 余平方米的大房子，里面有早期的图形文字。历史学家认为

这是氏族活动的场所，而这些活动起着教育的作用，该场所被认为是最早的学校①。而对于商代(约公元前 17 世纪—公元前 11 世纪)殷墟的甲骨文，《简明中国教育史》中有这样一段描述：“郭沫若同志发现一片甲骨上有一行较工整的文字，另有四行极不工整、几不成字的同样的文字，其中又间有二三字极为工整，可能是当时的‘习刻文字’，反映了当时传授与学习文字的真实情况。”②显然，当时的这块甲骨应该属于教育装备的范畴。2006 年 10 月 3 日，在中国国家图书馆举办的“文津讲坛”上，由中国社会科学院历史研究所研究员王宇信先生做的一个名为“殷墟：世界文明的宝库”的讲座，吸引了众多的听讲者。王先生在讲座中提及了一块甲骨，其特点是骨块上文字有“13 个界格”，共有“15 段文字，但是不成词例”；这样的甲骨容易被人认为是伪造，但它确实是从骨灰中被发掘出来的。受郭沫若先生的启发，笔者认为这个骨块同样是当时用来“习刻文字”的“教育装备”。

教育装备发展的历史是忠实的，它顽固地守护着事物的原貌；教育装备发展的历史又是含蓄的，它需要人们具有思辨的头脑、敏锐的目光去发现事物的原貌。

第二节　教育装备文化适用性研究

教育装备在教学中对教学主体具有生理、心理、认知、教师、学生、时间、空间、文化等诸多方面适用性的问题，本文重点讨论教育装备在教学中的文化适用性。文章希望通过中西方文化差异分析，以及该差异对学习方式造成的影响，最后得出具有不同学习方式特点的人必然会对同一个教育装备具有不同适应性的结论。或者说，中西方教育装备的理论与产品会有完全不同的适用人群，我们必须对教育装备的文化适用性问题加以重视。对于从西方引进的现代教育装备，不应该完全采取“拿来主义”的态度，不加分析论证的盲目推广使用不是科学理性的做法。

一、文化差异决定着学习方式

具有不同文化的人们由于对学习的本质理解不同，所以往往会采取不同的学习方式。中国自古提倡在别人的督促下从外部获取知识，正如孔子所说：“我非生而知之者，好古，敏以求之者也。”(《论语·述而》)。西方自古提倡自

---

① 汪刘生、黄新宪：《中外教育史大事对照年表》，吉林教育出版社，1990 年版，第2 页。

② 王炳照等：《简明中国教育史》，北京师范大学出版社，1985 年版，第 8 页。

己主动地通过自身领悟知识，正如柏拉图所说："学习就是回忆。"(《柏拉图对话录·斐多篇》)。中西方人们对于学习的这种认识上的差别，是由于他们的文化不同而造成的。

(一)对不同文化表现的测试

一个人之所以是中国人而不是外国人，不在于他的血统而主要是他的文化。但是，一个人所具有的文化如何判定呢？笔者将要在本文中论述通过语言文字的使用习惯来判断一个人所具有文化的方法，并说明它的依据和测试结论。许博渊先生于2006年7月14日，在新华网上发表了一篇题为《文化基因丢掉了，民族将随之消亡》的文章，文中指出，能够承担文化基因大任的因素有3个，分别为："语言文字、宗教信仰、生活习惯。"①同时，"语言文字是文化基因"的说法和观点正在逐渐被人们认可，并广泛地出现在报刊和书籍之中。其实，在所有这些文化基因之中，语言应该是最为基本的部分，在没有产生文字之前人类就已经有了语言，文字的出现是为语言传播和记录服务的，宗教信仰、生活习惯则也都是在语言产生和发展的基础上形成的。"上帝吹了一口气，于是世界成了"，西方宗教哲学认为上帝吹出的这"一口气"便是语言，有了语言才有了人类社会(即"世界")。语言所以如此重要是因为人的思维重要，人类的思维是由语言"编织"而成的。

更具体地讲，人的思维是通过语言来实现的，人在回答一个问题或研究一个问题时，他的思维过程其实就是在头脑中组织语言的过程。于是我们可以这样来做一个逻辑上的判断：既然语言是文化的基因，那么一个人用什么样的语言来思维，就可被认定具有以什么为主的文化。为此，笔者曾对十多个美国籍和加拿大籍的华人进行了测试；他们部分是出生于中国，以后长期在国外生活；还有一些既在国外出生，同时也生活在国外。但是，他们都可以十分流利地使用汉语和英语。对被试提出的问题之一是："你在回答别人的问题时，是使用汉语思维还是使用英语思维?"所有在国外出生和长大的被试回答是一致的，他们都习惯性地使用英语思考问题；而其他被试则更多地使用汉语思维。经验告诉我们，在中国出生、长大的人，走出国门后多年仍然顽固地保留着中国的文化，但是那些在国外出生、长大的人却无缘中国文化，这与我们的测试假设是十分吻合的。虽然这个测试并不是十分的科学严谨，样本空间也显得太小，但是其测试结果仍然具有一定的参考价值。

接下来的测试更有意义。对被试提出的另一个问题是："如果给你两份内容完全相同的报纸，其中一份为中文，另一份为英文，你选择哪一份?"全部被

---

① 许博渊：《文化基因丢掉了，民族将随之消亡》[EB/OL]，新华网，http://news.xinhuanet.com/comments/2006-07/14/content_4826437.htm，2006年7月14日。

试回答是一样的，他们都选择英文报纸阅读。而当被追问到："如果给你听两个内容完全相同的新闻，其中一个用汉语播报，另一个用英语播报，你选择哪一个?"情况就发生了变化，所有在国外出生和长大的被试都选择听英语播报，而在中国出生然后出国的被试几乎全部都选择了听汉语播报。善于看和善于听，其实是两种完全不同的学习方式，"看"是与文字发生关系，而"听"则是与语言发生关系。测试结果说明，"听汉语"这种学习方式比"看中文"这种学习方式更加容易让具有中国文化的人们接受。显然，文化确实影响着人们的学习方式。

(二)"听"与"看"学习方式的文化表现

2013 年，网上一篇《"中国人不读书"能靠阅读立法管吗》的文章引起了人们的关注。文中说道："2012 年，中国人均纸质图书的阅读量为 4.39 本。而来自联合国教科文组织的统计显示，北欧国家国民每年读书 24 本左右，几乎是中国的 6 倍。美国人年均阅读 7 本书，韩国人 11 本，日本、法国国民每年读书数量在 8.4 本左右，新加坡 5 本，中国的国民人均读书数甚至还落后于泰国的 5 本。"①文章指出了中国人不爱读书这样一个现象，却没有对产生这个现象的原因进行分析。读书习惯也是与文化有关的，并且读书习性其实正是学习方式的一种表现，所以说文化是会对学习方式有较大影响的。

在地铁、火车、飞机上人们也经常看到这样一个现象：几乎所有的外国人(持拼音文字的)都手拿一本"口袋书"在专注地看，而更多的中国人(持象形文字的)大都是戴着耳机在听着什么。这一现象可以做如下的解释：首先应该认识到，当我们在读一本书时，只要这本书不是识字课本，那就一定是在读书中内容所表达的思想。前面说到了人的思维是由语言"编织"而成的，而语言又是通过语音来实现的。拼音文字字母组成的词语，当人们看到它们时直接就拼出它们的发音，并立即就知道了它所表达的意思。而象形文字被看到后，人们在头脑中先要将这个图形进行记忆搜索，然后找到其对应的发音，再将各个单音节的汉字发音组合以后才能够理解其意。这个过程相对于拼音文字阅读要漫长得多，而且极容易受到外界的干扰。所以，人们宁愿戴上耳机在避免了周围声音干扰的情况下去"听书"，而不愿意选择在嘈杂的环境中去看书。于是，对于《"中国人不读书"能靠阅读立法管吗》一文中所述的情况，即持象形文字的中国人与新加坡人都是年读书量最少的这一现象就似乎可以解释通了。

① 张春续：《"中国人不读书"能靠阅读立法管吗》[EB/OL]，腾讯评论，http://view.news.qq.com/intouchtoday/index.htm? 2559，2013 年 9 月 23 日第 2559 期。

二、学习方式对教育装备文化倾向的要求

教育装备是教育资源中的人工资源部分，所以它不仅包括各种教学硬件设备，也包括各种教学软件。教育装备由于“出身”不同而具有文化倾向性，作为教育装备的各种教学软硬件资源很多都是直接从国外引进的，它们是否对中国的学习者具有较好的适用性，我们必须就该问题予以考虑。

(一)对教育装备理论文化倾向的要求

教育装备软硬件开发需要多媒体教学理论的支持，国内大量多媒体教学理论方面的书籍与文章几乎都对其理论的出处有这样的描述：“实验心理学家Treichler通过大量的实验证实：人类获取的信息83%来自视觉，11%来自听觉，3.5%来自嗅觉，1.5%来自触觉，1%来自味觉。”而且人们一直将Treichler的这一实验数据作为研究与开发多媒体教学软硬件的基础理论依据使用。现在试问，我们在运用这些数据之前是否进行过如下思考：(1)进行这些大量实验的被试具有什么样的文化背景？(2)这些被试所具有的文化是否会影响到他们接收信息的方式(即学习方式)？(3)Treichler的实验结论对中国人真的适用吗？如果不把这些问题论述清楚，我们就没有把握将这些数据直接用于研究与开发中国学生使用的多媒体教学软硬件资源。

实验心理学家Treichler是哪个国家的人，目前没有资料能够提供查证，但是从名字上可以看出他(或她)应该是一个持拼音文字的西方人。Treichler的大量实验也不应该是在中国做的，因为至今国内从未对他所做的工作进行过记载或报道。他在西方对华人进行实验的可能性也不会太大，因为那样是不可能形成“大量实验”的。所以我们可以认定，在Treichler大量实验中的被试应该是持拼音文字而具有西方文化的人，而且对这些人进行实验得出的结论似乎不会对中国人完全适用。如果我们认为“听汉语”这种学习方式比“看中文”这种学习方式更加容易接受，则“人类获取的信息83%来自视觉，11%来自听觉”这一结论在中国的文化背景下就必须改写。

(二)对教育装备使用文化倾向的要求

2013年的暑假期间，中央电视台科教频道推出了一档《中国汉字听写大会》的节目。央视表示：“越来越多的人使用键盘书写，用惯了电脑的人手写汉字的能力会下降。”这档汉字听写节目正是针对汉字手写危机而开设的，看来长期使用电子书等设备进行学习而造成“提笔忘字”已经不是耸人听闻的事情了。象形文字与拼音文字在使用上有本质的不同，拼音文字20多个字母即使不经常书写也不会轻易遗忘；而对于几千个象形文字的汉字，不用手写很快就会忘记，我们必须正视这个文化差异造成的学习方式的区别。目前国内一些地方推广使用电子教科书，学生省去了原来在纸质书上记笔记的过程，取而代之的是

教师的电子讲义。学生的其他记录也都是通过计算机录入的方式实现，或者通过网络直接下载。手写汉字的机会越来越少，“提笔忘字”的情况则越来越严重，且不用说这一现象对中国文化会造成什么样的影响，就是参加目前以手写答卷为主的中考、高考也将会是难以应付的。

计算机键盘是在英文打字机的基础上发展起来的，它继承了英文打字输入的特点与习性，它在设计时从未考虑过汉字的使用问题。现在推广使用的各种Pad类电子教科书是在苹果公司iPad的基础上衍生出来的，而乔布斯的设计理念是尽量简化用户对使用这一电子产品的操作，用单击图标的动作代替了几乎全部指令。这样的设计理念或许对于具有西方文化的学习者毫无影响，但是由此产生的教育装备对持象形文字的学习者必定会产生适用性方面的问题，这是我们必须要加以重视和研究的。不积极推广这些信息化的教育装备可能是不对的，但是非科学地盲目推广肯定是错误的。

三、教育装备的文化适用性与问题延伸

“五四”新文化运动促使国内大批思想家进行了深刻的反思，学习和引进西方文化、科技和制度是当时最为响亮的口号。1934年鲁迅写了一篇杂文《拿来主义》[①]，表示对西方的东西应该采取完全“拿来主义”的态度。该文中列举到当时中国“送去”西方的东西基本上都是人文(或文化)的东西，但没有说明从西方拿来的东西到底应该属于人文的、科技的还是制度的内容，想来应该是一股脑儿地全部拿来吧。时过境迁，面对今天教育装备的大规模引进和发展，我们要提倡科学理性，要为教育装备的总体发展进行顶层设计，所以要对“拿来主义”说不。

(一)教育装备的适用性与教学主体的适应性

对教育装备的引进与发展，必须考虑其教学适用性问题，尤其是教学的文化适用性问题。笔者在此前撰写的一些文章中曾多次使用教育装备的“教学适应性”一词。《教育大辞典》中对“适应”的解释为：“泛指机体对环境的顺应。个体根据环境条件的变化改变自身，达到与环境保持平衡的过程。”[②]《现代汉语词典》(第6版)对“适应”的解释为：“适合客观条件或需要：适应环境。”[③]可见，适应应该是一种主体的意识或行为，按照这个定义来规定“教学适应性”，就应

① 《鲁迅全集(第六卷)》，人民文学出版社，2005年版，第39页。

② 顾明远主编：《教育大辞典　增订合编本(下)》，上海教育出版社，1998年版，第1434页。

③ 中国社会科学院语言研究所词典编辑室编：《现代汉语词典》(第6版)，商务印书馆，2012年版，第1191页。

该是指作为主体的教师与学生对由教育装备构建起来的教学环境的适应问题。而我们在这里讨论的问题应该是一种教育装备所具有的特性，相对于使用它的主体来说，则是考虑这种教育装备是否适用于主体。任何一种教育装备，说适应性是指学习者对它是否适应，而适用性是指它对学习者是否适用。所以从本文开始，笔者将使用教育装备的教学适用性，取代过去使用的教学适应性。

(二)教育装备理论的认知基础

教育装备与文化有关，而文化集中地反映在语言文字方面。我们在这里不想对象形文字和拼音文字谁优谁劣进行讨论，只是希望说明一下两种文字在人类历史上出现的顺序，以及这个顺序与文化的关系。英国著名作家、史学家赫伯特·乔治·韦尔斯(Herbert G. Wells，1866—1946)认为："在有真正的文字之前，先有象形文字。就像现在的美洲印第安人、布须曼人和世界各地的野蛮的、未开化的民族还在使用的文字那样。"[①]或者说，在拼音文字出现之前人类使用的早期文字应该都是象形文字。汉字没有从象形文字发展成为拼音文字是由于中国的文化造成的。北京大学外语学院世界文学研究所的辜正坤教授撰文论述了汉字没有演变成拼音文字的原因，认为汉字发音的单音节化、开音节化以及元音开头辅音结尾音节形式的脱落是造成汉字没有演变为拼音文字的内部原因，而在汉字发展史中人民与统治者坚持汉字本性的文化意识则成为巨大作用的外部因素[②]。可见，中华民族的文化催生了汉字的发展方向，而汉字本身的性质也刚好反映了中华文化的特征，语言文字是文化基因的说法是既有逻辑根据也有历史根据的。

语言文字是文化的基因。但是语言与文字对学习者认知的作用是有区别的，语言直接作用于思维，而文字则是间接对思维发生作用，对于这一点我们也可以找到相关的理论依据。20 世纪 60—70 年代，心理学家斯卑林(Sperling)通过实验得出了被试在看到图形后再复写出来这一过程的"视觉信息登记模型"(见图 9.1)[③]。模型中的 VIS 为视觉信息存储系统，AIS 为听觉信息存储系统，而在人的头脑中表现为："视觉的刺激信息被转换成一种内隐的言语默诵和复述(subvocal，rehearsal)，使得信息项目能以听觉的表象存储在听觉信息存储系统里。"斯卑林的实验是给被试以 50 毫秒的间隔呈现 3 行且每行 4 个字母，然后让被试将这些字母默写出来。如果我们将图 9.1 中转换器 T 和书写字母部

① [英]赫·乔·韦尔斯著，吴文藻、谢冰心、费孝通等译：《世界史纲：生物和人类的简明史(上下卷，第十五版)》，广西师范大学出版社，2005 年版，第 118 页。

② 辜正坤：《汉字为什么没有演变成为拼音文字》，《汉语学习》，1993 年第 5 期。

③ 梁宁建：《当代认知心理学》，上海教育出版社，2003 年版，第 119 页。

分忽略，从图中可见，外部的视觉刺激信号要经过视觉信息存储系统和扫描复述后到达听觉信息存储系统，而外部的声音信号则可直接到达听觉信息存储系统。由此可以说明，我们前面做出的"'听汉语'这种学习方式比'看中文'这种学习方式更加容易让具有中国文化的人们接受"的结论是有认知学理论支持的。

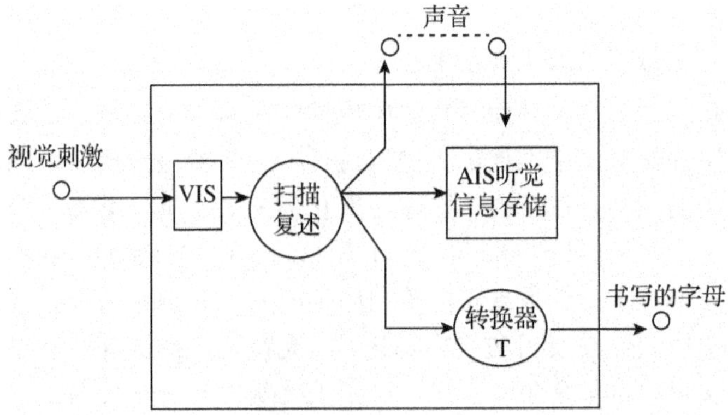

图 9.1　斯卑林视觉信息登记模型

(三)教育装备的文化适用性与其发展

教育装备的发展涉及多方面的教学适用性问题，这是要必须加以认真考虑的，而其中文化适用性表现得尤为重要和突出，对教育装备理论与实践的研究应该也必须涉及这个本质性的问题。教育装备的文化适用性问题研究，进一步引发了我们对以下几方面的思考。

1. 教育装备的发展需要顶层设计

2013 年 8 月 14 日教育部办公厅发文《教育部办公厅关于成立教育部教育装备工作领导小组的通知(教人厅〔2013〕6 号)》，该通知强调："领导小组的主要任务是统筹规划、协调推进各级各类教育装备工作，研究解决推进过程中的重大问题。"何为重大问题？笔者认为教育装备发展的顶层设计应该就是最为重大的问题。顶层设计要求最高层具有远见卓识，用系统的方法，面向全局，对教育装备在教育教学中的作用、地位、需求、目标以及发展趋势等做出科学而切合实际的判断和决策，指导教育装备领域良性发展。本文讨论的教育装备教学适应性问题，应该成为决策的重要影响因素。

2. 教育装备的发展需要教育主导

人们对于一个产品的选择有两种完全不同的心态，一种是对于本专业领域的装备(各种工具)，人们是根据专业需求来判断是否购置；另一种是对于一些生活日常用品，人们在缺少专业知识的情况下受企业宣传、市场左右、广告吸引、攀比心理等因素的影响而盲目采购。目前对教育装备的需求判断采取第二种态度的居多，这是由于教育装备涉及专业领域的广泛性造成的，对教育装备适用性的选择既有科学知识方面的也有人文意识方面的约束，包括生理、心理、认知、教师、学生、时间、空间、文化等诸多方面的综合考虑，人们不太容易做到较为全面的掌握。所以目前主导教育装备发展的力量基本上还是市场，并非教育本身，而教育装备的真正良性发展必须靠教育来主导。

3. 教育装备的发展需要科学理性

教育装备的发展是为了促进教育的发展，而教育的发展是一个科学问题（教育本身就是社会科学），它需要科学理性的头脑。本文提出的教育装备教学的文化适用性既是一个人文问题，又是一个科学问题，而且同时也是影响教育装备发展的一个本质问题，必须采取科学理性的态度、科学理性的方法来对待和解决才行。

总之，教育装备的文化适用性绝不是一个孤立的问题，它涉及教育装备发展的顶层设计、教育主导和科学理性等方面的研究。我们期待着教育装备科学发展的真正春天的到来。

第三节　教育装备大数据研究

教育界存在一个普遍的现象：当社会上一个新技术或新事物出现时，人们会立刻将它们拿到教育教学之中应用，或者作为教学内容与研究对象，或者作为教学工具与研究手段。作为教学内容与研究对象应该是无可厚非的，甚至应该是积极提倡的；而作为教学工具与研究手段则必须慎重，应该给予充分的分析论证后才行。因为教育与其他领域不同，形成教育装备的那些工具与手段的作用对象是宇宙间最为复杂的人的头脑，是人的“心”，不能总是试验错了、失败了之后再重新来过。目前在教育领域，正像对待其他新技术或新事物一样，当“大数据时代”概念出现时，关心教育的人们将又会面临这种抉择。

一、大数据时代与大数据特征

被称为大数据时代预言家的维克托·迈尔-舍恩伯格(Viktor Mayer-Schönberger)在他的《大数据时代：生活、工作与思维的大变革》(*Big Data: A Revolution That Will Transform How We Live, Work, and Think*)一书中对大数据及其特点做了详细的描述。笔者从大数据变革公共卫生开始，论述到大数据变革了商业行为，变革了管理模式，变革了社会服务，变革了人们的思维方式，并认为大数据开启了重大的时代转型，成为预测未来的重要依据与工具。

作为预测的重要工具，大数据具有3个非常典型的特征[①]：(1)“全数据模式，样本＝总体。”在非大数据时代(以下称为“小数据”时代)，人们利用数据研究问题的方式是从对象的各个变量中进行数据抽样，建立样本空间，然后对样本数据进行统计分析从而得出估算结论。而大数据时代不必这样，全部变量的全部取值已经放到了面前，人们不用再去抽样得到样本数据，直接使用总体数据就是了。(2)“不是精确性，而是混杂性。”大数据时代的数据混杂性代替了“小数据”时代追求数据的精确性，这是由于此时有了“样本＝总体”，不必再去遵循以前抽样定理的规定而产生的必然结果。在“小数据”时代，为了使得样本数据能够携带不失真的原变量的全部信息，进行抽样时必须保证抽样的点数(或时机)以及变量样本数据都尽量精确。大数据时代对待数据则采取一种“宽容”的态度，第一，允许变量取值的不精确性；第二，同时还允许变量区分的混杂性。(3)“不是因果关系，而是相关关系。”在大数据时代，正是由于允许变量区分的混杂性，才使得人们不必关心事物变量因果关系，只需关心变量的相关关系；而在这一点上我们毋宁说，由于不能精确地控制变量，此时人们已经无法再得到变量之间的因果关系，而只能够得到变量的相关关系。

二、教育教学研究与大数据分析无涉

根据《大数据时代》一书中对大数据的描述，显然可以看出，教育的大数据时代尚未真正到来。退一步说，即使教育的大数据时代真的到来了，也需要我们必须对此做出理性和冷静的科学分析才是。教育学属于社会科学，对教育教学的研究人们常采用科学研究的方法，对此，人们认为大数据是十分有意义的，它使客观量化评价成为可能，让凭借主观评价而生的专家评价方式开始消亡，而使得数据科学家开始崛起。但是笔者要说，这可能是对大数据时代一种错误的理解，一种不现实的预期。其实，教育教学研究与大数据分析无涉，这是因为对教育教学的研究恰恰需要探索和发现那些影响它们的变量，或者说更加需要得到变量之间的因果关系，而不仅仅只是提供变量之间的相关性，但是大数据是无法提供的。

大数据分析在经济上是成功的，《大数据时代》一书中举出了大量的实例，用于说明大数据分析的作用和意义，其中最为典型的是一个购买低价机票的例子和一个股市波动分析的例子。通过大数据分析，人们能够预测到在什么时刻购买机票可以得到最优惠的价格，能够预测到在什么时刻进出股市可以得到最高的回报。在做这些分析时，人们并不关心影响机票价格的因素是什么，只要

① ［英］维克托·迈尔-舍恩伯格、肯尼思·库克耶著，盛杨燕、周涛译：《大数据时代：生活、工作与思维的大变革》，浙江人民出版社，2013年版。

能够买到低价机票就达到了目的；人们也不去关心影响股市波动的原因是什么，而只要能够得到高额回报就行了。或者说，在经济学方面，大数据分析只需要提供变量之间是否存在高度相关性，并据此来进行预测，而不需要知道它们之间谁是因、谁是果。但是，教育是绝对不行的，它的研究不能够仅仅停留在这个预测的水平上。对教育教学的研究必须能够找到那些影响教育教学效果的因素或变量，精确地知道它们，并能够掌握、控制它们，从而优化教育教学。从这一点上说，教育教学是与大数据分析无涉的，或者说大数据帮不上我们的忙。

三、相关性分析与因果性分析

科学在于量化，并且科学结论是可以重复的，这乃是科学研究的特点。对于自然科学的研究，人们在北京大学实验室里做出的实验结果，在上海复旦大学的实验室里同样可以重复实现，保障这一点的就是研究者对研究对象变量的控制。教育学的实验研究正是仿照自然科学实验室中的研究方法与过程，来研究教育教学这个社会问题，人们称其为社会科学。它同样需要寻找变量，通过测量和量化来采集变量数据，同样需要对变量进行有效的控制。

变量控制在教育教学实验研究中是极为重要的一个环节，没有它人们将无法找到影响因变量的那些自变量，无法完成所期待的问题解决，无法得到确凿无疑的实验结论。在实验研究中，人们将系统中各种影响因素和所关注的现象进行编码，分别赋予它们自变量与因变量的意义与名称，然后通过采集数据，再通过对这些数据的分析得出它们的对应关系，从而找到影响因变量的那些自变量，即做出归因判断。这个过程中，人们使用的方法为归纳法，即从特殊到一般的研究方法。用这样的方法研究问题，使用统计学做多元回归分析，做变量的相关性分析等，常常可以得到各个变量之间的相关程度，会找出那些与因变量高度相关的变量，但是却不能就由此断定变量之间是因果关系。或者说，使用归纳法得出的分析结果，不能够足以证明其中的一些变量必然是影响另一些变量的原因。要想确定因果关系，还需要做归因分析才行。而我们知道，大数据分析得出的变量关系“不是因果关系，而是相关关系”。使用归纳法得出的变量之间的关系可能是高度相关的，但是我们却没有充足的理由认定这些变量一定是因果关系。要想证明它们之间存在因果性，通常有两种方法可以帮助我们实现这一目标：(1)使用演绎法对变量之间的关系进行验证；(2)控制变量数，使得参与其中的变量数最少，仅为两个。

方法(1)实际上是遵循了“实践是检验真理的标准”这一原则，因为用归纳法得出的结论是不完备的，需要用演绎法去验证后才具有完备性。对此，英国哲学家罗素认为：“归纳法不像演绎法那样确切可信，它只提供了或然性而没有确切性；但是另一方面它却给了我们以演绎法所不能给我们的新知识。”①也就是说，归纳法可以发现新问题，而演绎法可以证明发现问题的正确性。笔者曾参加了一个“视频多媒体设备对中小学生视力影响因素的研究”课题的论证会。研究者通过大规模的数据采集，使用多元线性回归分析找出了与学生视力呈高度相关性的一些变量，但是在确定其因果关系时却显得有些草率，将这些具有高度相关性的变量简单地认为其因果关系成立。为了说明这个道理，我们在这里举一个较为极端的例子：通过采集到的数据分析，可以得到近年来学生视力呈现非常显著的下降趋势，并且它与教育信息化的程度呈现高度相关性，进一步甚至还可以发现它与国内生产总值(GDP)的增长也呈高度相关性，但是我们不能就以此得出结论，说学生视力下降与 GDP 增长是因果关系。北京师范大学杨开城教授撰文指出，教育教学研究的结果普遍存在着“一试验就成功，一推广就失败”的现象②。这在很大程度是因为试验(或实验)过程是一个归纳过程，而推广(或实践)过程则是一个演绎过程。试验成功说明发现了变量之间的相关关系，但是并没有做建立因果关系的证明；推广失败说明正是因为变量之间并非因果性关系，从而也就不能真正解决教育教学中的实际问题。

方法(2)是自然科学研究经常采用的办法。人们在实验室里进行的实验正是通过各种途径来控制变量，让这些变量不要在同一个自然科学实验过程中都发挥作用。相对于社会科学实验、教育教学实验，这个在实验室中的自然科学实验是更加容易很好地控制变量数的，因为该系统是一个“简单”系统。当人们将一个被研究对象的自然现象中的变量有效地控制为仅剩下两个时，就可以轻松地得出结论，一个变量是因变量(或称函数)，另一个变量就是自变量，它们之间的关系是因果关系。教育教学实验是在一个复杂系统中进行的实验，人们无法有效地控制各个变量，例如实验者能够控制被试在教室中的学习行为，却无法控制他们在回家后的学习行为，因此也就不能将变量数目简单地控制在最少的范围之内。

四、教育装备管理与大数据分析

对教育装备管理的研究涉及许多方面，其中有一些属于需求论证的管理内容必然要考虑到教育教学的特点，运用大数据分析时应该慎重。而一些纯粹为教育装备本身的管理内容是完全可以通过大数据分析来进行预测的，例如：教育装备经费投入的测算，教育装备均衡发展趋势等问题，因为它们都是一些无

① [英]罗素著，何兆武、李约瑟译：《西方哲学史(上卷)》，商务印书馆，1963 年版，第 256 页。

② 杨开诚：《从教学实证研究的合理性说开去》，《中国教育技术装备》，2010 年第 12 期。

须做归因分析的问题。但是，对于教育装备管理来说，大数据时代还远未到来，目前的数据量还少得可怜，甚至连“小数据”时代都称不上，所以依据大数据分析的管理还没有任何可能。或许，随着物联网技术进入教育装备的管理体系，大数据概念将会逐渐建立起来。

第四节　教育装备管理人才培养

从21世纪初开始，教育装备领域经历了管理方法的寻求，经历了概念建立与界定的讨论，经历了在教育中本质作用地位的研究，经历了发展历史的探索，其基础理论体系逐步建立起来并臻于完善。2011年4月21日，中国教学仪器设备行业协会正式更名为中国教育装备行业协会；2013年2月7日，教育部教学仪器研究所正式更名为教育部教育装备研究与发展中心；2013年8月13日，教育部教育装备工作领导小组正式成立。至此，教育装备领域理论与实践的重要性已经被确认，但是在这个领域的人才需求问题一直未能得到很好的重视，人才培养问题一直未能得到很好的解决。

一、教育装备人才现状与需求

2012年3月，中国教育装备行业协会为了准备《中国教育装备行业蓝皮书(2012版)》的编撰而进行数据收集工作，从而向我国东、中部地区的各个省份发放了调查问卷，其中的部分问题是用于了解各省份一级教育装备管理部门的人员配置现状的。据不完全统计，在职称方面，各省市教育装备管理部门的工作人员平均副高级以上职称人员占总人数的22.30%，中级职称人员占35.81%，初级及以下职称人员占41.89%。在学历方面，平均研究生以上学历的人员占6.01%，本科学历人员占49.73%，专科及以下学历人员占44.26%。从职称结构上看，感觉还是基本合理的，但是如果从学历结构上看，就显得学历层次过低了。进一步还了解到，工作人员的知识结构与工作经历也显得与教育装备人才需求存在较大差异。目前，教育装备管理人员所学专业较为复杂，其中管理学与教育技术学专业毕业的人员所占比例稍微多一些；在工作经历方面，从事过基础教育教学工作的占有一定比例但数量不多。在全部参与调查的人员中，教育装备专业本科或研究生毕业的凤毛麟角，一方面是教育装备事业迅速的发展，另一方面是教育装备人才缺乏的现状，教育装备人才培养问题已经到了非常关键的时刻。

目前，教育装备的人才需求主要表现在3个方面：(1)研发方面的人才；(2)管理方面的人才；(3)理论方面的人才。教育装备研究的核心问题是教育，所以这3个方面的人才首先应该在教育教学上具有足够的知识和经验，不懂教育教学则不具备教育装备人才的基本条件。若从学历层次考虑，一般地讲研发方面的人才应该具有本科及以上学历，管理方面的人才应该具有硕士研究生及以上学历，而理论方面人才应该具有博士研究生学历。

能够培养教育装备人才的人员应该是复合型人才，知识结构十分全面而且复杂；除了要懂得教育教学以外，他们应该懂得装备的工作原理和设计制造，尤其应该具有电子科学技术和信息通信技术方面的知识和设计制造经历，即应具有理科与工科的知识背景。同时，他们还要具备管理学方面的知识，特别是现代科学化管理(如：项目管理、运筹学等)的理论与方法。另外，还要对一些交叉学科的知识有所掌握，如：教育传播学、人机工程学、教育技术学等。当然，更重要的是教育教学方面的知识与经验，应该在教育学、教学论、教育心理学等方面具有研究造诣。之所以要对教育装备人才提出这么高的要求，是由教育装备的本质决定的，因为教育装备的作用对象是宇宙间最为复杂的人的头脑，人的心智。

二、教育装备学科建设历史与经验

2002年7月，首都师范大学开始建立教育技术系，并于当年9月份开始招收第一批本科生入学，专业为教育技术学，共计1个班31名学生。2002年下半年至2003年年初，北京市各高校开始申报新专业，教育技术系也开始考虑建设新专业问题。2002年年底，教育技术系聘请华东师范大学祝智庭教授为新建专业进行策划。在祝智庭教授的建议下，教育技术系决定申报两个新专业：教育装备技术专业和教育软件工程专业。其中教育装备技术的名称为祝智庭教授所起，并提议逐步建立教育装备学学科体系。2003年9月份教育技术系招收2003级本科生78名，教育装备技术专业和教育软件工程专业各一个班，每班学生39名。至此，全国第一个教育装备本科学科(注：为3级学科)正式建立起来，专业定位为教育装备设计、开发、生产管理人才培养方面。

教育装备技术本科专业设定的培养目标为："面向21世纪，培养德、智、体等全面发展的，在教育技术领域从事教育教学装备的设计、开发、管理方面的高级专业人才。其中包括各种教育设备开发公司、各种教学仪器公司、各大专院校条装处、政府机关设备管理部门。"确定的培养规格为："(1)具有良好的政治品质和职业道德。(2)系统掌握教育装备技术专业的基本理论、基础知识和基本技能；具有现代教育理念和创新精神，掌握计算机、电子电气、通信技术、自动控制方面的知识和技能，并具有本专业领域科学研究的初步能力，能从事与职业有关的科研工作。(3)掌握一门外语，能够熟练地阅读本专业的外文书刊。(4)有良好的心理素质和健康的体魄。"在课程设置方面，为了体现知识的教育性与交叉性，同时还开设了教育学基础、教育技术学导论、教学设计、实验心理学、人体工程学等课程。

首都师范大学教育技术系于2002年开始申报教育技术学硕士学位授权点，2003年被国家学位办批准，9月份开始招收教育技术学硕士学术学位研究生。届时，首都师范大学教育技术专业研究生共分为3个研究方向：教育装备研究方向、智能教学系统研究方向、远程教育研究方向。2003年招收研究生总数22人，其中教育装备研究方向研究生共有6名，该方向研究生专业定位为教育装备管理人才培养方面。除了上述学术学位研究生以外，2003年由首都师范大学统一招收的教育技术专业学位研究生共计30人，他们的课程设置中有相当部分内容属于教育装备学。

研究生学段的教育不同于本科生，他们不是以完成规定课程为主，而是在学习期间主要学会问题研究，掌握科学研究方法。教学过程中需要训练他们去发现问题、提出问题、分析问题的成因、找出解决问题的思路和办法。2003年秋季入学的教育装备方向研究生，在2004年7月的“长春2004——教育技术国际论坛”上和该方向教师一起有12人分获优秀论文一、二、三等奖(见图9.2)。其中，研究生的《教育装备管理浅析》一文荣获一等奖，《教育技术装备管理体制初探》和《电力线通信技术在教育信息化中的应用》获得二等奖，《教育装备的发展特点分析》和《教育装备技术再认识》获得三等奖。

图9.2 教育装备方向师生获奖证书

三、教育装备理论发展历史与趋势

2003年到2009年期间是教育装备学科建立、建设、发展时期。在此期间，国内教育装备理论的发展也十分迅速，到2009年则达到了该时期内发展的顶峰。该时期教育装备理论发展的特点是人们开始注重方法论的研究，大量属于教育装备管理方法的文章和著作涌现出来，主要表现在评价方法、测量方法、预测技术等方面。除此之外，这个时期还有更多的专题会议出现，期刊文章水平也大幅提升。

国内外主要期刊上发表的教育装备相关文章在这段时期(2003—2009 年)内的总数已经达到 2 万多篇。从 2003 年全年正式发表 1173 篇发展到 2009 年全年正式发表 7637 篇，提高了近 6 倍，图 9.3 反映了这个时期教育装备期刊论文年发表量的趋势情况。除了数量以外，论文质量也大幅提升，相关文章开始在国内外一些重要刊物上发表，其中各种重要索引期刊文章的发表数量开列在表 9.1 中。

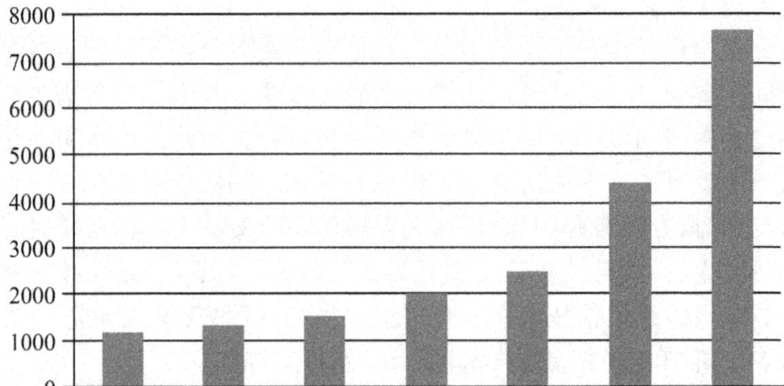

	2003	2004	2005	2006	2007	2008	2009
篇数/年	1173	1354	1573	1996	2482	4431	7637

图 9.3　2003—2009 年教育装备期刊论文年发表量趋势

(数据来源：超星发现系统网站 http：//ss. zhizhen. com/)

表 9.1　2003 年至 2009 年教育装备论文国内外重要期刊发表情况

序号	名称	数量
1	中文核心期刊(北大)	562
2	统计源期刊(中信所)	311
3	剑桥科学文摘(美)	246
4	CA 化学文摘(美)	230
5	CSSCI 中文社科引文索引(南大)	138
6	文摘杂志(俄)	110
7	CSCD 中国科学引文库(中科院)	81
8	EI 工程索引(美)	4

(数据来源：超星发现系统网站 http：//ss. zhizhen. com/)

表 9.2 开列了从 2003—2009 年教育装备硕士研究生学位论文的情况。从论文题目上可以看出，这段时期内教育装备理论研究关注的重点是科学管理与政府采购问题。

表 9.2　2003—2009 年教育装备方向硕士研究生部分学位论文一览表

名称	作者	学位授予单位	学位名称	时间	导师姓名
《我国中小学教育技术装备管理工作中若干问题分析》	李莉芳	北京科技大学	硕士	2004	毛祖桓
《XML 在教育装备信息数据集成中的应用》	谭海波	南京大学	硕士	2005	柏文阳
《多媒体网络教室全寿命费用模型探究》	马艳霞	首都师范大学	教育硕士	2005	胡又农
《东营市农村初级中学教育技术装备管理与使用的研究》	李百军	山东师范大学	硕士	2006	张洪生
《北京市中小学教育装备人才需求的预测与人才培养》	于晓荷	首都师范大学	硕士	2006	艾伦
《基于声卡的中学物理实验虚拟仪器系统的研究与实现》	唐君健	首都师范大学	硕士	2006	艾伦
《教育装备管理系统现状调查分析及对策研究》	殷常鸿	首都师范大学	硕士	2006	艾伦
《教育装备淘汰的合理性调研与分析——学生机房计算机装备分项调研》	徐冰	首都师范大学	硕士	2006	艾伦
《教育装备维修工作现状的调查分析》	李刚	首都师范大学	硕士	2006	艾伦
《提高高校教育装备采购效益的研究》	吕波	首都师范大学	硕士	2006	艾伦
《教育信息化视野下的教育技术装备管理研究——以南通地区为例》	曹惠芳	南京师范大学	硕士	2007	尹宗利
《教育装备效能综合评价研究》	许成果	首都师范大学	硕士	2007	艾伦
《计算机实验室系统可靠性研究》	张霞	首都师范大学	硕士	2007	艾伦
《教育装备运行费用影响因素的研究》	李伟	首都师范大学	硕士	2007	艾伦
《媒介环境下中小学教育技术装备建设的理论与实践》	徐军	南京师范大学	硕士	2008	张舒予
《普通高中通用技术教育装备标准设计的研究》	郑丽君	南京师范大学	硕士	2008	顾建军
《中小学信息化教育装备综合效能评价指标体系研究》	肖飞生	浙江师范大学	硕士	2009	章苏静

续表

名称	作者	学位授予单位	学位名称	时间	导师姓名
《教育装备政府采购管理系统安全架构的研究与实现》	徐省华	广东工业大学	硕士	2009	徐海水
《教育装备项目采购管理研究》	尹恩德	华东理工大学	硕士	2009	杨洪涛 何仲昆

（数据来源：超星读秀网站 http：//www.duxiu.com/）

四、教育装备学科发展建议与预测

从2003年全国第一个教育装备专业建立起，至今教育装备的理论发展已经历了16个年头，在认识论、方法论、道德论、历史观等各个方面的研究都有了长足的进步。但是作为一个独立的学科，其发展方向与模式还存在许多需要探讨的地方。首都师范大学教育技术系的教育装备技术本科专业已于2008年开始停止招生，该专业停办；但是硕士研究生层次的该专业仍然保留。通过对上述专业创办和经营经历总结，为我国高校教育装备学科建设提出如下建议。

(1)由于教育装备人才知识结构的全面性与复杂性，在本科生阶段开办教育装备专业是不合适的，建议从研究生阶段再开设本专业。

(2)教育装备硕士研究生专业招收的本科毕业生应该具有理工科背景，这对今后理解教育装备的工作原理和研发过程都是十分有利的。研究生阶段以学习科学管理理论为主，特别是在管理科学方法上的研究应加以重视。建议由师范院校开设该研究生专业，并为在读研究生提供教育教学实习锻炼的机会，让他们具有教学经历，懂得教学。

(3)如果能够进一步开设教育装备博士研究生专业，则该专业应该重点学习和研究教育理论。所招收的硕士研究生毕业生应该具有理工科的本科背景，管理学的硕士背景，这对于成为真正的教育装备人才是十分必要的。

目前，国内教育装备硕士研究生专业已经逐渐成熟，开设教育装备博士生专业势在必行。这势必成为今后的一个发展趋势，让我们拭目以待。

第五节 学前教育装备的研究

幼儿教育或称为学前教育越来越受到人们的重视，政府也在逐年增加经费支持其发展，同时幼儿教育装备事业也发展壮大起来。幼儿教育装备是以玩教具形式为主，以实现儿童健身、健心、健智为目的而设计、开发、生产出来的各种器具、设备、设施。其设计者通常在娱乐性、安全性、卫生性、新颖性以及智力开发等方面投入更多的关注度，但在幼儿心理与思维发展等健心方面的考虑就显得有些缺失。

一、从儿时的玩具说起

在中国，对于20世纪五六十年代出生的人不会忘记儿时经常使用的玩具："唧水枪"(唧筒)、滑雪板、弹弓等，这些玩具具有一个共同的特点，它们都是儿童根据自己的需要自制而成。"唧水枪"的制作过程对于儿童来说并不简单：找一根较粗的竹竿(直径约5厘米左右)，选择没有开裂的一节竹管用钢锯条锯下来(注意：使用木锯容易造成竹管开裂)，要求竹管的一端保留结节，而另一端无结节。接下来是非常关键的一步，需要在竹管结节中心处沿竹管纵向打一个直径约5毫米左右的小孔。在没有电钻的情况下，通常采用的方法是用一根烧红的粗铁条去烫(此时多需要成年人或青少年的帮助)，因为这样可以防止加工时造成竹管开裂。再用一根长一些的细竹棍，一端缠上旧布条，从粗竹管无结节的一端插入，一个"唧水枪"就制作成功了。滑雪板是将竹片加温后弯制而成，弹弓则是用粗铁丝、自行车内胎等制作，各种玩具都有丰富的自制方法与过程。

同样是儿童玩具"唧水枪"，现在市面上到处可见的是制作十分精美、材料考究(塑料与不锈钢)、效果极佳(射程很远)的产品。但是，儿童对制作过程的体验没有了，这是个很大的损失。不提供有效的过程体验是幼儿教育装备发展中的一大缺失。

二、杜威与皮亚杰的儿童游戏理论

过程体验为什么重要？因为它与儿童的逻辑思维训练有着直接的关系。美国著名哲学家、教育家约翰·杜威在他的《我们如何思维》(*How we think*)第12章("活动和思维训练"①)中对此有详细的论述。杜威认为："游戏态度比游戏本身更为重要。前者是心智的态度，后者是这一态度的现时的外部表现。"还说道："然而，这类活动却代表了一个从游戏转变到工作的过程。因为工作(是理智态度，而不仅仅是外部表现)意味着一种意义(或一个暗示、一个目的、一个目标)是适当的化身的兴趣，在客观的形式中，通过应用适当的材料和器具所表现出来的一种态度。"并且认为："不论什么事情，凡是能引起儿童兴趣的，完全是因为那些事情本身对儿童有直接的兴趣。……如果认为成年人的活动通

① [美]约翰·杜威著，伍中友译：《我们如何思维》，新华出版社，2010年版，第129—139页。

常是在实用的压力下才能完成，因而也认为儿童不可能很自由，很愉快地去从事这种工作，那么这种假定是缺乏想象力的。”杜威在他的这本书中强调了游戏在培养儿童思维能力上的重要作用，而游戏中的“工作”过程对训练儿童的逻辑思维尤为关键。

过程体验的另外一个重要作用是对于知识建构的训练。瑞士著名儿童心理学家J. 皮亚杰(Jean Piaget)在他的《儿童心理学》一书中也对儿童游戏及其作用进行了深入的论述。在该书第三章“象征性游戏”一节的注释中，皮亚杰提出了儿童游戏的4种类型：练习性游戏、象征性游戏、带有规则的游戏、结构性游戏。其中，特别强调了儿童需要结构性游戏，他说：“最后，从象征性游戏发展成为结构性的游戏(games of construction)，它最初受着游戏象征主义的影响，后来倾向于构成‘真正的’适应活动(例如建成一些机械的结构等)，或是构成对问题的解决以及构成智慧性的创造活动，等等。”①皮亚杰是结构主义(structuralism)的倡导者，结构主义是西方社会科学的一种研究方法，它认为对于一个事物，只要能够了解其各个组成部分(局部)以及这些部分之间的关系就能够掌握该事物的整体(全局)。这一点是与东方思想截然不同的，作为东方思想代表的中国人认为“不识庐山真面目，只缘身在此山中”，通过局部不可能认识全局，其中出现在语文课本中耳熟能详的“盲人摸象”的故事就是一个典型代表。破坏、拆解一个玩具或者动手制作一个玩具对于儿童了解事物结构以及各个局部之间的关系是十分重要的，同时这也是他们训练思维、建构知识的开始。

三、美国与德国的家庭小工厂

美国的“车库文化”是人们众所周知的一种文化现象。许多世界著名的大公司，其创始者都是从自己家的车库起家的，例如：全球最重要的电子设备供应商惠普公司，具有世界上最著名米老鼠卡通形象的迪士尼公司，设计生产出全球第一台个人计算机的苹果公司，全世界首富比尔·盖茨的微软公司，创造了世界上最大的搜索引擎平台的Google公司，全球最大的视频网站YouTube，以及DELL、ATI、Westwood，等等②。成就了这些超级大公司及其创始人的车库有着美国所有家庭车库的一个共同的特点，就是在里面存放着大量的工具，从简单的手工修车工具到复杂的数控机床不一而足，成为一个个家庭小工厂。这样的家庭小工厂形成了一种文化环境，使进入这里的人产生抑制不住的创作激情。在长辈的带领下，许多家庭的儿童就是在这种环境中被陶冶、被锤

① [瑞士]J. 皮亚杰、B. 英海尔德著，吴福元译：《儿童心理学》，商务印书馆，1980年版，第46—47页。

② 毕胜福：《美国的车库文化》，《中外文摘》，2010年第2期。

炼，逐渐成长起来的。

在德国虽然没有什么“车库文化”，但是“几乎家家都在地下室里辟出一间‘家庭小工厂’，尽管规模、大小、设施不尽相同，但目的都是用来为家庭服务，供大人和孩子在这里维修、拆卸安装、加工制造、做实验”。① 他们的家庭小工厂往往是由几辈人共同建设和维系的，儿童在这里得到了最大的自由，自由地动手动脑已经成为他们生活的重要组成部分。德国是一个善于思想的民族，许多哲学大师都出自这里，例如：科学社会主义创始人卡尔·马克思，德国古典哲学创始人伊曼努尔·康德，德国古典哲学集大成者、客观唯心主义哲学大师格奥尔格·威廉·弗里德里希·黑格尔，西方现代哲学的开创者弗里德里希·威廉·尼采，20 世纪存在主义哲学的创始人马丁·海德格尔，另外以《非理性的人》一书而著名的美国现代存在主义哲学家威廉·巴雷特原来也是在德国出生和长大的。人类的文明与文化、人类的思维是人类进行劳动的结果，儿童勤于动手才能善于动脑，德国这些层出不穷的创新型思想家的产生，不能说与他们儿时受到的熏陶无关。

四、儿童教育装备发展的理念

儿童教育装备包括幼儿教育装备应该关注工具型玩具、教具的开发与应用。中国没有美国的“车库文化”，也没有德国的“家庭小工厂”，学前儿童教育依赖幼儿园，学龄儿童教育依赖学校，幼儿园与小学校教育装备的科学配备是至关重要的。由于儿童的安全问题一直是人们在学前教育中所关注的焦点，所以在玩具、教具的研发设计与生产方面更多地考虑安全性问题，对其他方面研究，特别是在儿童健心方面研究就缺乏重视。2011 年在厦门市召开的中国教育技术装备论坛上，有一个重要的内容是新课改高中通用技术课程教学研讨，与会的通用技术课教师们进行了认真而热烈的讨论。但是会议的发展令人遗憾，大家讨论最终所围绕的最为关心和亟待解决的问题竟然是如何保障在通用技术课程实验时杜绝学生手指受伤的事故发生。于是笔者提出疑问：“总是顾虑手指受伤的人还能学会技术吗?”对于高中学生的动手训练态度尚且如此，对学龄前儿童阶段这方面的教育就可想而知了。安全问题固然是非常重要的，保护未成年人的安全是我们每一个人不可推卸的责任，要求家长与教师降低对儿童的安全保护意识也是不可能的，在这些现实问题面前教育装备的发展何去何从以及发展理念的更新就成为一个十分紧迫而重要的问题。笔者参加一个小学校政府采购训练器材的进口论证会，其中一件国外生产的器具对我们很有启发，这个器具名称为“儿童体育训练卫生口哨”。口哨是体育活动中经常使用的用具，

---

①　黄学锋：《德国人的“家庭小工厂”》，《人民日报》(第 3 版)，1999 年 12 月 26 日。

放在嘴上吹的口哨是不卫生的，尤其对于公用的口哨更是如此，进口器材中的卫生口哨是安放在一个橡胶皮球上的口哨，不使用嘴吹，解决了卫生问题。不因卫生、安全等问题而废止一些训练器材的使用，而是通过各种途径找出解决这些问题的办法，这就是创新精神。所以，儿童教育装备的发展必须勇于更新理念，能够设计开发出更多安全有效的工具型玩具、教具。

第六节　全国中小学教育装备配置情况的统计研究

2013 年可以说是教育装备行业开始进入全面而理性发展的一年。说到全面发展，是因为人们从仅仅关注基础教育信息化发展的角度上逐渐拓宽了视野，对实验教学、学校后勤、校服校车、绿色校园等教育装备建设投入了更多的力量。谈到理性发展，是因为人们对教育装备的投入，更加关心其适用性、有效性的研究，而逐渐在脱离盲目地生产、盲目地采购、盲目地装备。为了能够通过量化及可视化的分析对 2013 年全国中小学教育装备有更加深入的认识，笔者针对全年 12 个月全国 32 个省、直辖市、自治区通过政府采购方式购置教育装备的情况进行了数据采集与处理。①

分析时将教育装备分为 4 个基本类型：实验仪器设备、图书资料、教育信息化设备、其他类型。其中，(1)实验仪器设备是指中小学理科实验室、美术室、体育室、科学实验室以及各种功能实验室配备的仪器设备；(2)图书资料是中小学学校图书馆配备的纸质图书资料；(3)教育信息化设备是指多媒体教学设备、校园网、计算机室、信息化管理、办公自动化等设备设施；(4)其他类型则包括教室与实验室的家具类、常规办公用品、教室与实验室的装修工程、校园环境改造工程、后勤(校车、校服、食堂等)设备设施。

在教育装备全国区域分析方面，采用通用的东部、中部、西部的分类方法。其中，东部地区共计有 11 个省、直辖市；中部地区共计有 8 个省；西部地区共计有 13 个省、直辖市、自治区与新疆生产建设兵团。

一、中小学教育装备各类型购置情况

2013 年全国小学教育装备采购情况按类型分析请见图 9.4 所示。其中，实验仪器设备购置额度占总额度的 5.00%；图书资料占总额度的 0.22%；教育信息化设备比例较大，占到了总额度的 12.59%；而占比例最大的是其他类型，占到了总额度的 82.20%。

① 数据来源：中国政府采购网，http：//www.ccgp.gov.cn/

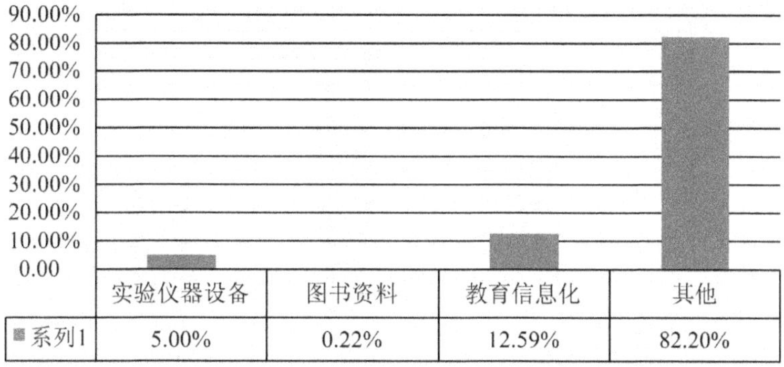

图 9.4　全国小学各种教育装备 2013 年采购比例

2013 年全国中学教育装备采购情况按类型分析请见图 9.5 所示。其中，实验仪器设备购置额度占总额度的 8.33％；图书资料占总额度的 0.28％；教育信息化设备比例较大，占到了总额度的 17.96％；而占比例最大的是其他类型，占到了总额度的 73.43％。

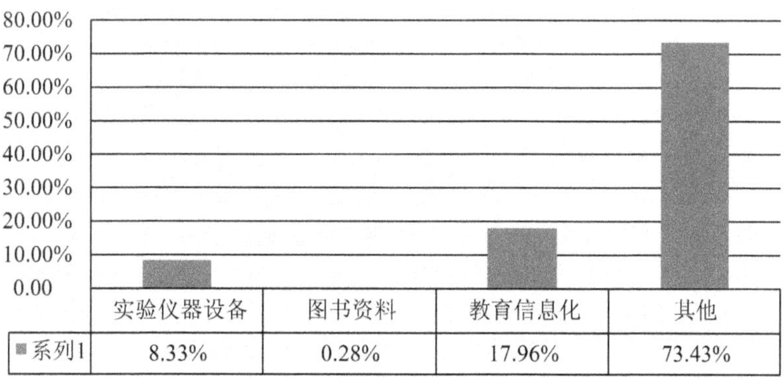

图 9.5　全国中学各种教育装备 2013 年采购比例

二、中小学教育装备各区域购置情况

图 9.6 与图 9.7 示出了 2013 年全国东部、中部、西部地区小学教育装备采购的比例。其中，图 9.6 是按照 3 个区域的总额度统计的，而图 9.7 则是将每个区域的额度除以该区域的省份数后得到 3 个区域省份平均额度所占比例的情况。做这样的处理是为了能够更加清楚地了解全国发达、欠发达与不发达地区中各个省份的详细情况，对下一步的分析提供线索。

图 9.8 与图 9.9 示出了 2013 年全国东部、中部、西部地区中学教育装备采购的比例。其中，图 9.8 是按照 3 个区域的总额度统计的，而图 9.9 则是将每个区域的额度除以该区域的省份数后得到 3 个区域省份平均额度所占比例的情况。理由同上。

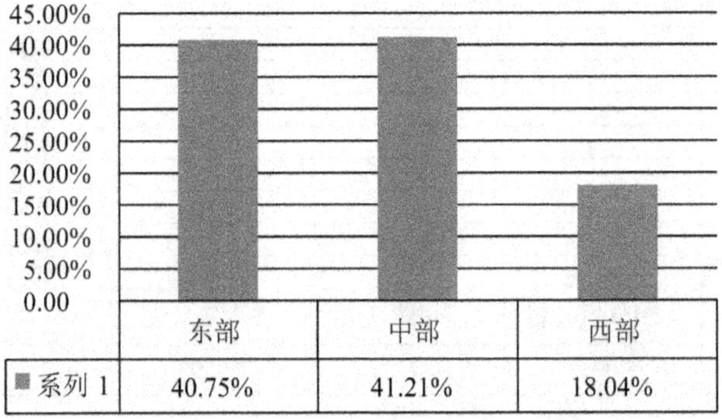

图 9.6　小学各区域年采购比例

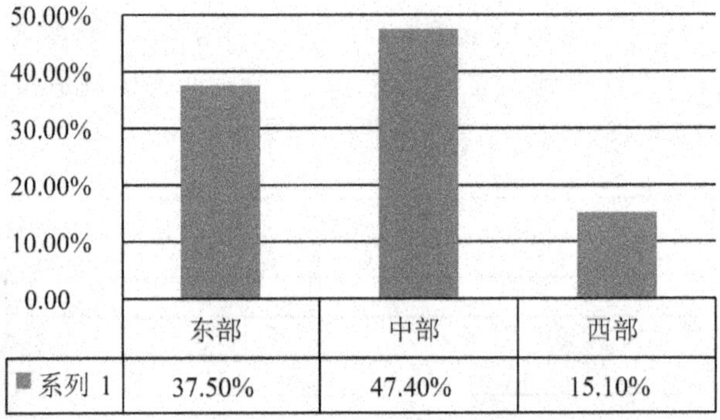

图 9.7　小学各区域省平均年采购比例

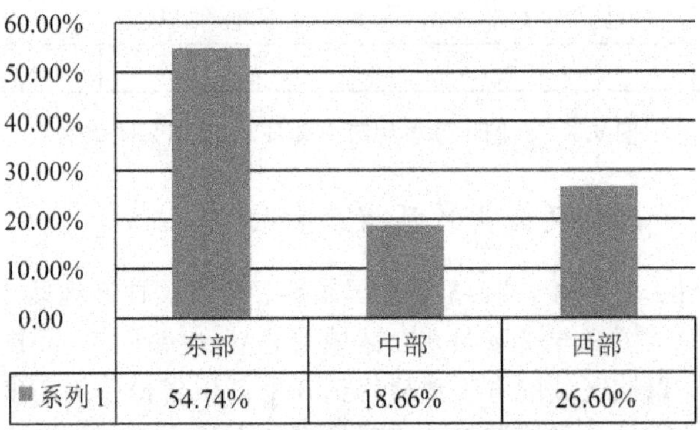

图 9.8　中学各区域年采购比例

从全国中小学各区域省平均年采购比例可以看出，小学西部地区的教育装备采购比例相对较低；而中学中西部地区的教育装备采购比较东部地区相对较低。

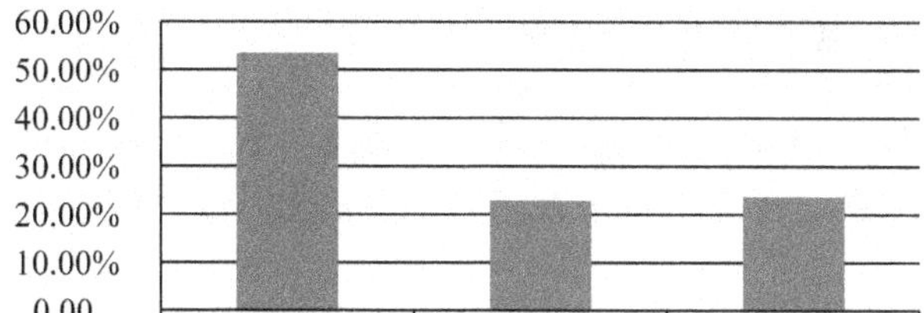

	东部	中部	西部
系列 1	53.54%	22.81%	23.65%

图 9.9　中学各区域省平均年采购比例

三、中小学教育装备购置年度变化情况

图 9.10 是全国小学年度购置变化情况。从图中可以看出，2013 年的 1、7、8、12 月份是采购的高峰期，而这些月份也正值学校的寒暑假期。

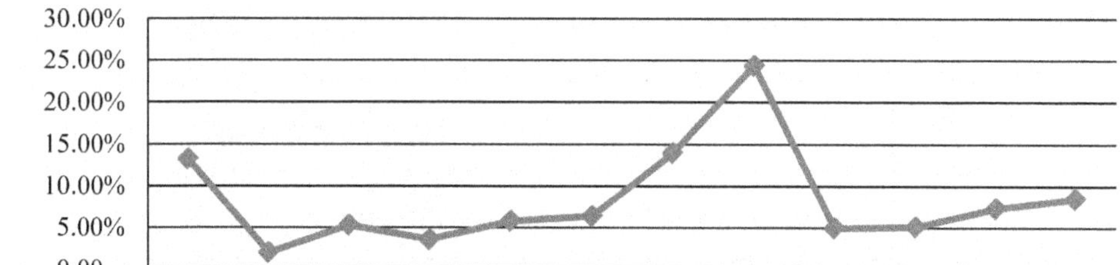

	1月	2月	3月	4月	5月	6月	7月	8月	9月	10月	11月	12月
系列1	13.19%	1.98%	5.25%	3.52%	5.75%	6.32%	13.92%	24.34%	4.95%	5.09%	7.28%	8.41%

图 9.10　全国小学年度购置变化情况

图 9.11 是全国中学年度购置变化情况。从图中可以看出，2013 年的 1、5、6、7、8、12 月份是采购的高峰期。与小学情况比较，存在较大差异性。说明中学在教育装备采购方面具有较大的自由空间，同时也显得比较理性。

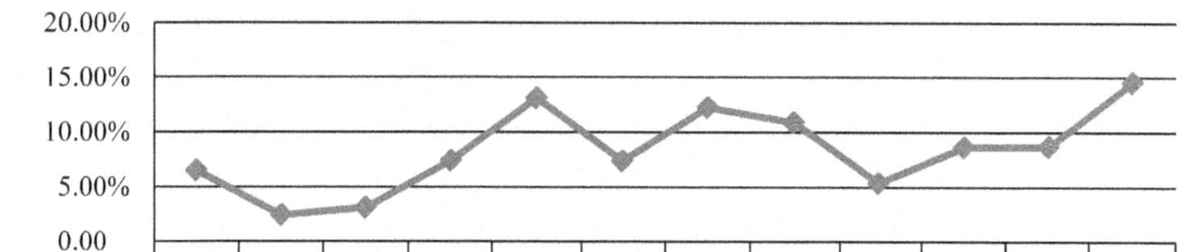

	1月	2月	3月	4月	5月	6月	7月	8月	9月	10月	11月	12月
系列1	6.46%	2.41%	3.08%	7.36%	13.08%	7.34%	12.24%	10.88%	5.35%	8.62%	8.67%	14.52%

图 9.11　全国中学年度购置变化情况

四、教育装备采购中的问题

通过对 2013 年基础教育的教育装备购置进行数据分析，可以清楚地看出，在图书资料的配置方面是不够重视的，额度占比分别为 0.22%（见图 9.4）和 0.28%（见图 9.5）。

当然，如果只从额度的年采购比例分析似乎还缺乏说服性，这是因为图书的价格往往小于其他装备的价格。为了对此有一个数量上的认识，本文又分别对 2013 年全国小中学和普通高校的各种类型的采购条目进行了统计，图 9.12 与图 9.13 分别列出了小学与中学全年采购条目的比例情况。其中，小学全年采购共计 4230 个条目，其中图书类采购条目为 45 条，占全部采购条目的 1.06%；中学全年采购共计 4569 个条目，其中图书类采购条目为 50 条，占全部采购条目的 1.09%。

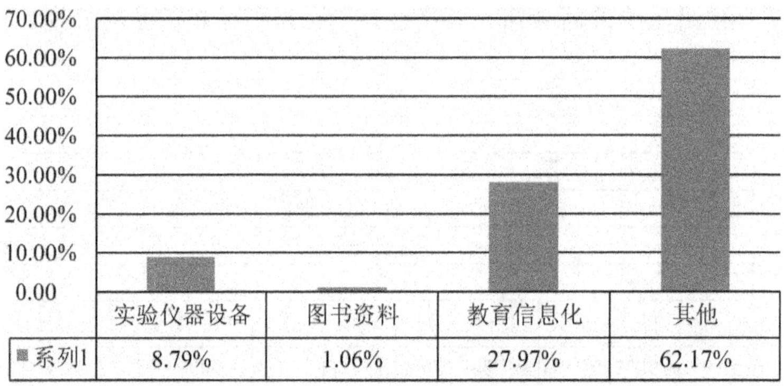

图 9.12　全国小学全年采购按条目统计的结果

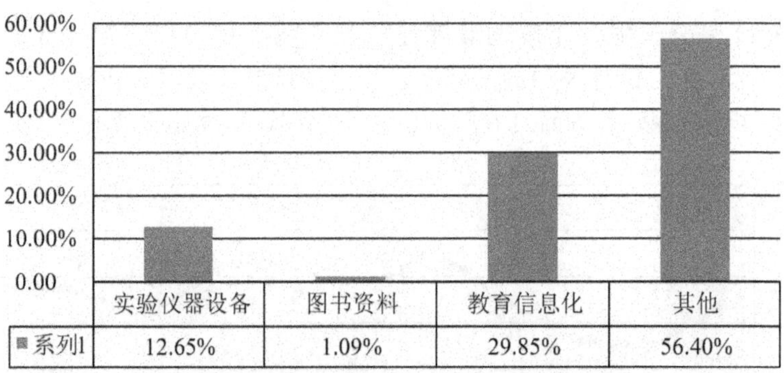

图 9.13　全国中学全年采购按条目统计的结果

图 9.14 为全国普通高校 2013 年度采购项目的条目统计。其中，实验教学仪器占了总数的 46.97%，比例最大；图书占了总数的 2.44%，比例最小；教

育信息化设备占了总数的21.05%；其他类型占了总数的29.54%。通过对比分析可以发现，高校对实验教学仪器的采购比例远比中小学的大得多，说明高等教育更加注重实验教学，当然这也与高校的专业分类和专业性有关。高校与中小学纸质图书的采购所占比例都非常少，这不是一个好现象，应该关注学生的读书问题，并适当增加图书购买比例。高校与中小学教育信息化投入的水平大致相当，中小学略低一些，说明高校的教育信息化水平要更加超前和成熟。其他类型采购属于学校教学环境基础设施设备的建设，高校也要比中小学成熟。

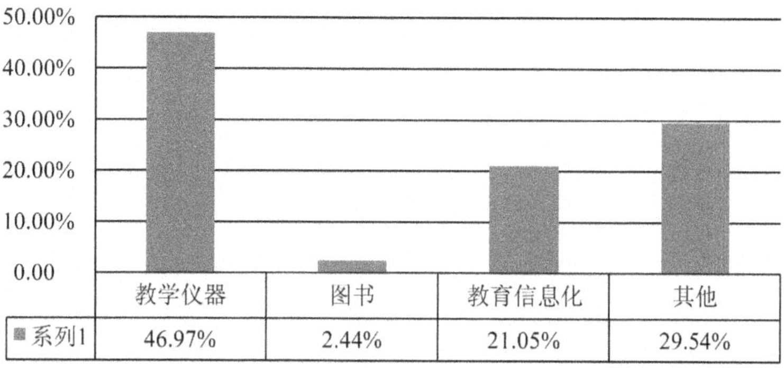

图 9.14　全国普通高校全年采购按条目统计的结果

一些成人缺乏读书习惯，不能说与基础教育在学校教育中对图书的重视程度无关。所以在教育装备的配置方面，应该或必须加强对图书的采购。应该尽快确定中小学图书配置目录或标准，加强图书采购经费的配备，并制定相关政策鼓励国人阅读，要像重视教育信息化一样地重视图书在教育中的作用。使得中国人养成热爱读书的好习惯，使中国成为读书大国。

第十章

教学设备的研究方法

这是本书的最后一章，本章介绍了教育装备中一些具体的教学设备的研究方法问题，其中涉及电子白板、投影机、投影幕、触摸屏、智能手机等仪器设备。

第一节　电子白板研究

目前，电子白板在学校教学中的应用已经很普及，人们对它的热情日益高涨，称其为“功能无限”和“科技与教育的最完美结合”。此时写这篇文章并非是要反对使用电子白板，只是想提请专家和厂商注意，当我们向学校推介这个产品时，既要说明它对教学的适应性，也要指出其非适应性，而让用户根据自己的具体情况进行客观的选择，不要误导他们。“泰坦尼克号”在第一次下水时，曾被当时的人们誉为“上帝也无法让它沉没”的船只。电子白板在教学中确实存在许多优势，但也不乏劣势，客观地对其进行分析是理性、科学的态度。以下，我们采用逻辑实证的方法进行分析。虽然辩证的逻辑实证法也使用“证伪”思想，即“有一例不成立，则原命题不成立”，但是我们仍然表示这不是对电子白板进行全盘否定，而只是想证明电子白板具有众多优点的同时也存在必须注意的缺点，在教学中也必然存在局限性，我们应该科学、理性地对待它的采购与使用。

一、历史经验的启示

笔者曾于十几年前，估计是北京地区首例，在首都师范大学物理系 101 教室里安装了一块加拿大 Smart Board 电阻型 80 英寸的电子白板。其后学校又在不同的教室中安装了 6 块。但是到了 2002 年，7 块电子白板全部被拆了下来，至今睡在仓库里。由使用新技术而产生的一些新奇效果对人们的刺激是我们很快接受电子白板的根本原因，但当人们了解了它的原理和熟悉了它的使用，并且考虑它的教学作用后，往往就不再对它投入过大的热情。而这些表现都是不够理性的。

据江苏省常州市教育装备与勤工俭学管理中心吴靖副主任反映，目前国内一些经济发达的地区，电子白板的采购已呈现出每个班级一块的态势。为了能够对目前电子白板用户的分布情况有个大概的了解，笔者做了一些检索和统计的工作。首先，通过互联网的 Google 对 3 组关键词进行搜索，结果显示在表 10.1 中。然后，对《中国现代教育装备》杂志 2010 年第 6 期电子白板专刊登出的 27 篇文章进行统计，结果显示在表 10.2 中。通过对这些数据的分析，我们有理由相信，电子白板的用户主要集中在基础教育，尤其是小学阶段。而造成这种情况的原因是由于小学生对这一新技术的新奇感和它类似于游戏一样的交互功能。相比较而言，高校对它的态度则更加冷静，这是对高科技发展认识的更加成熟的表现。

表 10.1　使用 Google 搜索的结果

其他项目 序号	搜索关键词组合	显示相关条目数
1	电子白板 小学	146000 多条
2	电子白板 中学	66600 多条
3	电子白板 高校	60400 多条

表 10.2　电子白板专刊文章统计

其他项目 序号	作者单位性质	文章内容	文章篇数
1	小学和幼儿园	电子白板教学应用	15
2	中学和中等师范	电子白板教学应用	7
3	高等院校	电子白板教学研究(不是在高校的教学)	3
4	教育机构	教学研究与培训	2

二、课堂交互的作用

电子白板又称“交互式电子白板”，人们普遍认为课堂教学的交互性是其最大特点之一。现在我们理性地思考一下，这一交互是在谁与谁之间进行的。对“交互”(intreaction)与“交互性”(interactivity)这两个词，北京师范大学的陈丽教授有比较深入的研究。陈教授在她的文章中说道：“在麦加利辞典(*Macquarie Dictionary*)中对‘交互’的一般定义是‘相互作用(action on each other)’。在《教育大辞典》中将 Interaction 翻译成术语‘相互作用’，并将相互作用定义为一个因素各水平之间反应量的差异随其他因素的不同水平而发生变化的现象(顾明远，1997)。”①

① 陈丽：《术语“教学交互”的本质及其相关概念的辨析》，《中国远程教育》，2004 年第 3 期。

而对交互学习的分类，陈教授在她的文章中这样总结："Moore 的交互分类理论将交互划分为三种类型(Moore，1989)：(1)学习者与学习内容的交互；(2)学习者与教师的交互；(3)学习者与学习者的交互。Hillman 在 1994 年提出了第四种交互：学生与界面的交互(Hillman，1994)。"①这就是我们常说的课堂教学中的三种交互情况，即师—生交互、生—生交互与人—机交互。

通过对交互式学习定义和类型的分析可知：(1)交互的目的在于教学信息的传播("一个因素各水平……发生变化的现象")；(2)交互只发生在主、客体两者之间(action on each other)；(3)交互的主客体间通过语言、文字或非语言方式(图像、表情等)进行信息交流；(4)交互的双方必须具备语言(或非语言)的问与答的交流能力(即，有问有答方为交互)；(5)交互的双方在交流时应该处于相同的语境(各说各话显然不能形成交互)。于是可以看出，电子白板由于与计算机相连，所以具有较强的实时交互性，而普通黑板则不具有交互性，一些特殊用途和处理过的小黑板则具有较弱的交互性。但是，由于交互只发生在主、客体两者之间，课堂教学时，教师使用电子白板对学生进行教学，如果学生未到电子白板前进行直接操作，则学生与电子白板之间的人—机交互就没有发生。可以想象，一个 40 人左右学生的课堂在 40 多分钟的教学中不可能让每个学生分别到电子白板前来与其交互 1 分钟，那样的课堂教学将无法进行。所以，通常的课堂电子白板教学多以两种交互形式占主导地位：一是教师与学生之间的师—生交互，一是教师与电子白板之间的人—机交互。学生与电子白板之间的人—机交互少之又少。课堂教学时，大部分时间是教师在操作电子白板，人—机交互是在教师和白板之间发生的，这一点对于学生来说与普通黑板的作用无异。交互的本质在于知识的传播，学生是知识的受体，课堂教学的交互主要发生在师生之间，白板与黑板只是信息传播媒介。从性价比的角度去考量，在普通课堂教学的情况下，电子白板未必优于黑板。显然，片面夸大电子白板的课堂教学交互作用是不够科学的。

三、信息传播的作用

许多人认为电子白板作为多媒体教学的工具，可以有效地增加课堂教学的信息量。为此我们有必要对课堂教学中信息量的计算方法和计算结果进行介绍。教学信息量的计算方法与教学信息的特性有着直接的关系，所以我们必须从信息的特性出发来说明。

信息的特性 1：事件 i 发生后，人们从中获得的信息量 B_i 与该事件发生的概率 p_i 有关，而且事件 i 发生的概率 p_i 越大，则我们从中获得的信息量 B_i 越

① 陈丽：《远程教学中交互规律的研究现状述评》，《中国远程教育》，2004 年第 1 期。

小，反之亦然。正如人们常说的：狗咬人不是新闻(因为其出现的概率相对较大，信息量小)，人咬狗才是新闻(因为出现的概率小，信息量大)。于是我们可以猜测信息量与概率的关系似乎应该是 $B_i=1/p_i$。但是，由于必然事件的概率为 1，而我们从必然事件中获得的信息量应该为 0，为了同时满足上述这些条件，于是定义事件 i 发生时我们从中获得的信息量 $B_i=\log_2(1/p_i)$，单位为比特(Bit)。这样，我们就可以将信息理解为“反映一个事物性质的事件发生时，人们对它的事后知识与事前知识之差”。如果我们的“事后知识”就是对该事物了解的全部知识或简称“知识”，则“事前知识”在整个过程中就显得比较不重要了，它被称为“冗余”(多余的)。于是，我们可以简单地认为：知识＝信息＋冗余。冗余的不重要是相对于信息而言的，但是有时我们也不能够完全忽视它的作用。例如，当我们向一个从事信息通信工作的中国人表述用 9 个汉字所组成的知识“克劳德・艾尔伍德・香农”时，也可以只用两个字“香农”就能够让他了解我们的意思。此时，可以认为“香农”两个字是信息，而另外 7 个字就是冗余。而当我们向一个会说汉语的美国人表述这个知识时，由于可能造成的重名，即使将这 9 个字全用上也显得不够，还要增加更多的冗余，如，我们要说：“克劳德・艾尔伍德・香农，生于 1916 年 4 月 30 日，死于 2001 年 2 月 24 日；美国数学家，信息论的创始人；密歇根大学学士，麻省理工学院博士。”

信息的特性 2：一个事件发生时，人们从中获得的信息量因人而异，即原来对该事件了解多的人其获得的信息量小，了解少的人获得的信息量大，而且人们对该事件的反应表现是不同的。例如，北京市的三元桥地区，每天早上 7∶30—9∶30 道路必然十分拥堵。如果北京交通台在这个时段播出路况消息说“现在三元桥堵车”，则这条消息对于一个老司机或出租车司机来说就是冗余，因为他知道这样的事情天天发生。而这条消息对于一个从未在这个时候走过此路段的新手司机来说，就可能成为非常有价值的信息。另外，如果人们都没有听到这条路况消息，则他们的表现或行为是不一样的，老司机会绕道而行，新司机有可能直奔而去。所以我们可以从人们的行为表现，侧面地估算出反映一个事物的事件发生时人们所得到的信息量。教学信息测量中常用的 S—T 分析、Flanders 课堂互动分析、语言交互分类系统(VICS)①等，就是通过对课堂教学的教师行为和学生行为进行分类、编码、统计而计算教学信息量的。

信息的特性 3：教育信息传播的过程中，信息熵总是具有增加的趋势。设一个系统中每个事件的发生都可以取 n 个不同的状态，而且总共只有 n 个状态，则每个状态在该系统中出现的概率应该满足 $p_1+p_2+\Lambda+p_i+\Lambda+p_n=1$，而我们从中获得的平均信息量为：

① 傅德荣、章慧敏编著：《教育信息处理》，北京师范大学出版社，2001 年版。

$$H = p_1 \log_2(1/p_1) + p_2 \log_2(1/p_2) + \Lambda + p_i \log_2(1/p_i) + \Lambda + p_n \log_2(1/p_n)$$

或者记作：$H = \sum_{i=1}^{n} p_i \log_2(1/p_i) = -\sum_{i=1}^{n} p_i \log_2 p_i$，这个表达式与统计力学中熵函数的表达式一样，所以被称为信息熵。当系统中的 n 个状态等概率地出现时，有：$p_1 = p_2 = \Lambda = p_i = \Lambda = p_n = 1/n$。于是我们可以计算出此时的信息熵，而且发现它是系统可能的信息熵的最大值，即最大信息熵 $H_{max} = \log_2 n$。统计力学中有一个熵增加原理，是说物体的热总是具有从温度高的地方向温度低的地方扩散的趋势，当各处的温度都相同时系统的熵最大。教育信息传播时也有相同的情况，当知识只存在于教师头脑中时，教学系统的信息熵为 0，而通过教育信息传播使系统中所有学生都相同地掌握了教师的知识时，系统具有最大信息熵。这样，教学过程就成为信息熵增加的过程，且总具有增加的趋势，我们称其为教育信息的“熵增原理”。根据教育信息的“熵增原理”，教育信息熵大应该优于信息熵小。所以，我们可以通过计算教学系统的信息熵，根据其大小来判断课堂教学的效果。语言交互分类系统（VICS）就是这样一个测量方法。

根据上面教育信息的 3 个性质，VICS 将课堂教学的教师行为和学生行为按表 10.3 所示进行分类（显然这个系统的 $n = 10$，最大信息熵应为 $H_{max} = \log_2 10 \approx 3.3219$），然后对一个实际课堂的教学过程按时间顺序进行分段的行为编码，最后根据每个行为编码出现的概率计算信息熵，同时认为信息熵相对较大的课堂教学效果相对较好。于是，我们用 VICS 对一个使用电子白板的课堂和一个未使用电子白板的课堂（同一教师，同一教学内容，不同的班级）进行对照分析，其中没有使用电子白板的常态教学的信息熵为 3.0138bit，使用电子白板进行教学的信息熵为 3.0219bit。其结果显示，它们之间并无较大差异。得到这样一个结果其实是在情理之中，因为一节课要传达给学生的知识点就是教学信息本身。而为了让学生能够很好地掌握这些知识点（信息），需要利用学生与该知识点有关的事前知识（冗余），根据“最邻近发展区”理论，将这些知识点用大量的冗余进行“包装”，然后传递给学生。于是，在课堂上就出现了教师通过口述、黑板板书、电子白板与多媒体展示等方式进行知识阐述的情况。其中，电子白板与多媒体展示的内容会比教师口述和黑板板书的内容要多，但是我们不能就由此得出电子白板与多媒体教学的信息量大的结论。因为课堂教学的信息量是指这些知识点，它不因多媒体的使用而增加，所以电子白板与多媒体教学增加的是冗余（或说是相对有用的冗余），而不是信息本身。不过，针对具有不同知识储量的学生，提供不同数量的冗余，也是十分必要的。所以，电子白板可以增加教学信息量的“神话”起码是值得怀疑的。

表 10.3 VICS 分类编码表

类别码	教学行为	类别码	教学行为
0	教师提示	1	教师讲授、指示
2	教师的狭义提问	3	教师的广义提问
4	教师接受	5	教师拒绝
6	学生应答教师	7	学生应答学生
8	学生提问教师	9	学生提问学生

四、思维训练的作用

电子白板为人们所称道的又一个优点是直观教学，尤其对几何图形变化过程的呈现使人一目了然。在使用电子白板的课堂教学中，我们都希望充分发挥电子白板的各种功能，例如三维动画的显示效果，而谁也不愿意将它当作普通黑板使用。于是在进行教学设计时，我们总是将原来使用语言说明的问题设计成为直观的图形问题。但是语言说明是帮助学生进行“思想实验”的最有力工具，所以我们必须警惕，在课堂教学中电子白板的直观教学功能使用多了，将取代和削弱学生的抽象思维和逻辑思维训练，对学生认知能力的培养是不利的。电子白板的直观教学作用为西方一些国家所称道，但是，中西方的文化有着巨大的差异，其中汉字就是这些差异之一。使用象形文字的中国人，几乎整个儿童时期都在学习汉字，大约在小学毕业前(9、10 岁前后)所掌握的文字才能够开始阅读各种书籍。以至于在 20 世纪二三十年代，北京大学的钱玄同教授(核物理学家钱三强的父亲)甚至认为中国的文字制约了国家科学技术和国力的发展，而提出要求废除汉字。直观(非思维)、形象(非抽象)、感性(非理性)认知是中国儿童习惯的主要学习方式，但是应该警惕它有可能阻碍了学生认识客观世界能力的提高和创新思维的发展。

人对外界事物的感觉存在着“降维”的现象，例如人的视觉。设想我们生活在 1 维的空间中(这就是在进行“思想实验”)，则我们只能看到一个 0 维的点；如果是在一个 2 维的空间，我们就可以看到一条 1 维的线；事实上我们正处于一个 3 维的空间，所以我们看到的是一个物体 2 维的面，要想看到该物体的全部，即 3 维的体，就必须绕到物体的后面去看，而在“绕”的过程中我们花费了时间，而且使用了先前对空间的记忆，其实我们是在 3 维空间的基础上增加了一个时间维，使整体实现 4 维。我们感知物体的维度总要比我们所处空间的维度低 1 维，这种“感知降维”现象迫使我们在认识客观事物时必须进行空间感性思维和逻辑理性思维的结合。人在学习中对事物的认识并不总是存在着足够的时间和空间，允许我们“绕”到事物的“后面”去了解它的全貌，所以在教学中对学生进行抽象思维和逻辑思维训练就显得十分必要，正如几何学、制图学等教学中对学生做的这种思维训练。因此，我们要充分考虑对电子白板的直观教学功能是否应该慎用的问题。

五、装备人文的思考

对教育装备的认识，除了科学技术方面的考虑外还必须有人文精神的体现。人文精神的本质是追求“真、善、美”，表现在教育装备的开发和管理理念中就是以人为本的价值观、可持续发展的生态观(绿色装备、装备环保)以及人—机—环境的艺术观。一个新技术的出现(如：计算机、多媒体、互联网、电子白板、Moodle、ViKi、WebLog、移动通信、云计算……)，人们总是将其引入教育教学中，或作为教学内容，或作为教育装备。从事教学和教学研究的人员一般都是以首先接受这种教育装备的态度为前提，而对教学过程、教学方式进行优化设计，以便能够更好地适应和运用这一教育装备，让人服从于装备。教育装备人的思路与此相反，我们更多地考虑如何使这个教育装备能够更好地为教育教学服务，所以我们经常是以批判的目光来看待各种新兴的教育装备。当然，我们做得还很不够，没有真正从教学需求出发去主动设计出更多的新型教育装备，而总是被动地将各种新技术推向教学环境建设。但是，我们的研究对象是教育装备本身，我们的研究工作是科学的、客观的，也是人性化的。一个新的教育装备出现，人们并不是很了解它，在这种情况下大量推广用于教学，无异于是在拿学生做试验(大量的电子白板教学研究的文章反映了这一现象)。在医学上，用病人做医学试验是不道德的，也是法律所不允许的。虽然教育法没有对教学试验的问题做任何法律限制规定，但是慎重一些应该是没错的。毕竟，医学试验失败了，影响的只是个别人，而教学试验的失败会影响更多的人，难道这不值得专家们和厂商们认真思考吗?

电子白板作为被时代推崇的现代教育装备，从人机工程学的角度看应该体现以人为本才对，但事实并非如此。通过我们对电子白板尺寸的人机因素分析可以看出，由于受到投影机正投方式(长距或超短距)和投影长宽比(4∶3或16∶9)的限制，电子白板在安装上存在着无法克服的“教师够得着与学生看得见”之间的矛盾。除此之外，还存在许多我们正在进一步研究的问题，如：电子白板的使用是否真的能够降低教师教学的劳动强度；学生长期注视具有反光特性的高亮投影屏，教师也是长时间面对投影机的直接照射，这些对他们的视力是否会有影响；投影机风扇和计算机风扇扰动起来的尘埃在室内空气中占有多大比重；这些电子设备产生的电磁辐射强度在什么样的量级上；电子白板表面涂料是否环保；系统的可靠性与其复杂性成反比，由计算机、投影机、电子白板构成的系统出现故障的概率有多大(课堂教学对设备故障为“零容忍”)；等等。教育装备管理理论中有一个“四效”问题，它是指对教育装备如何发挥使用的效能，优化教学的效果，提高学习的效率和增加教育的效益。它们分别对应科学而理性的评价方法和评价指标体系，是客观、量化的评价，而非主观、定性的评论。关于电子白板可以降低教师教学的劳动强度一说是值得商榷的，电子白板的一些特殊功能确实减少了教师上课的书写动作，但是他们要花费比以前更多的备课时间来应付电子白板的使用和相应的教学设计。而且，由于人对事物的注意力与同时关注的事物数量有关，当同时处理的事物数量较大时，处理失误的概率将大幅度增加。教师在课堂上讲授课程的同时还要时刻分神去对付电子白板上的各种功能按钮和链接操作，会使讲课的失误率增加，这必将严重影响教学效果。另外，仅从教育装备的效率方面考虑，其目的也主要是提高学习者的学习效率从而降低认知负荷，降低教师劳动强度并不是我们的主要目的，所以不应该把降低教师劳动强度作为推广电子白板的理由。关于投影机亮度对师生视力的影响也在研究中，一些初步的研究表明，由于人眼对亮度的适应范围很宽，所以电子白板反射光对学生视力不会造成较大影响；而由于教师在讲台上不停移动，在投影机直接照射和无照射下频繁切换，有可能对他们的视力造成不良影响。

第二节　电子白板安装方法

随着我国教育信息化的推进和教育教学改革的发展，电子白板作为解决课堂面授教学信息化需要的特殊综合技术，受到教育教学研究人员的普遍关注，并被推广到教学的应用之中。

当电子白板推广到教育系统后，人们开始对其教育功能进行研究，目前研究主要集中在电子的产品、功能信息，电子白板的教学应用研究，电子白板相关的技术开发研究，电子白板应用中的教学设计，电子白板的应用发展趋势等方面，且对于电子白板的教学应用研究主要集中于基础教育应用，特别是小学教育的应用中。而忽视了其诞生时的使用条件与现在学校教室情况的差别研究。常常对如图 10.1 中圈出的学生不便的状况熟视无睹。

虽然在向教育领域推进的过程中进行了大量的研究，但是却忽视了教学使用过程中教室环境与商务使用环境的差别，缺少对涉及与师生相关的人机因素的研究。

一、电子白板简析

电子白板的诞生源于商务沟通的需要，其设计主要基于以下使用条件：商

图 10.1　常见的学生不便的状况

务会议室使用；人数不多的小型会议。体现的是“计算机资料显示＋记录并存储板书批注”为主要功能的设计理念，因此形成了电子白板的功能特点和结构尺寸。

电子白板是由硬件电子感应白板和软件白板操作系统集成。它的核心组件由电子感应白板、感应笔、计算机和投影仪组成。电子感应白板是一块具有近似黑板的尺寸、在计算机软硬件支持下工作的大感应屏幕，其作用兼顾计算机显示器、操作器和传统的黑板。电子感应笔承担电子白板书写笔和计算机鼠标的双重功用，其作用是代替传统的粉笔。教师或学生直接用感应笔在白板上操作(相当于传统教学中师生用粉笔在黑板上操作)：写字或调用各种软件，然后通过电磁感应反馈到计算机中并迅速通过投影仪投射到电子白板上。电子白板可以分为复写式、外围式、交互式三类，目前应用于基础教育课堂教学的白板基本上是交互式电子白板①，其外形尺寸根据不同品牌各有不同，但是用于显示和书写的实际尺寸一般为 1500mm×1100mm。

二、学校教室常用电子白板有效尺寸人机因素分析

电子白板显示内容是以视觉传达为主，兼有显示屏和黑板的功能特点。电子白板应用时首先体现黑板功能，需要考虑尺寸因素，包括有效尺寸、布置尺寸和文字尺寸等；另外电子白板还具有显示屏功能，使用时需要考虑显示屏的显示特征。

电子白板在进入中小学教室，安装时一般都是在现在已有多媒体教室的基础上加装的。教学中使用时，会受到原有教室装备的影响。教室中使用电子白板的有效书写和现实尺寸应该满足如下要求：上边缘高度需要满足学生垂直视野要求和教师站立书写时可以够得着的高度；下边缘应该满足第一排学生避开讲台(或中控台)的边缘干涉点能够看到展示内容的要求。左边缘满足最右边学

① 陈青、陈丽：《电子白板在中小学应用的现状和趋势》，《中国现代教育装备》，2007 年第 11 期。

生可以看得到，右边缘满足最左边学生能够看得到的要求。

(一)下边缘高度尺寸

首先按照"看得见"的要求计算高度。控制台高度可能遮挡学生的视线，形成干涉点，使学生无法全部看到白板上的内容，影响学习效果。为了保证学生能够看得到白板垂直方向的全部内容，电子白板底边高度确定的示意图见图 10.2。

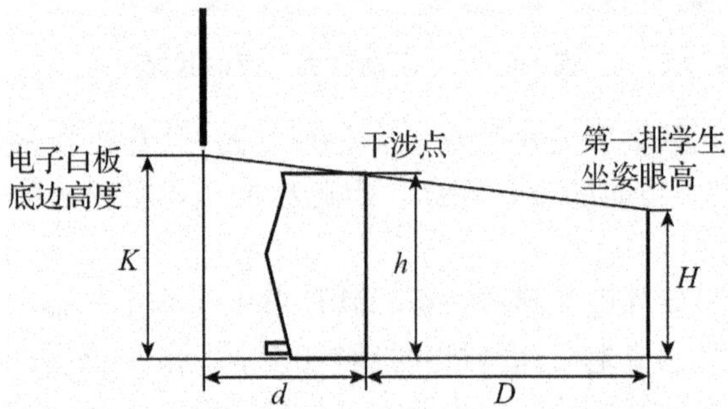

图 10.2 白板底边高度确定示意图

高度 K 可由下式计算：

$$K=\frac{dh-dH}{D}+h \tag{1}$$

式中：K——为电子白板底边高度；

d——为干涉点到白板的投影距离，为控制台宽度与地台宽度之和，控制台宽度经实际测量一般为 700mm[①]，其中地台宽度为 650mm—800mm[②]，故 d 取为 1500mm；

h——为干涉点高度，此处为控制台面距离地面高度，实地测量一些控制台后，h 取值 1080mm[③]；

H——为学生坐姿眼高，由于目前我国未成年人体尺寸国家标准尚未颁布，依据经验按接近学生尺寸的 P_1 百分位成年女性(身高值 1449mm)坐姿

① 耿亚坤：《多功能教室讲台控制系统的人机学评述与改进设计》，首都师范大学本科生毕业论文，2007 年，第 8 页。

② 张宗尧、李志民主编：《中小学建筑设计》，中国建筑工业出版社，2000 年版，第 48 页。

③ 耿亚坤：《多功能教室讲台控制系统的人机学评述与改进设计》，首都师范大学本科生毕业论文，2007 年，第 9 页。

眼高为计算数值，取值① 678mm，加上座椅高度 360mm②，得 H 值为 1038mm；

D——为干涉点与第一排学生的投影距离，由于黑板与第一排学生距离一般大于 2500mm③，课桌宽度一般为 600mm④，故 $D=2500-1500+600=1600$mm。

将上述值带入式(1)得到 $K=1119.375$mm。

即白板显示内容的下边缘最低不得低于 1120mm。

(二)上边缘高度计算

黑板与第一排学生距离一般大于 2500mm，由图 10.3 我们可以看到人体最大视区为水平线以上 50°，即第一排学生眼睛与黑板垂直面上边缘形成的夹角大于 50°，可以计算出上边缘高为 4017mm。

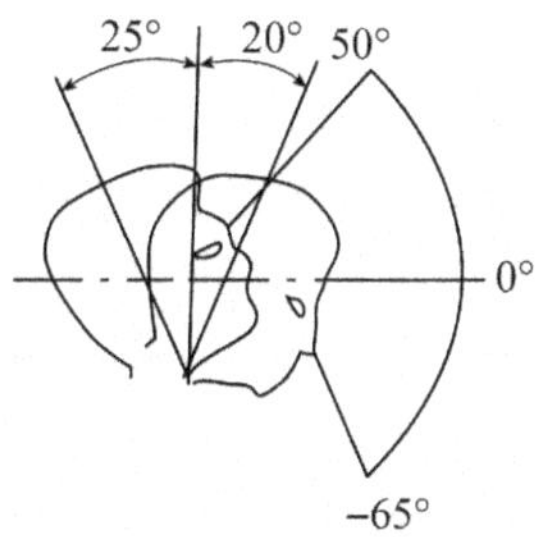

图 10.3　最佳观察视野⑤

上边缘尺寸还要考虑教师"够得着"的问题，这一尺寸属于男女共用，不涉及安全问题故为小尺寸产品设计，取女子的小百分位数人体尺寸。根据小尺寸产品设计人体尺寸百分位选择⑥，有

$$G_1 \leqslant J_{10女} + X_{x1} + X_{x2} \tag{2}$$

---

① 国家技术监督局：《中国成年人人体尺寸(GB/T 10000—1988)》，中国标准出版社，1989 年 9 月 1 日。

② 国家质量监督检验检疫总局 ：《学校课桌椅功能尺寸(GB/T 3976—2002)》，中国标准出版社，2002 年 9 月 1 日。

③ 国家计划委员会：《中小学校建筑设计规范(GBJ 99—86)》，天津市城乡建设委员会，1987 年 10 月 1 日。

④ 张宗尧、李志民主编：《中小学建筑设计》，中国建筑工业出版社，2000 年版，第 48 页。

⑤ 丁玉兰编著：《人机工程学》(第三版)，北京理工大学出版社，2005 年版。

⑥ 阮宝湘等编著：《工业设计人机工程》，机械工业出版社，2005 年版，第 57 页。

式中：G_1——由“够得着”要求确定的上边缘高度；

$J_{10女}$——女子“上举功能高”的 10 百分位，查得[①]：$J_{10女}=1766mm$（18—55 岁）；

X_{x1}——女子穿鞋修正量，设取 $X_{x1}=20mm$；

X_{x2}——地台高，一般为 150mm。

带入(2)式得

$$G_1 \leqslant 1766mm + 20mm + 150mm = 1930mm$$

比较教师“够得着”与学生上边缘“看得见”两个尺寸，可以看出并不相同，为了保证教师的书写和操作要求应该取小尺寸设计，故上边缘有效高度不能超过 1930mm。

从以上计算可以得到电子白板在垂直方向有效使用尺寸为：1930－1119＝811(mm)。

(三)左右方向尺寸研究

按照对物体辨认的清晰程度和辨认速度，可分为四个视区：中心视区、最佳视区、有效视区、最大视区。有研究表明从人眼的生理机能来看，能够清晰辨别形体的范围很小，在水平和铅垂两个方向都只有 1.5°—3°人眼要看清楚被视对象上的更大范围，需要靠目光进行“巡视”。从表 10.4 中可以看到作为教室的显示装置至少应该满足“有效视区”的范围。由此确定合理的水平视角应该是：前排边座学生与白板远端所形成的水平视角不小于 30°，如图 10.4 所示。

表 10.4　不同视区的空间范围及辨认效果[②]

视区	范围		辨认效果
	铅垂方向	水平方向	
中心视区	1.5°—3°	1.5°—3°	辨别形体最清楚
最佳视区	视水平线下 15°	20°	在短时间内能辨认清楚物体
有效视区	上 10°，下 30°	30°	需要集中精力才能够辨认清楚形体
最大视区	上 60°，下 70°	120°	可以感到形体存在，但轮廓不清楚

当第一排学生距离教室前部墙面 2500mm 远时，可以计算得出白板远端有效展示边缘与学生的投影距离为 4330mm，距离远端墙角 2820mm。

① 国家技术监督局：《工作空间人体尺寸(GB/T 13547—92)》，1993 年 4 月 1 日实施。

② 阮宝湘等编著：《工业设计人机工程》，机械工业出版社，2005 年版，第 101 页。

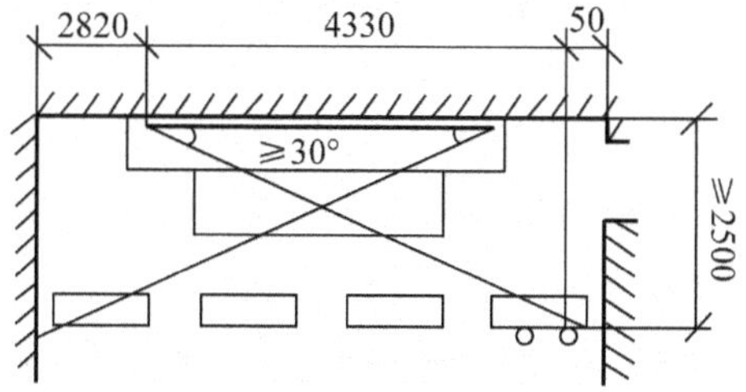

图 10.4 教室前部尺寸示意图

GBJ99—86 规定中小学矩形教室宽度常用的尺寸是 7200mm。可以计算出，白板左右两边缘的允许距离为 2400mm，其有效尺寸为 2400mm×811mm。由于电子白板受投影机的影响，现在设计的有效长度尺寸为 1500mm，故白板有效书写、显示尺寸为 1500mm×811mm。这个尺寸显然比教室前部可以利用的有效书写尺寸 2400mm×811mm 小很多。

三、电子白板上的文字尺寸

电子白板显示内容是以视觉传达为主，视觉传达文字的合理尺寸设计的主要因素有：观看距离(视距)；光照度；字符的清晰度、可辨性；要求识别的速度快慢等。其中清晰度、可辨性又与字体、笔画粗细、文字背景的色彩搭配对比等有关。对于正常视力的人员，在中等光照度，字符基本清晰，稍作定睛凝视即可看清的条件下，人机学给出的基本数据是文字尺寸 Z 与视距 L 之比一般应≥1/150，标题、主题关键字等要适当加大。[①]

(一)使用条件分析

电子白板作为教学装备，其使用条件分析如下：(1)使用时需要通过投影机把内容投影到白板上，因此需要减小局部光照程度，属于低级光照；(2)字符基本清晰；(3)由于展示内容以学生学习的知识为主，其内容必须满足最后一排学生看得清楚的要求，因此需要有比较高的可辨性；(4)教学内容需要学生仔细阅读，适当记忆，因而属于非快速阅读。综合考虑后，文字尺寸对于视距应取比较大的比例，故取 $Z/L=150$，且对文字加大。

(二)视距分析

按照《中小学校建筑设计规范》(GBJ99—86)普通小学教室长度 8440mm—9000mm，考虑到后排与后墙面之间要留出通道，故假定最后一排学生到白板的一般视距取 7500mm，可知电子白板使用的最小字符尺寸为 $Z=7500\ /\ 150=$

① 阮宝湘等编著：《工业设计人机工程》，机械工业出版社，2005 年版，第 214 页。

50mm。根据笔者实际测量，这个尺寸相当于使用 Word 软件环境、2 号字、100%显示比例投影到白板之后的字高尺寸。考虑到上述分析因素，使用时需要加大一些文字尺寸，因此当以 Word 为文字编辑器时易选用“小一号”以上字号，才能够保证所有学生都可以清楚看到白板上的教学内容。

(三)文字及内容容量分析

人机学在字体可辨性、识别性优劣研究的一般性结论是：直线笔画和直角尖角的字形优于圆弧曲线笔画的字形、正体字优于斜体字；行距一般取字高的50%—100%；笔画宽度对字高的比例 1∶5—1∶18；字间距不小于一个笔画的宽度。①

从电子白板使用的目的和条件出发，选择行距为字高的 100%，字间距为笔画的 1/5，不难算出，在电子白板有效尺寸下，其文字容量≤338 个字。

四、现有白板设计及安装尺寸分析

电子白板近些年才逐渐推进到教育领域。其使用安装多数是在现有教室条件的基础上加装的。由于学校的使用需求和学校的条件等多种因素影响，其安装形式主要有图 10.5 所示几种。a 是以替代黑板为目的的安装方式；b、c 是希望能够保留一部分黑板的作用；d、e 则希望能够完全兼顾白板和黑板的使用。目前在中小学中使用比较多的是 b、c、d、e 四种安装形式。其中采用 b、c 两种方式的原因之一显然是利用黑板来弥补电子白板书写容量的不足，而 d、e 则是期望能够提高教室的功能兼顾性，教室能够兼顾到只使用黑板、只使用电子白板及黑板与电子白板同时使用几种情况。

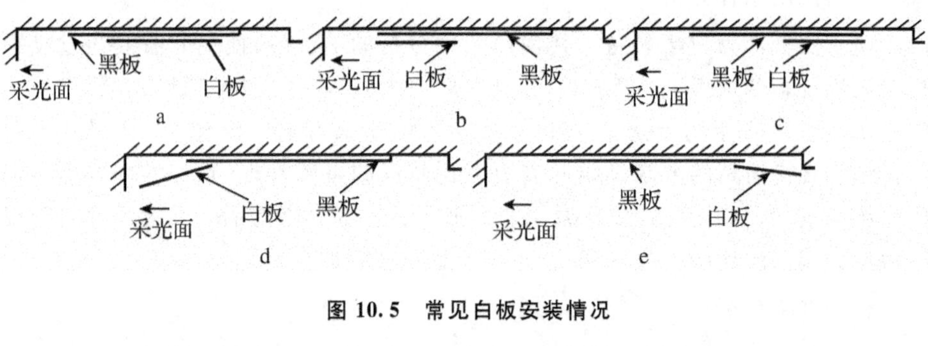

图 10.5　常见白板安装情况

从上面计算结果可知，中小学校使用的电子白板其设计尺寸存在的首要问题是使用面积的有效文字容量。338 个文字显然不能满足学校多数课堂需要书写的文字容量，因此图 10.5 中几乎所有布置形式都选择了保留黑板，用以弥

① 阮宝湘等编著：《工业设计人机工程》，机械工业出版社，2005 年版，第 216 页。

补白板文字容量的不足。显然对于有一定文字书写量要求的课堂，电子白板还不能完全满足要求。

电子白板进入教育领域之后，一些学者结合我国的基础教育改革，进行电子白板的教学应用研究和电子白板应用中的教学设计方面的研究。研究展示了一些适合使用白板教学的案例等课程形式改变了教师的一言堂，鼓励学生协作学习，积极参与教学过程。但是这些研究却忽视了由于使用电子白板带来的问题。

学校使用现有的电子白板面临的另外一个问题是安装时如何平衡“看得见”和“够得着”的矛盾。

总之，仅从基于人机工程学的尺寸设计因素看，现在进入中小学的电子白板对教育适用性的研究还不够，要想让电子白板成为真正的教育装备，还需要电子白板的研究开发人员，深入研究教育环境、教学特征，有针对性地设计教育教学用的电子白板。

第三节　投影机的研究

多媒体教室随着信息技术的高速发展正以人们无法预料的态势在大、中、小学广泛推广使用，而这些多媒体教室的构成又都无一例外地是以大屏幕投影机为整个系统的显示核心设备。为了能够得到投影的最佳效果，人们往往是以降低教室的光环境为代价，这就有可能成为影响长期在教室中进行教学活动的师生视力的重要因素。为了对这一现象产生的原因和对视力影响的因果关系有一个大致的了解，本文从对投影机的实际光通量、教室的实际光照度、学生视力下降的趋势等问题的分析出发，用数据来提醒我们教育装备人必须对此引起高度重视。

一、投影机的实际光通量及测量

(一)测量原理

投影机厂商在提供投影机的“亮度”标称值时使用的单位(ANSI 流明)实际为光通量的单位(American National Standards Institute，ANSI，即美国国家标准学会的英文缩写)，而并非光度学意义上的亮度单位。光通量这个物理量是用来说明在一个固定的立体角中所具有的全部光功率，在光度学中光通量常用大写希腊字母 Φ 来表示，单位为流明(lumen，简记作 lm)。与此相关的另一个物理量是光强，即发光强度，一般用大写拉丁字母 I 来表示，单位为烛光或坎德拉(candle，简记作 cd)；光强是单位立体角内的光通量。我们平常使用最多的光度学中的物理量是光照度，或简称照度，常用大写拉丁字母 E 来表示，单位为勒克斯(lux 或简记作 lx)；照度是单位面积上通过的光通量，所以照度与光通量的单位之间的换算为 1 lux=1 lm/m^2。光度学中的亮度常被称为辉度，它是反映一个被光照射的物体对光反射的情况，一般用大写拉丁字母 L 来表示，单位为尼特(nit，1 nit=1 cd/m^2)；对于投影机来说，这个物理量的大小取决于投影幕的质量和反射光的效率。图 10.6 反映了上述这些物理量之间的关系，这是我们进行实际测量时的依据。一个具有 4 cd 发光强度的发光体在如图所示的立体角中产生了 4 lm 的光通量，在距离该发光体 1m 远的地方，并恰好充满在这个立体角中有一个 1 m^2 的平面 S_1，则在 S_1 上面产生的照度就应该是 4 lux。在距离该发光体 2m 远，并也充满该立体角的平面 S_2 的面积显然应该为 4 m^2，在 S_2 上面产生的照度就是 1 lux。所以，当投影幕越大且离投影机越远时，它上面的照度就越低。而我们则可以根据在投影幕处测量的照度值，用它乘以投影幕的面积，就能够计算出该投影机光通量的流明数。

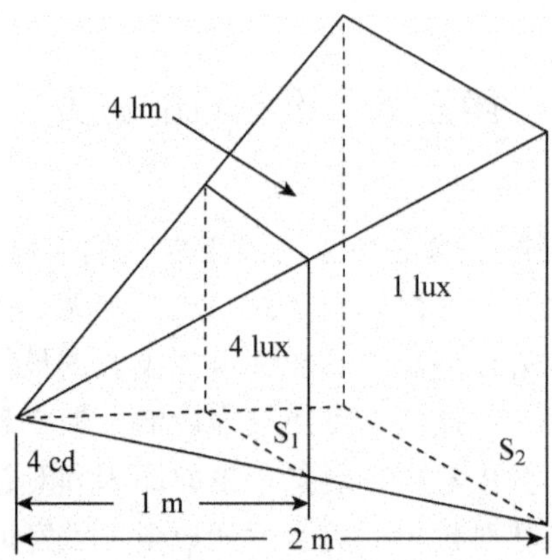

图 10.6　各光度学物理量之间的关系

在普通多媒体教室中测量投影机的实际光通量(即厂商说的投影机亮度)可采用下面的方法，测量时需要使用光照度计。(1)打开投影机并预热 5 分钟以上；(2)在投影幕上投出如图 10.7 所示的纯黑白图像(使用 Word 或 PowerPoint 都可以)；(3)用照度计在图像中白(实际为亮)的部分测出照度值 E_w，在图像中黑(实际为暗)的部分测出照度值 E_b；(4)根据投影幕的尺寸计算出其面积 S(参考表 10.5)；(5)利用关系式 $\Phi=(E_w-E_b)\cdot S$ 计算出的数值 Φ，即该投影机实际能够产生的光通量，也就是投影机厂商所说的亮度的实际值。

图 10.7　用于测试的图像

这种测量方法的原理是这样的。首先，我们认为对投影幕图像上产生的光照度，除了投影机的贡献外还有室内灯光和透过玻璃窗室外日光的共同作用，并且室内灯光和室外日光作用在银幕上的光线是均匀分布的。投影幕上图像中黑色部分没有来自投影机的光线，因为这部分光线被投影机中光学系统的相关部分挡住了，只有室内灯光和室外日光的作用。而图像中白色部分除了室内灯光和室外日光的作用外，主要还有来自投影机而产生最大照度的那些光线，所以(E_w—E_b)的数值就成为投影机在投影幕上产生的最大照度。用这个照度值乘以投影幕的总面积，就得出了投影机的实际光通量(即投影机的实际亮度)。这是因为投影机产生的全部光通量都作用而且仅作用在投影幕上的结果。

表 10.5　各种常用投影幕尺寸与面积

规格	4∶3 规格 (对角线∶长∶宽=5∶4∶3)				16∶9 规格 (对角线∶长∶宽=18.4∶16∶9)			
	对角线	长	宽	面积	对角线	长	宽	面积
80 英寸	2.03m	1.63m	1.22m	1.98m^2	2.03m	1.77m	1m	1.76 m^2
100 英寸	2.54m	2.03m	1.52m	3.1 m^2	2.54m	2.21m	1.25m	2.76 m^2
120 英寸	3.05m	2.44m	1.83m	4.46 m^2	3.05m	2.66m	1.49m	3.97 m^2
150 英寸	3.81m	3.05m	2.29m	6.97 m^2	3.81m	3.32m	1.87m	6.2 m^2

(二)实际测量

采用上面的方法，我们对几个学校共计 8 个多媒体教室投影机的光通量进行了实际测量，结果开列在表 10.6 中。测量时为了使数据可靠而使用了 3 个不同型号的测光设备，其中有深圳产 LX-1010B 数字式照度计、台湾产 TES-1330A 数字式照度计和香港产 AR813A 数字式照度计。各个教室的照明条件也不相同，1号和 6 号教室的玻璃窗朝向阳面，而且将室内电灯和遮阳窗帘都全部打开；2 号和 3 号教室的玻璃窗朝向阴面，室内电灯和遮阳窗帘也都被全部打开；5 号教室的玻璃窗朝向阴面，将室内电灯全部关闭但遮阳窗帘被打开；7 号和 8 号教室内电灯全部打开但遮阳窗帘被关闭；4 号教室的电灯和遮阳窗帘全部都是关闭的。另外，7 号教室使用的是一块长宽比 16∶9 的电子白板，尺寸为 100 英寸。其他 7 个教室的投影幕都是 4∶3 长宽比的。从实测的结果可以看出：(1)所有投影机的实际光通量都没有达到产品标称值；(2)银幕上显示图像实际对比度与室内照明的关系十分紧密；(3)面积 50m^{2}左右的教室为了提高投影显示效果，应该选用 80—100 英寸的投影幕，没有必要采用 120 英寸的。

表 10.6　部分投影机实际光通量测试结果

教室编号		1	2	3	4	5	6	7	8
投影机品牌		Epson	Epson	Plus	Epson	Epson	Epson	Sanyo	Epson
投影机型号		7900	785	U5-726	7900	7900	7900	T305	5100
投影机标称亮度		4000	3000	4000	4000	4000	4000	5000	4000
投影机购置日期		2009.11	2007.9	2009.9	2009.3	2009.12	2009.9	2009.9	2009.9
投影幕尺寸		120	100	100	120	150	150	100 (16∶9)	120
教室面积		50	50	50	50	105	90	105	50
照明条件		阳面、开灯、开窗帘	阴面、开灯、开窗帘	阴面、开灯、开窗帘	关灯、关窗帘	阴面、关灯、开窗帘	阳面、开灯、开窗帘	开灯、关窗帘	开灯、关窗帘
LX-1010B 测量的照度	E_w	850	458	487	591	471	720	822	647
	E_b	580	379	318	15	223	583	143	155
TES-1330A 测量的照度	E_w	830	480	493	592	482	812	828	638
	E_b	565	375	311	11	233	618	145	148
AR813A 测量的照度	E_w	830	478	482	601	466	785	826	642
	E_b	515	355	318	13	231	540	137	128
平均实际光通量		1263	317	532	2594	1700	1338	1886	2224
平均实际对比度		1.5∶1	1.3∶1	1.5∶1	45.7∶1	2.1∶1	1.3∶1	5.8∶1	4.5∶1
投影机标称亮度单位为 ANSI 流明；投影幕尺寸单位为英寸；教室面积单位为平方米；照度单位为 lux(勒克司)；光通量单位为 lm(流明)									

(注：测量时间为 2010 年 4 月 26 日至 29 日)

(三)其他因素

还有一个实际情况必须加以强调说明。笔者在进行测量的时候正值学校师生在许多多媒体教室上课，为了不影响正常教学，我们选择了那些没有安排课程的空教室进行测量，所以测试时的光环境并非都是真实的课堂环境。而当笔者经过那些正在上课的多媒体教室时，通过走廊的小玻璃门窗可以看到室内实际的照明情况，其中大部分教室是关闭遮光窗帘而打开部分电灯，用肉眼估计室内的照度应该小于 100 lux。另外一些教室为了追求投影的图像效果则关闭了全部电灯和窗帘，估计室内照度在 50 lux 以下。

除此之外，对测量工具的情况也必须介绍清楚。本次测量的设备有 LX-1010B、TES-1330A 和 AR813A 等三种型号的数字式照度计，这些设备的光传感器前加装了滤光片。市面上所有照度计的光传感器部分其实都加装了滤光片，使用滤光片和不使用滤光片测量的结果是不同的。这里有一个理念的问题，即我们用光传感器测量光照度的目的是什么。如果用照度计测量实际客观物理量就不应加装滤光片，此时，照度计反映出的照度值是光源在测试点产生的实际照度分布。但是，因为人眼的光感对光的波长来说是非线性的(如图 10.8)，人们测量的照度是光度学中的物理量，而光度学的研究目的是针对人眼对光的感觉来处理光环境，为了使照度计与人眼的光感一致则必须加装滤光片。所以，我们在实际测量时使用了带有滤光片的光传感器。

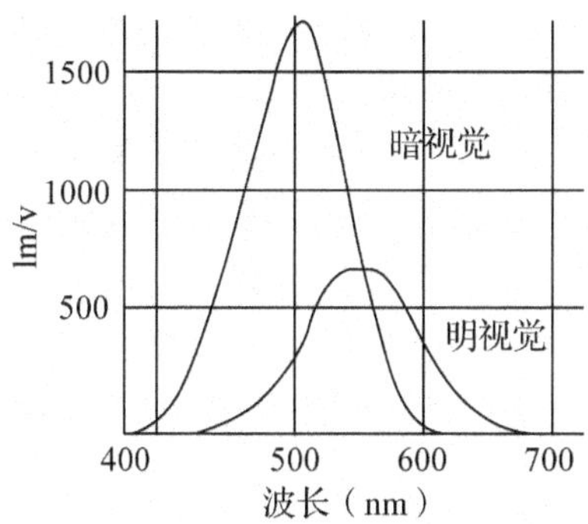

图 10.8　人眼光感与光波长的关系

关于投影机光通量 ANSI 流明的测量方法在互联网上有很多介绍，叙述基本如下："(1)投影机与银幕之间距离 2.4 米；(2)银幕为 60 英寸；(3)用测光笔测量屏幕'田'字形九个交叉点上的各点照度，乘以面积，得到投影画面的 9 个点的亮度；(4)求出 9 个点亮度的平均值，就是 ANSI 流明。"笔者认为，其中的测光笔应该理解为照度计的笔形光传感器，亮度应该理解为照度。但是，所有的研究文章都没有说明光传感器是否加装了滤光片。我们可以做这样的假设，即厂商在上述测量中使用的光传感器没有加装滤光片，则测量的数值都偏大，这也就解释了厂商对投影机产品光通量的标称值为什么要大于我们的实测值。但这种测量方式显然没有真实反映人眼的实际光感，是一个错误的数值。

二、多媒体教室的光照度与投影机的关系

(一)视觉对对比度的要求

人眼对银幕上投影的对比度是非常挑剔的，对比度太低，图像缺乏层次感而清晰度就不够。但是，对比度太高也没有实际意义，人眼对黑白对比度的分辨能力其实也并不太高，一般只有 40 到 60 级，或记作 40∶1 到 60∶1。根据大面积着色原理，在显示彩色图像的情况下，这个对比度还可以再降低些，但最低不能够低于 10∶1，否则图像质量太差要影响教学效果。图像对比度反映到投影机的银幕显示上是通过亮暗对比度表现出来的，黑其实表现为暗，而白则表现为亮。测量显示图像实际的最大黑白对比度，只需测量投影幕上的最大亮暗对比度即可。利用前面测量投影机光照度的值，就可以计算出该投影机的亮暗对比度值，它们之间的关系表达式为：实际对比度 $C=E_w : E_b=E_w/E_b$，也就是用图 10.7 所示黑白图像中亮的部分的照度值除以暗的部分的照度值。表 10.6 的最后一行显示出了各种投影机在教室中的实际对比度值，而这个对比度值与教室内光环境有很大的关系，现在我们通过一对数值来说明这个问题。假设教室内的灯光和室外日光产生的平均光照度为 200 lux，我们测得的 $E_w=1000$ lux，$E_b=200$ lux，则图像实际黑白对比度就是 1000∶200＝5∶1。这个数值比 10∶1 小得太多，图像层次感将会很差。但是由于投影机的实际光通量和投影幕的面积都已经确定，要增加对比度就只能降低教室内平均光照度。通常，我们的办法都是通过关闭室内部分照明和拉上遮光窗帘来实现的。假设通过这样的处理后使室内的平均照度降为 100 lux，即比先前降低了 100 lux，则新环境下的实际对比度就变成(1000－100)∶(200－100)＝9∶1，已经非常接近 10∶1 的对比度值了。图像的层次感、清晰度都有较大提高，但是付出的代价是教室光照度的降低，光环境的下降。

其实，我们在测量和计算上述实际对比度时还忽略了一个重要的因素，那就是投影幕对入射光的反射率。反映到人眼中的对比度应该是银幕上亮的部分反射光的强度比暗的部分反射光的强度(称实际效果对比度)，而不应该用亮的部分的照度比暗的部分的照度(称实际对比度)。但是我们测量实际效果对比度是有测量仪器和测量方式上的困难的，所以，就用实际对比度代替了实际效果对比度。应该认识到，因为银幕上亮的部分不能够实现对光进行全部反射，所以实际效果对比度显然要比实际对比度还要低一些。

(二)照度和对比度对光通量的要求

对于教室中的光照度的要求，国家是有明确规定的，一般要求教室桌面的最低照度不能小于 150 lux，而黑板的最低照度不能小于 200 lux。

按照 150 lux 的照度要求和 10∶1 的对比度要求，我们可以计算出投影机在银幕的最亮处应该能够达到 1500 lux(＝150lux×10)的照度。如果教室使用的投影幕为 100 英寸 4∶3 长宽比的，其面积可根据表 10.5 查到约为 3 m^2，于是算出该投影机的光通量应该达到(1500－150)lux×3 m^2＝4050 lm(当投影幕的尺寸分别增加到 120 英寸和 150 英寸时，对应的光通量就需要分别增加到约 6000 lm 和 9000 lm)。但是，能够实际达到 4050 流明的投影机非常少见。因此，我们有理由相信，目前国内的多媒体教室几乎都没有达到 150 lux 的最低照度标准要求。如果多媒体教室中使用的是投影幕，只是在部分内时间使用投影机，问题还不算严重，因为使用投影机时学生不必看书和做笔记。但是，如果所有的教室都安装上电子白板来代替普通黑板，学生整天在这样的环境中学习，其结果就十分严重了。许多关于使用电子白板教学的文章中称：“电子白板取替普通黑板的时代即将到来!”笔者对此言论很不以为然，那不过是一种情感的宣泄，而决非科学理性分析的结果。

三、学生视力下降趋势及影响因素

“光明天使视力健康全国连锁”网站登出文章说：“目前，据中国、美国、澳大利亚合作开展的防治儿童近视研究项目前期调查显示，我国人口近视发生率为 33%，全国近视眼人数已近 4 亿，已经达到世界平均水平 22%的 1.5 倍。而近视高发群体——青少年近视发病率则高达 50%—60%，我国是世界上近视发病率最高的国家之一，近视眼人数世界第一。近视已经成为影响我国人民健康的重要问题。”①

在人民网的“区县新闻”中也有文章说：“在 2009 年的天津市视力普查中，学生视力不良率为 54.64%，高中生尤为严重，高三学生甚至达到 8 成以上。塘沽学校卫生保健所工作人员介绍，塘沽学生视力情况和全市普查情况大体一致，学生视力不良率近几年一直居高不下，主要就是近视眼，远视、弱视、眼病等情况比较少……在学校硬件设施上也针对护眼方面进行了要求，教室照明度必须接受检测，学生用的桌椅高度可以调节，黑板采用弧形黑板防止

① 《全国近视眼人数近 4 亿 人数成世界第一》[EB/OL]，http://www.zgjsfkw.com/fkzs/169.html

反光。"①

陈德东与曹型厚的《重庆市中小学生 2002—2005 年视力不良情况分析》一文中"对 2002—2005 年重庆市学生体检资料中的中小学生视力情况进行分析。结果 2002 年学生视力不良率为 49.6%，2005 年为 66.6%；7—9 岁学生 2002 年视力不良率为 25.8%，2005 年为 44.5%；城市学生为 64.4%，农村学生为 41.7%，城市学生明显高于农村学生。学生视力不良率女生高于男生。学生视力不良有向低龄化发展的趋势，且呈逐年上升趋势"。②

目前，关于中国中小学生视力下降的报道比比皆是，其结论大致是这样：(1)中国已经成为世界近视发病率最高的国家；(2)中小学生视力不良在全国人群中所占比例为 50%以上；(3)中小学生视力不良主要表现为近视；(4)造成中小学生近视的主要原因之一是教室光照度不足。所以，教室采光已经成为我们教育装备人必须认真对待和加以高度重视的问题。

四、投影机对教师视力的影响

一般认为，投影机对教师视力的影响主要表现在：(1)投影机强光对教师眼睛的直接照射；(2)教师在强光照射和昏暗环境下的频繁切换。

人眼所能承受投影机强光射入量的详细计算其实并没有太大意义，关于这个量的估计完全可以通过日常生活经验来解决。我们知道，白天在户外非阳光直接照射情况下的照度可以达到 5000 lux 以上，而投影机灯光在银幕前产生的照度不过几百 lux，所以不必担心投影机强光对教师眼睛的直接照射会有什么不良反应。

但是，因为教学时教师在讲台上要不断移动位置，所以在投影机强光照射和昏暗环境下频繁进行切换，这一情况对教师视力产生的影响是不能够忽视的。丁玉兰在《人机工程学》一书中对这种明适应与暗适应的过程及其频繁变换的结果有详细论述。如图 10.9 所示，正常情况下人眼从亮环境到暗环境的适应时间约为 30 分钟，而从暗环境到亮环境的适应时间较快，约为 1 分钟。这是由于人眼视网膜上杆状细胞与锥状细胞响应灵敏度不同造成的。《人机工程学》中强调了："人眼虽具有适应性的特点，但当视野内明暗急剧变化时，眼睛却不能很好适应，从而会引起视力下降。另外，如果眼睛需要频繁地适应各种不同亮度时，不但容易产生视觉疲劳，影响工作效率，而且也容易引起事故。"

---

① 《天津市塘沽中小学视力普查开始　视力不良将通知家长》[EB/OL]，http://www.022net.com/Class/qxzm/

② 陈德东、曹型厚：《重庆市中小学生 2002—2005 年视力不良情况分析》，《中国学校卫生》，2009 年第 7 期。

并且建议佩戴有色眼镜来防止视觉疲劳和视觉下降①。

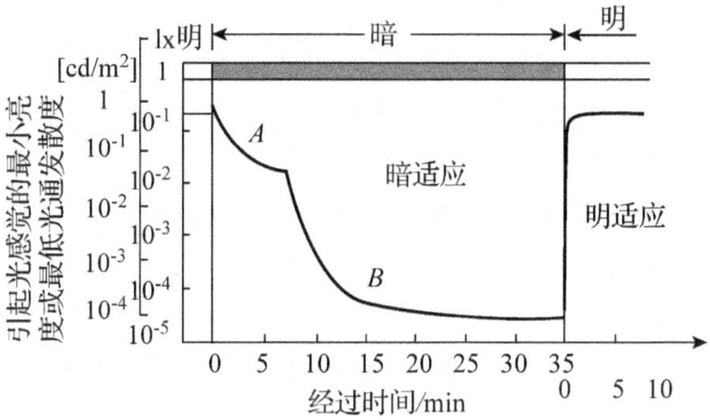

图 10.9　明适应与暗适应

从上述的测量与分析可以看出，投影机的实际光通量和产生图像对比度是使得多媒体教室降低光环境的最主要原因，而多媒体教室内光照度的不足则有可能成为引起师生视力下降的重要因素。对于教育装备开发和管理人员，必须对此加以重视，尽量改善多媒体教室的光环境，并提请使用者时时注意。

第四节　投影幕的研究

笔者参加过数十次学校多媒体教学设备采购的评标活动，发现招标方对众多计算机与投影设备的需求都能够进行充分的论证，顾及各种教育装备在教学环境中的适用性问题，而唯独对投影幕尺寸的要求缺乏精细的考虑。在管理科学理论中有一个我们大家所熟知的“短板效应”（又称“木桶原理”“短板定理”），这个定理在教育装备系统构成中也同样适用。一个由计算机、投影机、投影幕以及多媒体控制设备构成的教学环境中，若出现一个“短板”，将会使整个系统的品质下降，达不到预期的效果。对投影幕的考虑，就经常可能或已经成为我们构成教学环境系统中的“短板”。为此，笔者将对教室内投影幕尺寸的选取通过科学计算进行详细说明，希望今后的教育装备招标论证中也能对这一因素给予考虑。

一、对投影幕长宽比的要求

商品投影幕的形状都为矩形或正方形，尺寸规格种类较多，常见的尺寸标

---

①　丁玉兰编著：《人机工程学》（修订版），北京理工大学出版社，2000 年版，第 54—55 页。

称值有 50 英寸、60 英寸、72 英寸、84 英寸、100 英寸、120 英寸、150 英寸、180 英寸和 200 英寸等。这些尺寸都是指投影幕对角线的长度，所使用单位为英寸(英制单位)，与公制长度单位之间的换算关系为 1 英寸 = 2.54cm = 25.4mm。而商品投影幕的长宽比一般只有 3 个规格，分别是 1∶1、4∶3 和 16∶9。其中，1∶1 正方形投影幕用于早期的光学投影仪，随着这种投影设备退出课堂，1∶1 的投影幕也在市场上消失了。4∶3 的矩形投影幕是使用比较多的，这是由于目前投影机多支持这种比例的投影方式，与大多数计算机屏幕的长宽比是一样的。但是随着显示新技术的发展，16∶9 的计算机屏幕显示越来越成为人们追求的目标，许多新品投影机也开始支持 16∶9 的显示比例，于是长宽比为 16∶9 的投影幕应运而生。为了能对教室常用投影幕各种尺寸有一个感性的认识，我们现将它们的长、宽、对角线长度数据开列在表 10.7 中。计算时使用了直角三角形两条直角边的平方和等于斜边的平方这一基本的数学关系。英制单位英寸用 inch 表示，公制长度单位米用 m 表示。

表 10.7　教室常用投影幕长、宽、对角线长度数据

规格	4∶3 规格（对角线∶长∶宽=5∶4∶3）			16∶9 规格（对角线∶长∶宽=18.4∶16∶9）		
	对角线	长	宽	对角线	长	宽
100inch	2.540m	2.032m	1.524m	2.540m	2.214m	1.245m
120inch	3.048m	2.438m	1.829m	3.048m	2.657m	1.494m
150inch	3.810m	3.048m	2.286m	3.810m	3.321m	1.868m
180inch	4.572m	3.658m	2.743m	4.572m	3.985m	2.241m
200inch	5.080m	4.064m	3.048m	5.080m	4.428m	2.491m

作为投影幕的另外一种表现形式是电子白板，电子白板的长宽比也存在 4∶3 和 16∶9 两种规格。在教室中使用电子白板时为了尽量解决“教师够得着与学生看得见”之间的矛盾，选择 16∶9 的电子白板要比 4∶3 比例的具有优越性。但是，由于投影幕没有在其上进行书写的要求，在教室使用中选择 16∶9 的投影幕并没有什么优势。而在家庭中选择 16∶9 的投影幕是为了追求宽银幕电影的效果，所以此尺寸成为家庭投影幕规格的首选。

于是我们得出结论，教室中投影幕的规格选择，以长宽比 4∶3 的较为合适。以下则针对教室中使用投影幕的尺寸要求进行计算，计算过程中使用的部分图表、数据、经验公式等引自《人机工程学》(丁玉兰主编，北京理工大学出版社，普通高等教育“九五”部级重点教材)一书。

二、人脑记忆对投影的要求

人的学习能力是以人脑的记忆功能为基础的，这种记忆主要表现为长时记忆。图 10.10 是人的记忆实验曲线(引自《人机工程学》)，是以每秒一个字的速度给被试者显示 30 个字后的记忆情况。曲线反映出人脑对前 2—3 个字和后 5—6 个字的长时记忆比较牢固。另外，人眼沿水平方向运动比沿垂直方向运动更快，而且更不易疲劳、误读率低。所以，在课堂教学使用投影机和投影幕时，应该将陈述的语言文字设置为水平方向排列，而且每行字数最好控制在 7—10 个汉字之间，在考虑了信息与冗余的比例后，可将每行字数增加到 15 个。一些教育技术多媒体教学设计的标准中认为每行最多不应超过 20 个汉字，但没有说明依据。

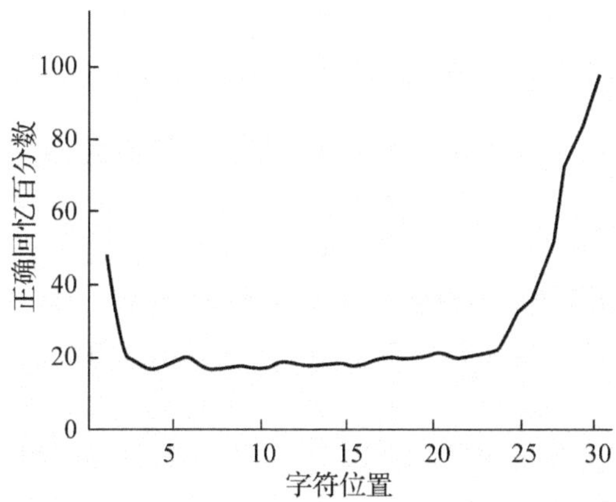

图 10.10　字符出现位置与长时记忆的关系

三、人眼分辨对距离的要求

图 10.11 为被视物、视距与视角的关系示意图。其中 E 为人眼的位置，D 为被视物的宽度，L 为视距(即人眼到被视物的距离)，α 为视角。根据直角三角形的边角关系，我们可以得到：$\mathrm{tg}\left(\frac{\alpha}{2}\right)=\frac{D/2}{L}$(引自《人机工程学》)。这个表达式整理后也可写成这样的形式：$\frac{D}{L}=2\mathrm{tg}\left(\frac{\alpha}{2}\right)$，即被观察对象宽度与观察距离的比值等于二分之一视角正切值的 2 倍。

从上面的关系可以看出，当视距不变时，被视物越小视角越小；当被视物不变时，视距越大视角越小。所以，当被视物太小或视距太大时都会造成视角太小，而使我们不能清楚地分辨被视物。如果称人眼能够分辨物体的最小视角 α_{min} 为视力临界角，则我们定义平常检查眼睛视力时的人眼视力＝1/视力临界

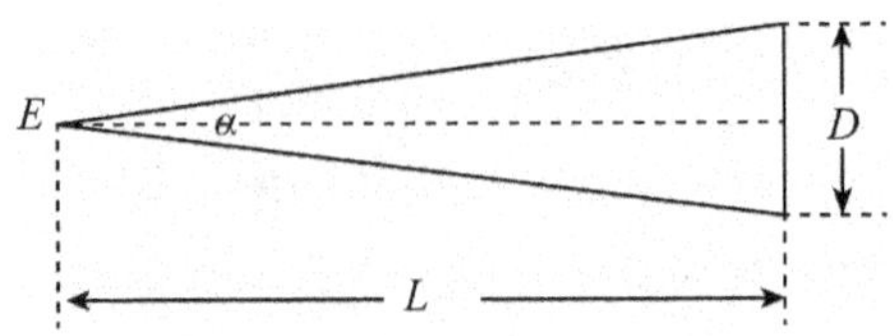

图 10.11　被视物、视距与视角关系示意图

角$=1/\alpha_{min}$(参考《人机工程学》)，其中视力临界角的单位为“分”(1/60 度)。例如，当一个人能够分辨物体的最小视角为 1 分时，他的视力就是 1.0。根据前面的关系式可以计算出他分辨被视物与视距的最小比值为：

$$\left(\frac{D}{L}\right)_{min} = 2\mathrm{tg}(\frac{\alpha_{min}}{2}) = 2\times\mathrm{tg}(0.5') \approx 2\times\mathrm{tg}(0.00833^\circ) \approx 0.000291$$

四、教室幕布对尺寸的要求

教室用投影幕的尺寸选择取决于教室最后一排学生与投影幕的距离和学生的平均视力水平。一般可取学生经视力矫正后的平均视力为 1.0，而我们设教室最后一排学生与投影幕之间的距离为 L。现在我们按照投影幕上平均每行显示 15 个汉字来进行计算。先来观察一个常用字“懂”，它的右边有 1 撇 7 横，加上各笔画之间的间隔，这个汉字需要有 17 个以上的分辨区间，这每一个分辨区间就是一个前面定义过的被视物宽度 D。考虑到显示的汉字还有结构更加复杂的，我们实际上将每个汉字都看成是 24×24 点阵组成的。这样，教室最后一排学生若想看清楚屏幕上的每个汉字，就必须使汉字的每一笔画或笔画间隔都对应到他的最小视角 α_{min}，而每个汉字就对应 24 个 α_{min}。根据我们前面每行显示 15 个汉字和投影幕长宽比为 4∶3 的要求，同时考虑到人眼水平视野和垂直视野范围的约束，以及教室亮度环境变化对人眼分辨率的影响，设投影幕对角线为 C(注意屏幕对角线与长度和宽度的比为 5∶4∶3)，则 C 与距离 L 的关系为：$\left(\frac{C}{L}\right)_{min}=1.25\times0.000291\times24\times15\div4\times5\approx0.164$，或者写作倒数关系式：$\left(\frac{L}{C}\right)_{max}\approx6.11$。这个表达式的意思是：在选择投影幕规格时，应该满足教室最后一排学生到投影幕之间的距离最多是投影幕对角线长度的 6.11 倍；或者说，银幕对角线长度最小不能小于教室最后一排学生到投影幕之间距离的 0.164 倍。式中的参数值 1.25 是对人眼视野范围约束以及教室亮度变化对人眼分辨率影响的修正。

例如：当一个教室的最后一排学生到投影幕之间距离为 12 米时，计算出的投影幕对角线的最小值为 $C_{min}=0.164\times12\mathrm{m}\div0.0254(\mathrm{m/inch})\approx77.5\mathrm{inch}$；则选

购投影幕的规格应为84英寸或100英寸，小于84英寸的规格是不适配的。当然，我们也可以选择更大尺寸的投影幕，这样对人眼的分辨更加有利。但是，选择超过适配值过大产生的冗余未必就是好事，这会造成投入加大和安装上的不便。

第五节 投影机与触摸屏比较研究

在教育信息化的大潮中，作为多媒体教学系统设备中关键组成部件的投影机一直发挥着十分重要的作用。仅在2003年开展的全国“农村中小学现代远程教育工程”(一期，模式三——计算机教室)中，投影机便以标准配备设备的身份就为全国3.75万所农村初中校的多媒体教学做出了突出贡献。十多年过去了，投影机在教育领域的作用发生了哪些变化，以及对其今后发展趋势的预测都是我们所关心的问题。

一、投影机在教学中的作用与地位

投影机在学校教学中的作用可以从两个方面进行分析：第一是投影机在其参与的多媒体教学环境中的作用(简称“环境作用”)，其中包括对提高教师工作效率的作用、教学组织中的作用、教学管理中的作用等问题；第二是投影机参与的多媒体教学系统对学生认知的作用(简称“认知作用”)，其中包括系统的生理适用性、心理适用性、认知适用性等多方面问题。但是，因为投影机的认知作用分析涉及评价变量的选择、实验数据的采集、数学模型的建立等科学细致的工作，且应满足“价值无涉”的判断原则①，故在此处不便展开讨论，笔者将在另文中加以阐述，而此文仅就教学投影机的环境作用进行分析。

从17世纪捷克教育家夸美纽斯(J. A. Comenius，1592—1670)所著《大教学论》正式出版(1632年)开始，教育学便成为一门独立的学科，而大班课堂教学也就成为学校教学的主流形式。大班课堂教学的特点就是一个教师要面对多数学生授课，学生人数至少要达到十几个，一般几十个，有时甚至成百上千。教师为了将其讲授的内容呈现在所有在场的学生面前，必须借助大尺寸的显示设施设备，黑板正是为了满足这种需求而出现的。除此之外，大幅挂图、幻灯机、光学投影仪等教育装备也都因此成为课堂教学中常用的教具或设备，而投影机在课堂教学中的广泛应用首先就是因为其能够满足大尺寸显示这一条件。但是，随着教育装备的迅速发展，许多新兴的大尺寸显示设备开始进入了学校，走入了课堂。相比之下，投影机在课堂教学应用中的缺点也就逐渐显现了

---

① [德]马克斯·韦伯著，韩水法译：《社会科学方法论》，中央编译出版社，1999年版，第145—147页。

出来，它在课堂教学中的地位正在发生着变化，并必将逐渐被大尺寸触摸屏等新兴的设备所取代。

除了大尺寸显示以外，投影机的另一个特点是便携性，也就是为人们在移动宣讲时的显示提供了方便。但是课堂教学并不需要随时移动，反而要求大尺寸显示设备须牢固地安装在教室前部，而且应该平衡、稳定。同时，投影机在课堂教学环境中还至少存在以下这些缺点：

(1)投影机不能够单独构成教学环境系统，它必须与计算机(或笔记本、Pad 等)和投影幕(或电子白板等)，有时还需要与中央控制器等设备联合使用。我们知道，一个系统构成的部件越多则它的可靠性就越低，系统出现故障的概率就越大，而课堂教学对教学设备出现故障的态度是“零容忍”。

(2)投影幕并不是一个发光体，而是对投影机投射来的光线进行反射，在光能传输上是有很大损耗的，所以人们在挑选投影机时总是首先强调它的一个技术参数——光通量(单位：流明，俗称亮度)。由于投影机投射的亮度不够而使得教学环境昏暗一直是困扰着多媒体教室有效使用的问题。

(3)投影机的灯泡寿命也是一个非常重要的技术指标，厂商对此给出的定义是模糊的，有的是以灯泡完全不亮为生命周期的终点，而有的则以灯泡亮度下降到开始的 1/2 处为生命周期的终点(称为“半衰期”)。但实际经验告诉我们投影机灯泡亮度下降到原来的 2/3 时，投影效果已经非常不好了，会严重影响教学环境，而达到此亮度的时间往往不足厂商给出灯泡寿命标称值的 1/3—1/2。另外，投影机灯泡作为一个配件使得整机的后期维护也变得非常麻烦；由于存在管理上的漏洞，使得学校在更换投影机灯泡的经费申请问题上大伤脑筋。或许在 LED 灯完全取代了投影机现行的卤素灯泡后，这一系列问题能够得到彻底解决。

(4)作为多媒体显示设备，彩色还原性是一个非常重要的指标。彩色还原是指屏幕显示物与实际原物在色彩上的相近程度，这与显示方式有着直接的关系。为了保证高度的彩色还原性，直接发光显示方式(如：CRT 荧光屏、LCD 荧光屏、LED 屏等)常采用红、绿、蓝(RGB)三基色调色，而反射光显示方式(如：彩色印刷的图片等)则使用青、品红、黄、黑(CMYK)四色调色。我们在投影屏幕上看到的图像是由屏幕上反射过来的光线形成，应该满足 CMYK 四色调色原理才对，而投影机投出的光却是按照 RGB 三基色调色的，所以投影机的彩色还原性一般都不会太好。

相对于投影机，新兴的大尺寸显示设备(如：大尺寸 LCD 触摸一体机等)在课堂教学中表现出其优越的环境作用。首先，这类设备将显示部分、计算机、人机交互(触摸屏)、中央控制器、有线或无线网络等功能集成在一起，系统的可靠性增强了；其次，LED 背光技术使得整个屏幕发光均匀且发光强度比投影机大得多；同时，因为没有了灯泡类的附件问题，使得维护工作更加简便；最后，直接发光显示图像，彩色还原性远优于投影机系统。但是目前这类设备的显示部分仍然采用 LCD(液晶显示)技术，大尺寸产品的成品率较低，价格随 LCD 屏尺寸的加大呈数倍比例上升①，例如目前的 70 英寸 LCD 触摸一体机市场价格为人民币 3 万元左右，而 98 英寸 LCD 触摸一体机价格达到人民币近 30 万元。另外一种有潜力的大尺寸显示设备是 LED 屏，它是使用彩色发光二极管(RGB 三色)直接作为显示器件而形成的显示屏，但由于其功耗问题和点距问题(目前平均功耗为 500—800W/m^2 和点距最小为 P3 即 3mm)，尚不适合直接用于课堂教学环境。不过，随着 OLED 二极管点发光技术和 QLED 二极管量子点发光技术的出现，真正有效用于课堂教学的大尺寸 LED 屏将有可能成为主流教学设备。

二、投影机在教育领域的发展状况与趋势分析

前面根据投影机的特点分析了其在课堂教学中的环境作用，但是还需要进一步的统计数据支持上述分析的结果。作为权威数据发布机构，IDC(国际数据公司，International Data Corporation)曾在 2010 年第 4 季度对未来 5 年中国投影机市场发展进行了预测(见图 10.12)，从目前投影机年出货量情况看，此预测数据还是比较准确的。由图中迅速下降的增长率曲线可见，投影机的需求量在 2015 年呈现基本饱和状态，估计此后也不会有较大增长。

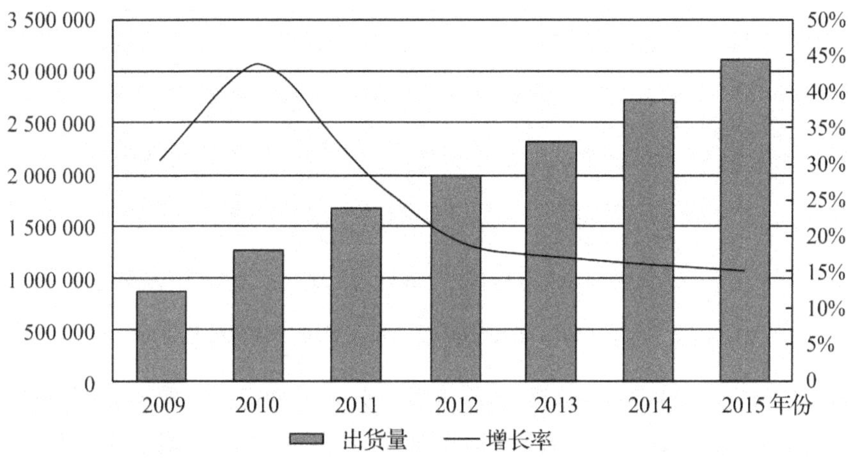

图 10.12　中国投影机市场规模(2009—2015 年)

(数据来源：IDC 中国投影机市场季度跟踪报告：2010 年第 4 季度)

需要说明，图 10.12 给出的预测是中国投影机全部市场需求情况，而实际每年教育领域的需求量基本上保持在全部市场需求量的 50%左右，且在逐年小

① ［美］Tom Pye 著，公伟刚译：《LCD 生产中的成品率管理》，《现代显示》，2006 年第 5 期。

幅下降。图 10.13 所示是笔者从中国政府采购网(http://www.ccgp.gov.cn)上统计的全国学校投影机通过政府采购方式逐年进行采购的情况，时间自 2008 年 1 月 1 日起至 2014 年 12 月 31 日止，其中纵坐标数值为中标条目数(或学校个数)而不是中标投影机台数。图 10.14 则是全国学校大尺寸触摸一体机的实际逐年采购情况，其中纵坐标数值也是中标条目数，但图 10.13 纵坐标标度值是图 10.14 的 10 倍。

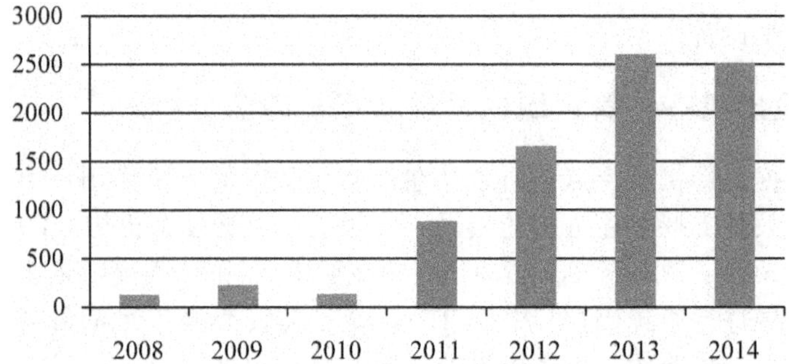

图 10.13　2008—2014 年全国学校投影机政采中标情况

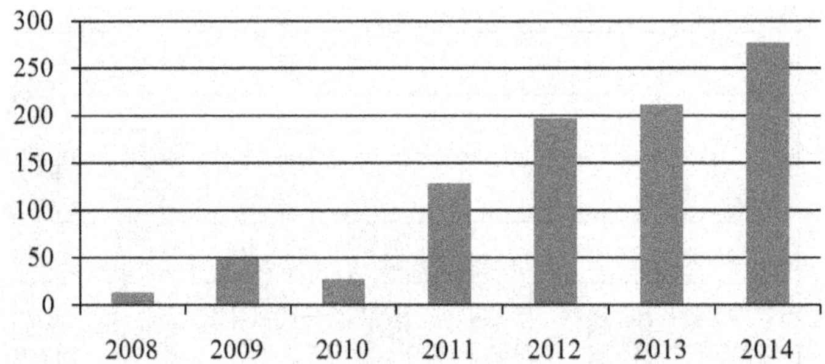

图10.14　2008—2014 年全国学校大尺寸触摸一体机政采中标情况

图 10.13 与图 10.14 使用设备中标条目数(或单位数)没有精确到设备台数是一个技术上的原因，由于从政府采购网上只能得到中标公告，不能得到详细的招、投标文件与合同文本，所以也就不能得到设备的具体中标台数。但是这并不影响我们对问题的分析，反而对我们分析结论的可信度更加有利，因为中标教学单位数的多少正好能够反映出对所关注设备的普遍认可程度。从图 10.13 可以看出，2014 年是一个关键节点，投影机的需求从这一年开始处于下降的趋势，与 IDC 的需求饱和预测稍有不同但基本吻合。其实，一方面，笔者对 2008 年至 2015 年间投影机中标情况进行了逐月的统计，2014 年 1 月份的中标条目数为 190，而 2015 年 1 月份的中标条目数为 143，相对于已经下降了需求量的 2014 年，2015 年伊始又表现为“出师不利”。另一方面，大尺寸触摸一

体机的需求虽然在总量上不及投影机，但是发展态势很好，图 10.14 中可见在 2014 年有一个较大的增长。而且笔者的进一步统计结果是：2014 年 1 月份大尺寸触摸一体机的中标条目数为 59，而 2015 年 1 月份的中标条目数为 73，具有明显的增长态势。这些数据表明，在大尺寸多媒体显示设备的发展趋势上，实际情况与我们本节“一”中的分析结论保持一致。

三、对有关教学用投影机研究报告的意见和建议

清华大学信息技术中心在教学投影机的发展状况方面做了十分深入的研究，他们于 2013 年进行的全国高校与中小学教师投影机使用状况及偏好的调查研究项目是一项非常有意义的科学研究，最后形成的《中国高校教师投影使用现状及偏好调查报告》与《中国中小学教师投影使用现状及偏好调查报告》中为我们提供了大量有价值的信息。该研究项目目标明确，方法较为科学，后期的数据处理与归因分析也都很到位，具备了社会科学研究的基本要素。两个报告一开始就针对研究提出了问题：“全国范围内高校/中小学教师投影教学实际情况如何？他们对投影教学的效果满意程度如何？投影机的各种指标对教师教学的重要程度怎样？他们又有哪些感受和要求？这些问题都未得到过验证。”随后，报告中确定了研究目标：“了解投影在教师教学中的使用现状，尤其关注教师对投影内容、效果(对比度、亮度等)的需求，进而促进高校/中小学高质量投影机的选择。”在研究方法上则采用了社会科学研究常用的问卷调查与个别访谈相结合的数据采集方法，数据处理方面则使用了统计学的假设检验。但是在对报告进行深入考察后，感觉该研究项目在研究方法上仍然存在一些问题，以下逐一说明，不妥之处望能批评指正。

该项研究的全部依据来源于回收的调查问卷与访谈记录，而一份合格问卷的产生要求其所列出的题目必须满足完备性。完备性在自然科学中表现为应同时具有充分性(充分条件)与必要性(必要条件)，而在问卷调研中完备性则被分解为题目的信度(可信性，对应充分性)与效度(有效性，对应必要性)。信度是指问卷中所提出的题目在回答后的可信程度；为了增加题目的信度，人们往往围绕主要题目再提出一些被称为是“测试条件”的相关题目。效度是指问卷中所提出的题目是否与该项研究的目标与目的切题，它反映了题目针对研究目标与目的中需要解决问题的有效程度；为了提高题目的效度，通常需要针对欲达到的目标与目的反复论证列出的题目。现在我们分析一下该研究报告中提供的调查问卷其完备性如何。两份研究报告的“附件 1”都分别开列了调查问卷的全文，并且两份调查问卷都有一个共同的题目：“对您的教学使用来说，您认为以下影响投影教学效果各因素的重要程度。”在该题目下面提供了一个 2 维选项表格，其中列出的有“投影机亮度、对比度等”8 项投影机的技术指标(研究报告中

称“因素”)，以及从“非常不重要”到“非常重要”等共计 5 级评价分度，现仅就被试在“投影机亮度”问题上的可能态度来分析该题目的信度表现。我们可以设想被试中有一位正在使用一台全新高亮度投影机的教师，并假设他并没有使用过其他低亮度投影机的经历，在没有比较的情况下他是不会对投影机亮度这个因素的重要性有正确认知的，则对于他的回答，这个题目的信度就是很低的了。所以，为了提高这个题目的信度，我们必须同时增加一些起着“测试条件”作用的相关题目，如：“您正在使用的投影机其灯泡已经累计工作了多少小时?”“您曾经使用过几台投影机，每台投影机使用的累计时间数是多少?”“您使用投影机的教室是否挂上遮光窗帘?”等等一系列题目。在考虑这些“测试条件”的情况下对主题题目的回答进行综合判断并给予适当的加权，才能使结果具有高度可信性。

规定与使用“测试条件”是数据采集中控制变量、降低干扰，从而得到可靠数据的唯一有效途径。问卷中的另一些题目如：“您对目前学校投影仪(应为投影机——笔者注)各方面效果的满意程度”等也存在同样的问题。对问卷进行分析后还会发现，问卷在效度方面也存在一些不足，这涉及该项研究的目的问题。前文说到该研究项目的目标是非常明确的，但是它的研究目的并不十分清晰(注意：目的与目标是两个不同的概念)，因为从研究报告中看不出该项研究的目的是为了优化课堂教学(面向学校教育的)，还是为了改良产品、调整市场(面向生产厂商的)。如果该项研究的目的是为了优化课堂教学，则应该增加一些诸如“您认为使用投影机与不使用投影机哪个教学效果更好”之类的有效题目，而对于该问卷中诸如“您所在学校目前使用的投影机品牌”与“您所在学校目前使用的投影机技术”之类的无效题目就应该去掉，这样才会使得问卷题目的针对性、有效性(效度)得到提高。当然，测量学上也非常重视测试的信度与效度，并且提供了公式和算法来得到精确的信度值与效度值。但是它们是在采集数据之后利用这些数据计算进行的测度分析，它们可以真实地反映出我们采集到的数据的可信性与有效性如何，却无法在数据采集前对数据采集的信度与效度进行控制。总之，用科学的语言来表述就是：当且仅当使得问卷的全部题目具有完备性时，才能够得到一份合格的问卷。

四、需要进一步澄清的一些问题

在本节的“一、投影机在教学中的作用与地位”中提出了大屏幕显示设备的尺寸问题，在这里需要澄清的是并非显示尺寸越大越好(太大尺寸使性价比降低，造成浪费)，但太小了也不行。笔者曾在《中国教育技术装备》杂志 2010 年第 11 期刊出的《投影幕尺寸的选择》一文中详细讨论了显示设备尺寸与教室大小的关系，导出在显示屏(或幕)长宽比例为 4∶3 的情况下，教室最后一排学生到屏幕的距离应为屏幕对角线长度的6倍。这个数值基本上是一个最大值，当屏幕长宽比例达到16∶9时，这个数值还要适当降低，应略小于6才好。对于近期发展起来的大尺寸LCD触摸一体机，因为其尺寸较小(一般为70英寸左右)且多采用16∶9(或16∶10)的长宽比，所以它们更加适合小班教学。

在本节的“二、投影机在教育领域的发展状况与趋势分析”中说明了所提供数据的来源，这些数据虽然不是精确的全部教学投影机量，但它满足了数据随机抽样的条件。在信息论中有香农(Claude Elwood Shannon)抽样定理，通信原理中称为奈奎斯特(Harry Nyquist)采样定理，该定理是说，为了使得抽样得到的信号不失真地反映原信号的全部信息，抽样频率应该为原信号上限频率的2倍，或者说抽样周期应该为原信号最小周期的1/2。我们现在要反映投影机逐年采购增长率，从图10.12中可见增长率曲线在2009年至2010年具有最大频率，其周期约为2年。根据抽样定理，抽样周期为1年就可满足条件，而前文说到我们是逐月抽样的，所以说完全满足了数据抽样的条件。

在本节的“三、对有关教学用投影机研究报告的意见和建议”中，笔者认为研究报告的研究目的不是十分清晰，并提出了面向学校优化课堂教学与面向厂商优化产品市场的两个完全不同的目的。一般认为这两个目的是统一的，不应加以区分，厂商优化产品的目的就是为了优化课堂教学，而学校提出的教学需求正是产品与市场改良的依据。实际情况并非如此。教育装备产品作为教学工具用具，从教育对其需求和适用性的角度观察，教育是一个非常特殊的领域，它与农业、工业、军事、医疗、科研等领域，甚至日常生活领域对待工具用具的态度是完全不同的。教育领域对于教育装备的态度具有两种特性，分别为非限定性与非必备性。农民用的镰刀与工人用的锤子由于功能不同而不能在生产中置换使用，用于工农业生产的镰刀、锤子也不能代替医疗上的手术工具，所以各个领域的工具用具都具有限定性，而教育领域对教育装备的态度是没有限定性(称非限定性)，镰刀、锤子、手术刀皆可拿到学校作为教具使用。但是人们在生产这些工具时从未考虑过这些东西还要用于教育，或者说他们并不是从教学需求出发从而生产其产品，改良工具的新兴技术的出现也都是从本领域的目的出发的。一个新技术或新产品的产生，作为教学内容与学习辅助工具人们有时也会将其用于学校，但它基本都不是从教学环境作用的需求出发而被设计出来的。非必备性则是指教育对教育装备的依赖性其实是很低的，并非所有先进装备必配不可，新技术工具对人的培养的作用并不是像人们所期待的那样大。所以笔者仍然坚持，面向学校优化课堂教学与面向厂商优化产品市场的两个目的是完全不同的。

在前文提出的“价值无涉”判断原则的概念，它的大意是科学评价应与人的价值取向无关。我们关于教学投影机应用调研的问卷中也存在同样的问题，向被试提问“对您的教学使用来说，您认为以下影响投影教学效果各因素的重要程度”后的回答就是一种主观评价。为了增加它的科学性，我们又建议加入一些“测试条件”，而诸如“投影机灯泡的使用时间”“使用投影机数量”等提出的“测试条件”，对于被试的回答恰好都属于客观定量评价。

对教学投影机发展状况的分析是对于教育领域和销售市场都非常有益的一项研究。这项研究必须具有科学性，否则将不能够达到预期效果。科学在于量化，而得到客观量化的数据又不是一件十分容易的事情。本文示出的数据虽然可能不具有高可靠性，但是文中所提供的方法确实属于科学研究的方法。

第六节　智能手机实验功能的研究

目前的智能手机都具备多种传感器，并附带了各种测试软件，可以对周围环境的力、热、声、光、电、磁等物理量进行从简单到复杂的测量。在校的初高中学生，乃至小学生几乎都备有智能手机，这身边的实验教学装备就给随时进行的物理实验创造了条件；而对待数据的态度和数据处理的方法则为培养学生创新能力提供了支持。

一、智能手机中的传感器

智能手机中配备的传感器，绝大部分属于 MEMS(Micro Electro Mechanical System，微型电子机械系统或简称微机电系统)传感器，它的应用已经涉及电子、机械、材料、物理、化学、生物、医学等多种科技领域。一般的智能手机上都具有了压力传感器、重力传感器、加速度传感器、角加速度传感器、位移传感器、方向传感器、光传感器、声传感器、温度传感器、红外传感器、湿度传感器、磁力传感器、GPS(全球定位系统)定位器等。

手机中的压力传感器其实是大气压力传感器，一般只能用于测量大气压强，但也可以根据当前位置的大气压计算出海拔高度。重力传感器实质上是重力加速度传感器，以测量当前位置的重力加速度值为主。加速度传感器也称线性加速度传感器，用于测量线性加速度或速度的变化情况。角加速度传感器也称三轴陀螺仪传感器，用于测量 X、Y、Z 这 3 个方向的角加速度。位移传感器也称接近传感器或距离传感器，用于测量物体到手机之间的距离。方向传感器也称电子罗盘，可测量当前位置的东、南、西、北各个方向。光传感器可以用于测量周围环境的光照度。声传感器可以用于测量周围环境的声场强度。温度、湿度传感器可以用于测量周围环境温度和湿度。红外传感器可以用于测量附近物体的红外辐射强度。磁力传感器可以用于测量当前位置的磁场强度。

需要说明的是，并非所有的手机都配备了上述诸传感器；同样也不是上述传感器就囊括了手机传感器的全部，随着传感技术的发展，将会有更多具有特殊功能的传感器出现在手机上。相信今后的手机不仅要配备这些可用于物理学量测量的传感器，用于化学量、生物学量测量的各种传感器也将会逐步出现，届时手机对化学、生物学实验教学的测量仪器作用也就会展现出来。

二、智能手机中的测量软件

智能手机中配备的各种传感器为物理量的测量提供了硬件条件，为了能够尽量准确地测量和提供数据，还需要编制相应的应用程序来完成测量和计算。目前为各种手机编制的测量软件已经十分丰富，此处仅以 Android（安卓）系统为例做简单介绍。

（1）多功能测量工具 Smart Tools，这是一个集合了多个测量工具的应用软件，可分别测量长度、角度、坡度、距离、高度、宽度、面积、方向等；并具有金属探测仪、全球定位系统、智能罗盘、声级计、测振仪等功能。（2）超级工具箱，该软件集成了闹钟、计时、手电筒、指南针、录音机、计算器、日历、测量尺、水平仪、垂直仪、分贝仪、计步器 12 种工具。（3）自动距离，该软件可快速测量任何物体的距离或高度，提供数据的单位为米（m），并具有 3 位有效数字。（4）超级尺子，该软件具有水平仪和垂直测准仪的功能，同时还提供了大距离测量，有效数字达到 4 位。（5）还有大量单一功能的测量工具软件，如：温度计、声压分贝计、光度计、高度计、速度计、湿度计，等等。所有这些软件在进行测量时，为了数据的精确性往往不是仅依靠一种传感器，而是综合使用多种传感器来得到一个测量结果。例如，测量海拔高度的软件就同时使用了压力（气压）传感器和 GPS 定位器；测量方向时则联合使用了陀螺仪和电子罗盘等。

Android 是基于 Linux 主要用于移动设备自由与开放源代码的操作系统，其开放性为用户开发编制该操作系统下的应用软件提供了宽松的条件。虽然在互联网上可以自由下载安装上述各种测量应用软件，但这些软件未必能够真正满足学校实验教学时学生对物理量的测量，所以开发新型的应用软件是必要的，也是可行的。

三、测量误差与数据处理

用手机测量物理量的最大问题是测得数据的可靠性，这里有两个方面需要说明，一个是测量值与“真值”之间的差距或测量误差的大小，即精确度；另一个是测得数据有效数字位数的多少，即分辨率。关于精确度的问题涉及测量误差理论，在实验过程中一般存在两种测量误差，一个是构成实验系统的仪器和设备由于制造不精准而产生的系统误差，另一个是实验者由于生理和心理的影响使得操作上产生的随机误差。通常，减少系统误差的方法是尽量使用精度高的仪器设备和经常对仪器设备进行校准，而减少随机误差的方法则是在实验中对一个数据进行多次测量。手机中的传感器因为成本问题使得其精度是很低的，所以在用手机作为实验仪器的测量中要想降低系统误差是比较困难的。但是，使用手机进行测量的最大优势在于手机的数量多，实验过程中有很多的学生共同参与，这将会大幅度地减少系统误差和随机误差，而这一点是具有理论依据的，这个理论依据就是统计物理的$\sqrt{n}$律①。$\sqrt{n}$律是说若一个系统的测量标准差(即系统误差)是Δ，则随着样本量n的增加，测量标准差将呈现$\frac{\Delta}{\sqrt{n}}$规律的下降。具体到我们的物理实验中，如果使用$n=4$只不同手机对同一个物理量进行测量，则测量误差(系统误差与随机误差)将由原来的Δ变为0.5Δ，而若使用$n=100$只手机测量，测量误差就减少为0.1Δ了，即降低了一个数量级。其实在这里能够使用$\sqrt{n}$律是基于一个基本假设的，那就是我们假设手机的设计制造都是努力地使得传感器的测量值尽量接近真值，但由于材料上和工艺上的原因使它们随机地偏离了真值，并在真值附近呈正态分布。这个假设显然应该是成立的，因为任何一个手机传感器的设计制造者都会这样去追求产品质量。

有效数字位数是测量中另一个需要关心的问题。各种不同手机具有不同的传感器和相应的软件，测量结果显示数据的有效数字位数也是不同的，所以需要对所有参与测量手机提供的测量结果进行处理，即在计算所有数据的算术平均值时应根据有效数字处理原则，保留的有效数字位数为所有参加运算数据中的最少位数。

四、手机实验测量的意义

为了让学生了解现代化的测量仪器设备，购置和配备精良的实验教学装备是必要的。但是，学生利用手机这类低性能的仪器设备，通过自主的研究和设计工作，得出精准结果才是更为重要的，因为这种能力是创新型人才真正所应该具备的能力。记得2003年首都师范大学教育技术系建立新实验室，购置了大量高档仪器设备，其中仅示波器就都是进口、宽带、存储型的。当我们请来北京大学信息科学技术学院的王楚教授和谢柏清教授对实验室进行项目评估时，两位教授对此大不以为然。他们说他们现在实验室中仍然使用着20世纪五六十年代的国产电子管示波器，但是他们的学生可以根据测试波形失真的情

① [奥]埃尔温·薛定谔著，罗来欧、罗辽复译：《生命是什么》，湖南科学技术出版社，2003年版，第15页。

况(如波形倒角等)计算出示波器的实际带宽、波形的延迟等一系列参数，并根据这些参数对实验结果进行精确的数据处理。

创新型人才培养是一个重大问题，其中培养模式与培养方法非常关键，所以教育装备在创新型人才培养中的地位与作用是非常值得我们认真研究的。